임상미술치료학

김 선 현 저

계축문화사

머리말

21세기에 접어들면서 의학은 질병 중심에서 건강 중심의 의학으로 그 축이 옮겨지고 있으며, 이러한 추세에 편승하여 많은 비의료인들이 건강증진에 관한 연구와 시술에 참여하는 현상이 확산되었고, 대체의학이라는 말이 자연스럽게 사용되기 시작했다.

완전한 참 건강(True Well-Being)은 신체적(physical)인 건강, 정신적(mental)인 건강, 정서적(emotional)인 건강, 사회적(social)인 건강, 영적(靈的, spiritual)인 건강이 두루 이뤄진 상태를 일컫는데, 미술 활동(Art Activity)이야 말로 신체적인 요소, 정신적인 요소, 정서적인 요소, 사회적인 요소 그리고 심지어 영적인 요소까지도 다한데 아울러 포괄적(comprehensive)으로 다뤄 주는 총체적이고 종합적인 활동(integrative Activity)이기 때문에 미술치료는 맘의 자극을 통해 몸의 병을 다스리고 몸의 자극을 통해 맘을 다스리는 이차적이고 간접적인 요법이라고도 할 수 있고 동시에 쌍방향으로 작용하는 전일적(全一的)이며 총체적인 요법(Wholistic Therapy)이라고도 할 수 있다.

또한 미술치료(Art Therapy)란 미술과 의술이 접목된 비교적 새로운 형태의 치료법으로서 "미술 활동을 통하여 환자의 심시(mind-body) 상태를 평가(진단)하기도 하고 질병의 치료나 증상의 호전을 도모하기도 하는 치료법"이다.

미술과 창조적 과정(Art and Creative Process)은 모든 사람 속에 내재하는 비언어적 의사표현(Non-verbal Language)능력이며, 미술 행위(Making of Art)가 심신의 이완(Soothing)을 유도하고 스트레스를 감소(Stress Reducing)시키고, 따라서 심신 질환의 치유를 돕는다. 그리고 자기표현(Personal Expression)능력을 향상시킴으로 사회 활동

요령도 개선시키며 의사소통 능력도 호전시키고 감각적 기술(Sensory Skill)도 강화시켜 주기 때문에 미술치료사가 전 세계적으로 통합의학(Integrative Medicine)의 일환으로 훌륭한 역할을 해 내는 새로운 치료수단(Therapeutic Modality)으로 각광을 받는 것이다. 이렇듯 의학에서 활용되는 임상미술치료는 정신과적 질환에 국한시켜 특정 질환자나 특정 과에서만 사용되어지는 것이 아니라 다양한 질병에서 심리적 안정, 면역성 강화 및 환자의 삶의 질 차원에서 적용되고 있다. 현재 미술치료는 전 세계적으로 점점 더 서양의학, 동양의학, 대체의학 모든 분야에 정규 교과 과정에 도입되어지기 시작하고 있고 임상에 활발하게 응용되어지고 있으며 과학적인 방법으로 적극적으로 연구되어 지고 있다.

우리나라에서도 미술치료가 많이 확산되고 있는 것은 고무적인 일이다. 그러나 아직도 의료현장에서 사용되는 일은 외국에 비해서 드물고 슈퍼바이저가 거의 없는 우리나라 임상현장의 현실에서 미술치료의 방향을 제시할 지침서가 필요가 있다고 생각되어 이 책을 준비하게 되었다. 미술매체 연구를 통한 다양한 미술치료 기법을 현장에서 적용해 볼 수 있도록 하였고, 의료용어도 현장사용 중심으로 엮어 보았다. 동서의학과 동서미술치료에 대한 좀 더 자세한 내용은 저자의 '동서의학과 동서미술치료(2009)' 책을 참조해 주기 바란다.

미술치료는 미술을 매체로 하여 의학의 한 분야로 좀 더 임상과 체계적인 연구가 이루어져야 할 것이다. 이 책은 계속 수정 보완할 것이며 앞으로 좀 더 구체적인 임상사례 결과들을 엮어 출간할 예정이다. 이 책이 미술치료를 공부하는 학생들과 임상미술치료사에게 도움이 되기를 바란다.

이 책을 정리하며 많은 의학적 도움을 주신 포천중문의대 대체의학 대학원 전세일 원장님과 원고정리를 도와준 대학원생들에게 감사드린다.

끝으로 이 책의 출간을 맡아주신 계축문화사 주영일 사장님과 편집과정에서 수고해 주신 관계자 여러분께 고마움을 전한다.

2009년 2월

저자 김 선 현

목 차

I. 임상미술치료의 이해

1. 임상미술치료의 개념

미술은 인간의 문화적, 사회적, 인격적 발달과정을 증명하고 있는 예술로서, 인간의 삶과 밀접한 관계를 지니고 있다. 모든 인간은 근본적으로 창조적 표현 욕구를 가지고 있으며, 창조적 예술 활동을 통해 종교적, 미적, 심리 치료적인 카타르시스를 경험한다고 Haase는 말하고 있다(Haase, 1973). 그러한 창작활동을 하는 과정에 치료라는 의미를 부여하고 있는 것이 미술치료이다. '주의를 기울이다' 라는 뜻의 그리스어 therpia에서 유래된 치료라는 말의 사전적 의미는 병이나 상처를 다스려서 낫게 한다는 것이다. 즉, 미술치료는 미술이라는 도구로 창작활동을 하는 과정에 치료라는 의미를 부여하고 있는 것이다.

미술치료라는 용어를 처음으로 사용한 Ulman은 '미술치료는 교육, 재활, 정신치료 등 다양한 분야에서 널리 사용되고 있으며, 어떤 영역에서 활용되고 있든 간에 공통된 의미는 시각예술을 활용하여 인격의 통합 혹은 재통합을 돕기 위한 시도' 라고 정의하면서 치료적 측면과 창조적 측면을 모두 내포하고 있다고 주장하였다. 특히 Malciodi는 '미술 치료는 내면으로부터의 표현이다'라고 말하며 내면세계의 이미지, 생각 그리고 사고가 가장 중요한 기본적 요소가 된다고 보았다. 이것은 미술치료와 일반 미술이라는 영역을 구분할 수 있는 가장 좋은 정의로서 미술치료가 추구하고자 하는 것이 외부세계에 대한 것보다는 개인의 내면에서 나오는 이미지를 표현하고 발달시키려는 것으로 활동도 내면의 이미지, 느낌, 생각 그리고 사고가 가장 중요한 기본적 요소가 된다고 보았다.

선, 면, 색, 형태, 이미지 같은 시각예술 언어는 비언어적 방식으로 사람들과 대화하게 한다. 미술치료는 개인의 성장과 통찰, 변화를 위해 미술표현이라는 비언어적 조형언어를 사용하는 방법이며, 생각, 감정, 지각 같은 우리 내면의 세계를 외부의 현실세계 및 인생경험과 연결시키는 수단이다. 즉, 미술치료란 미술이라는 시각매체를 활용하여 스스로 창작이나 생산을 체험하는 활동을 통해 환자의 불안정한 감정을 완화 · 정화하도록 하고, 이를 통해 현재의 힘든 상황을 극복하여 병을 치유할 수 있도록 보완하고 지원하는 제반의 행위를 말한다.

미술치료는 인간의 조형 활동을 통해서 개인의 갈등을 조정하고 동시에 자기표현과 승화작용을 통하여 자아성장을 촉진시킬 수 있는 심리치료의 한 분야이다. 특히 미술은 언어표현이 익숙하지 못한 아이들이나 장애를 가진 사람들에게는 언어보다 자신의 내면을 표현하는 데 더욱 편안한 도구로서의 장점을 가지고 있으며, 또한 미술 자체가 정화기능을 가지고 있어 손상되고 불안정한 감정을 완화시키는데 도움을 줄 수 있다(김선현, 2006).

임상미술치료는 이러한 미술치료의 특성을 의학에 적용한 것이며, 동시에 의학적 임상현장에 미술을 도입한 것이다. 임상미술치료(Clinical Art Therapy)라는 이름에서 알 수 있듯이, 임상미술치료는 임상과 미술치료가 접목된 것이다. 임상(Clinical)의 사전적 의미는 '환자를 진료하거나 의학을 연구하기 위해 병상에 임하는 일'이라는 뜻으로 두 단어의 의미를 결합해 보면 임상미술치료란 환자의 진단과 치료를 위한 미술이라고 할 수 있다.

21세기에 접어들면서 의학은 질병 중심에서 건강 중심의 의학으로 그 축이 옮겨지고 있으며, 이러한 추세에 편승하여 많은 비의료인들이 건강증진에 관한 연구와 시술에 참여하는 현상이 확산되었고, 대체의학이라는 말이 자연스럽게 사용되기 시작했다. 대체의학은 현대의학의 흐름에 새로운 방향을 제시하고 있다. 심신의학치료법의 하나인 미술치료는 예방적 효과뿐만 아니라 치료에 대해 자신이 컨트롤 할 수 있는 능력을 길러준다. 또한 심신이완 등을 통해 스트레스를 완화시키므로 정서 상태 및 신체상태가 함께 개선되어짐을 볼 수 있다. 마음 상태와 면역의 상관관계는 치료효과에서 차이가 난다. 그 예로, 환자의 마음이 안정될 경우 호흡수의 감소, 피부 전도력 감소, 뇌파 상에 알파리듬 증가, 대뇌와 후뇌의 혈류증가, 다양한 호르몬 분비의 변화 등에 관한 많은 연구가 있다. 또한 감정을 잘 표현하는 환자의 경우 세포의 분열도 늦고, 림프구 수도 훨씬 많았다는 보고도 있다. 예술 창작 활동을 통해 환자의 감정을 표현하고, 심리적 안정을 취하는 것은 면역성 강화에 도움을 준다.

이에 따라 최근 미술치료는 고객(피상담자)을 위한 상담 역할을 넘어서서 환자를 치료하는 역할로 그 응용범위가 넓어지고 있다. 상담(counseling)의 대상이 고객(client) 차원을 넘어서 환자(patient)로 서비스 범위가 전세계적으로 확산일로에 있다. 미술활동이 단순한 오락 활동(Recreational Activity)이나 기분전환 활동(Diversional Activity)이나 고객 상담 등의 비교적 소극적인 서비스 활동에서부터 병이 있는 환자의 증상을 호전키거나 치료할 목적으로 제공하는 비교적 적극저인 서비스 활동으로 확대 발전하는 추세에 있다는 뜻이다. 현재 미술치료는 전 세계적으로 점점 더 서양의학, 동양의학, 대체의학 모든 분야에 정규 교과 과정에 도입되어 지기 시작하고 있고 임상에 활발하게 응용되어지고 있으며 과학적인 방법으로 적극적으로 연구되어 지고 있다.

이렇듯 의학에서 활용되는 임상미술치료는 정신과적 질환에 국한시켜 특정 질환자나 특정 과에서만 사용되어지는 것이 아니라, 다양한 질병에서 심리적 안정, 면역성 강화 및 환자의 삶의 질 차원에서 적용되고 있다.

재활의학 분야에서는 중풍(stroke), 뇌손상(brain injury), 척수손상(spinal cord injury), 뇌성마비(cerebral palsy) 환자의 치료에 많이 응용되고 있으며, 정신과에서는 각종 정신분열증을 비롯한 정신질환, 우울증, 치매 환자 등에 이용하고 있다. 소아과에서는 주의력 결핍증, 과잉행동장애, 학습장애 아동 등에 흔히 사용한다. 그 외 일반내과나 가정의학과에서도 환자 진료에 미술치료를 자주 이용하고 있다. 그리고 다양한 특수 클리닉에서 질환별로 산부인과 질환, 산전/산후 산모 클리닉, 암 환자의 심신의 관리, 만성통증 환자의 관리, 중 · 경증 스트레스 환자의 관리 등에도 미술치료는 적극적으로 적용되어 많은 효과를 가져 올 수 있다.

2. 임상미술치료의 이해

미술치료(Art Therapy)란 미술과 의술이 접목된 비교적 새로운 형태의 치료법으로서 "미술 활동을 통하여 환자의 심신(mind-body) 상태를 평가(진단)하기도 하고 질병의 치료나 증상의 호전을 도모하기도 하는 치료법"이다.

광범위한 의미에서 예술치료라고 하면 미술만이 아니고 음악, 연극, 시, 소설, 춤, 레크레이션, 놀이, 작업 등 자기표현을 매개로 한 것을 모두 포함한 개념이지만, 좁은 의미에서 미술치료라고 할 경우에는 그림, 조소(彫塑, Sculpture and Clay Carving), 디자인, 서예, 공예 등의 미술 영역을 말하는 것이다.

미술치료에 관한 가장 흔한 질문은 "미술 행위가 어떻게 질병을 치료하는 효과를 낼 수 있느냐"는 것이다. 미술치료에 있어서는 아스피린 두 알을 먹으면 열(fever)이 떨어지고, 항생제 주사 한 대를 맞으면 염증이 없어지는 것과 같은 일차적이고 직접적인 치료효과를 노리는 것은 아니다. 광범위한 심신의학의 차원에서 몸의 질환(illness)이 맘에 영향을 끼치고, 맘의 비정상(disorder)이 몸에 영향을 끼친다는 심신 상관관계(Psycho-Somatic Inter-relation)의 틀 속에서 임상효과를 기대하고 있는 것이다.

완전한 참 건강(True Well-Being)은 신체적(physical)인 건강, 정신적(mental)인 건강, 정서적(emotional)인 건강, 사회적(social)인 건강, 영적(靈的, spiritual)인 건강이 두루 이뤄진 상태를 일컫는데, 미술 활동(Art Activity)이야말로 신체적인 요소, 정신적인 요소, 정서적인 요소, 사회적인 요소, 그리고 심지어 영적인 요소까지도 다 한 데 아울러 포괄적(comprehensive)으로 다뤄 주는 총체적이고 종합적인 활동(integrative Activity)이기 때문에, 미술치료는 맘의 자극을 통해 몸의 병을 다스리고 몸의 자극을 통해 맘을 다스리는 이차적이고 간접적인 요법이라고도 할 수 있고 동시에 쌍방향으로 작용하는 전일적(全一的)이며 총체적인 요법(Wholistic Therapy)이라고도 할 수 있다.

미술치료를 받기 위해서 미술에 소질이 있어야 되는 것은 절대 아니다. '그림 그리기에 소질이 있는 사람만이 미술치료를 받을 수 있고, 그런 사람들에게만 치료 효과가 있을 것'이라는 생각은 아주 잘못된 인식이다. 사람은 정도의 차이는 있을지언정 누구나 다 어느 정도의 창의적 재능(Creative Talent)을 지니고 있다. 미술치료는 이렇듯 누구나 지니고 있는 창의성(creativity)을 발굴 향상시키고 이러한 창의성을 바탕으로 하여 환자가 미술활동이라고 하는 자기표현적(Self-expressive)이면서 창조적인 활동(Creative Activity)을 통하여 심신의 자연치유(自然治癒, Natural Healing)를 유도한다는 이론이다.

자연(自然, Nature)은 신(神, God)의 작품이고, 예술(藝術, Arts)은 사람의 작품이다. 의(醫, Medicine)는 예술이다 - 즉 치유예술 또는 인술(仁術)이다. 자연은 자연치유력(自然治癒力, Natural Healing Power)의 작용으로 치유(Healing)를 이끌어 내고, 사람은 인술을 이용하여 치료(治療, Curing)를 유도해 내는 것이다. 자연은 '자연의 창조적 힘(Naturc's Creative Power)'에 의하여 변화해 가는 것이며, 치유의 과정(Healing Process)은 자연의 창조적 과정의 일부일 뿐이다. 다시 말해서 치유과정(Healing Process)은 창조과정(Creative Process)이라 할 수 있다. 인간의 미술활동은 나름대로의 창조과정이기 때문에 이러한 창조과정이 심신의 치유과정과 직결된다는 것이다. 미술행위 자체가 자연치유력을 강화시킬 수 있다는 뜻이다.

미술치료라는 것은 미술활동을 통해서 개인의 갈등(Frustration)을 조정하고 자기표현(Self-Expression)과 승화(Sublimation)과정을 통해 자아성장(Self-Growth)을 촉진시키는 것이다. 자발적인 미술활동은 개인의 내적세계와 외적세계간의 조화를 이룰 수 있도록 도우며, 비언어적(Non-verbal)인 커뮤니케이션 기법으로서 미술치료는 언어 성 이미지(Verbal Image)와 시각적 이미지(Visual Image)를 통해 지금까지의 자기 상실, 왜곡, 방어, 억제 등의 상황에서 보다 명확한 자기 발견(Self-Awareness)과 자기실현(Self-Realization)을 꾀하게 한다.

이렇듯 미술과 창조적 과정(Art and Creative Process)은 모든 사람 속에 내재하는 비언어적 의사표현(Non-verbal Language) 능력이며, 미술 행위(Making of Art)가 심신의 이완(Soothing)을 유도하고 스트레스를 감소(Stress Reducing)시키고, 따라서 심신 질환의 치유를 돕기 때문에, 그리고 또 자기표현(Personal Expression) 능력을 향상시킴으로 사회 활동 요령도 개선시키고 의사소통 능력도 호전시키고 감각적 기술(Sensory Skills)도 강화시켜 주기 때문에, 미술치료가 전 세계적으로 통합의학(Integrative Medicine)의 일환으로 훌륭한 역할을 해 내는 새로운 치료수단(Therapeutic Modality)으로 각광을 받는 것이다.

미국을 비롯한 여러 의학 선진국에서 미술치료사의 역할은 미술과 심리학의 두 분야의 학문적 배경을 겸비한 전문가가 담당을 하며, 특히 최근에는 의료시설에서 임상경험까지 축적한 석사 박사 수준의 의료전문인으로 양성되는 경향이 확산 고조되고 있다.

미술치료사는 미술활동을 통하여 하나의 개인에게 치료를 제공하기도 하고, 부부나, 가족이나, 집단을 대상으로 치료를 제공하기도 한다. 물론 미술치료과정에서는 비언어적 의사소통(Non-verbal Communication)과 비언어적 표현(Non-verbal Expression)을 많이 사용하지만 동시에 언어적 탐구(Verbal Exploration)와 언어적 중재(Verbal Expression)도 아울러 이용하고 있다. 미술치료사는 직접적으로 환자에게 일차적 치료를 제공하는 치료사(Primary Therapist)로 일하기도 하고, 시설의 필요성에 따라 또는 환자의 치료목표에 따라, 치료 팀 안의 보조적인 치료를 제공하는 치료사(Adjunctive Therapist) 역할도 담당한다.

미술치료사가 제공하는 의료 서비스는 다양하다고 할 수 있는데, 여기에는 예방적 서비스(Preventive Service), 진단적 평가(Diagnostic Evaluation), 치료와 치료 후 평가(Treatment and Assessment) 등이 포함된다.

3. 미술치료의 역사

미술치료는 새로운 학문이라기보다는 미술, 미술사, 인류학, 심리학, 정신의학과 같은 여러 분야의 이론들이 결합되어 형성된 것이다. 20세기에 들어서 미술치료의 출현은 매우 독특한 일련의 사건들에 의해 이루어졌다. 미술치료가 미술이라는 시각매체와 심리학 모두에 기반을 가지고 있기 때문에 지난 50년간 관심을 증가시키고 미술치료의 발전에 영향을 끼친 고대와 현대의 많은 요소들이 있다.

1) 고대

다른 치료와 마찬가지로 미술치료도 역시 오랜 과거의 역사 속에서 그 뿌리를 찾을 수 있다. 고대에 미술은 건강에 어떤 역할을 수행했기 때문에 상징적 표현은 중요한 치료의식의 한 부분 이었다. 미술을 제작하려는 욕구는 공격성, 사회적 상호작용과 성, 언어 만큼이나 기본적인 인간의 충동이며 특징이다. 초기 글자는 이집트의 상형문자처럼 흔히 새나 동물 같은 대상의 그림을 사용하였다. 수메르인들이 쓴 설형문자, 마야문명의 축약문자, 약효, 그리고 고대와 현대의 한자들이 그러한 예이다.

최소한 B.C 20,000년 이전부터 인간은 장식을 하기 위해서 뿐 아니라 미술적 힘을 만들어 내기 위해 이미지와 기호를 만들어 왔다. 석기시대 인간은 원시적인 도구로 동굴 벽에 형태와 그림을 그린 최초의 이미지 제작자들이었다. 그들은 미지의 세력이나 동물, 환경들로부터 자신을 보호하는 데 여념이 없었기 때문에, 도구와 주거지뿐 아니라 이미지들도 창조했다. 이러한 초기의 인간들은 그림을 통해 먼저 '먹이를 포획함으로써' 성공적인 사냥을 보장받고자 하였던 것이다. 이러한 그림들 중 가장 많이 알려진 그림들은 유럽의 깊은 동굴에서 발견되는데, 이 그림들이 장식이 아닌 다른 목적으로 그려져 있음을 암시한다. 아마도 이런 그림들은 순수하게 장식을 위해서라기보다는 어떤 의식을 위해 사용되었고 주술적인 힘을 가졌을 것이다. 이처럼 인간은 오랫동안 사냥처럼 앞으로 다가올 사건들에 대처하고 두려움이나 공포와 같은 강력한 감정을 조절하고 표현하며, 해롭고 두려운 존재로부터 자신을 보호하려는 주술적 목적으로 미술을 창조해 왔다. 예컨대 초기 이집트인들은 미이라가 없어지지 않기 때문에 미이라를 보호의 상징물로 여겼으며, 기원전 2,000년대에는 히타이트족은 보호를 위한 주술의식에 서로 다른 색의 양털을 사용했다. 많은 문화에서는 가면이 그들의 조상을 불러오며, 위험한 세력을 쫓아 없애고, 가면을 쓰는 사람이 자신을 힘 센 동물이나 영혼과 동일시하는데 도움이 된다고 믿었다. 문자 이전의 사회에서뿐 아니라 현대문명에서, 미술은 심리적, 신체적인 안정감을 가져다 주고 질병을 치유하기 위해 상징적으로 사용되어 왔다. 예를 들어 나바호족은 노래와 춤과 모래그림을 결합하는데 여기에서 특정한 병에만 사용된다. 티베트인들 역시 고통에 대한 안정과 치료, 그리고 기도를 목적으로 만다라의 형태로 모래그림을 그렸다. 두 가지 모래그림의 예에서 중심적인 요소는 시각적인 상징으로 나타나며, 부분적으로 변형과 치유를 목적으로 한다. 미술이 주술적일 수 있고 변화를 줄 수 있으며, 또한 인간과 환경을 변화시킬 수 있다는 인간의 믿음은 미술이 왜 치료적일 수 있는가에 대한 한 가지 이유가 될 수 있을 것이다.

주술사들은 현대의 정신과 의사와 미술치료사들의 선구자들이었다. 주술사들의 임무는 어떤 의식이나 이미지를 사용해서 사람의 마음과 몸과 영혼을 고치고 인간의 몸으로부터 나약한 부분과 해로운 부분을 제거하는 것이다. 주술사들은 영혼을 불러오고 다시 의식 상태로 회복하고 병을 치료하기 위해 제례와 의식, 의복 등에서 시각적 상징물을 사용했다. 회복과 건강을 위한 도구로서 이미지를 제작하여 사용하는 이런 주술가들의 일은 미술치료와 밀접한 관련이 있다.

미술이 신체적 또는 심리적인 치료와 예방약, 자기보존, 주술, 보호를 목적으로 하는 한편, 고대와 현대문화에서 창조되는 이미지들이 형태나 의미상에 있어서 많은 유사성을 가지고 있다는 것은 흥미로운 사실이다. 역사적으로 볼 때 인간은 수세기에 걸쳐 많은 시각적 상징들을 만들어 왔고 각각의 이미지에 대해 공통된 의미를 가지고 있다는 명백한 증거가 있다. 유사한 표시와 형태들은 상징에 대한 공통점을 갖고 있으며 지구 정반대편 문화권에서도 발견되고 있다. 예를 들어 원 안에 원이 그려진 동심원은 스페인, 이탈리아, 오스트리아, 인도네시아, 아프리카, 미국에서 발견되고 있다. 수직선과 함께 사용된 원과 미로 같은 선들, 나선형의 선과 모양들은 서로 관련이 없는 사회와 문화권의 미술작품과 디자인에서 반복적으로 나타난다. 이러한 현상은 인류가 미술이라는 시각적 언어와 이를 통한 보편적 개념의 소통으로 이룩한 공동의 결속력을 강조해 준다.

2) 현대

미술치료가 부분적으로나마 전통적인 미술의 영역에서 발생하였다는 생각은 현대 정신의학의 출현을 비롯한 최근의 역사적인 사건에 많은 영향을 끼치게 되었다. 20세기 초 정신의학은 이미지와 인간의 감정, 무의식과의 관련성에 많은 관심을 보이기 시작하였고, 이는 결과적으로 미술표현이 개인의 내면세계의 성격에 대해 명백한 증거를 제공한다는 믿음을 가져오게 되었다. 1901년에 프랑스의 정신과 의사 마르셀레야는 환자의 미술작품과 아동의 작품 및 원시시대 화가들의 미술작품 간의 유사성에 대해 언급했고, 1912에 이미 유럽의 정신과 의사인 에밀 크레플린과 캬를야스퍼스는 환자들이 그린 그림들을 정신병리학을 이해하는데 보조수단으로 이용할 수 있다고 하였다. 그러나 정신과 시각적 표현의 관련성에 대한 의문은 지크문트 프로이드가 꿈속에 표현된 이미지에 대해 쓰고 무의식에 대한 이론을 발전시키기 전까지는 풀리지 않았다. 프로이드는 환자들이 자신들의 꿈에 대해 그림을 그릴 수는 있지만 말로는 표현하기는 어렵다고 이야기 한적이 많다고 하였다. 이러한 보고는 미술표현이 인간의 정신의 내면세계를 이해하기 위한 길이 될 수 있다는 믿음이 불러일으켰고 마침내 확인해주었다. 프로이드는 임상에 미적인 개념을 도입 했을 뿐 아니라, 문학과 미술에 대한 연구를 통해 자신의 많은 이론들을 끌어내었다.

이후에, 칼 융은 신화와 미술을 통해 한 세대에서 다음세대로 전달되는 원형과 여러 문화권에서 공통된 상징물들을 가지고 집단무의식의 개념을 만들어냈다. 융은 개인적으로 미술에 관심이 있어서 자신의 꿈을 그림으로 나타내고 탐구하면서 일생동안 조각을 하고 그림을 그렸다. 융은 미술이 자기이해와 감정에 접근하는 방법을 제공한다는 생각하였고 무의식이 변화와 행복의 원천이라고 여겼다. 융은 만약에 이미지가 무의식 속에 남게 되면 인간의 행동에 부정적인 영향을 미칠 수 있기 때문에 감정이 실린 이미지를 의식으로 끌어내는 것이 중요하다고 생각하게 되었다. 그는 꿈, 기억, 이야기 그리고 미술의 무의식 속에 숨겨진 이미지들을 끌어낼 수 있다고 느낀 것이다.

융은 특히 자기자신과 환자들의 그림뿐 아니라 미술표현, 특히 만다라나 '마술적인 원' 같은 미술표현의 유용성과 심리학적인 의미에 관심을 가졌다. 프로이드와 달리 , 융은 환자들에게 꿈의 이미지들을 그려보라고 자주 권했다. 그는 "우리 앞에 보이는 것은 우리 안에 있는 것을 그리는 것과는 다르다" 라고 했다. 분명히 융은 시각표현 안에 내재된 보편성과 원형에 대한 연구를 통해 상상 속에 나타난 상징적인 의미들을 이해하는 기반을 발전시켰고 이미지와 정신간의 관련성을 이해하게 하였다.

프로이드와 융이 꿈과 미술에 대해 해석한 이미지 설명은 정신치료 단체들의 관심을 끌었고, 정신분석가들이 미술표현에 대해 관심을 갖도록 유도하였다. 마음의 무의식적인 과정에 대한 해석은 정신분석학에서 꿈과 그림의 표현을 사용하는 기초를 마련하였다. 프로이드와 융의 글을 통해 심리치료사들은 꿈이나 그림의 형태 같은 이미지들이 언어만으로는 충분하지 못하고 항상 적당하지 못하다는 것을 깨닫기 시작했다. 이미지를 통한 표현이 상징적이라는 생각이 생기기 시작하고 무의식적이거나 억눌린 감정과 사고의 출처인 환자가 그려놓은 이미지의 의미를 찾고 이해하려는 시도가 늘게 되었다.

세기가 바뀌면서 또한 정신질환을 가진 환자들의 작품에 대해 관심이 생기기게 되었다. 1872년 프랑스의 정신과 의사인 앙브루아즈 타디외는 정신질환에 대한 책을 출간하였다. 그 책에는 정신질환이라고 진단받은 환자가 창작한 작품의 특징에 대한 생각이 간단하게 소개되어 있다. 1876년에서 1888년 사이에 프랑스의 정신과 의사 폴막스 시몽 역시 정신질환과 그림에 관한 더욱 넓은 연구결과를 발표하였다. '미술과 정신의학의 아버지'라 불리던 시몽은 요양소의 정신과 환자들의 그림을 모아서 거대한 컬렉션을 최초로 만들었다. 그는 환자들의 증상이 미술작품의 내용과 관련이 있을 것이라는 생각을 토대로 정신질환을 진단하는 데에 그림을 사용할 수 있다고 믿었다.

1920년대 정신과 의사이며 미술사인 한스 프린츠혼은 독일, 스위스, 이탈리아, 네델란드 등지의 정신병원과 여러 의사들로부터 환자들이 만든 조각과 그림들을 수집하기 시작하였다. 그는 5백여 명의 환자들로부터 5천여 점의 작품을 수집하였다. 이후에 이 작품들은 그가 쓴 '정신질환의 예술품'이라는 책과 아웃사이더 아트라고 알려진 현대적 현상의 기초가 되었다. 프린츠 혼은 심리적인 안정과 통합을 성취하기 위한 자연스러운 방법이라는 사실을 밝혔다. 그는 미술활동이 '보편적인 창조욕구'이며 병으로 괴로워하는 이에게조차도 미술을 통해 자기자신을 표현할 수 있다고 주장하였다.

프린츠 혼의 생각은 무의식과 원형에 대한 융의 생각과 같은 것이었다. 그는 무의식이라는 개념을 받아들이는 한편, 미술이 임상적 분석으로 환원될 수 있다는 의견에는 반대하였다. 그는 미술이 정신적 안정을 위한 배출구이며 정신질환을 가진 이에게는 자아발견을 가능하게 하는 방법이라고 여겼던 것이다. 프린츠 혼이 정신질환을 가진 사람들의 그림을 모으기 시작한 시기와 거의 동시에 스위스의 정신과 의사 발터 모르겐탈러는 정신분열증을 앓고 있던 아돌프 볼플리의 그림을 책으로 출판했다. 그는 30년 이상 정신병원에 수용되어 있었고 그동안 여러 가지 색을 사용하여 복잡하면서도 세부적인 묘사를 한 많은 그림을 그렸다. 프린츠혼의 컬렉션에 있는 화가들처럼, 볼플리는 정규 미술교육을 받지 않았으며 그가 가지고 있는 한정된 재료만으로 자발적으로 그림을 그렸다.

미술표현에 대한 이러한 정신 병리학적인 관심은 최근까지도 계속되고 있다. 미술사가, 정신과 의사, 정신의료 종사자, 미술치료사들과 화가들은 정신질환이 있는 사람의 그림에 대해 계속적인 관심을 가지고 있다.

미술사 수업을 듣거나 화가의 전기를 읽을 기회가 있었다면 왜 수많은 화가들이 심리적으로 복잡하고 정서적으로 왜곡된 삶을 살았는지 의아해 할 것이다. 이는 바로 창조성과 광기의 관련성에 대한 의문이기 때문이기도 하다. 플라톤은 신이 예술가들에게 '신성한 광기'를 부여했다고 하였다. 이는 창조성을 개인적 특성이나 재능 혹은 선물로 간주하는 보다 긍정적인 시각을 암시한 것이다. 다른 이들은 작품제작의 창조적 과정간의 관계와 정신건강과 그림간의 관련성을 다른 시각으로 보고 있다. 많은 위대한 화가나 작곡가, 작가들이 조울증이나 우울증 같은 정신질환에 시달렸다는 것은 사실이다. 대표적으로 빈센트 반고흐가 대표적이라 할 수 있다. 반 고흐는 어려서부터 성인이 되어서까지 계속해서 우울했다고 했다. 그러나 그는 자신의 우울과 내적인 혼란이 화가로서의 창조성을 부추긴다고 믿었다. 정신질환이 사람을 더욱 창의적이 되도록 만드는가? 이 관련성에 대한 결정적인 확증은 없지만 우울증과 기분장애를 가지고 화가들은 그들의 상태가 단순한 혼란뿐만 아니라 창조적 사고와 영감에서 야기되는 것이라고 보고된다. 따라서 창조성이 심리학적 혼돈과 개인적 고통과 위기감을 탐구하고 정서적 혼란을 완화시켜, 갈등을 전이시키는 데 도움이 된다는 것은 사실이다.

어떤 학자들은 창조성과 예술적 재능을 광기와 정서적 혼돈과 관련짓기도 하지만 많은 이들은 미술이 외상적 경험과 정신질환으로부터 자신을 구원하는 수단이 된다고 생각한다. 그들에게 창조성은 심리적 문제의 결과라기보다는 혼돈스러운 감정과 우울, 불안을 극복하는 도구이다.

20세기에 정신분석학의 출현과 함께 화가들은 상징과 무의식적인 이미지에 대해 관심을 갖게 되었고, 정신과 의사들은 투사적 검사의 발전과 정신질환자의 그림에 대해 관심을 가졌다. 그 시대 대부분의 치료사들처럼 미술치료사들은 환자들의 미술표현과 꿈에서 파생될 수 있는 이미지의 상징적인 내용에 대한 정신분석적 흐름과 믿음을 기반으로 성장하였다. 20세기 중반에 이르러 미술작품의 창조적 제작과정은 성장과 변화, 재활을 북돋울 수 있다는 믿음 역시 발전하고 있었다. 창작과정의 치료적 잠재성과 무이시의 재현으로서 이미지에 대해 관심이 높아지면서 미술치료 영역이 출현하기 시작하였다.

미술치료의 길을 연 중요한 사건이 또 하나 있었다. 1950년대 이후 새로운 치료와 치료법에 대한 발전이 갑작스럽게 증가한 것이다. 치료를 위한 소설쓰기 방법이 출현하고 수용되면서 창작에 대한 분위기가 더욱 고조되었고, 정신과 환자에 대한 보다 인간적인 치료를 추구하던 19세기에 미국과 유럽에서 유래된 이러한 치료적 접근법들은 도덕적 치료라고 불리면서 시작되었다. 도덕적 치료에는 환자들이 회화를 포함하여 예술과 직업적 훈련의 형태로 개인적 관심을 얻을 수 있는 지역 요양소로 그들을 보내는 것도 포함되었다. 그러나 최근 몇 년간 이러한 움직임은 일반적으로 환경요법이라고 알려지면서 20세기에 다시 등장하였다. 놀랍게도 종합병원, 의원, 그리고 재활센터에서 다양한 치료법이 사용되었다. 예술이 환자의 경험과 사고, 감정을 이해하고 동일시하기 위해 전통적인 치료와 협력하여 사용되기 시작한 것이다.

결과적으로 미술치료는 그 자체로 학문의 분야가 되었고 입원환자들에게 점차 실행 가능한 선택치료로 알려지게 되었다.

4. 국가별 미술치료의 역사 및 현황

1) 한국

한국의 미술치료를 알아보기 위해 고대로 거슬러 올라가 보면 삼국지 위지 동의전에 나오는 고조선 시대의 제천의식인 부여의 영고, 고구려의 동맹, 예의 무천 등과 같은 제례의식으로부터 시작된다. 고구려의 고분벽화(106기 돌방무덤 내부)는 내세관, 종교관, 우주관을 무덤 내부에 표현한 장의미술(葬儀美術)의 한 장르로 현세에서의 영화로운 삶이 사후에도 그대로 이어지기를 바라는 소망과, 죽음 이후의 공간인 무덤이 영원한 안식처로서 보호받기를 기원하는 염원을 무덤 속에 그림으로 표현했고, 사신도에서는 오행에 근원을 둔 오방색이 채색화의 시원으로 발견되어 단순한 빛깔로써의 색만이 아닌, 방위와 계절을 나아가 종교적이며 우주관적인 철학관을 형성하여 용도와 신분에 맞게 구분하여 사용하였다. 또한 삼국유사에서는 신라시대 처용의 화상을 부적으로 사용하는 등 부적신앙이 매우 성했다. 이런 부적에서 보이는 도부를 살펴보면 태양, 얼굴, 소용돌이, 사각, 탑, 천체, 손, 번갯불 등의 모양에다 문자를 배합한 것으로 귀신을 퇴치시키는 의미를 가지고 있으며 악귀를 쫓거나 복을 가져오기 위해 몸에 지니는 주술도구로 사용되었다.

이규보가 지은 '동국이상국집'에 수록된 장시 노무편(老巫篇)을 보면 집단제례의식(샤머니즘) 때의 주술치료, 무당의 굿 등이 그대로 전승되어 여러 제례의식이 이루어지다가 삼국시대 초기에 유교, 도교, 불교 등 여러 새로운 종교의 도입으로 통일신라 중기(8세기경)부터는 개인기복의 무격신앙이 형성되고 고려 말기에 이르러 현재와 비슷한 굿의 형태를 갖춘 제의체제가 갖추어진 것을 짐작케 한다. 이로써 미술, 무용, 음악, 신앙 등이 복합적으로 어우러진 예술치료의 시작으로 볼 수 있다.

우리나라에서는 19세기 말 서양의학이 들어오기까지 한의학과 민간요법이 있었을 뿐이었다. 전통적 한의학에서는 "모든 병이 심신(心神)으로 연유하지 않은 것이 없으니, 치심요법(恥心療法)이 극히 중요하다"고 가르친다. 즉, 질병을 치료하려면 그 마음을 치료하여야 한다는 뜻이다. 이렇듯 한의학에서 몸과 마음의 상관관계를 다루는 이론적 근거는 좀 있으나 서양의학에서 다루는 것과 같은 심리적 치료의 구체적인 치료법과 처방이 많지 않다. 심신 상관 의학 또는 심신 의학의 관점에서, 전통적 한의학의 골자는 "육욕(六欲)과 칠정(七情)을 다스려라"는 것으로 요약될 수 있고, 500여 년 전 조선조의 퇴계(退溪) 선생의 활인심방(活人心方)을 들 수 있다.

정신의학 분야에서는 삼국사기에 정신 치료적 이해가 엿보이는 기록도 있고, '동의보감(東醫寶鑑)'의 내경편, 신편에는 전광증(정신분열과 유사)에 대한 약물치료와 심신증에 대하여 적어놓았다. 하지만 정신질환을 치료한다는 빌미로 뒤주에 갇혀 숨진 사도세자(조선시대 영조대왕의 장자였던 장헌세자)의 경우를 통해서도 알 수 있듯이 정신질환을 대하는 조선시대의 사회적 의식을 엿볼 수도 있다.

무속치료에서 찾아볼 수 있는 현대 정신의학적인 기제에는 암시, 카타르시스(catharsis), 제반응, 설득, 전이, 집단치료효과와 의학이 살아있는 사람에 관여하는 데 반하여, 무속은 살아있는 사람의 질병 및 죽은 후의 세계에까지도 관여한다(오상훈, 김지혁 1989). 또한 독자적인 소위 음양오행설에 근거한 정신신체 의학적 이론들 그리고 체질론과 같은 사상의학(四象醫學) 등이 발견되었지만 전체적으로 근대과학적인 발전이 없었다고 할 수 있다(민성길, 1998).

우리나라에서의 서양의학은 17세기경부터 중국으로부터 단편적으로 소개되고 있었으나, 실제적으로는 1885년 최초의 서양의학식 병원인 광혜원이 설립된 이후부터 시작되었다. 정신의학의 교육은 1910년대부터 광혜원의 후신인 제중원의학교에서 서양 선교사인 의사들에 의해, 그리고 대한의원에서 시작되었다. 1910년에 광혜원-제중원의 후신인 세브란스 병원에서 호주 선교사인 Charless I. McLaren에 의해 정신과가 개설되면서 이루어졌다. 1913년 조선총독부 의원에 위생과 병실이 마련되고, 1919년 종로에 10여개의 병상을 갖춘 소규모의 사립 정신위생시설이 설치되기에 이른다. 이후 지금의 뇌병원(腦病院)으로 이어지는 원뇌병원(原腦病院)이 1935년 설립되고, 1945년에 조선정신신경학회가 창립되었고 한국전쟁 이후 대한신경정신의학회로 재건되었다(민성길, 1998).

한국전쟁을 거치면서 미국의 역동 정신의학이 도입되었으며, 특히 정신치료에 있어서 한국적 전통 문화 또는 도(道)사상에 근거하고 적용되는 정신치료기법을 정립하려는 연구가 활발하게 이루어졌다. 1960년 국립 서울 정신병원에 정신건강 전문가 및 작업치료사가 중심이 되어 환자들을 대상으로 치료적인 개념이 아닌 미술이라는 심리전환 활동(Diversional Activities)으로 활용되어졌다고 볼 수 있다. 1982년 정신과 의사들이 주축이 되어 정신의학계의 산하단체로서 한국임상예술학회(음악, 미술, 무용)가 창립되면서 예술 활동을 통한 치료가 본격적으로 시작되었다. 이후 1991년 대구대 재활과학대학원에 미술치료가 정규 교육과정으로 생기고, 1992년 한국미술치료학회가 창립되었으며, 1995년 한국표현예술심리치료협회가 창립되었다. 이후 급속한 산업화, 도시화와 맞물려 미술치료에 대한 관심이 증폭되고 그 가능성에 대해 기대를 갖는 많은 개인과 단체가 활동하게 되지만, 체계적인 뿌리와 프로그램을 갖춘 기관이나 단체가 전무한 까닭에 많은 시행착오의 과정을 겪게 된다.

이러한 과정을 거치면서 드디어 2005년 의사, 치과의사, 한의사, 심리사, 상담사, 미술가, 복지사 등 많은 학계 인사 및 의료진, 전문가들이 참여하여 대한임상미술치료학회(The Korean Academy of Clinical Art Therapy〈KACAT〉)가 창립되면서 통합의학으로서의 미술치료가 새롭게 시작되었다. 또한, 치료 전문가간의 유기적인 협력관계를 통해 의료의 한 분야로써 자리잡게 되면서 포천중문의대 차병원에 국내 최초로 미술치료 클리닉이 개설되어 김선현 교수가 본격적인 진료를 시작하면서 사회적 주목을 받게 된다.

현재 대학에는 대구한의대와 대구사이버대학에 미술치료학과가 개설되어 있고, 대구대, 동국대, 명지대, 서울여대, 영남대, 원광대, 한양대 등 15개 대학에 석사과정(미술치료전공)이 개설되어 있다. 2005년에는 포천중문의과대학교 대학원과정에 임상미술치료 전공(석사, 박사 과정)이 개설되어 의과대학내에 최초로 임상미술치료 전공과정이 생기는 등 전문 의료인으로서의 발판을 마련하고 있다.

포천중문의과대학교 김선현 교수는 미술치료 클리닉과 미술치료 연구소의 활발한 운영을 통해 체계적이고, 의학적 기반이 바탕이 된 임상미술치료를 확산시키고 있다. 이에 연세의대, 포천중문의대, 고려의대, 계명의대, 인제의대 등 여러 국내 의과대학내에 정식으로 임상미술치료가 교과목의 일부로 개설되어 의대생들을 대상으로 교육과 실습을 지도함으로써 정식으로 임상미술치료가 의학 안에 들어오게 되었다.

임상미술치료는 서양의학에서 임상적 응용의 범위를 급속도로 넓혀가고 있음은 물론, 동양의학에서도 다양한 각도로 그 접목을 시도하고 있으며 보완 대체의학 영역 안에서도 활발한 연구가 진행되고 있다.

2) 미국

미국에서는 1907년 이래로 정신과 병동에서 환자들이 미술가들의 지도 아래 미술활동을 시도한 것을 미술치료의 출발로 보고 있다(Rubin 1999). 그러나 미술을 심리 치료적 관점과 연계하여 인식하게 된 것은 1940년대 초반이다. 이 시기에 미국에는 유럽의 정신과 의사들에 의해서 미술표현에 대한 정신 병리학적 작업이 활발하게 소개되었다.

대표적으로는 정신분석이론에 근거한 미술치료는 나움버거(Naumburg)와 크래머(Kramer)에 의해서 미술치료가 새로운 영역으로 자리매김하여 발전하게 되었다

나움버거(Naumburg)는 환자들의 심리치료에서 주로 하는 언어적 형태를 발전시킨 미술표현, 즉 무의식에서 표현된 상징적 내용과 그림 과정과 그림과의 대화를 중요시하였다. 그에 비해 2차 세계대전으로 체코에서 미국으로 이민 온 화가이며 교육자인 크레머는 미술치료에서 미술의 입장과 미술 교육적 관점을 중시하였다. 또한 크레머는 프로이트의 승화이론에 입각 독일은 2차 세계대전 중에 히틀러에 의한 예술의 탄압과 50년대에 향정신약이 정신과 치료에 주도적 역할을 하면서, 미술치료는 오히려 주춤하거나 주의를 끌지 못하는 상황을 맞게 되었다.

그러나 1960년대에 들어오면서 미술치료에 대한 재고가 새롭게 이루어져 학문으로 정착하는 과정을 거치게 되었다. 대표적으로 인지학(Anthrosophie)의 창시자인 슈타이너(Steiner) 사상에 영향을 받은 퓌츠(Puzta)는 1964년 예술을 치료적 도구로 사용하여 인간의 교육에 기여한다는, 즉 예술의 새로운 기능으로서 “미술치료(Kunsttherapie)”라는 개념을 처음으로 사용하였다(Dunkel Rech 1991). 독일에서는 미술치료적 개념은 미술교육적 개념에서 유래되었다고 할 수 있다. 그 이후로 페촐트, 프란츠케(Franzke) 슈뢰더(Schottenloher)는 뮌헨의 미술 아카데미에 미술치료 강좌를 개최하였으며, 지금도 미술치료에 지도적 입장에 있다. 1979년에는 나브라탤(Navratil)이 ‘정신분열증과 미술’이라는 연구를 통해서 정신병원의 환자에게 미술-심리치료를 개인치료로 적용하였다

3) 독일

19세기 초반 독일의 정신병원 의사들이 미술활동을 작업치료라는 포괄적 관점의 한 부분으로 환자치료에 미치는 예술적, 정서적 효과로 받아들이면서부터 시작되었다고 할 수 있다(Domma, 1990). 그러나 이 시기에는 미술치료라는 개념은 아직 사용되지 않았으며, 미술치료의 필요성을 일반적으로 인식하게 된 것은 19세기 후반 산업화의 발전으로 노동과 생산형대가 변하면서, 인간 개인의 생활 양상뿐만 아니라 그로 인한 인간성까지 변질

되어 가는 사회적 현상에 근거하였다.

독일은 미술치료가 게슈탈트 치료적 관점, 인지학적 관점, 인본주의적 관점, 정신분석적 관점을 지닌 학자들에 의해 다양하게 독자적 노선을 걷고 있다.

4) 일본

일본에서는 도쿠다 박사 같은 정신과 의사들이 설립하였고, 도쿠다 박사는 1950년대부터 미술을 치료에 직접사용하고 있었다. 미국과는 근본적으로 다른 이런 문화에서도 미술치료는 일본의 전통적인 치료 원리에 따라 운영된 우레시노 병원과 같은 치료 시설들 안에 통합되었다(1990년 ASPE회의에서 마이클 캠퍼낼리가 발표함).

일본에서는 "임상미술사는 임상미술의 커리큘럼을 개발하고, 현장에서 미술치료를 실시하는 전문가"로 인정하고 있는바, 임상미술사의 육성은 1997년에 예술조형연구소의 양성과정에서 처음 시작되었다. 2002년에는 임상미술사의 사회적 지위확립과 사회 공헌을 목표로 일본임상미술협회가 설립되었고 양성기관은 협회에서 지정하였다.

특히 동북복지대학과 감성복지연구소를 비롯한 여러 시설에서 미술치료가 활발히 행해지고 있는데, 이 중에서도 감성복지연구소에서는 노인들의 뇌기능을 연구하고 데이터를 수집하여 과학적인 미술치료 프로그램을 개발하고 있다.

5) 영국

영국의 미술치료 발전에 기여한 대표적 인물은 미술가 힐(Hill)이다. 그는 2차 세계대전 중에 군 요양소에서 환자로 있으면서 무료함과 스트레스를 극복하기 위하여 그림을 그리기 시작하였다. 그에 영향을 받은 다른 환자들도 조형예술을 매개로 하여, 자신들의 병에 대한 고통과 불안과 죽음을 표현하기 시작하였다. 힐은 창의적 활동의 치유적 힘을 직접 체험함으로써 미술의 치료적 역할을 사회에 알리는 데 열정적으로 헌신하였다. 이러한 노력으로 인하여 그는 1946년 영국의 국립정신과 병원에서 최초로 정식 미술치료사로 인정받게 되었으며, 그 이후로 미술치료사 들의 배출이 이루어졌다(Waller, 1986). 그러나 영국은 미술치료사를 위한 특별한 교육제도가 없었기 때문에 1960년까지는 미술교육에서 치료적 모델을 찾았으며, 1970년대에 들어와서 미술치료와 미술교육이 분리되었다. 그럼에도 불구하고 영국의 보건복지부에서는 1980년까지 공식적으로 미술치료를 작업치료에 포함시켰다가 1997년에야 미술치료를 독립된 직업으로 인정하였다

6) 캐나다

캐나다의 미술치료에도 고유한 개척자들이 있다. 마리 리바이는 몬트리얼의 알렌 추모연구소에서 미술치료사로 일하였고, 루이스 애닛은 발달이 늦은 '공예가들'을 위해 보호작업장을 운영하였다. 그리고 정신과 의사 마틴피셔는 토론토 미술치료협회를 조직하였다. 캐나다가 워낙 넓기 때문에 많은 사람들은 셀윈듀드니 처럼 각자 자신의 자리에서 일했다. 그는 1947년부터 1972년까지 온타리오주 런던에 있는 정신병원에 있는 미술치료사로 일했다. 그이 안에 아이린 듀드니는 1956년에 합류하였는데 1960년대의 회고(ATTP, ATV)에 여러 논문을 발표했다. 현재 미술치료사는 캐나다 전 지역에서 활동하고 있으며, 각 지역의 협회와 교육프로그램이 있다.

7) 네델란드

네델란드의 예술치료는 1950년대부터 시행되었고 1980년부터는 정식훈련과정을 갖추었다. 이것은 치료로서의 미술적인 접근으로 보이며 대조적으로 핀란드에서는 정신분석가들이 예술심리치료에 접근하여 발달을 후원했다.

5. 미술치료의 이론적 배경

1) 정신분석학적 상담이론

① Freud의 정신 역동적 접근

정신분석적 미술치료는 프로이드를 중심으로 정신분석가들이 사용하는 자유연상법이나 꿈의 해석, 저항과 전이의 분석과 해석 등을 기법으로 사용하는 것이다. 특히 자유연상의 경우나 꿈의 내용을 전달하는 데 있어서 그림이나 창조적 매체를 통해서 표현케 하는 것이

다. 아동의 경우는 성인에 비해 자유연상의 준비성이 결여되어 있어서 그림의 사용이 언어의 사용보다는 의사소통을 용이하게 했고 성인의 경우에도 난화나 핑거페인팅 등을 그려 자유연상을 하게 하거나 연상되는 것을 그리게 하는 방법을 적용하기도 한다. 정신분석적 미술치료는 내담자가 표현한 작품의 소재를 분석하여 미술을 상징적 언어의 형태로 보고 자유롭게 자신을 표현케 한다. 즉 상징과 전이를 매우 중시하여 융의 집단 무의식개념과 대상관계이론도 치료이론에 통합하고 있다.

② Jung의 분석심리학적 접근

융은 무의식으로부터 나온 심상을 그려내고 채색하는 데 중요한 역할을 했던 능동적 심상화(active imagination) 기법에 대해서 많이 논의하고 있으며 내담자의 그림은 종합적으로 해석되어야 한다고 지적하고 그림을 지적, 감정적으로 이해해야 한다고 했다. 융의 분석적 미술치료는 프로이드와 달리 인간의 심상을 임상적 자료로 사용하기보다는 내담자의 개인적 요소와 원형적 요소를 종합하는 방식으로 내담자와 치료자간의 상호통찰과 이해의 자료로서 사용하였다. 융학파는 미술이 추구하는 낭만적 작업이 임상적 정보 자료원도 아니며, 그리고 원형적 형상화를 알고자 하는 흥미위주의 지적 탐구도 아닌 내적 및 외적 실체에 대한 잠재적 통찰을 불러일으키는 합성물로써 또한 그 상징으로서 심상을 다루고 있다. 따라서 미술치료의 목표는 미술을 증진시키 데 있는 것이 아니라 미술이라는 매체를 통해서 숨겨진 자원(근원)을 찾고 이해와 성장과 변형을 증진하고자 하는 데 있다.

③ Adler의 개인 심리학적 접근

프로이드의 결정론적 관점에 반대한 아들러는 인간은 자신이 존재하는 환경과 상호관계를 갖는 사회적 존재이며 자신의 조건을 극복하려는 목적의식과 창의적이고 책임을 지는 통합적 인격체라는 관점에서 출발한다. 아들러의 개인심리학은 한 개인의 세계인식방식에 의해 이루어지는 생활양식을 중요하게 여긴다. 아들러는 모든 인간은 태어날 때 미숙한 존재지만 성장과 완전성으로 나아가려는 경향을 그의 심리학의 기초에 두었다. 개인의 생활양식에 따라, 즉 자신의 열등감을 어떻게 극복하느냐에 따라 인간은 정신병리적인 성격으로 변할 수 있거나 혹은 자신을 사회적 통합처의 일부로 받아들여 공동체 의식을 함양할 수 있다는 것이다. 아들러는 인간의 열등감과 보상의 상호관계를 통하여 자신의 삶에 있어서 창조자 삶의 예술가가 된다고 하였다. 아들러에게 있어서 개인의 생활 양식은 이미 유아기에 자신과 관계를 맺는 사람들, 즉 가족들에 의해서 많은 부분이 형성되었다고 보며 이러한 점에서 아동의 교육 및 부모의 교육을 중요시하였다. 또한 아들러 학파의 치료에서는 내담자의 병을 치료하는 것이 아니라 개인의 생활양식 삶을 보는 방식을 수정하려는 것을 목표로 삼고 있다. 다시 말해서 치료사는 내담자의 생활양식의 변화에 주의를 기울여 내담자의 감정을 받아들이고 격려하며 배려하고 비난하지 않는 기법을 사용하는 것이다. 이러한 치료사의 태도를 통하여 내담자는 열등감을 감소하고 세상을 보는 관점이 변화된다. 또한 내담자는 생활양식과 생의 목표를 조정하게 되고 사회적 관심이 증가되며 나아가 사회의 소속감을 갖게 된다. 여기에서 치료사는 내담자의 행동, 증상, 꿈, 의사 소통관계, 대인관계 등을 해석하여 내담자의 통찰력을 촉진시켜 자신의 행동을 재정립하도록 돕는다.

2) 인본주의적 상담이론

① Rogers의 인간중심적 접근

인간중심치료 모형은 한 개인은 총체적으로 연구되어야 하고 적응과 편안함보다는 의미와 주체성을 제공하는 자기실현과 성취가 인간존재의 기본 목표이다. 인간중심 미술치료는 정신의 깊은 곳까지 탐색할 수 있는 의지와 힘을 길러주며 상반되는 양극성(선과 악)의 태도보다는 인간이 사랑할 수도 미워할 수도 있는 존재라는 신념을 확신케 한다. 여기서 강조하는 전인격적 통합은 몸과 마음, 영의 조화로운 협력을 말한다. 그래서 내담자가 두려움이나 불행, 불안에서 탈피하려는 것보다는 진정한 표현의 성취로부터 나오는 기쁨, 유쾌한 흥분을 얻기 위하여 이들 느낌들은 어떤 창조적 양상으로서의 정직한 표현으로 변화시키는 것이다. 미술치료 과정에서 융의 이론과 같이 꿈을 깊은 무의식에서 나온 상징적 메시지로 간주하는 경향처럼 심상의 중요성을 인식하고 통합적 치료에 활용하고 있다. 즉 꿈의 기억이나 대인관계 개선, 통증의 치료 등에서 소조활동이나 크레용 등으로 그림을 그리게 하는 기법을 사용할 수 있다. 통증을 상상하고 통증을 그림으로 그리고, 통증이 몸에서 떠나가는 것을 상상하고 그것을 다시 그림으로 그리게 하는 방법을 응용하고 있다. 자신의 정체성을 경험한 사람은 자신은 물론 타인의 통합성, 주체성, 개성, 이상주의를 인정하고 그러한 통합 철학은 관심, 돌봄, 동정의 삶의 방식을 이끌어 내는 것이다.

② 게슈탈트 접근

실존주의 철학이 현상학적 방법에 기초를 두고 있다고 한다면 게슈탈트 치료는 현상학-실존주의 영향과 정신분석, 게슈탈트 심리학의 영향을 받아 정립된 것이다. 게슈탈트 치료의 인간관은 실존적인 삶을 통한 성숙한 인간에 두고 치료의 목적은 분석이 아니라 자아의 통합에 있다. 특히 「지금-여기」를 강조하며 미해결과제를 완성하게 하고 순수자아의 표출과 의식 훈련의 기법을 사용한다. 즉 여러 가지 연습에 의한 도형과 배경을 자연스럽게 변화시킬 수 있도록 돕는다. 때문에 치료자와 내담자의 실존적인 만남이 중시되며 주로 워크샵 형태의 치료법을 사용하는데 이때 치료자는 연출가의 역할을 하게 된다. 결국 게슈탈트 치료는 개인의 생활과정에 대한 개인적 책임을 강조한다.

게슈탈트 기법을 보면 꿈 작업기법(dream work)은 미술치료기법과 유사하며 그들의 시각적 심상에서 자발적으로 표현된 의미에 대한 내담자의 의식을 불러일으킨다. 즉, 꿈의 형태를 그들 자신이 만들어 냈다는 것을 인식하게 한다. 꿈을 현실화하고 재연시켜서 지금 일어나고 있는 것처럼 재생시키는 것이 목적이므로 미술매체를 통해 생생하게 끌어낼 수 있다.

또한 점토작업 게임이나 느낌에 대한 그림그리기 기법, 선 게임(Line game) 등의 미술치료 방법과 역할놀이, 연주 등과 함께 사용하기도 한다. 구조화된 미술치료에서는 내담자에게 정서적으로 괴로움을 겪고 있는 일련의 단어에 대한 추상화를 그리게 하고(예: 분노, 공포, 슬픔, 놀람 등) 그린 그림을 동시에 볼 수 있게 정리하여 토의한다. 치료사는 선과 형에 포함된 방향성에 유의하여 주목을 끄는 형태를 확인하고 시각적 도형이 내담자의 실제 생활에서의 현재 관심과 어떻게 관련되는지를 질문하여 내담자가 설명하게 한다. 게슈탈트 미술치료는 내담자와 치료자 사이에 책임 있고, 정직하며, 직접적인 의사소통을 이끌어 나가게 하고자 한다. 시각적으로 묘사된 진술을 상호간에 탐구하면서 두 사람이 접촉하게 되며 상호 작용하는 것이다. 내담자 자신들이 시각적 메시지로 그들의 욕구와 자원을 인지하기 위해 최대의 잠재력을 활성화시키는 방향으로 노력해 나가야 한다.

3) 인지-행동 중심의 상담이론

① 행동치료 접근

행동치료는 과학적 방법의 원리와 절차에 근거한다. 실험에서 도출된 학습원리들은 부적응 행동을 변화시키도록 사람들을 도와주는 데 체계적으로 이용된다. 단순한 행동에서 복잡한 행동, 쉬운 행동에서 어려운 행동, 덜 위협적인 행동에서부터 더 위협적인 행동의 순으로 다룬다. 행동주의 미술치료는 발달장애 아동이나 행동 문제를 지닌 성인 치료 대상자에게 유용하다. 특히 이 모델에서 유용한 기법은 행동 형성법이다. 이 기법은 미술치료 기법과 행동치료 원리를 결합한 것으로 교육적 조치가 포함되어 있다. 행동형성은 새로운 행동을 형성하는 절차로 여기서 강화를 통해 목표행동에 접근하게 된다. 행동 형성의 과정은 형성해야 할 행동을 명확하게 정의하기, 출발시의 행동 수준 선정하기, 기초선에서 목표행동 수준까지의 행동을 작은 단계로 나누기, 강화자 선정하기, 반복을 통한 행동형성하기이다. 예를 들면 한 집단 참가자가 사회적 상황에서 적절하게 느끼고 싶다고 한다면 상담자는 적절하지 못하다고 느끼는 장면을 구체적으로 말해 보시겠습니까? 당신이 부적절 하다고 느끼는 상황은 어떤 상황입니까? 당신이 부적절하다고 느끼는 구체적인 상황을 말해 주시겠습니까? 변화시키고 싶어 하는 구체적 행동은 무엇입니까? 하고 질문한다. 집단은 집단 참가자들이 이러한 어려운 질문에 대한 대답을 말하도록 도와줄 수 있다.

② 인지치료 접근

인지학적 미술치료는 내담자의 사고나 감정을 시각화할 수 있어야 하며 인간의 세 영역, 즉 영혼과 육체와 정신의 특성에 적합하고 효과적으로 작용하는 치료 형태이어야 한다. 미술치료 형태는 소묘와 색을 사용하는 그림과 조소활동으로 분류된다. 소묘는 신체의 상부 즉 두뇌 활동에 작용하며 색은 가슴의 조소 활동은 신진대사에 작용하는 요소를 지니고 있다. 미술치료사는 내담자를 진단하고 내담자의 기질 성격 생활 상태 등을 참고하여 어떠한 형태의 미술치료가 적합한 지 선택하여 적용한다, 미술의 세가지 요소가 미치는 치료적 영향을 살펴보면 다음과 같다. 선, 작업인 소묘활동은 머리 영역에 영향을 끼치는 것으로 논리적 사고와 관찰력과 집중력을 기르며 감정에 치우치지 않도록 돕는다. 내담자들은 미술치료 중에 소묘를 통하여 자연과 형태에 대한 깊이 있는 체험을 하며 소묘에 대한 두려움을 극복하고 그림에 대한 즐거움과 세계를 새롭게 보는 것을 배운다. 소묘를 적용한 치료 형태는 기하소묘, 형태소묘, 자연물 대상 소묘, 역동적 소묘, 파스텔 소묘, 목탄 소묘, 선영소묘 등이 있다. 색을 이용하여 그리는 그림은 인간의 정서에 영향을 주며 심장박동과 혈액순환에 도움을 주는 역할을 한다. 특히 붓과 색과 물을 이용한 기법은 심리적 이완과 자연스러운 호흡에 훌륭한 효과를 준다. 현대인들에게 호흡과 심장장애가 가장 빈번한 질환이라는 점을 감안할 때 색을 이용한 치료가 인지학적 미술치료에서 가장 많이 사용된다는 것을 이해 할 수 있다. 이러한 점에서 치료사는 색의 다양한 영향력에 대한 개인의 경험이 풍부해야 하며 내담자에 따른 색의 적용을 자세히 알아야 한다. 조소는 순조로운 신진대사와 의지력의 개선을 위한 치료처방이 적합하다. 또한 공간의식의 확장에도 도움이 된다. 조소의 점토 활동에 있어서 장점 중의 하나는 실패에 대한 두려움을 가지지 않아도 되며 다른 도구가 없이 손만으로도 치료적 활동을 이끌어 갈 수 가 있다. 이러한 세 가지 형태의 예술은 내담자를 건강하게 하는 방향으로 전환하기 위한 수단으로써 미술치료에 적용된다. 즉 인지학에서는 미술치료를 통한 통일체적 인간을 목표로 한다. 따라서 미술치료사는 내담자가 어느 영역에 문제가 있는 지를 파악하여 어떠한 형태의 미술형태를 적용하는 것이 적합한지를 진단하여야 한다. 미술치료 형태의 선택은 항상 내담자의 병이나 내담자의 문제점에 따라 치료사가 결정된다.

치료	형상	육체	영혼	정신
〈미술형태〉	〈세 부분〉	〈생리학〉	〈특성〉	〈의식〉
소묘	머리	신경-감각계통	사고	깨어있음
회화	가슴	순환기 계통	느낌	꿈
조소	하복부	신진대사-사지 계통	의지	수면

4) 발달중심의 상담이론

발달적 접근은 프로이드, 에릭슨, 삐아제 등의 발달 이론을 기초로 하고 있다. 분리와 개별화 과정, 사회 심리적 발달 인지적 성장이 발달적 접근에 포함된다. 발달적 접근은 정상발달 단계에 있지 않은 내담자를 이해하고 조정하기 위한 것으로 정상발달 과정에 초점을 두고 있으며 이러한 접근은 정상적인 개인에게도 적용될 수도 있다.

발달적 미술치료는 정상유아장애인 인지적 퇴행이 있는 성인에게 적용되며 생활연령은 6세이지만 정신연령은 0~2세 수준에 머물고 있는 내담자는 감각운동기 관계에 해당된다. 그리고 15세 정신지체아는 5세 연령의 전조작기 단계에 해당될 수 있다. 인지적 발달단계에 따라 다른 미술매체와 활동이 활용된다. 교육이 가능한 정신지체아들은 추상화 된 일반화 능력에 문제가 있으므로 미술활동을 통해 단계 적을 성취하게 해주는 것이 중요하다.

이때 치료사는 정신지체아들이 학습속도가 느리다는 것을 인식해야 한다. 정신지체아의 경우 이들은 짧은 집중력과 제한된 기억력을 가지고 있기 때문에 간단한 활동의 반복을 통해 기본적인 개념을 형성시켜주고 다양한 미술매체를 이용하여 자신의 표현력을 개발할 기회를 제공해주는 것이 중요하다. 공간관계, 공간개념, 환경개념의 문제를 지닌 아동에게는 삼차원의 미술활동이 도움이 될 수 있는데 이는 시각적으로 사물을 인식하는 능력과 한 물체와 다른 물체를 변별하는 능력을 길러주는 내용이 미술활동에 많이 포함되어 있기 때문이다. 또한 새로운 언어의 획득이나 소 근육 발달과 같은 기능적인 문제가 있는 경우에는 미술활동을 통해 반복연습하게 하는 것이 중요하다. 이때 치료사가 주의해야 할 것은 여러 가지 미술재료나 다양한 활동은 오히려 아동에게 혼란을 줄 수 있으므로 한번에 한 단계에 집중 할 수 있도록 미술 활동이 이루어져야 한다는 것이다.

6. 임상미술치료의 특징

1) 심상(image)의 표현이다.

비언어적인 의사소통(Non-verbal Communication)이므로 말을 못해도 괜찮다. 미술은 환자의 생각과 느낌을 깊게 하여 치료자가 더 깊이 있게 파악할 수 있다.

2) 방어가 감소된다.

즉 미술은 비언어적 수단이므로 통제를 적게 받는다는 뜻이다. 방어가 감소되면 감정과 생각들이 더 솔직하게 표현될 수 있다.

3) 미술은 어떤 유형의 대상을 즉시 얻을 수 있다.

다른 상담과 치료와는 달리 미술치료는 작품이라는 구체적 자료가 생산된다. 이는 환자가 만든 어떤 유형의 대상화를 통해서 치료자와 환자 사이에 쉽게 하나의 다리가 놓여 질 수 있다는 점에서 큰 의미를 지닌다.

4) 자료의 영속성이 있어 자신을 회상할 수 있다.

미술작품은 보관이 가능하고 또 보존되는 구체적인 결과가 남아있게 됨으로 후에 삼고할

만한 증거가 되는 것이며, 필요할 때에는 재검토하여 치료효과를 높이는 데 도움을 줄 수 있다.

5) 미술은 뇌를 균형있게 발달시키며 공간성을 지닌다.

정신적, 정서적, 신앙적 안정을 유도할 뿐만 아니라 공간적 균형감각을 향상시킬 수 있다. 또한 그림 안에서 가깝고 먼 것이나 결합과 분리 등을 표현할 수 있고, 인물의 표현이나 상황, 감정, 장소 등의 관계가 한 공간에 표현되므로, 개인과 집단의 성격을 이해하기가 쉽다.

6) 미술활동은 실제 육체적 행동임으로 운동효과를 도모할 수 있다.

미술활동을 수행하는 동안 환자가 취하는 자세와 동작은 관절의 유연성을 향상 시키고, 근력을 강화시키며, 내구력(耐久力)을 강화시키고, 협응기능(Coordinative Function)을 향상 시키며, 일일생활동작(Activities of Daily Living)을 향상 시키고, 말단 사지 운동을 통한 간접적인 뇌기능 향상에 기여한다.

7) 미술은 창조성과 직결되는 행위이며, 에너지 향상을 경험하게 만든다.

자연치유 과정(Natural Healing Process)은 창조과정(Creative Process)이다. 따라서 미술활동은 곧 치유활동이다. 또한 미술은 자존감을 높여주고 통제력을 길러주기 때문에, 궁극적으로 삶의 질을 높여 주고 참 건강(Well Being)을 성취하는데 도움을 준다.

7. 임상미술치료의 장점

환자에게 적용될 수 있는 임상 미술치료에서의 장점은 다음과 같다.

1) 미술 활동으로 환자의 상태를 평가(evaluation)할 수도 있고, 치료(therapy)도 할 수 있고, 결과적인 효과(efficacy)를 분석할 수도 있고, 경과와 과정을 추적(follow-up)할 수도 있다.
2) 비언어적 의사소통(non-verbal communication)이나 내면 분석이 가능하다. 어

려서 말을 아직 못하거나, 중풍이나 뇌손상으로 언어장애가 있거나, 치매나 정신 혼란 등으로 의사전달이 횡설수설하거나, 말로 표현하기를 꺼려하는 경우에도 미술활동을 통한 의사소통이 가능하다.

3) 모든 사람(everybody in all age)이 상담이나 치료 대상이 될 수 있다. 문자 그대로 남녀노소 연령에 관계없이, 장애인 비장애인 관계없이 모두에게 상담과 치료를 제공해 줄 수 있다. 또한 사람의 건강한 상태, 불건강의 상태, 질병의 상태 등 모든 컨디션에 적용할 수 있다.

4) 다른 어떤 형태의 진료보다도 더 포괄적인 서비스(comprehensive service)를 제공할 수 있다. 신체적, 정신적, 심리적, 정서적, 사회적인 측면을 상담하고 도움을 제공할 수 있을 뿐만 아니라 심지어 영적인 측면(spiritual aspect)에까지도 도움을 줄 수 있다.

5) 자동적으로 의식집중상태(State of Automatic Concentration)를 유도힐 수 있나. 의식집중은 자연치유력을 극대화 시키는 데에 가장 효율적인 방법이다. 그런데 미술활동은 상담자의 특별한 노력 없이도 자동적으로 의식 집중상태로 유도 할 수 있는 장점이 있다.

6) 미술 활동은 환자의 흥미를 유발하기 때문에 환자가 자발적으로 즐기면서 치료 활동에 참여 할 수 있게 만드는 효율적인 요법이다.

   프로그램에 따라 장기간 지속적으로 되풀이해서 시행하는 활동은 뇌의 가소성(可塑性, placidity) 효과를 유발하며, 창조적인 활동은 뇌의 세로토닌의 분비를 증가시켜 내적인 안정을 찾고 활기찬 삶으로 변화될 수 있다.

7) 동양의학, 서양의학, 대체의학 등 모든 의학 분야에 다 적용할 수 있다.

8. 임상미술치료의 적용

미술치료에서의 미술작업은 내담자와 함께 활동함으로써 독특하고 역동적인 방법으로 매체를 통해서 심상을 구체화하여 미술작품을 창조해 나아가는 것이다. 이러한 작업을 하기 위해서 물리적, 시간적 환경 및 미술매체 그리고 치료사의 역할이 갖추어져야 한다.

1) 미술치료의 환경

a. 물리적 환경

미술치료를 하기 위해서는 공간적인 환경을 확보하는 것은 매우 중요한 부분이다. 적당히 넓고 밝으며, 비교적 조용하고 개인적인 비밀을 보장할 수 있는 공간이 좋다. 내담자의 상태에 따라 치료실의 공간적 환경이 커다란 영향을 미칠 수 있으며 치료 방법도 영향을 받을 수 있다.

또한 작업 활동 결과 및 재료를 잘 보관하고 전시할 수 있는 공간도 확보되어야 좋다. 자신의 작품 활동 결과를 내담자가 확인하면서 변화를 느끼는 것은 치료 과정에서 매우 중요하며, 자신의 내면을 자극하여 새로운 사고를 유도하는 데 도움이 된다.

b. 시간적 환경

미술치료의 시간 구성은 치료목표나 대상, 방법에 따라서 다양하게 결정된다. 치료 시간은 주 1~2회, 1회에 50~90분 정도로 실시하며 중도에 끝을 내는 것은 좋지 않다. 그러나 시간은 내담자의 집중력에 따라 조절될 수 있으며 20분 이내에 끝낼 수도 있다. 성격적으로 경직되고 강박적인 내담자에게는 시간을 충분히 주거나 특별히 치료시간을 제한하지 않고 작품의 완성시간을 줄 수 있으나 무절제한 내담자의 경우에는 시간제한을 철저히 지켜야 한다. 그러나 특별한 경우를 제외하고는 내담자에게 미술활동을 위한 충분한 시간을 주는 것이 필요하다. 대체로 주 1회 정도의 상담과 치료가 이루어지며, 첫 상담에서는 언어에 의한 접촉을 하며, 시간계획, 도구의 선택, 그림의 주제 선정 등 다양한 내용들이 다루어진다.

c. 심리적 환경

미술치료사는 정신적 지지자이면서 동시에 기술적 보조자의 역할을 해야 하며, 유능한 치료사란 내담자의 자아를 향상시킬 뿐 만 아니라 치료사의 자아를 통제할 수 있어야 한다. 미술치료사의 역할은 개인치료와 집단치료에 따라 차이점을 보일 수 있다. Wreen (1965)이 제시한 집단상담 및 치료사의 역할을 참고로 하여 다음과 같이 제시할 수 있다.

첫째, 인간관계의 형성자로서의 역할이다. 치료에 있어서 치료자와 내담자가 서로 신뢰

할 수 있는 인간관계가 성립되는 것은 매우 중요하다. 둘째, 심리적 환경 조성자로서의 역할이다. 집단미술치료에서는 구성원들이 서로 를 이해하고 수용해 주는 분위기가 조성되도록 해야 한다. 셋째, 대안 제시자로서의 역할이다. 내담자가 어떤 문제에 봉착했을 때 치료사는 자료를 제공하고 어떤 대안을 제시하여 자신의 위치를 객관적으로 볼 수 있도록 해야 한다. 넷째, 직접적인 관여자로서의 역할이다. 가급적 직접적인 참여가 없는 것이 바람직하지만, 다른 역할을 수행하기 어려운 상황에서는 직접적인 관여도 필요하다. 다섯째, 규칙의 제정자로서의 역할이다. 치료활동이 내담자의 활동을 허용하고 수용하는 것이 중요하지만 집단 활동을 위해서는 규칙과 규범이 필요하다. 여섯째, 치료결과에 대한 평가자로서의 역할이다. 모든 치료는 각 회기마다 도달할 목표를 설정해 두는 것이 효율적이며 결과를 객관적으로 평가할 수 있는 척도를 준비하여 평가한다.

2) 미술치료의 구성

내담자가 주제와 재료를 자유롭게 선택하는 비지시적 방법과 치료자가 주제와 재료를 제공하는 지시적 방법이 있다. 이 방법들은 집단의 크기, 치료기간, 내담자의 성향, 치료의 진행단계 등에 따라 다르게 적용되는데, 대체로 치료기간이 장기적이고 내담자의 자아능력을 신뢰할 수 있을 때 비지시적 방법이 적합하다. 반면 치료기간이 단기적이거나 내담자의 자아능력이 미성숙할 때, 또 치료 초기에 시작의 어려움이 있어나 미술에 대한 고정관념이 강할 때는 지시적 방법이 유용하다. 그러나 지시적 방법은 내담자의 수준에 적합하지 않은 프로그램이 적용되면 그 단계에서 감당하기 어려운 느낌을 줄 수 있어 프로그램 선택에 대한 치료자의 책임이 무겁다. 일반적으로 미술치료에서는 이 두 가지 방법을 함께 구성하는 경우가 많다.

9. 임상미술치료의 임상적 응용 및 적용대상

미술은 어떤 연령층이나 어떤 능력수준(Ability Levels)의 사람에게나 다 자연스럽다. 미술이라고 하는 것은 언제 어느 때라도 정서적으로(emotionally), 지능적으로(intellectually), 육체적으로(physically), 그리고 창조적으로(creatively) 성장할 수 있는 기회를 주는 좋은 방편이기도 하다. 자신의 자연치유력을 강화시키고 다양한 취미를 축적함으로써, 미술 활동은 환자가 창조과정(Creative Process)을 통하여 자신의 동일성 내지 정체성(identity)을 찾아서 계발하는 데에 도움을 줄 수 있다.

미술의 힘은 고통 속에서 자신을 표현하게 하고, 억제되었던 잠재력을 신장시키는데, 이런 이유로 미술치료는 ① 어려운 상황의 사람들을 위한 표현 도구로써 정신병원에서 시작되었으며, ② 여러 상담이론과 기법이 합쳐지면서 상담분야에서 확산 발전되었고, ③ 인지, 정서에 초점을 맞춘 발달적 미술치료가 특수교육, 조기교육 분야에서 사용되고 있으며, ④ 인성계발을 목적으로 교도소나 일반인에게도 사용되며, ⑤ 양로원에서 노인을 대상으로 삶을 보람되게 정리하는데 도입 되었으며, ⑥ 질병의 치료나 증상의 호전을 도모하기 위해 일반 병원이나 클리닉에서 인상적으로 이용하기에 이르렀다.

미술치료의 구체적인 방법에는 ① 환자들이 호소하는 것을 깊은 이해와 공감을 통하여 열심히 들어주는 것, ② 적당한 시기에 적당한 창작방법을 활용하여 증상의 치유나 경감이 되도록 돕는 것, ③ 정신성장과정을 촉진하게 돕는 것, ④ 보다 건전한 성격으로 전환하도록 돕는 것, ⑤ 남의 감정에 대한 이해심이 증진되도록 도와주는 것 등이 포함된다.

미술치료가 모든 사람에게 적합한 것은 아니지만, 선행연구나 연구자의 임상경험 등을 종합하여 적용대상의 예를 열거하면 다음과 같다.

① 정신질환자(정신분열증, 우울증 등), ② 심신장애인(시각장애, 청각장애, 지체부자유, 정신지체, 정서장애 및 행동장애, 자폐성장애, 학습장애, 중복장애, 언어장애 등), ③ 비행청소년(폭력, 절도), ④ 이혼(별거)부부, ⑤ 가족관계개선, ⑥ 근친상간 및 성폭행, ⑦ 섭식장애(대식증, 신경성 식욕부진 등), ⑧ 학업부진, 입시 및 시험불안, ⑨ 교우관계 및 인간관계개선, ⑩ 자아성장프로그램, ⑪ 산업상담, ⑪ 주의력 결핍장애, ⑫ 등교거부 증, ⑬ 노인치매 및 노인상담, ⑭ 신체 질병자(중풍, 심장 질환, 만성통증, 암 등)의 심리안정

10. 미술치료의 진단

의식 속에서 이루어지며, 이성의 통제를 받는 언어와 달리 그림은 비언어적 수단으로 내적 이미지를 표현하는데 적합한 수단이 된다. 언어로 자신을 표현하기 어려울 때 그림은 자신의 감정과 무의식을 쉽게 드러낼 수 있게 되는 것이다. 환자의 작품 속에는 의식과 무

의식이 함께 내포되어 상징으로 나타난다. 이 때 나타나는 상징은 환자의 감정이나 사고, 성격이나 정신세계 등이 어떤 형태로 나타나는 것으로 이러한 점이 미술치료의 진단적 측면이라고 할 수 있다.

1) 이론적 근거

a. 그림의 발달과정: 연령이 증가함에 따라 그림의 형태가 바뀌어 가는 그림의 발달 과정을 근거로 내담자의 지적인 면과 정서 및 사회적인 성숙도를 밝히는 일이 가능하다.
b. 그림의 상징성: 구조화되지 않은 애매한 자극에 대해서 자신의 과거 경험과 현재의 욕구를 바탕으로 반응하며, 무의식중에 자신의 감정과 욕구, 생활양식을 표현한다는 투사법의 이론에 근거한다. 미술작품 속에는 의식성과 무의식성이 동시에 내재된 상징적인 의미를 가지고 있다. 그런데 이 상징성이 연구에 의하면 보편성도 가지고 있다는 점이 미술을 통한 진단을 가능하게 한다. 미술을 인간의 마음 깊은 곳에 내재되어 숨기고 싶거나 자신도 모르고 있던 사실을 작품 속에 표현하게 한다. 자유화는 무의식과정에 억압되어 있던 것을 확연하게 보여주어 언어에 의해 표현하였던 것과는 전혀 다른 내면의 상태를 반영한다.

2) 진단과 해석

그림의 해석은 전체적 평가, 형태적 분석과 내용적 분석으로 구분된다.
a. 전체적인 평가: 그림에 부분적인 요소, 전체적인 느낌 분위기, 조화, 구조 등을 바탕으로 사회적인 관계, 신체에 대한 왜곡, 적응력을 파악해야 한다.
b. 형태적 분석: 그림의 필압, 그림을 그려나가는 순서, 위치, 크기, 음영 지우개의 사용 정도, 운동성 등을 통해 성격을 파악해 나가는 것이다.
c. 내용적 분석: 어떻게 그렸느냐가 아니라 무엇을 그렸느냐가 중요하게 다루어지며, 특징적인 사인이 무엇인가? 그림에 그려진 그 무엇들의 상징적인 의미는 무엇인지를 파악하고 특징들의 의미를 찾아내야 한다.

그러나 진단에 있어서 결과물만을 보고 내담자가 어떤 문제 또는 장애를 가지고 있다고 속단하는 것은 매우 위험하다. 따라서 그림을 그리고 난 뒤의 언어화작업이 중요하다. 또한 진단을 할 때는 대상의 연령, 환경, 상황, 그리고 특성을 고려해야 하며, 이런 요소들을 모두 파악한 뒤에야 미술치료가 진단을 위해 쓰이게 되는 것이다. 여러 가지 자료 중에 하나로 생각하게 하고, 한 장의 그림보다는 여러 장의 그림에 의한 판단이 요구된다.

3) 진단을 위한 미술활동

진단을 위한 미술치료에는 그림이나 조소, 콜라주, 핑거페인팅 등의 미술작업을 통하여 내담자의 심리 상태를 진단하는 방법과 인물화에 의한 지능검사나 성격검사, HTP, 나무그림검사, 가족 화에 의한 성격진단 등의 투사적 방법이 쓰인다. 대부분의 심리진단 방법은 과제를 주고 표현된 상징과 그 의미를 통해 결과를 분석하는 방식이다.

a. 인물화 성격검사(DAP : Draw A Person) 검사

인물화 성격검사의 발달배경은 1926년 Goodenough가 인물화 검사를 아동의 지능측정을 위한 심리검사도구로 발표함으로써 그림과 지능의 관계를 규명했다. 1948년 Machover는 인물화 검사를 아동 및 청소년을 위한 투사적 성격검사로 발전시켰으며, 1966년 Koppitz는 발달에 따른 점수화 체제와 인물화의 분석을 연구하여 Machover의 아동 및 청소년 대상 인물화 검사를 성인대상으로 사용할 수 있도록 발전시켰다.

인물화에 의한 성격진단 검사는 다른 여러 가지 투사검사 중 보다 더 깊이 있는 무의식적 심리현상을 표현할 수 있는 것이어서 아동은 물론 성인에 이르기까지 적용시킬 수 있다. 이 검사는 자유화에 비하여 저항이 적고 HTP나 KHTP의 기초가 되므로 심리진단 도구로 많이 사용된다. 또한 실시하기가 매우 간단하고 단시간에 작성할 수 있으면서도 중간단계를 거치지 않고 그려진 그림에서 직접 해석할 수 있다.

b. 집-나무-사람검사(HTP : House-Tree-Person)

1948년 정신분석가 Buck 에 의해 개발된 것으로. 심리학적 바탕은 프로이드의 정신분석학으로 투사적인 측면이 강조되었다. 이 검사는 내담자의 성격, 성숙, 발달, 융통성 등의 통합 정도와 현실에 주어지는 문제해결 능력, 환경과의 상호작용 정보를 파악 할 수 있다. 집, 나무, 사람은 누구에게나 친밀감을 주는 과제이기 때문에 모든 연령의 내담자가 기꺼이 받아들이며, 솔직하고 자유스러운 언어표현을 시킬 수 있는 자극으로 이용할 수 있다. 진단도구로 가장 많이 쓰이고 있으며 치료 전의 상태와 치료 후의 상태를 진단하는데 유용하다. 방법으로는 4장에 나누어 그리는 방법과 한 장에 통합해 그리는 방법이 있다.

c. 동적 집, 나무, 사람 검사(KHTP : Kinetic House-Tree-Person)

동적 집, 나무, 사람 검사는 한 장의 도화지 안에 집, 나무, 사람을 동시에 그려보도록 함으로서 전체적으로 많은 것을 볼 수 있는 기법이다. 집, 나무, 사람의 서로간의 상호작용 및 상호관계는 그리는 사람에 의해서 만들어진 시각적 은유를 반영하고 있으며 언어적 표현의 한계를 넘어서는 다양한 정보를 제공한다. 기존의 HTP검사는 정신병리적 명명의 진단적 사용에 중점을 두었다는 점과 각 그림이 행동이나 상호작용을 나타낼 수 없다는 점 등의 제한점이 지적되어왔다. Burn은 이러한 HTP검사의 문제점을 보완하고 역동성을 부여하도록 KHTP기법을 발전시켜 그림을 통해 얻을 수 있는 정보의 양적, 질적 향상을 가져왔다.

d. 나무그림 검사(Tree-Test)

내담자에게 열매가 달린 나무를 한 그루 그리게 한 뒤 완성된 나무 그림을 통해 내담자의 질병을 발견하려는 의도의 기법이다. 나무는 성장과정을 표현해 주는 자아의 측면을 나타낸다. 나무그림을 통해서 보는 심리검사는 가장 순수하고, 솔직하고, 자유로운 마음을 주변사람들을 의식하지 않으면서 깊이 감추어져 있는 내면세계를 아무런 방어 없이 자유롭게 분출할 수 있다. 대체로 그림을 분석할 때는 나무의 줄기, 뿌리, 잎, 가지, 열매 그리고 전체적인 인상 등을 기준으로 분석된다.

e. 동적 가족화 검사(KFD : Kinetic Family Drawing)

동적가족화는 담자로 하여금 가족을 그리게 하여 가족의 서열, 분위기 또는 가족의 지각을 파악하는데 쓰인다. 동적 가족화는 가족의 역동을 바탕으로 자신에 대한 시각적 은유를 부여해 주는 것으로서 가족체계 이론과 미술치료 이론이 접목된 가족 미술심리 치료에서 많이 사용한다. 가족화는 내담자가 그림으로 그려내는 내용물 하나하나에 그 상징성을 부여한다. 부모님의 위치, 자신의 위치, 크기, 동작, 표정, 전체적인 그림의 조화, 스타일 등을 통해서 내담자 가족의 역동성을 엿볼 수 있다.

f. 풍경구성법(LMT : Landscape Montage Technique)

풍경구성법은 원래 정신분열증 환자를 주 대상으로 모래상자 요법의 가능성을 결정하는 예비검사로서 고안되었다가, 독자적인 가치가 인정되고 이론적으로 분석되어 많이 활용되고 있다.

도화지에 산, 강, 길, 집, 나무, 사람, 꽃, 돌등을 치료자가 제시하는 방향으로 그리고, 마지막에 그리고 싶은 사물이 있으면 그려 넣게 한다. 그 다음 채색을 하도록 한다. 다 그린 후 치료사는 여러 가지 질문과, 각 항목들의 구성과 색채, 각 요소들이 가지고 있는 의미를 통해 내담자의 상태를 파악할 수 있다. 그러나 각 항목들의 크기와 위치 등에 따라 그 의미는 다르게 해석될 수 있으며, 내담자의 생활환경과 경험 및 이해에 따라 다양하게 나타날 수 있다는 것에 유념해야 한다.

g. 동그라미 중심 가족화(FCCD: Family Centered Circle Drawing)

동그라미 중심 가족화는 Burns에 의해 처음으로 개발된 투영적 미술치료 기법이다. Crain(1980)은 "만다라는 대칭적인 도형으로 본질적으로 중심화의 상징이며 기본적인 통일성이나 전체성, 다시 말해 존재에 이르는 통로를 나타낸다."라고 하였다. 인간은 정서적으로 초점을 모으게 되면, 인간에 대한 통찰이 생기고 치료가 된다는 것이다. 따라서 인격형성에 있어 중심화는 본질적으로 중요하다.

이 검사법은 검사용지 중심에 그려진 원안에 그림을 그리게 한다. 그리고 각 인물은 그 인물 주위에 그려진 상징에 둘러싸여 있다. 이 상징은 시각적인 자유연상을 기본으로 하고 있으며, 이 상징에서 추상된 사고와 정서를 발견할 수 있다. 즉, 내재되어 있는 부모와 자신과의 관계를 보고, 그 관계를 통해 자기 자신을 바라보도록 하는 방법이다(한국미술치료학회, 1995:585).

h. 꼴라쥬(Collage) 검사

꼴라쥬 기법은 미술활동에 거부감을 가지는 내담자들에게 많이 사용되고 있는 미술치료 기법으로 잡지나 신문 등에 나와 있는 그림이나 내용들 중에서 자신이 붙이고 싶은 것들을 붙여 내용을 만드는 방법으로 비교적 쉬워서 내담자에게 부담이 없다. 이 기법은 미술에 대한 거부감을 감소시키고 표현이 쉬우며 정확한 감정전달에 용이하다는 장점이 있으나 자신의 감정을 표현할 수 있는 많은 재료가 있어야 하는 단점이 있다. 많은 재료 중에서 자신이 원하는 것을 찾아 붙이는 작업은 자유연상법을 활용한 것이다.

i. KSD(Kinetic School Drawing) 또는 친구화 검사

KSD는 학교의 친구와 선생님을 포함해서 그림을 그리게 하여 내담자의 학교생활을 분석한다. KFD와 함께 받아보면 더 효과적이다. 그리고 친구화는 학급집단내의 사회적 위치나 역할, 적응상태를 파악하기 위해서 사용한다. 6-10세 아동의 경우에는 놀고 싶은 친구, 하고 싶은 것 등을 그리게 한다.

11. 치료적 성격의 미술치료

1) 미술의 치료적 성격

치료로서의 미술치료 기법은 미술작업 과정을 통해 치료적 효과를 줄 수 있는 기법을 말한다. 여기서 미술의 치료적 성격이 의미하는 것은 미술활동을 통하여 환자의 문제 성격이나 행동이 경감되는 현상이라고 할 수 있다. 미술을 통해 한 번도 표출한 적이 없는 감정을 안전하게 발산하는 것을 경험하기고 하고, 불분명했던 생각들을 정리하며 혼란이 정화되기도 한다. 또한 과거를 재구성하기도 한다. 이러한 모든 개별 과정은 치료사와의 상호작용을 통해 더욱 명료하게 내담자의 의식 위로 떠오르게 된다.

인지적인 깨달음과 정서적인 카타르시스를 바탕으로 환자는 자기 자신과 만나게 되며 궁극적으로 변화의 에너지를 얻을 수 있다.

2) 치료를 위한 미술활동

미술활동을 통해 심리치료 효과를 얻을 수 있는 방법은 매우 다양하다. 미술표현은 그 자체가 감정의 발현이며 자신의 생각과 창의력을 조형언어로 표현하는 것으로 심리적 치료 효과를 내재하고 있다. 치료를 위한 미술기법은 매우 다양하며 각각의 기법은 환자의 상태나 환경을 고려하여 초기, 중기, 후기에 따라 구성하여 실시한다.

a. 난화 이야기법

난화 이야기법은 낙서하듯 선을 자유롭게 그은 후 그 선의 움직임 안에서 연상되는 이미지를 찾아 발전시켜 나가는 것인데, 심상의 형성이 중요하며 이야기를 만들어 나가게 한다. 무의식속에 내면의 동기를 의식화하여 밝혀낼 수 있게 해준다.

b. 꼴라쥬 기법

꼴라쥬기법은 최근에 많이 사용되는 기법으로 사진이나 그림을 제시하고 거기서 골라서 붙이게 함으로서 거부감이 감소되고 표현이 쉽고 그리는 것보다 정확한 감정전달이 될 수 있다.

c. 만다라 그리기

만다라 그리기는 원 안에 그림을 그리게 함으로서 감정을 통합하는 작업이다. 집중력과 안정을 주고 내담자의 기억과 감정을 통합하는데 유용하다. 정서적인 안정과 저항의 감소, 긴장의 이완 등의 효과를 나타내며. 스트레스 해소에도 큰 도움이 된다.

d. 핑거 페인팅(Finger painting)

핑거페인팅 기법은 주로 미술치료 초기나 말기에 사용하는데, 손으로 자유롭게 그림으로서 정서적인 안정과 저항의 감소, 긴장의 이완 등의 효과를 나타내며. 스트레스 해소에도 큰 도움이 된다. 특히 경직된 환자에게 적용하면 좋다.

e. 테두리법

도화지에 테두리를 그려서 건네주는 기법으로, 묘화를 자극하고, 그림에 대한 부담과 공포를 줄일 수 있어 자아가 허약한 내담자들에게 많이 사용된다.

f. 점토 만들기

점토활용 기법은 점토를 주무르고 누르고 찌르고 붙여보면서 점토가 가진 질감과 유동성을 이용하여 표현하는 것이다. 이는 내담자의 감각적인 부분을 자극하여 감각기관을 활성화하고, 긴장이 이완되며 에너지가 강화되고 신진대사의 활력을 얻을 수 있어 많이 사용된다.

g. 습식화

습식화는 도화지를 물에 적셔 그 위에 수채화물감을 떨어뜨려 번지는 효과를 이용한 것으로서, 경직된 내담자들에게 이완의 효과가 있고 내적활기를 일깨울 수 있는 기법이다.

h. 출발용지(Starter Sheet)법

처음 작업을 시작할 때 사용하는 기법으로, 종이에 치료사가 직접 잡지에서 얼굴사진을 오려 붙여 주거나 그려준다. Starter Sheet는 그림 그리는데 저항이 있거나 공포, 수줍음 등을 줄여서 그림 그리기를 자극하고, 촉진하는데 사용한다. 장애아동이나 정신질환자에게 모두 사용할 수 있다.

i. 신체 본뜨기(Body Tracing)

큰 종이를 벽에 붙여 그 위에 환자를 서게 한 후 몸을 따라 선을 그려 본을 뜬 다음 그 선을 보며 자유롭게 자신이 느끼는 신체에 대해 표현하는 방법이다. 이는 자기 인식의 증가를 목표로 하는 게슈탈트 미술치료의 한 방법인데 신체의 모양을 통한 자아의식을 증진시킬 수 있다. 이는 신체 영상이나 자아개념이 부정적인 신체장애인의 자아개념을 높이는데 주로 사용된다.

j. 공동화 기법

공동화기법은 집단미술치료에서 사용되는 것으로 집단 속에 자기 이해와 집단이해을 주고, 협동심과 사회성을 기르는 데 도움을 준다.

k. 감정차트 만들기

감정차트는 최근의 감정을 그리거나 색으로 표현하거나 색종이를 오려 붙여 자신의 긍정적이고 부정적인 감정을 표출시키는 방법이다.

II. 통합의학에서의 미술치료의 역할

의(醫)는 하나이고 의학(의학(醫學))은 여럿이며 요법(療法)은 수백가지이다.

'서양의학의 아버지'로 추앙받고 있는 히포크라테스는 "인생은 짧고 예술은 길다(Life is short and art is long)"라고 하였고, 의(醫)는 치유예술(Healing Art)이라는 점을 강조하였다. 치유예술(治癒藝術)로서의 의(醫)는 본질적으로 동서고금을 막론하고 하나일 뿐이지만, 이를 연구하는 학문으로서의 의학(醫學)은 서양의학, 동양의학, 보완대체의학 등 여러 가지 의학으로 구별할 수 있으며, 치유를 위한 구체적인 방법과 수단으로서의 요법(therapies)은 수 백 가지 이상이라는 뜻이다. 미술치료(Art Therapy)는 이러한 요법 중의 하나이다.

의학의 역사적 흐름은 21세기에 들어서면서 그 축이 종전의 '병 중심의 의학(Disease Oriented Medicine)'에서 '건강 중심의 의학(Health Oriented Medicine)'으로 옮겨지고 있다. '질병을 찾아내어 제거하려는 의학'에서 '웰 빙(Well Being)을 추구하는 의학'

으로 중심축이 옮겨지고 있다는 뜻이다. 종전에는 사람의 생리적 상태를 '건강과 질병'이라는 상대적이며 이분법 적인 사고로 구분하였으나, 근래에는 건강과 질병 사이에 '불건강(不健康) 또는 미병(未病)'이라는 개념을 등장시켰다. "건강은 잃었으나 아직 병이 아닌 상태"가 곧 불건강/미병이라는 뜻이다. 이러한 불건강의 상태를 극복하는 것이 '참 건강(Well Being)'인데 기존의 정통적(正統的, conventional) 제도권 의학은 질병을 찾아 제거하는 방향에서는 놀라운 발전을 이룩하였으나 "참 건강(well being)을 챙겨준다"는 측면에서는 많은 한계점을 느끼게 되었다. 참 건강을 달성하기 위한 수단으로서 각 문화권에 전래되어 오는 전통의학(傳統醫學, Traditional Medicine)과 민간요법(民間療法, Folk Medicine)이 의료계 표면에 등장하게 되었고, 이들 전통의학과 민간요법을 통틀어 연구대상으로 삼는 의학이 보완대체의학(補完代替醫學, Complementary Alternative Medicine)이다. 보완대체의학의 주된 치료 대상이 불건강(미병)이며, 치료 목표가 '참 건강(well being)의 달성'이다. 보완대체의학의 중요한 부분인 임상미술치료가 바로 이 부분에서 특정한 역할을 담당하게 된다.

'참 건강'에 대한 정의도 종전의 "육체적으로 건강하고 정신적으로도 건강하고 심리적으로도 건강해야지"하던 관점에서 "사회적으로도 건강 해야지"가 추가되었었으며 최근에는 "영적으로도 건강해야 한다"는 영적(靈的, spiritual)인 측면이 추가되었다. 참 건강에 대한 개념의 변화는 "그렇다면 어떤 분야의 전문가가 육체적, 정신적, 심리적, 사회적, 영적 건강을 모두 다스려 참 건강을 이뤄 줄 것인가"하는 문제를 아울러 제시하였다. 이것이 전 세계적으로 보완대체의학에 대한 관심을 자극하고 연구열을 고조시키는 계기가 된 것이다. 이러한 세계적 추세를 배경으로, 임상미술치료가 신체적 · 정신적 · 심리적 · 사회적 · 영적 측면을 모두 아울러 평가하고 다스려 줄 수 있다는 점에서 '참 건강'을 이루려는 보완대체의학의 중요한 일부로 부각되었다.

미술치료는 지난 30여 년간 제도권의 정통의학체계 내에서 특히 정신의학이나 재활의학 분야에서 임상적으로 응용하고 있었기 때문에, 이미 제도권 의료체계에 접목이 되어 있었다고 할 수 있으며, 임상미술치료의 응용과 연구의 범위가 더 넓게 확대 되어 보완대체의학 영역까지도 아우르게 되었다. 미술치료는 서양의학, 동양의학, 보완대체의학 모두에서 임상적 응용의 잠재력과 연구의 가능성을 이미 제시한 상황이기 때문에 모든 의학을 융합하는 통합의학의 일부로서 할 중요한 역할이 전망된다.

임상미술치료의 역할을 조명한 본 연구와 미술치료 분야 전반의 발전은 다음과 같은 측면에서 의료계와 사회에 공헌 할 수 있다.

첫째, 세계적 추세에 보조를 맞춘다. 의학 선진국에서 빠른 속도로 보급 확산 되고 있는 미술치료를 도입하여 교육, 진료, 연구, 제도화와 연계시킴으로써 적어도 세계의학 수준에 도전하거나 더 나아가 그들을 앞지르는 학문적 잠재력을 키운다. 미국의 경우 125개의 의과대학 중 100 여 개의 의과대학에서 보완대체의학 또는 통합의학이라는 이름 아래 정식 교과 과정을 개설하여 교육, 진료, 연구를 시행하고 있는 것이 그 예이다. 그 교과 과정의 내용에는 미술치료가 포함되어 있다.

둘째, 지식의 폭이 넓은 의료사(의사와 치료사)를 양성한다. 의사나 각 분야 치료사에게 인접 분야에 대한 지식의 폭을 넓혀 준다. 의료인 모두가 미술치료를 직접 시행하도록 만든다는 뜻이 아니고, 미술치료에 대한 올바른 연구결과와 지식을 습득함으로써 각자가 자기 분야에서 돌보는 환자들에게 올바른 치료 방향과 지침을 제시 해 줄 수 있도록 해 준다.

구체적인 예를 들면 미술치료는 재활의학 분야에서 뇌졸중(풍) 환자, 신경 마비 환자, 인지능력 장애 환자, 관절염 환자, 뇌성 마비 어린이 환자에게 임상적 도움을 줄 수 있고, 소아의학 분야에서 발달 장애, 정신 지체, 과잉 행동 장애, 집중력 장애, 자폐증 어린이와 가족에게 임상직 도움을 제공하고, 정신의학 분야에서 정서불안, 사회 적응 불안, 우울증, 성신질환 등의 환자에게도 임상적 도움을 주며, 그 이외에 암 환자, 만성 통증 환자, 각종 난치병 환자 관리에도 임상적 도움을 제공 해 준다. 여기서 말하는 임상적 도움이란 해당 질병의 치유과정을 촉진시키는 효과를 내거나 그 질병과 관련된 증상의 호전 효과를 의미한다.

셋째, 기발한 기초연구발상(Basic Research Idea)을 제공 해 줌으로서 무한대의 실용적 임상연구(Applied Clinical Research)로 이어 질 수 있도록 도와준다. 동양의학과 보완대체의학은 연구발상(Research Idea)의 보고(寶庫, Treasure Box)이기 때문이다.

넷째, 새로운 세계의학 창출에 기여한다. 서양의학, 동양의학, 보완대체의학에는 각각 나름대로의 장점을 지니고 있는 반면에 제한점과 단점도 아울러 지니고 있다. 그러나 각 의학의 장점만을 융합시킨다면 어떤 독립된 의학보다도 차원이 높은 더 우수한 통합의학(統合醫學, Integrative Medicine) 또는 전일의학(全一醫學, Wholistic Medicine)의 창출이 가능하다. 동양미술과 동양의학을 접목시키고, 서양미술과 서양의학을 접목시키고, 이렇게 접목된 동·서 미술과 동·서 의학을 한 데 융합시킨다면 통합 미술치료(Integrative Art Therapy)의 탄생이 가능하게 되며, 이러한 통합 미술치료 분야는 새로운 세계적 전일의학 창출에 촉매 역할을 할 것으로 전망 된다.

1. 보완대체의학에 대한 이론적 고찰

1-1. 보완대체의학(CAM)의 개념

인간은 단순히 세포들의 집적물 만은 아니다. 자연과 더불어 존재하는 생명체이며 자연의 창조물이다. 인간이 병들었다는 것은 자연과 그 창조물 사이의 관계에 문제가 생겼다는 의미이므로 병든 기관이나 조직만을 뜯어볼 것이 아니라 그를 둘러싼 주변의 모든 환경과 사회에도 관심을 갖고 살펴보아야 한다.

오늘날의 환경문제, 날로 심각해져가는 대기오염과 공해물질의 범람은 인간의 생명에 광범위하면서도 깊은 영향을 미친다. 예컨대 지난 세기만 해도 세균감염에 의해 사망하는 경우가 제일 많았으나 이제는 스트레스, 오염물질, 영양불균형에 의한 질병으로 사망하는 경우가 대부분이다. 미국의 캘리포니아 대학 공중보건학과의 통계는 적어도 사망원인의 50%가 공해물질이나 환경오염과 관련이 있으며 감염에 의한 경우는 불과 3%에 불과하다고 밝히고 있다. 이와 같은 상황은 인간을 병적 상태로 만드는 환경적 · 사회적 요인을 가려내고 환자의 면역성과 저항력을 중요시하는 의학을 필요로 한다.

서양의학은 16세기 르네상스 이후 자연과학의 발달과 함께 3세기동안 계통 해부학의 창시, 현미경의 발견, 세균학의 발달, Virchow의 세포병리학, Langly의 자율신경학, 각종 화학약품 및 항생제의 발달, 외과적 요법의 발전, 진단학의 발전, 의공학의 발달 등의 눈부신 공적으로 인류의 건강증진과 유지에 크게 기여했다. 그러나 이러한 기계론적 접근방법이 서양의학자들로 하여금 은연중에 말단, 분석적 의학개념에 젖어들게 만들고 전체성 의학개념(Holistic medical concept)에서는 멀리하게 됨으로 새로운 유형의 질환 즉 대사성 질환, 면역 이상 질환, 신경 정신질환, 각종 만성 악성 질환, 퇴행성 질환과 같은 종합적이고도 내인성이고 만성적 경과의 질환이라는 벽에 부딪치게 되었다.[1)]

현대의학에서는 단편적이고 부분적인 분석으로 문제에 접근해가는 방식이 지배적이다. 그러나 그러한 환원주의적 분석방법은 전체를 보는 통합적인 능력을 갖지 못한다. 과학에

---

1) 정종철(1986). 동양의학의 기초의학연구 개설, 동양의학연구소논문집.

서는 기계적인 메커니즘의 발견과 원리에 기초를 둔 지식의 체계화가 무엇보다도 중요하지만, 인간의 질병을 다루는 의학에 있어서는 종합적이고 전인적인 접근방식이 필요하다. 미국의 노벨상 수상자인 폴링(L.C.Pauling) 박사는 현대의학의 너무 세분화된 전문성을 지적한 바 있다. 현대 의학적 방법은 인간의 건강을 증진하는 데 오히려 방해가 된다는 것이다. 또한 현대의학이 질병을 예방하고 교육하는 쪽에 관심을 두지 않는 이상 그 미래는 희망적이지 못할 것이라고 경고하고 있다.

실제로 의학의 메카라고 할 수 있는 미국의 경우 74세가 되기 전까지 3명중 1명이 각종 암에 걸리고 매년 50만 명 이상이 뇌졸중으로 쓰러지며 3만 5천명의 고혈압과 심장질환자가 발생한다는 통계가 나와 있다. 의학의 발달에도 불구하고 사람들이 병에 걸리는 비율은 점점 더 높아지고 있다. 특히 암이나 정신질환 등의 발병률이 꾸준히 증가하고 있으며 심장혈관질환도 약물요법이나 수술기법의 발달에 아랑곳없이 줄어들지 않는 실정이다. 이는 이들 질병이 현대인의 생활환경과 실생활, 스트레스, 환경오염, 방사선물질, 정신건강상태 등과 밀접하게 관련되어 있기 때문이다. 따라서 이러한 요인에 대한 인식 없이는 진정한 의학적 발전을 이룰 수 없다. 최근 들어 대체의학에 대한 관심과 연구가 활발해지는 것은 이와 같은 인식 때문이다.[2]

통합의학 대체의학이란 한마디로 인간의 온갖 질병과 고통을 자연치유능력에 맞추어 조율하고 복원하는 의학이다. 그러기 위해 인체의 면역기능과 회복능력을 증강해주는 여러 가지 자연적인 접근방식을 동원하고 있다. 즉 환자를 전체성을 가진 인간으로 보고, 그 신체적인 병변 부위에만 치중하는 치료가 아니라 정신적 · 사회적 · 환경적인 부분까지 관찰하여 조화를 이루게 하는 치료를 행한다. 폐렴환자를 예로 들면, 현대 의학적 치료법은 폐렴균을 죽일 수 있는 항생제를 투여하는 것이다. 이에 비해 자연 의학적 치료법은 환자가 폐렴균에 노출되었을 때 병균의 침입에 저항하지 못한 면역기능의 허점을 중요시한다. 따라서 면역성이 떨어진 원인을 찾아내어 저하되어 있는 치유능력을 높여주는 여러 가지 대체 의학적 방법들을 동원한다. 이는 항생제의 부작용을 막고 면역성의 저하를 방지해 또다시 병균에 노출되더라도 스스로 이겨낼 수 있도록 해준다.

대체의학(Alternative medicine)이란 정통의학, 제도권의학(Orthodox medicine)을 대신한다는 의미로 만들어진 말인데 다른 명칭으로는 정통의학의 어떤 부분을 보충해준다

2) 오홍근(2000). 새로운 의학, 새로운 삶-대체의학, 개념과 발전방향. p.48. 장작과 비평사

는 의미로 '보완의학 (Complementary medicine)', 서구적 전통의학, 또는 주류 의학(Conventional medicine)에 대비되기 때문에 '비전통 의학(비주류 의학, Unconventional medicine)', 제3의학 (Third line medicine)이라고도 한다. 그리고 치유 방법의 특징이 사람의 전체를 보면서 치료하기 때문에 '전인의학(全人醫學, Wholistic or Holistic medicine)', 인간의 질병을 자연의 치유 능력에 맞추어 조율해 주고 복원시켜주는 의학이라는 의미로 '자연의학(Natural medicine)'이라고도 불린다.

모두 의의 있는 명칭들이며 어느 관점을 중요시 하느냐에 따라 적절히 불릴 수 있으나 최근 미국 국립의료원 산하 보완대체의학 연구소의 공식 명칭은 '보완대체의학(CAM, Complementary Alternative Medicine)'이라고 규정하고 있다.

대체의학의 정의 또한 다양하지만 대체로 인체를 종합적이고 전인적인 방법으로 고찰하여 질병을 예방하고 치유하고자 하는 의학의 한 분야로 보는 것이 타당하며, 미국 국립 보완대체의학 연구소에서는 '다양한 범위의 치료 철학, 접근 방식, 치료법들을 포괄하는 것으로 의과대학이나 병원에서 일반적으로 교육하거나 사용하지 않고, 의료보험을 통해 수가가 지급되지 않는 치료나 진료 행위' 라고 정의 내리고 있다. 지금까지의 서양의학, 또는 정통의학은 서양철학과 과학 문명의 발전에 기초를 두어 분석적이고 합리적인 방식과 사고로 의학을 발전시켜 왔으며 인간의 질병을 다루어 왔다. 이러한 지금까지의 정통의학, 또는 제도권 의학은 인류를 질병에서 어느 정도 해방시켜 주었으나 수많은 노력에도 불구하고 분석적이고 합리적인 학문적 사고방식으로 인체를 지나치게 세분화하여 인체에 대한 전체적인 접근의 중요성을 상실하게 하였으며 기계와 화학약품에 대한 의존비율을 지나치게 높여 의료비를 높이고 인체 부작용을 심화시킴과 아울러 의료의 비인간화 및 치료방법에 대하여 사고의 기계적 고착화를 불러 더 나은 치유를 기대하는 사람들에게 걸림돌로 작용하고 있는 실정이다.

대체의학에서는 서양의학에 비해 보다 전인적이고 포괄적인 치료이론을 지니고 있다. 이러한 동양의학의 특징은 질병을 치료하는 것보다 환자를 치료하는데 더 중점을 두기 때문에 새로운 유형의 질환에는 보다 더 우수한 잠재성과 능력을 갖추게 된다. 그래서 최근 서양의학이 한계를 느끼고 있는 각종 만성, 성인병 군에서 활약을 보이고 있는 것이다.[3]

인간의 질병을 다루는 의학은 종합적이고 전인적인 접근 방식이 적용되어야 완전한 건강

3) 조헌영(1983), 「통속 한의학 원론」. 서울, 학림

을 되찾을 수 있다는 관점의 치유개념이 최근 중요한 문제로 제기되면서 다양한 건강 증진 및 치료 방식이 대두되었고, 널리 연구되어지고 있다.

보완대체의학은 바로 인간을 전인적인 관점에서 바라보면서 건강을 증진시키고 질병을 예방하며 치료하고 후유증을 최소화하고자 하는 의학으로서, 현대의료의 큰 축을 담당했던 기존의학과 더불어 또 다른 한 축을 담당하게 될 것이다. 실제 대체의학에서 사용되는 많은 방법들 중에서는 치료 효과가 뛰어난 것들이 많이 있다. 이러한 것들이 아직 증명되지 않았거나 이상하다고 해서 묻혀 지는 경우가 있어서도 안 되며, 무시되어서도 안 된다. 오히려 적극 발굴하고 연구하여 쓸모 있는 의학의 한 분야로 발전시켜 나가야 하는 것이 올바른 길이라고 본다.

실제로 동양에서 예로부터 많이 이용되는 '침구학'은 이제 그 효용성이 인정되어 세계적으로 널리 이용되고 있고 침을 이용한 다양한 치료 방법들이 개발되고 있다. 약초(herb)를 이용한 치료제들도 많이 개발되어 치료 상품으로 나왔는데 예를 들면 마늘은 암 예방 및 치료에 유용하다는 것이 이미 세계적인 논문으로 증명되었고, 은행나무 잎에서 추출한 성분은 혈액을 맑게 하며, St. John's Wort는 유럽 등지에서 경도의 우울증 등에 널리 이용되고 있는 것처럼 오랜 옛날부터, 혹은 대체의학적인 약초요법에서 쓰고 있는 것들이 실제 그 효능 및 기전이 밝혀져서 정통의학의 분야에서도 많이 이용되고 있는 것이다. 그 외 '아로마 요법', '카이로프랙틱', '생약 요법' 등 수많은 대체의학적 방법들이 세상 밖으로 나와서 그 역할들을 해내고 있는 것을 보면 대체의학이라는 범주의 내용들은 의학적 진단 및 치료에 적극 이용되어야 하며, 심도 있게 연구되어져야 한다.

질병에 대한 접근방식에 있어서 현대의학은 진단된 병에 대해서만 부분적 처치를 행할 뿐 그 병을 앓고 있는 환자의 모든 면을 충분히 고려하지 못한다는 문제가 있다. 반면에 대체의학은 개개인의 생활패턴과 주위환경 또는 성격과 정서적 상태까지 참고하여 치료와 예방에 이용한다.

1-2. 보완대체의학의 역사

보완대체의학은 사실상 인류의 역사와 함께 시작되었다 해도 과언이 아니다. 기원전 이집트인들은 뼈를 맞추는 법을 알고 있었으며, 이스라엘인들은 오염의 원리를 알고 위생관리법 등을 개발하였으며 식이요법을 종교적 규범으로 삼았다는 것을 구약성경을 통해 알 수 있다. 러시아와 불가리아에서는 증기를 이용한 목욕법을, 그리스인들은 운동과 물리치료법을 발전시켰고, 로마인들은 그들의 건축물 구조를 통해 냉온욕법을 널리 사용하였음을 알 수 있다. 중국에서는 5천년 이상 식물의 잎 · 열매 · 뿌리를 질병치료에 이용하여 약용식물에 대한 방대한 지식과 경험을 축적해왔고, 지금도 동양인들은 이에 대해 무한정이라 할 만큼 강한 신뢰감을 가지고 있다.

Hippocrates나 Paracelsus와 같은 의사들은 모두 위대한 자연치료 의학자였으며 자연의 이치를 깨닫고 자연치료적인 방법들을 개발했다. 이러한 의학형태는 세기를 거듭하며 면면히 이어졌고 근래에까지도 실제적으로 애용되었다.

동물들에게 행해 온 예로 동물이 병들거나 상처를 입으면 약초를 먹이고 진흙 팩을 하고 물속에 집어넣어 물 치료를 해준다. 당분간 음식을 먹이지 않는 단식치료를 하고 혀와 몸을 깨끗이 씻어주는 소독과 목욕법을 실시하고 몸을 마사지하는 자연 치료법을 실시하였다.

그러나 이러한 초기 의학의 자연주의 정신은 인류사의 전개와 더불어 많은 변화를 겪었다. 유럽에서는 17세기의 과학혁명을 거치면서 '과학적 의학'이 절대 우위에 서게 되었다. 미국의 경우는 1800년대 중반에 의사협회가 탄생하고 면허제도가 생기면서 과학적인 의학교육과정을 강조하게 된다. 1900년 초에는 S. Flexner라는 의과대학 평가위원이 커리큘럼 기준을 마련함으로써 대부분의 자연치료법이 설자리를 잃었다. 이후 수술기법이 본격적으로 발달하고 화학약품이 개발되었다. 나아가 약물을 대량생산하는 제약회사의 등장으로 사람들은 화학약물과 수술로 병을 쉽게 치료할 수 있다고 믿게 되었다.

지금의 의학은 그간의 막대한 연구비 지출에도 불구하고 암과 성인병 등을 제대로 치료하지 못하고 있다. 미국의 경우 닉슨 대통령 재임시절 '암과의 전쟁'을 선포한 이래 10년 동안 250억 달러 이상을 지출했음에도 아직도 3명중 1명이 암에 걸리고 5명중 1명꼴로 암으로 사망하고 있다. 미국의 군사비 300억 달러의 세 배에 달하는 자금이 의료비로 지출되고 있으며 이는 교육비의 19배가 넘는 규모이다. 그러나 아직도 3천 3백만 명이 고혈압 · 관절염 · 암 · 우울증 등으로 고생하고 있고 이러한 질병으로 지출되는 비용이 전체 의료비의 70%에 해당한다.

지금 미국에서는 일부 국민들이 대체의학운동을 활발히 전개되고 있다. 그들은 과학적 검증이 부족하다는 이유로 도외시되는 대체요법들을 선호하고 대체 의학적 치료법을 선택할 수 있는 권리를 주장한다. 특히 맥시코와 유럽에서 성행하고 있다.

이에 비해 유럽의학은 전통적인 대체요법들을 비교적 융통성 있게 유지, 발전시켜 왔으며 국민들 역시 자연스럽게 이 혜택을 받고 있다. 약용식물에 대한 연구와 동종요법, 침술에 대한 연구를 오래 전부터 계속해와 지금은 많은 연구실적을 축적하게 되었다.

대체의학의 개념과 역사의 흐름에서 또 한 가지 주목해야 할 것은 문화 · 사상적 영향에 대한 부분이다. 즉 포스트모더니즘 같은 사상적 조류라든가 신과학운동의 영향이 의학에도 미쳤다는 사실이다. 이들 조류는 다양성을 강조한다.

'대체의학'이라는 용어는 미국 국립보건원(NIH)의 기준에 따른 것으로, 문자 그대로 기존의 의학을 대신하고 대안을 제시하는 학문이라는 뜻이다. 1992년 국립보건원에 대체의학연구위원회(Office of Alternative Medicine)가 설립되면서 대체의학이 본격적으로 논의되기 시작했고, 이후 여러 대체 의학적 치료법들을 검증해왔다. 이제는 그 행정과 예산 규모도 늘어나 보완 대체 의학 연구회(National Center for Complementary Alternative Medicine)가 모든 것을 관장하고 있다. 이는 훨씬 적은 의료비 지출로 효과적인 질병 퇴치를 할 수 있는 가능성을 찾기 위한 다분히 미국적인 정책이기도 한다.

미국의 의료보험회사들은 대체요법에 대한 치료비를 지출하기 시작했고 정부에서도 의료비 절감 노력의 일환으로 대체의학에 관심을 갖기 시작했다. UCLA, 뉴욕의대, 하버드의대 등의 여러 의과대학에서도 강좌를 개설하고 대체의학의 치료법들에 대한 개발 · 연구에 박차를 가하고 있다.[4)]

현대의학(정통의학)적 치료에서 의학적으로 검증된 보완대체의학의 접목을 통한 종합의학(Intergrative Medicine)의 모형이다(그림 II-1).

1-3. 대체의학의 종류

대체의학은 나라마다 문화권마다 산재해 있는 다소 다른 전통적 의술과 이론을 하나의 범주 안에 넣어 놓았을 뿐, 횡적으로 연결시켜 하나의 의학으로 체계화된 것도 아니요, 기존의 의학보다 앞선 것도 아니요, 더 우수한 의학이라는 증거가 있는 것도 아니며, 반드시 새로운 의학도 아닌 것이다. 대부분의 경우 "묵은 의술의 새로운 관심"이든가 "생소한 요법에 대한 진지한 관심"이라고 할 수 있을 것이다.

대체의학의 범주에 포합시킬 수 있는 수백 가지 항목 중에는 현대과학이 미쳐 받아들일

---

4) 전세일(2000). 새로운 의학, 새로운 삶-대체의학, 개념과 발전방향 p53. 창작과 비평사

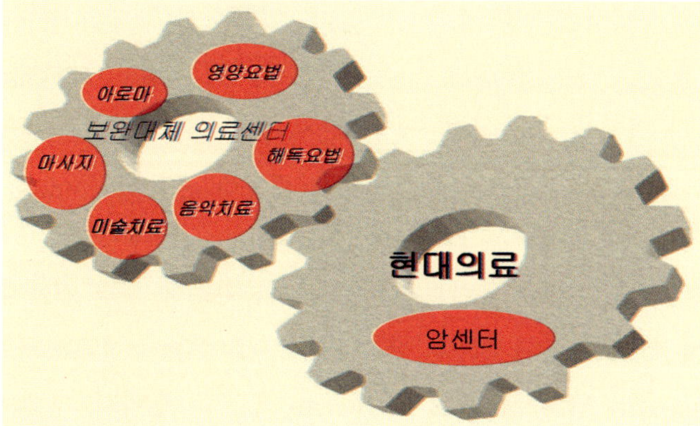

그림 II-1. 현대의료와 보완대체의료의 협력구도

수 없을 정도로 너무나 앞선 이론을 바탕으로 하고 있는 요법들도 있다. 현재 사회적으로 정책적으로 제도적으로 당면한 문제점으로는 그렇게 다양한 대체요법들을 어떤 자격을 가진 사람이 해야 되는가, 어떤 교육을 필요로 하는가, 그리고 그런 교육을 누가 시키는가 하는 점이다. 따라서 의료 서비스 소비자들의 권익과 안전을 위해서는 교육과 연구와 진료와 제도가 병행하여 조절되면서 단계적으로 정착되어야 할 것이다.

WHO에 의하면 세계 의료형태의 30~40%만이 서양 정통의학, 즉 현대의학을 따르고 나머지는 보완의학 또는 대체의학하고 있는데[5] 최근 한 연구보고에 따르면 우리나라에서 1년 동안에 정통의학 치료에 사용되는 약품비가 5조원에 불과한데 비해 건강기능식품이나 보약에 사용되는 비용은 20조원에 이른다고 한다.

아직까지 우리나라에서 행해지고 있는 보완대체의학의 종류가 몇 가지인지 정확하게 파악할 수는 없지만 지난 97년 발족된 한국대체의학회(현 한국통합의학회)에 따르면 보편화되고 있는 것들은 봉독요법, 심신의학, IMS, 아로마요법, 식이요법, 자연요법, 동종요법, 카이로프랙틱, 증식요법, 인도의학 등 20가지 정도이다.

특히 지난 2003년 대한의사협회에서 시행한 '국내에서 보완대체의학의 합리적인 수용을 위한 정책연구'에서 보완대체의학 치료법에 대한 인지도 조사를 한 결과 IMS 44.4%, 테이핑 24.3%, 자연요법 13.4%, 카이로프랙틱 24.6%, 증식요법 23.2% 미술치료는 2.8% 등의 인지도를 보인 것으로 나타났다.

---

5) 전세일(2000). 새로운 의학, 새로운 삶-대체의학, 개념과 발전방향 p49. 창작과 비평사

미국의 NIH산하의 대체의학연구기관(Office of Alternative Medicine)에서는 대체의학을 대체의료체계, 심신중재, 생물학 기반 치료, 수기치료 및 신체 기반 치료, 에너지 치료등 5가지로 분류하고 있으며 '다양한 범위의 치료에 대한 철학, 접근방법, 요법을 포괄하는 것으로 일반적으로 의학교육을 통해 가르쳐지지 않거나, 병원에서 일반적으로 사용하지 않거나, 의료보험을 통해 그 수가가 지급되지 않는 치료나 진료' 를 일컫는다.

이와 같은 대체의학이 다루고 있는 범위는 증상완화에서 치료를 목표로 하는 것, 특정한 의학적 문제에서 인간에 관한 전체적인 것, 가정의 쉬운 처방에서 복잡하고 제조된 것, 매우 효과적인 것에서부터 매우 해악이 있는 것까지 다양한 범위의 내용들을 포함하고 있다(표 II-1).

2. 보완대체의학에서의 심신의학

2-1. 심신의학(Mind-Body Medicine)의 개념

현대에 들어 심신의 부조화와 만성 스트레스 등이 각종 질병을 유발하는 중요한 요인으로 지목되고 있다. 심신의학은 질병을 신체의 일부분에 생긴 이상이 외부로 나타나는 육체적인 과정으로만 보지 않는다. 오히려 질병은 사회적, 환경적, 영적, 유전적 또는 가족적 요인 등과 같은 수많은 정신적 요인들이 밀접하게 연결되어 신체에 복합적으로 작용하는 이상증상이라고 본다.

심신의학은 심신이 조화를 찾고 스트레스를 줄이는 것이 치유에 결정적이라고 이야기한다. 또한 자연치유력을 강조하여 질병의 치유에 환자 스스로의 노력과 의사와 환자간의 협력적 관계를 중요하게 여긴다.

심신의학에서는 환자의 자연치유능력을 활성화하기 위해 먼저 신체적, 정신적 이완법을 이용한다. 신체적, 정신적 이완을 위해 흔히 사용하는 방법으로는 명상, 바이오피드백, 최면, 유도영상법, 신경언어 프로그램 등이 있으며, 마사지나 요가, 호흡법 등을 통해서도 충분한 이완의 효과를 얻을 수 있다.

심신의학으로 효과를 얻을 수 있는 질병으로는 편두통, 불면증, 과민성 대장 증후군, 불안증, 우울증, 학습장애, 알츠하이머병, 심장병, 고혈압, 뇌졸중, 만성통증, 당뇨, 알레르

표 II-1. 미국NIH에서 분류한 대체의학종류[6)]

대체의학 종류	내용	세 분 류
대체의료체계 (Alternative medical systems)	이론체계와 치료방법을 갖춘 영역	1) 동양의학(Oriental medicine) 2) 침술(Acupuncture) 3) 양자의학(Quantum medicine) 4) 아유르베다 의학(Ayurvedic medicine) (ayu : life, veda : knowledge or science) 5) 동종요법(Homeopathic medicine) 6) 자연요법(Naturopathic therapy)
심신중재 (Mind-body interventions)	이론적 기초 기초가 잘 됨. 환자교육, 인지-행동 요법은 정통의학에 편입	1) 명상요법(Transcedental meditation) 2) 요가(Yoga) 3) 최면요법(Hypnotherapy) 4) 신경-언어 프로그램 요법(NLP, Neuro-linguistic programming) 5) 기도요법(Prayer) 6) 심령치료법(Psychic therapy) 7) 정신치유(Mental healing) 8) 자발요법(Autogenic therapy) 9) 꿈치료법(Dream therapy) 10) 라이히안 요법(Reichian therapy) 11) 심상유도 요법(Guided imagery therapy) 12) 바이오피드백 요법(Biofeedback therapy, 생체 되먹임 요법) 13) 오락치료(Recreation therapy) 14) 무도요법(Dance therapy) 15) 음향(소리)요법(Sound therapy) 16) 음악치료(Music therapy) 17) **미술치료(Art therapy)** 18) 화초치료(Flower remedies) 19) 원예요법(Horticulture therapy) 20) 마술 요법(Magic therapy)
생물학 기반 치료 (Biological-based therapies)		1) 생약요법(Herbal medicine) 2) 향기요법(Aromatherapy) 3) 분자정형치료(Orthomolecular therapy) 4) 라에트릴 치료(Laetrile therapy) 5) 봉침(독)요법(Apitherapy, Bee venom therapy) 6) 중금속제거 요법(Chelation therapy) 7) 해독요법(Detoxification therapy)

6) 전세일(2004). 보완대체의학, 157-159, 계축문화사

표 II-1. 계속

대체의학 종류	내용	세 분 류
		8) 영양보충 요법(Nutritional supplement) 9) 식이요법(Diet therapy) 10) 절식요법, 금식(Fasting) 11) 장요법(Colon therapy) 12) 주스치료(Juice therapy) 13) 효소요법(Enzyme therapy) 14) 환경의학(Environmental medicine) 15) 산소요법(Oxygen therapy) 16) 광선요법(Light therapy) 17) 고열요법(Hyperthermia) 18) 수(물)치료(Hydrotherapy) 19) 요(소변)요법(Urine therapy) 20) 생물학적 치과치료법(Biological dentistry)
수기치료 및 신체기반 치료 (Manipulative and body-based methods)	수기나 운동으로 신체 치료	1) 카이로프랙틱(척주교정의학, Chiropractic medicine) 2) 정골의학(Osteopathic medicine) 3) 족부의학(Podiatric medicine) 4) 마사지요법(Massage therapy) 5) 바디 웍 요법(Bodywork) 6) 반사요법(Reflexology) 7) 응용운동학(Applied kinesiology) 8) 근자극요법(IMS, Intramuscular stimulation therapy) 9) 롤핑요법(Rolfing therapy) 10) 신경치료(Neural therapy) 11) 재건요법(Reconstructive therapy) 12) 세포치료법(Cell therapy) 13) 두개천골자극 요법(Craniosacral therapy) 14) 홍채진단학(Iridology)
에너지 치료 (Energy therapies)		1) 생체장 치료(Biofield therapies) ① 기공치료(Qigong therapy) ② 레이키 치료(Reiki therapy) (Reiki : Universal Life Energy) ③ 접촉요법(Touch) 2) 생전자기 기반 치료 (Bioelectromagnetic-based therapies) ① 자장요법(Magnetic field therapy) ② 에너지의학(Energy medicine)

기성 피부질환, 관절염, 아토피성 피부염 등이 있다. 이런 질병에 대해 심신의학으로만 치유를 하거나 경우에 따라 현대의학과 병행해서 치료하기도 한다.

어떠한 심신의학 치료법은 안전하고 위험성이 없는 것으로 알려져 있다. Chiaramote의 정의에 따르면, 주류의학 관점에서 심신의학(mind-body medicine)은 "마음(정신적, 정서적 과정)이 신체(생리적 기능)에 영향을 미칠 수 있다는 전제에 기초하고 있다"고 한다. Lazar는 심신의학은 심리상태와 정신의학적 치료 사이, 생리학과 병태생리 과정 사이의 관계를 규명하는 통합의학 분야라고 했다. 반면, 다른 방향에서 심신의학을 접근하는 대다수의 보완대체의학 시술자들은, 마음이 신체에 일방적으로 영향을 주는 것이 아니라 마음과 몸 사이에 서로 영향을 주는 통합된 과정이 있다고 생각한다.

수많은 연구들이 심혈관 질환, 급 만성 통증, 소화기계 질환 등 몇몇 질병의 원인 또는 기여 인자로 마음을 관련지어 왔다. 마음(정신, 인지, 정서적 기능)과 신체 간의 연관성을 지지하는 증거는 충분히 있지만, 그 둘 사이에 존재하는 복잡한 세부사항들에 대해서는 과학적으로 완전히 이해되지 못한 상태로. 심신의학은 이 연관성을 과학적으로 밝혀 질병의 치료와 예방에 이용하려는 것이다.

심신 의학적 치료법들은 마음을 이용해 생리적 상태를 변화시킴으로써 건강증진을 도모하며, 거기에는 이완운동, 명상, 최면이 포함된다. 정신신체의학(psychosomatic medicine)도 심신의학의 한 형태로 볼 수 있으며, 호르몬, 신경전달물질(neuropetide), 사이토카인을 통한 마음과 몸의 연계성을 연구하는 정신신경면역학(psychoneuroimmunology)도 그러하다.

심신의학에 대한 주류 의학적 접근과 보완대체의학적 접근 사이에는 몇 가지 중요한 차이가 있다. 주류 의학적 심신의학 연구는, 예를 들어 명상 같은 특정 심신요법 자체에 의한 각각의 치료결과를 얻기 위해 노력한다. 그러나 보완대체의학에서는 한 발 더 나아가 '치료자와 환자 사이의 친밀감, 돌봄, 동정심, 감정이입'과 같은 치료의 인간적 요소들과의 연계성 속에서 심신의학을 접근한다.

또 이런 심신의학에 대한 서로 다른 접근은 무엇이 효과적인 치료인가에 대한 관점에서도 차이를 낳는다. 주류의학에서는 확인된 결과를 판단할 때, 질병상태의 완화나 완치, 건강증진의 관점에서 다른 임상연구들과 동일한 차원으로 취급한다. 그러나 보완대체의학에서의 결과들은, 질병의 완치 여부보다는 단지 "심리적, 영적으로 건강하다는 깊은 느낌", 즉 완치에 대비되는 의미에서 '치유'의 개념을 내포하고 있다.

이러한 차이들을 요약하면, 주류의학에서의 심신의학은 치료 즉, 객관적 결과에, 보완대체의학에서는 돌봄 즉, 치료의 과정에 더 주안점을 두고 있다 할 것이다.

2-2. 한의학적 심신의학

한의학에서 정신은 '신(神)'의 개념을 우선 이해해야 한다. 신은 인체의 생명활동의 중요한 구성부분으로서 정(精)에서 생성되어 기(氣)의 운동으로 표현된다. 신은 오장 중 심(心)과 제일 밀접한 관계를 가지고 있다. 이것은 "심장신(心藏神)"으로 心이 神을 저장하고 있기 때문이다.《영추 · 사객》에 "心者五臟六腑之大主也 精神之所舍也"라고 하여 심(心)은 5장 6부의 대주이고 精神이 머무는 곳이라고 하였다.《소문 · 영란비전》에도 "심자 군주지관 신영출언(心者 君主之官 神明出焉)"이라고 하였다. 즉, 인간의 고유한 정신기능은 오장육부의 대주인 심(心)이 간직하고 있는 '신(神)'의 발현으로 표현되는 것이다.

한의학에서는 정지(情志), 즉 감정의 변화를 질병을 일으키는 중요한 원인으로 인식하고, 이런 경우에는 약보다는 정신적인 치료를 중시하여 정신요법을 행한 임상례가 다수 기록되어있다. 이는 정신과 육체를 분리하지 않는 심신일원로(心身一原論)와 내인(內因)의 칠정상을 매우 중요시하는 삼인론직 병인론이 실제 임상 치료에 있어서도 그대로 적용된 것이다.[7]

전통적 한의학에서는 "모든 병이 심신(心神)으로 연유하지 않은 것이 없으니, 치심요법(治心療法)이 극히 중요하다"고 가르친다. 즉 질병을 치료하려면 그 마음을 치료하여야 한다는 뜻이다. 이렇듯 한의학에서 몸과 마음의 상관관계를 다루는 이론적 근거는 좀 있으나 서양의학에서 다루는 것과 같은 심리적 치료의 구체적인 치료법과 처방이 많지 않다.

의(醫)는 하나이고, 의학(醫學)은 여럿이며, 요법(療法)은 수 천 가지이다. 치유예술(仁術, Healing Art)로서의 의(醫)는 동서고금을 막론하고 오직 하나 뿐이며 같은 것일 뿐인데, 그 예술을 이해하고 계발하려는 학문적 접근방법은 여러 가지가 있을 수 있으며, 이를 위하여 사용하는 도구는 수 천 가지가 될 수 있다는 뜻이다(전세일, 2004).

오늘날 세계의학을 주도하는 양대 의학은 서양의학(현대의학)과 동양의학(전통의학)인데, 이 두 의학은 나름대로의 장점과 아울러 단점을 지니고 있다. 보이는 것만 믿는 태도와 믿는 것만 보이는 태도, 의심을 먹이로 삼아 크는 학구적 방향과 믿음을 먹이로 삼아 지탱하는 학구적 방향, 생명 현상에 대한 철학적 이해의 부족과 과학적 도구 사용의 취약 등이

7) 김지혁, 황의완. 동의정신의학. 서울:현대의학서적사. 1992:157, 783-791.

동서의학 연구에서 접하는 면면이다.

동양의학과 서양의학 사이에는 근본적인 차이가 있다. 동양의학은 주로 성(性)을 다루고 서양의학은 주로 질(質)을 다룬다. 물질적인 성질이 질이고 비 물질(非物質)적인 성질이 질이다. 단백질, 지방질, 섬유질 또는 음성, 양성, 독성 등이 그 예이다. 맘은 성(心性)이요 몸은 질(體質)이다. 성(性)을 평안(康)하게 하기 위하여 괴로운 것(疾)을 다스리는 것(治)에 치중하는 의학과, 질(質)을 튼튼하게(健) 하기 위하여 앓는 것(病)을 뜯어 고치는 것(療)에 치중하는 의학의 차이이다. 병 중심의 서양의학에선 질의 병소를 찾아 없애고 막고 잘라내는 방법이 다양하고, 건강중심의 동양의학에선 자연치유력이 부족한 성을 찾아 보충하고 키우는 방법이 다양하다. 동양의학은 우측 뇌의 사고 기능과 자율신경의 생리와 밀접한 관계가 있고, 서양의학은 좌측 뇌의 사고 기능과 제신경의 생리와 밀접한 관계가 있다.

"육체적으로, 정신적으로, 사회적으로, 그리고 영적으로 건강"해야 진정한 건강이라는 최근의 건강 정의는 심신의학(Mind-Body Medicine)연구에 박차를 가하고 있다. 퇴계의 건강법 중에서 하학상달(下學上達)과 지행병진(知行竝進)사상은 현대의학의 평정설(平正設,Placidity Theory)이론과 같다는 점에서 흥미를 끈다.

심신 상관 의학 또는 심신 의학의 관점에서, 전통적 한의학의 골자는 "육욕(六欲)과 칠정(七情)을 다스려라"는 것으로 요약될 수 있고, 500여 년 전 조선조의 퇴계(退溪) 선생의 활인심방(活人心方)을 들 수 있다.

칠정이란[8] 희喜 · 노怒 · 우憂 · 사思 · 비悲 · 공恐 · 경驚의 7종 감정을 말하는 것으로는 첫째, 희喜는 즐거우면 기의 순행이 화평해지니 마음이 너그러워지고 피의 순환도 잘되어 신체 내에 울체(鬱滯)되는 것이 없어지므로 이런 상태를 기(氣)가 느슨해진 것이라고 하였다. 즉, 모든 마음의 불만이나 생리기능의 불균형상태가 해소된다는 뜻이다. 그러나 희락(喜樂)도 지나치면 신기(神氣)가 소모 분산되어 올바른 신(神)의 기능을 다하지 못하게 되며 오장 중 신(神)을 간직한 심(心)의 기능마저 상하게 한다. 둘째, 노(怒)는 성을 내면 기(氣)가 모두 위로 오른다고 하였다. 즉, 성을 낸다는 것은 혈기가 모두 역상(逆上)하는 현상을 나타내는 말이다. 그러므로 심하면 피를 토하든가 기절(氣絕)을 하기도 한다. 성을 자주 내던지 심한 감정의 흥분(興奮)은 오장 중 피를 저장하고 있는 간(肝)을 상한다고 하였

8) 漢醫學大辭典編纂委員會 編譯. 漢醫學大辭典[基礎理論編]. 서울:東洋 醫學研究院 出版部. 1989:350.

다. 따라서 간(肝)이나 담(膽)의 기능이 이상하게 흥분되면 행동이 동적이며 용감(勇敢)해지고, 감정적으로는 성을 잘 내고 흥분되기 쉬우며 간담(肝膽)이 약해지면 겁이 많아져서 불안(不安)해하고 결단력이 없어 우유부단(優柔不斷)해진다. 셋째, 우(憂)는 근심이나 걱정이 있으면 기(氣)의 순행이 막혀 폐색(閉塞)된다고 하였다. 그리고 기(氣)가 폐색되면 오장 중 폐(肺)와 비(脾)를 상한다고 하였으니 근심, 걱정 등의 감정적 갈등은 호흡기능과 소화기능을 해친다는 뜻이다. 넷째, 사(思)는 한 가지 일을 골똘히 생각하게 되면 기(氣)가 순행하지 못하고 한 곳에 맺힌다고 하였다. 그리고 오장 중 소화기능을 주관하는 비장(脾臟)을 상한다. 다섯째, 비(悲)는 슬픈 감정이 있으면 기(氣)가 가슴 속에 막혀 흩어지지 못하므로 열기(熱氣)로 변하여 소실되면서 폐(肺)와 심(心)의 두 장기를 모두 상하게 한다고 하였다. 또 호흡기나 순환기계의 병이 생기면 감정도 감상적이 되는 경향이 있다. 여섯째, 공(恐)은 두려운 마음이 있으면 기(氣)가 아래로 처져 갇히게 되고 위로 오르지 못한다고 하였다. 또 두려운 감정은 오장 중 생식기와 내분비기능을 주관하는 신(腎)을 상한다고 하였다. 그러므로 두려운 감정은 정력을 약하게 하며 또 혈이 부족해도 두려움이 그치지 않는다. 일곱째, 경(驚)은 크게 놀라면 기(氣)는 흩어져서 순행의 질서가 무너지며 심도 의지할 바를 잃고 산란해져 올바른 판단이나 생각을 못하게 되므로 온 몸의 힘이 쑥 빠지며 심신이 모두 혼란해 지는 것이다. 경의 감정은 오장 중 신(腎)이 주관하므로 과도하게 놀라거나 하면 역시 신장(腎臟)에 병변을 초래할 수 있는 것이다. 이상과 같이 칠정은 오장의 기능을 좌우하며 오장은 또한 칠정을 우러나게 하고 있으니 그 상호관계는 긴밀하여 마음과 몸은 하나로서 그 경계가 없는 것이 동양의학의 사상인 것이다.

이는 인간의 정신의식의 외계사물에 대한 반응이다. 그러나 이러한 의식활동이 지나치게 강렬 · 장구하거나 또는 조화를 잃으면 병인이 질병이 발생하게 되는 데 이를 칠정상(七情傷) 혹은 정지상(情志傷)이라 한다. 『소문 · 거통론』[9]에 "怒則氣上, 喜則氣緩, 悲則氣消, 恐則氣下, …… 驚則氣亂, …… 思則氣結"이라 하여 감정의 변화가 곧 기의 변화임을 설명하였다.

특히 칠정 중 우(憂)와 비(悲), 공(恐)과 경(驚)을 유사한 감정으로 보고 칠정을 오행과 오장에 배속하여 오지(五志)라 하였다. 오지는[10] 喜 · 怒 · 思 · 憂 · 恐 五種情志의 변동과 오

9) 楊維傑 編. 黃帝內經譯解(素問). 서울:成輔社. 1980:255-306.
10) 漢醫學大辭典編纂委員會 編譯. 漢醫學大辭典[基礎理論編]. 서울:東洋 醫學研究院 出版部. 1989:240.

장기능의 유관성을 말하는 것으로 『素문 · 음양응상대론』[11]에 "心志는 희(喜), 간지(肝志)는 노(怒), 비지(脾志)는 사(思), 폐지(肺志)는 우(憂), 신지(腎志)는 공(恐)"이라고 하였으며, 또한 "비승노(悲勝怒), 공승희(恐勝喜), 노승사(怒勝思), 희승우(喜勝憂), 사승공(思勝恐)"라 하여 오행 상극이론을 이용하여 감정의 태과불급(太過不及)으로 인한 정지병(情志病)를 치료하도록 기재되어 있다.

퇴계의 활인심방 중에서 심신요법과 관련된 부분이다(표 II-2).

표 II-2. 퇴계의 활인심방

심신요법	내 용
사무사(思無邪)	사악한 일을 생각하지 말라
행호사(行好事)	좋은 일 만 행하라
막기심(莫欺心)	스스로 마음을 속이지 말라
행방편(行方便)	편안하게 행동하라
수본분(守本分)	자기 분수를 지켜라
막질투(莫嫉妬)	샘을 내거나 시기하지 말라
제교사(除狡詐)	간사하고 교활한 마음을 버려라
무성실(務誠實)	모든 일에 성실하도록 힘쓰라
순천도(順天道)	하늘의 뜻을 따르라
지명한(知命限)	자기 수명의 한도를 알아라
청심(淸心)	마음을 깨끗이 하라
과욕(寡慾)	모든 것에 욕심을 부리지 말라
인내(忍耐)	모든 고통을 잘 참고 견디어 내라
유순(柔順)	성질을 부드럽고 공손하게 가져라
겸화(謙和)	겸손하고 상냥하라
지족(知足)	만족할 줄 알아라
염근(廉謹)	청렴하고 몸가짐에 조심하라
존인(存仁)	어진 일을 행하라
절검(節儉)	검소하고 절제하라
처중(處中)	처신을 지나치거나 부족하지 않게 신중히 하라
계살(戒殺)	남을 해치거나 죽이는 일을 하지 말라
계노(戒怒)	함부로 성내지 말라
계폭(戒暴)	포악한 언동을 삼가고 진정하라
계탐(戒貪)	천박한 탐욕을 내지 말라
신독(愼獨)	매사에 조심스럽고 독실하게 행동하라
지기(知機)	기미를 잘 알아서 좋은 방향으로 써라
보애(保愛)	연약한 자를 사랑하고 보호하라
활퇴(活退)	옳지 못한 것을 용감하게 물리칠 줄 알아라
수정(守靜)	고요함을 지킬 줄 알아라
음즐(陰騭)	넌지시 남을 해치고자 하지 말라

11) 楊維傑 編. 黃帝內經譯解(素問). 서울:成輔社. 1980:50-52.

한의학은 수 천 년 경험의학으로 우리민족의 정서와 함께해 온 의학이다. 한의학에서는 정지(情志) 즉 감정의 변화를 질병을 일으키는 중요한 원인으로 인식하고, 이런 경우에는 약보다는 정신적인 치료를 중시하여 정신요법을 행한 임상사례가 다수 기록되어 있다. 이는 정신과 육체를 분리하지 않는 심신일원론과 內因의 칠정상(七情傷)을 매우 중요시하는 삼인론적 병인론이 실제 임상 치료에 있어서도 그대로 적용된 것이다.[12] 그 응용범위로는 현대인에게 많이 발생하는 공황장애, 우울증, 신체형 장애, 정신분열증의 음적 증상 등에 구체적으로 이용하여 치료효과를 기대할 수 있는 정신요법으로 사료된다.

2-3. 심신의학에서의 미술치료

환자가 통증을 호소할 때 치료와는 전혀 무관한 가짜 약(Placebo)을 통증 치료의 특효약이라고 투여하면 실제 통증이 없어지는 경우가 30~50% 정도다. 치료가 될 것이라 생각하는 마음이 뇌에 전달되고 이후 엔돌핀이 생성되고 통증이 억제되는 것이다. 결국 마음은 뇌와 연결돼 있는 것이다. 마음은 입자일 때는 일정한 공간을 차지하지만 그것이 파동으로 변하면 일정한 공간을 떠나 멀리 전파할 수 있다. 이처럼 마음이 에너지로 작용한다는 많은 증거가 있다.

우리의 생각과 감정은 신경계 및 순환계를 통하여 신체에 영향을 미친다. 뇌는 신경자극을 몸 구석구석에 보내 행동하도록 하며 골수, 흉선, 비장과 림프절 등에 있는 신경말단을 자극하여 면역력에 영향을 준다. 그리고는 내분기계, 뼈, 근육, 모든 내부 장기들, 심지어 정맥과 동맥 혈관 벽에까지 영향을 미친다. 몸 전체가 뇌에 연결된 그물망처럼 곳곳으로 연결되어 있는 것이다. 뇌 또한 그 자신이 다양한 화학물질을 만들어 혈액을 통해 전신으로 보내어 각종 장기의 행동과 활동성을 결정한다. 몸에 있는 세포들은 위성접시와 같은 기능을 가진 수용체를 가지고 뇌에서 보내는 메시지를 받아들이고 즉각 반응한다. 뇌는 신체조직으로 메시지를 보낼 뿐만 아니라 신체 장기 자체에서 내는 물질을 받아들이는 수용체를 통해 몸에서 보내오는 소리에 반응한다.

심신의학에서는 뇌는 동전의 앞면과 뒷면의 구조로 된 상보적 구조이다. 그리고 비국소성 원리에 의해 뇌의 에너지 장 즉, 마음은 분자, 세포, 조직, 장기의 뒷면 구조들과 하나

12) 김지혁, 황의완. 동의정신의학. 서울:현대의학서적사. 1992:157, 783-791.

로 연결돼 있다. 그리고 마음은 미세한 에너지(subtle energy)이기 때문에 일정한 공간을 차지하고 있지만 때로는 파동처럼 몸 밖을 벗어나 멀리 전파될 수 있다.

마음은 몸의 구석구석과 연결돼 있다. 나쁜 마음 즉, 슬픔, 분노, 불안, 공포는 DNA, 분자, 세포, 조직, 장기 등과 밀접하다. 스트레스를 받으면 내분비계 통로, 자율신경계 통로를 통해 말단 장기에 그 내용을 전달하게 된다.

뉴욕 메모리얼 슬로언 케터링 암센터의 정신과 의사인 홀랜드(Jimmie Holland)는 많은 암 환자들은 암이 발병하기 6~8개월 전에 큰 심리적 충격을 경험했다고 한다. 커다란 심리적 충격이 그 사람으로 하여금 "죽고 싶다는 마음"을 일으키게 되고 "죽고 싶다는 마음"이 결국 죽게 되는 병, 즉 암을 일으킨다는 것이다. 따라서 마음은 암 조직과 연결돼 있다. 이는 정신-종양학(Psycho-Oncology)로 발전했다.

스트레스는 노이즈처럼 작용하는 마음의 불규칙적인 파형이며 "마인드 바이러스(mind virus)"이기도 하다. 스트레스를 받으면 내분비계와 자율신경계를 통해 말단 장기에 전달하게 된다(그림 II-2).

오하이오 의과대학 그레이스(Janice Kidlcot-Glaser)는 외로움, 분리감 등과 같은 정서가 오래 지속되면 NK cell 활성이 감소한다고 했다. 즉, 외로움이나 분리감이 면역계에

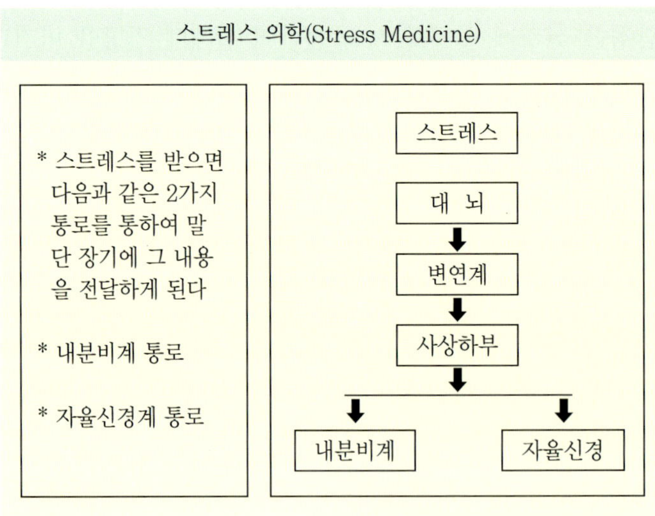

그림 II-2. 스트레스와 의학 II[13]

13) 강길전(2006). 미래 의학으로서의 양자의학, p.81. 대한보완대체의학지 제3권 제1호.

영향을 끼치고 이것이 NK cell의 활동을 감소시키는 것으로 마음은 면역계통과 연결돼 있다는 것이다. 이것이 오늘날 발전해 정신-신경-면역학(PNI)로 발전했다.

마음과 신체와의 관계를 연구하는 학문들 중에서 뇌가 면역계에 주는 영향을 다루는 새로운 학문을 Psycho-Neuro-Immunology(PNI)라고 한다. 신경계가 면역계에 미치는 영향은 정신-사회적 및 육체적 스트레스 그리고 생활에 일어난 사건 사고 같은 다양한 스트레스의 개념과 관련지어져 왔다. 암이 고통스런 스트레스와 성격과 연결되어 있다는 믿음은 의학이 존재하는 한 강조되어 왔다. Ader에 의해 정신-신경-면역학 분야는 정의되었으며 그 시초는 정신-신체의학에 근거하고 있으며 정신, 신경, 면역, 내분비계간의 상관관계의 복잡함을 연구하기에 이르렀다. 그러나 발표된 논문들은 일화를 소개하는 것이 대부분이어서 정신-사회적 스트레스가 주 원인이 되어 면역계에 영향을 준다고 하는 결론을 낼 근거를 제시할 수는 없다. Astin 등에 의한 mind-body meta-analysis 결과, placebo 또는 대조군 없이 연구를 수행하여야 한다는 제한점을 가지고 있었다.

사랑, 감사 혹은 기쁨 등과 같은 "좋은 마음"은 분자, DNA 세포, 조직, 장기 등에 이롭게 작용하여 건강에 도움이 된다. 마음의 집합무의식은 무한한 능력이 있기 때문에 이 집합무의식을 이용하여 질병을 치료할 수 있다(그림 II-3).

이완반응은 하버드대학의 심장내과 교수인 Herbert Benson이 개발한 치료법인데, 평

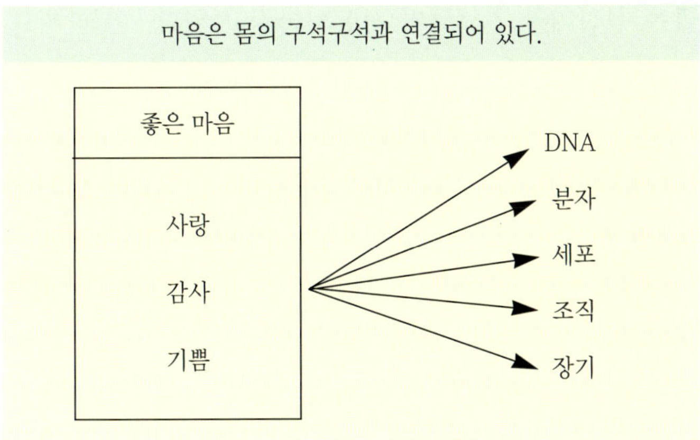

그림 II-3. 스트레스와 의학 III [14)]

14) 김길진(2006). 미래 의학으로서의 양자의학, p.82. 대한보완대체의학지 제3권 제1호.

화와 같은 단어, 좋은 글귀, 기도문 혹은 만트라 등에 생각을 집중하라고 했다. 이완반응은 조기진통을 치료하는 것을 비롯해 불임환자 치료, 임신중독증 환자의 혈압을 낮추는 효과를 보인다. 또 폐경여성의 증상 치료와 수술 후 진통제의 양을 줄이고 통증을 완화하는 효과도 있다.

지금까지 현명한 임상 의사들은 위약효과의 극대화 즉 심신 상호작용을 이용하기 위한 노력을 해왔다. 바로 현대 정신과 의사들이 심신의학이라고 생각하는 것들이다. 인지행동치료가 잘못된 사고를 고치는데 사용되어지고 있으며 신체의 증상을 줄일 수 있었다. 미국에서는 1960년 초기에 심신의학을 다시금 재발견하였으며 이를 위한 많은 치료기법들이 늘어났다. 의학의 르네상스는 보완의학이라는 틀에서 다시 시작되었다.

환자들은 의학이 무력해졌고, 비싸며 만성질환을 만족스럽게 치료하지 못한다고 생각하고 있다. 그리고 의료가 예방보다는 치료에만 힘을 써 왔었다. 심신의학은 환자들에게 치료에 대해 자신이 컨트롤할 수 있게 하였으며 좀 더 값싼 비용으로 건강을 지키고 만성병에 더 효과적이고 건강을 유지할 수 있는 방법을 제공하였다. 이러한 심신의학 치료법에는 명상, 최면, guided imagery, 이완요법, 바이오피드백, 영적믿음, 요가, 기공, 태극, 미술치료 등이 있다.

따라서 심신의학은 현대 의학에서도 잘 확립된 현상이다. 마음과 신체가 둘이 아니라는 관점에서 본다면 심신의학은 정통의학과 불가분의 관계에 있다고 할 수 있다. 사람들이 적극적으로 원하여 많은 심신의학 치료들이 사용되어지고 있다. 이들 치료의 정밀하고도 과학적인 연구가 필요하며 특히 잘 계획된 임의적 대조군을 이용한 임상 연구가 절실하다. 많은 임상연구들이 심신의학 프로그램 사용으로 환자 및 일반인의 삶의 질 향상, 불안감 감소, 통증 정도의 감소 효과를 밝힌 바 있다. 따라서 전통적인 치료에 이들 치료의 접목이 환자들을 위한 좋은 치료방법일 것이다.

Melmed는 그의 책에서 심신의학의 근본 요소를 다음과 같이 정리하고 있다. 정신 신체증(psychosomatioc disorder)은 뇌 특히 정서 상태와 생물학적 그리고 생리적인 신체활동의 상호작용으로 나타나는 것임을 알아야 하고, 이들의 효율적인 치료를 위해서는 교육을 받기 위해서는 우선 기질성 질환을 제외해야 하며 환자들은 자신들의 정서적 측면의 문제점을 간과하고 간접적으로 신체 증상만을 주로 호소한다는 것을 인지하고 개인 또는 사회적 변화 및 상황들이 신체적, 정신적 문제를 야기하는 요소임을 알아야 한다. 예로 퇴직, 실직, 사회의 무관심, 낮은 교육수준 등이다. 또한 내적통제와 자신감은 서로 밀접한 관계가 있으므로 치료자는 환자 자신의 통제력 회복을 강조하여야 한다. 질병 자체를 잘 이해하고 환자의 잘못된 믿음을 고쳐야 하며 감정상태(우울증, 공황장애 등)에 대한 진단이 필요하다. 환자들이 자신의 정신적 문제를 나타내고 싶어 하지 않을 경우 굳이 환자들에게 진단명을 강조할 필요는 없으며 스트레스를 만든 요인들에 대한 집중적 분석과 치료가 더 중요하며 환자들이 참여하여 같이 만든 교육적인 치료 계획을 제공하며 심신의학은 비용이 저렴하여 효과적이다.

III. 동양미술과 서양미술

1. 동양 미술의 일반적 개념

1) 한국 미술

우리나라의 초기 미술은 신석기 시대 토기의 빗살무늬와 조형적으로는 고인돌을 들 수 있다. 생활양식의 도구로서 미술품이라고 단정 지을 수 있을지는 모르겠으나 그것을 만든 작가의 사상, 생활, 감정을 대변하고 있으며 또한 우리 민족의 민족성과 역사, 문화를 반영하고 있다고 정확하게 말할 수 있다. 우리나라는 일찍부터 대륙문화와의 교류를 통해서 이국의 문화들을 받아들이게 되지만 고유의 자연 환경과의 조화 속에서 독특하고 아름다운 우리만의 문화를 꽃피워 왔다. 선사시대부터 삼국시대, 통일신라시대, 고려시대, 조선시대, 근대에서 현대까지 각 시대별로 미술 양식이 다양하게 나타나고 있지만 담담하고 조용하며 다소곳한 미덕을 장점으로 하는 공통점을 가지고 있다. 특히 자연을 존중하는 사상이 회화 작품에서 많이 나타나고 있어 평화롭고 인간미가 있으며 가식이 없는 수수한 미를 나타내는 한국적 미술양식을 형성해 왔다.

2) 중국 미술

중국의 미술은 신분을 나타내거나 죽은 사람의 무덤에 죽은 사람이 사용하던 물건들을 실물대신 그림으로 그려 넣는 신앙에서 시작 되었다고 볼 수 있다. 기원 후 궁중미술이 활성화 되면서 지배층들이 자신들의 정통성을 확보하는 이념을 미술작품에 상징적인 측면으로 내포하기 시작하였다. 그렇게 중국미술은 표현미술이 발달하게 되었다. 당대 이전의 중국미술은 정치적인 성격을 띤 그림들이 많을 수밖에 없었고 당대에도 역시 대중보다는 소수의 선택된 감상자를 위해 그림이 제작되었다. 인도에서 발생된 불교의 영향을 받았는데 기원후 1세기 경부터였다. 이것은 동시에 일어나지 않고 계층별 , 성별, 지역별, 종교 성향의 차이에 따라 다양한 양상으로 드러나 한국과 일본에까지 영향을 주며 지금까지 이어져 왔다. 기원후 1000년경에는 돈이 있으면 누구나 미술 전문가가 될 수 있었고 그림이 그려져 있는 의복이나 장신구를 구매 할 수 있는 시장 미술이 형성 되었다. 그렇지만 아직까지 사회국가인 중국에서는 소련의 미술교육의 영향을 받아 개인의 사념이나 이념이 내재된 미술 작품이 나타나고 있지 않고 표현 미술이 많이 나타나고 있다(임영애 역, Craing Clunas 저, 2007).

3) 일본 미술

일본은 섬나라라는 지리적인 환경의 영향을 받아 내부의 조화를 중시하는 문화를 형성해 갔다. 그러나 일본은 대륙의 미술(대표적으로 한국과 중국) 또한 동경하여서 그 문화를 수용하고 자신들의 정서에 맞게 독자적인 기법으로 발전시켜나갔다. 일본 미술은 각 시대별로 특징이 나타나는데 초기에는 한국과 중국의 불교문화의 영향을 받아 그들만의 호국 불교문화를 형성 하였고, 귀족의 우아한 미의식과 무사들의 단호하면서도 강인한 정신을 나타내므로 일본문화를 자극하였다. 후기에는 권력중심의 화려한 문화가 집중적으로 발전하다가 서민층의 경제적 성장으로 세련된 미가 전개되어 오늘날의 일본 문화로 계승되었다(국립중앙박물관, 2005).

4) 인도 미술

인도는 기원전 3000년경에 고도의 문화가 발달하여 중국을 통해 한국과 일본의 미술에까지 영향을 주었다. 인도미술은 거의 대부분이 종교 미술로서 건축, 회화, 조각 등에 그들의 신앙이 나타나있다. 인도 고유의 종교는 불교, 자이나교, 힌두교의 3대 종교로 대표되지만 그 가운데서 조형 예술에 가장 먼저 착수한 것은 불교미술로 고대 초기에서부터 그 활동이 두드러졌다. 불교 미술의 영향을 받아 힌두교도 중세 전기부터 신상이나 신전의 제작에 열중하기 시작했다. 근세에는 외래의 이슬람교도의 침입으로 인하여 이국적인 건축(사원, 궁전건조물 등)을 많이 남겼다.

인도 고유의 미술은 일반적으로 상징적, 신비적인 표현이 많고 괴이한 것도 있으며 음울할 뿐만 아니라 난해하고 명랑함이 부족한 것도 특색이다. 동시에 조각이나 회화에 관능성을 강조한 표현이 적지 않는 것도 인도 미술의 특색인데, 이는 종교에 의한 정신적 압력 아래에서도 인간적 · 세속적 즐거움을 추구했던 인도인의 반발이었다고 생각된다(고정은 역, 미야지 아키라 저, 2006).

2. 서양 미술의 일반적 개념

서양의 미술의 시발점은 알타미라 동굴에서부터 찾을 수 있는데 사실적인 표현으로, 주술적 의미를 내포하고 있다. 그렇게 시작하여 이집트, 그리스, 로마, 유럽 등으로 미술의 중심지가 점점 옮겨지며 미술의 양상들이 독특하며 다양하게 나타나고 있으며 그들이 이야기 하고자 하는 것들을 사실적 표현으로 남겨 그들의 삶과 정신을 알 수 있다. 서양인들은 자신들이 숭배하는 어떤 존재를 미술 작품으로 많이 남겼다. 그것을 통해 알 수 있는 것은 미술 뿐 아니라 서양의 정신은 신 중심적으로 발전되어 왔으며 후세에 가면서 인간 중심적으로 변화되는 것을 미술 작품들을 통해 알 수 있다. 서양의 미술은 색과 조형미를 중시 했으며 사실 그대로 표현하는 것에 대해 중점을 두었었다. 근대에 와서야 미술의 폭을 넓혀 작가의 정신을 담은 모든 것에 대해 미술 작품이라고 인정하기 시작했다. 동양과 그 문화가 다르지만 독득한 미술 세계를 가지고 전 세계의 미술을 현재까지 이끌어 왔다.

3. 동 · 서양 미술의 기원

미술의 시발은 원시 시대의 생활을 영위하기 위한 원시인들의 인위적인 행위에서부터 찾을 수 있다. 생산이나 안녕을 비는 본능적 · 종교적 몸짓이 곧 원시 예술이요, 도구를 만들고 다듬거나 장식을 가하며, 무슨 목적으로든 그림을 그려 흔적을 남기고 형태를 만드는 원초적인 조형 활동이 미술의 기원이 된다.[1] 즉 미술은 시대와 장소에 따라 전혀 다른 것을 의미하며, 오랜 역사를 거쳐 인간의 정신적인 면을 내포하고 기초적인 생활양식에서부터 발달하여 현재까지 이르렀다. 미술이 내포하고 있는 의미는 동 · 서양을 막론하고 내면과 외면의 미를 추구하고 작가의 세계를 드러내고 있는 것이지만 그것의 표현 방식이 매우 다양하게 나타나고 있다.

근대에 들어오면서부터는 동양의 미술시장이 서양의 문물을 받아들이게 되면서 많은 변화를 가져오게 되었지만 전통 문화를 지키려고 하는 많은 예술가(미술, 음악, 운동 등)들의 활동을 통해 서양 중심의 예술 흐름에도 불구하고 동양의 예술이 점점 빛을 발하며 서양으로 들어가고 있다. 그렇기 때문에 현대의 미술은 동 · 서양을 막론하고 통합되어 가고 있지만 그 양식의 차이는 분명히 다르다는 것을 짚고 넘어가야 한다.

동양화와 서양화는 그 재료의 차이부터 시작해서 기법에서도 차이가 확연하게 드러나는데 그 이유는 미술에 막대한 영향을 미치는 작가의 세계관과 자연관이 다르기 때문이다. 작가는 각 나라의 영향을 받게 되기 때문에 동 · 서양으로 나뉘어 구분지을 수 있다.

동 · 서양의 세계관과 자연관의 차이를 먼저 들여다보기 전에 그것을 형성시킨 각 나라의 역사 속의 미술의 변화와 특징을 살펴보면서 각 나라 속에서의 미술에 대한 일반적인 개념들을 짚고 넘어가야 한다. 동양은 한국, 중국, 일본, 그리고 인도로 세분화하여 각 나라에서 발전되어 온 미술에 대한 일반적 개념을 살펴보고 서양은 개괄하여 살펴보기로 한다. 그리고 동 · 서양의 세계관과 자연관의 차이를 들여다 보고 미술 표현 방식의 차이들을 알아보기로 한다.

역사를 통해서 동 · 서양 미술의 양식이 다양함을 알 수 있다. 동 · 서양은 생활 방식이

---

1) 진홍섭 외 3명, 《한국미술사》, 문예출판사, 2006, p.40

역사 속에서부터 차이를 보여 왔기 때문에 생활문화에서 시작된 미술품에서도 다양함을 보여주었다. 그렇게 동 · 서양은 자신만의 고유한 문화예술을 발전시켜왔다. 그리고 그 안에는 동양과 서양만의 차이를 보이는 전통적인 세계관과 자연관이 담겨져 있다. 동양은 자연중심적인 사고를 가지고 있어서 자연 속의 인간을 화폭 속에 담아냈고, 서양은 인간중심적인 사고로 자연을 정복해야 하는 존재로 생각하고 그 정신을 화폭에 남아냈다. 또한 그들은 재료의 차이와 기법의 차이도 보여줬는데 동양은 종이와 먹을 이용하여 자연의 멋을 담았고 오방색(청, 황, 적, 흑, 백)으로 단아하며 순수한 동양의 정신과 여백의 미를 두어 작가와 감상자 사이에 작품의 이해를 나눌 수 있는 부분을 남겨둔 반면에 서양은 천과 기름물감을 이용하여 화려하게 인간의 역사를 화폭에 빼곡히 담아 작가의 이상을 감상자에게 전달하는 방식을 사용했다.

그러한 전통 문화는 문물이 발달하기 이전까지 이어져 왔고 대륙간의 교류가 생겨나면서부터는 동양에서 보다 많은 서양의 문화를 받아들이게 되었다. 그래서 근대에 와서부터 서양을 중심으로 그 미술 문화가 발달하게 되었다. 그리고 전통문화를 이어가기 위해 동양화를 계속하여 연구하고 그려나가는 예술가들의 노력으로 서양에서도 동양의 독특한 미술양식이 관심을 받기 시작했다.

동양과 서양의 미술은 확연하게 다른 차이들을 보이고 있다. 그러나 그들의 공통된 점은 고유한 자신의 문화를 솔직하게 드러내고 있다는 것이다. 동양화는 동양인의, 서양화는 서양인의 정신과 역사, 문화를 담고 있는 것이다. 언어로 나눌 수 없는 그 정신들을 우리는 그림을 통해서 나눌 수 있을 것이다.

동양화와 서양화가 하나가 될 수는 없다. 그러나 그 둘이 서로를 인정하고 세계의 미술 문화를 이끌어 갈 수 는 있다. 우리들이 해야 할 것이 바로 그것이다. 각자의 전통을 지켜 끊임없이 연구하고 고유한 미술을 발전시켜 나가면서 함께 미술 시장을 이루어 가는 것이다.

4. 동 · 서양 미술의 주제와 소재 비교

동양과 서양은 각 나라의 언어로 미술을 말하고 있다. 각 나라에서 말하는 미술(Art)이라는 언어는 전 세계에서 공통어로 표현되어 진다. 그러나 미술작품을 만드는 작가와 그 작가가 소속되어 있는 나라의 문화에 따라 다양한 양상으로 형성되어지고 있다. 특히 동양과 서양의 큰 갈래로 그 양상이 나누어지고 있다. 그 차이는 다양하게 찾아 볼 수 있지만 특히 미술 작품 제작 과정 중 가장 중요한 주제와 소재를 선택하는데 있어서 동 · 서양의 차이를 발견할 수 있다. 동양의 미술이 자연을 추구하고 정신세계를 강조하면서 산수화를 주로 그렸다면 서양은 인간 중심적이며 사실적 묘사를 강조하며 인간을 주제로 주로 그렸다. 그렇게 다른 주제를 선택하게 되는 이유는 동양과 서양의 세계관과 자연관이 다르기 때문이다.

(1) 동 · 서양 미술의 세계관

세계관이라는 것은 지적 측면뿐만 아니라 실천적 · 정서적 측면까지를 포함한 포괄적 세계 파악을 목적으로 하는 것이다.[2] 세계를 파악해야 하기 때문에 제3자의 입장에서 세계를 바라보는 것으로 이해하여 오해하게 될 수도 있지만, 사실은, 세계관을 형성하는 인간도 세계를 구성하는 한 부분이기 때문에 현실 속에서의 세계를 바라보고, 반대의 입장에서 세계를 바라봄으로서 실재가 무엇인지, 인간은 무엇인지(인간관), 죽은 후의 세계는 어떤지(내세관), 인간에게 역사는 어떤 의미인지(역사관), 그리고 바르게 사는 도덕의 기초는 무엇인지(윤리관)를 형성해가며 세계관을 만들어 가는 것이다. 그렇게 형성되어지는 세계관은 끊임없이 역사를 바꾸어가며 주체적 · 실천적 요소를 강조하게 되는 것이다.

동양의 세계관은 음양(陰陽)과 오행(五行)으로 질서가 정해져 있다. 동양은 모든 우주 만물을 음과 양으로 구분하는데 예를 들면 낮의 태양은 양이고 밤의 달은 음이며, 남성은 양이고 여성은 음으로 표현하고, 또 봄과 여름을 양이라 하면 가을과 겨울은 음이라고 표현할 수 있다. 각개의 음과 양은 그 자체로만 존재하는 것이 아니라 음은 양으로 양은 음으로 변화하려는 성질을 지니고 있으며 음과 양은 극에 도달하면 상호 대립의 양상을 지니고 있기도 한다. 음과 양은 상호 의존적이며 상대적으로 증감하는 성질을 지니고 상호 평형을 유지하려는 속성을 가지고 있다. 이렇게 음과 양은 서로 다르면서도 완전히 나눌 수 없는 것이다. 그래서 동양에서는 우주를 음양으로 나누어 갈라 놓는 것이 아니라 음양의 조화가 이루어져야만 생명이 참된 생명이 되는 것이라고 말하고 있다. 오행이라는 것은 음양의 연속선상에 있어서 우주를 이루는 요체로 목(木), 화(火), 토(土), 금(金), 수(水), 다섯가지로 이루어지는 것을 말한다. 또한 오행을 오방색으로 표현하기도 하는데, 목은 청색으로 생명

2) 두산백과사전, 세계관

이 태어나는 봄을 표현하기도 하며 귀신을 물리쳐 복을 비는 데 사용하기도 했다. 화는 적색으로 생성과 창조, 정열과 애정, 적극성을 뜻하며, 토는 우주의 중심이라 하여 고귀한 색으로 임금님의 옷을 만드는 데 주로 사용되었다. 금은 백색을 나타내며 결백과 진실, 삶, 순결등을 뜻해 예로부터 우리 민족은 흰옷을 즐겨 입기도 했다. 마지막으로, 수는 흑색을 나타내며 인간의 지혜를 관장한다고 생각했다.

음양오행은 동양화를 나타내는 가장 대표적인 세계관인 것이다. 화폭에 담겨져 있는 모든 주제는 음양의 조화가 나타나며 오방색을 사용하여 채색하여 그림을 완성하였다. 또한 건축물과 의복에서도 오방색을 사용하여 그 의미를 더하기도 하였다.

서양의 세계관은 '진취와 극복'의 물질문명이라고 할 수 있을 것이다. 서양의 인간은 조화를 이루기보다는 끊임없이 세계를 정복하고 발전해 나가는 존재로 보았다. 그래서 타민족을 괴롭히고 그들의 물질을 빼앗아 자신의 것으로 만드는 역사를 만들어 갔다. 서양은 현실을 있는 그대로 받아들이며 정신적인 이상을 추구하기보다는 이성적으로 판단하여 인간의 욕심을 쫓았다. 기원후부터 형성되어 온 기독교적 세계관이 17세기까지 서양의 세계관을 지배해 왔고 기독교적 세계관은 신 중심적인 세계관으로, 신을 인정하고 인간이 신에게 자연을 지배하도록 내어주었고 인간은 신의 명령에 순종해야 하는 존재로 보았다. 그리고 수없이 많은 철학자들에 의해 끊임없이 다양한 세계관이 형성되어져 오늘날에 이르렀다.

(2) 동 · 서양 미술의 자연관

자연관은 용어 자체 그대로 자연에 대한 관념이나 견해를 뜻한다. 동양은 자연 속에 인간이 존재하는 것이라고 생각하여 자연을 존중하고 인간과 자연의 조화를 중시하여 자연을 훼손하지 않고 있는 그대로 보존해 가면서 동반자로서의 삶을 살았다면 서양은 인간 속에 자연이 있다고 생각하여 인간과 자연을 구분하고 정신과 물질을 분리시켜 자연을 극복하거나 정복하는 대상으로 보았다. 그래서 동양은 숲을 먼저 보고 나무를 보는 철학적 사고방식과 유사하지만 이에 비해 서양은 사실을 중시하여 나무를 보고 숲을 보는 과학적 방식과 유사하다. 예를 들면 동양은 인체를 하나라고 이해하며 우주 안의 소우주라고 표현하는 반면에 서양에서는 인체의 부분을 따로 분리하여 이해하려고 한다.

이러한 것이 작품 속에서도 들어나는데, 동양화를 보면 화폭 안에 소재들을 세밀하게 묘사하여 나타내기 보다는 하나를 이루어 전체적인 감상을 하게하며, 그 반면에 서양화는 화면을 구성하는 소재들을 하나, 하나를 세밀하게 그려서 전체를 이루고 있는 요소들을 들여다보게 한다.

5. 동 · 서양 미술의 재료와 기법 비교

동양과 서양의 미술은 전통미술에서의 재료부터가 다르다.

동양화에서는 그림의 바탕재료로 자연적인 환경에서 가공된 종이를 이용한 화선지, 한지 등을 이용하여 그 위에 그림을 그렸지만 서양화에서는 화학적인 가공으로 두껍게 처리된 펄프지나 천(캔버스) 위에다 그림을 그렸다. 바탕의 재료가 다르기 때문에 그 위에 올려지는 물감에서도 차이를 보인다. 동양화는 수용성인 먹과 안료를 물에 섞어 채색하는 방법을 사용하였고 서양화에서는 르네상스 시대의 회화에서 대표적인 안료를 달걀흰자에 녹여서 사용한 템페라화를 사용하여 연구한 결과 현재의 유화가 개발되어 사용하고 있다.

재료의 차이뿐만 아니라 세계관과 자연관의 영향으로 기법에서도 차이가 난다.

동양화에서는 자연주의적 사상을 가지고 자연 속에 정신이 있다고 생각하고 그 정신을 담아서 그림으로 표현하였다. 먹을 이용하여 선으로 자연을 나타내는데 탁월함을 보여준다. 산세의 모양이나 한복의 곡선 등 선을 잘 표현하였고 농담을 이용하여 음양을 표현하여 냈다. 그 반면에 서양화에서는 있는 사실 그대로 자연의 모습을 화폭에 담았다. 선 보다는 면 중심으로 빛을 통해 눈에 들어오는 모습을 묘사해 낸 것이다.

그림을 표현하는데 있어 또 다른 차이는 동양화는 삼원법(근경-중경-원경)을 사용하여 화폭의 공간을 처리했다면 서양화에서는 투시원근법이나 공기원근법을 사용하여 화면을 처리했다. 그렇기 때문에 그림을 보면 동양화는 마치 위에서 보고 있는 듯하기도 하고 앞에서 보고 있는 듯하기도 하여 거리감을 정확하게 표현할 수 없지만 서양화에서는 사진을 보듯 그 거리감을 정확하게 느낄 수 있다.

동 · 서양의 회화의 특징을 비교하자면 동양화에서는 여백의 미를 두어 종이의 색을 그대로 들어냄으로 자연을 표현하기도 하며 그 빈 공간으로 감상자를 끌어들여 감상자 스스로 여유를 갖으며 생각하여 창조적 공간 속에 또 다른 창작이 일어나도록 한다. 반면에 서양화는 화폭을 가득 메워서 밑바탕의 재질이 보이지 않게 하여 작가의 사상만을 그림 속에 담아내고 그것을 바탕으로 감상자가 감상할 수 있도록 이끌어낸다.

6. 동 · 서양 작품 비교

감로도와 최후의 만찬은 이승과 저승을 그림으로 나타낸 것이다. 각각 동양과 서양의 종교적 세계관을 바탕으로 그려진 그림으로서 감로도는 중생 교화를 위해 그려진 것으로 조선시대는 유교의 덕목인 효가 강조되며 조상 숭배 신앙이나 영혼 숭배 신앙을 표현하기 위해 그려졌다. 최후의 만찬은 마지막 날 신이 인간을 심판하여 천국과 지옥으로 나누어 최후의 인간 모습을 보여주기 위해 그려졌다. 감로도에서는 인간이 자연 속에 있는 모습을 보여주고 그 안에서 고통 받으며 노동하고 있는 모습을 그려내고 있다. 그리고 부처의 모습이 하늘 위에서 인간을 내려다보고 있는 모습으로 표현하였다. 최후의 만찬에서는 십자가를 진 예수의 모습이 하단에 있으며 인간이 승천하기도 하며 지하의 세계로 떨어져 있는 것으로 그려 인간의 모습을 중점으로 다루었다. 또한 인간의 모습을 세세히 그려 그 육체가 마치 살아 있는 듯한 모습으로 보여주고 있으며 감로도에서는 그 정신이 깃들어 인간을 묘사하기 보다는 그 것들이 시사하고 있는 것을 보여주고 있다(김선현 저, 학지사, 2009).

감로도, 작자 미상(조선 1649년)

최후의 만찬, 레오나르도 다빈치(1495~1498년)

그림 III-1.

미인도, 신윤복(1758~1813)
(18세기 말기~19세기 중기)

모나리자, 레오나르도 다빈치(1503~1506년)

그림 III-2.

신윤복의 미인도에 나타난 여인은 기생이었다. 그 당시의 유행하던 한복의 자태가 나타나 있으며 고개를 숙인 얼굴과 실눈썹의 고운 눈매, 다소곳한 콧날, 좁은 입 등 동양의 미인의 조건을 여실히 보여주고 있다. 얼굴의 표정은 마음까지 들어내 주는 듯 보인다. 다빈치의 모나리자는 눈썹이 없고 이마가 넓은 그 당시 서양의 미인상을 보여주고 있다. 부인의 정숙한 미소를 머금은 표정과 편안한 손 등을 표현하여 보는 사람으로 하여금 신비성을 느끼게 하였다.

재료와 그 기법에서도 차이가 나는데 미인도에서는 비단 천에 먹을 이용하여 세밀하게 선으로 묘사를 하여 여인의 자태를 정확하게 드러내주고 있으며 간단한 색의 처리로 배춧잎처럼 부풀어 있는 치마를 표현하였다.

그리고 배경은 묘사되지 않고 인물에만 집중되어 있다. 그 반면에 모나리자는 빛을 이용하여 사실적으로 묘사하였다. 뒤 배경은 원근감을 주어 멀리 있는 듯 흐리게 처리하였고 그림 속에 또 다른 그림이 있는 듯 연상케 한다.

조각보는 옛날 일반 서민들이 쓰다 남은 조각천을 이어서 촘촘히 바느질을 하여 만든 것으로 우리 민족의 생활의 지혜가 담겨 있는 것이다. 오방색(적, 황, 청, 흑, 백)만을 이용하여 만든 것으로, 계획하고 생각하여 만들지는 않았지만 색채 구성이 보다 자유롭고 순수하

조각보, 19세기

Composition A
몬드리안(Mondrian, 1872~1944)

그림 III-3.

게 나타나고 있다. 그 반면에 몬드리안의 Composition은 원색만을 사용하여 순수하고 객관적으로 리얼리티를 표현하려고 한 것이다. 여기 사용된 색은 최고의 순도를 지닌 3원색을 사용하였고 흰색과 검은색을 사용하며 면을 구성한 것이다.

이중섭과 피카소는 소를 작가의 시각으로 그리려고 노력했다.

이중섭의 소, 이중섭(1916~1956)

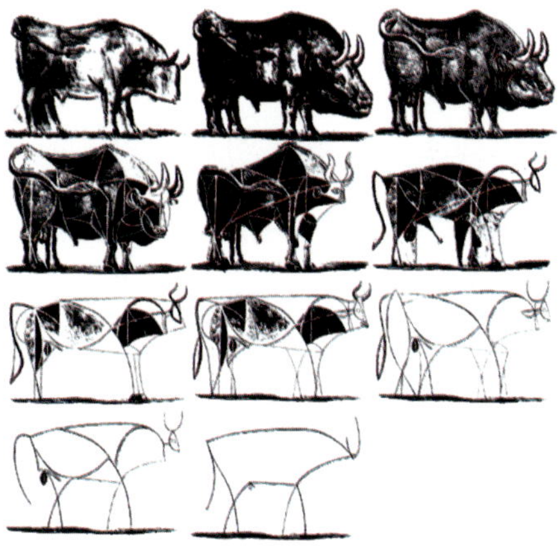

피카소의 소, 피카소(1881~1973)

그림 III-4.

김정희 영정(보물 제547-5호),
조선시대, 김정희(1986~1856)

고흐의 초상화, 빈센트 반 고흐(1889)

그림 III-5.

이중섭의 소는 화가 난 듯, 돌격직전의 모습과 꼬리의 날카로운 선이 아주 빠른 힘에 의해 표현되어 작가의 주관적인 감정을 드러냄으로 그 생동감이 보는 감상자로 하여금 느껴지도록 그렸다. 그 반면에 피카소는 선으로 표현하기보다는 조형성에 더 의의를 두며 사실적 묘사를 통해 왜곡하며 최대한 단순화시키는 작업을 했다.

김정희 영정은 추사 김정희 선생의 초상화이다. 관복을 입고 호랑이 가죽이 깔린 의자에 앉아 있는 전신상이다. 이 그림 또한 먹의 선으로 묘사하여 나타내고 있다. 인물 중심으로 다른 풍경은 묘사되어 있지 않다. 그림에서 나타나듯 김정희 선생의 정신이 그 표정과 자태를 통해서 나타나고 있다. 고흐의 초상화는 그 당시 고흐의 상태를 그림으로 표현하여 나타내고 있다. 뒤 배경을 통해 고흐가 일본 그림에 관심을 가지고 있었다는 것을 알 수 있다. 그리고 인상주의 기법이 나타나 한 가지 색이 아닌 여러 색으로 한 면을 나타내고 있는 것을 알 수 있다. 고흐의 초상화를 통해서는 고흐의 정신보다는 그 당시의 유행하는 그림, 화법 등을 더 자세히 알 수 있다.

김홍도의 조어 산수도는 먹의 농담으로 풍경을 표현하였다. 산과 물이 흐르고 안개가 낀 듯 여백의 미를 살려주었다. 두 명의 사람이 낚시를 하고 있는 모습과 전체적인 풍경이 하나로 조화가 되어 자연을 바라보고 있는 듯하다. 그렇다면 서양회화의 풍경화 중 대표적이

조어산수도(병진년화첩 중(中)),
김홍도(조선, 1796년)

건초 수레, 존 컨스터블(1821년)

그림 III-6.

라고 할 수 있는 존 컨스터블의 작품을 보자. 그의 그림에 나타난 주제 역시 김홍도의 그림과 그 다지 다르지는 않다. 그러나 세밀한 묘사를 통해 사람의 시선을 그림 안으로 끌어당기는 것을 느낄 수 있다. 물에 비취는 집과 나무의 모습과 하나하나 세밀하게 묘사된 나뭇잎을 볼 수 있다. 빛을 표현하여 그 색의 생동감도 느낄 수 있다.

동 · 서양 작품을 통해 동 · 서 미술 안에 깃들어 있는 작가의 정신세계, 그리고 작가에게 미친 그 나라의 세계관과 자연관을 볼 수 있다. 색조의 다양함도 볼 수 있었지만 가장 두드러지게 나타난 것은 동양화는 먹의 선만을 이용하여 하나의 자연을 연출해 냈다면 서양화는 빛을 표현하여 색과 면으로 화폭을 구성하였다는 것이다.

IV. 동양의학과 서양의학

1. 동양의학과 서양의학의 차이

동양의학이건 서양의학이건 간에 의사가 다루는 대상은 같은 사람이요, 같은 질병이다. 사람을 괴롭히는 질병을 퇴치하고 그들의 건강을 지킨다는 궁극적 목표는 같다. 단지 건강이라는 것은 어떤 상태를 말하며, 질병은 왜 생기며 어떻게 하면 건강을 되찾는지에 대한 이해 방법과, 진단과 치료를 위한 접근 방법과, 시술 방법에 다소 차이가 있을 뿐이다. 동양의학과 서양의학 사이에는 서로 중복되는 면이 많이 있고, 비록 서로 다른 면이 다소 있더라도 그 경계가 불분명한 경우가 많다. 동양의학에도 있고 서양의학에도 있는 개념이나 이론이라 하더라도 어떤 부분은 동양의학에서 더 강조하는가 하면 또 어떤 부분은 서양의학에서 더 강조하는 점도 따로 있기 때문에 이러한 점들을 차이점이라고 간주하여 열거해 보면 다음과 같다.

1) 동 · 서 의학의 비교

① 지식체계의 바탕이 동양의학은 철학적이고 서양의학은 과학적이다.

동양의학은 형이상학적 사고로 이미 완성된 지식의 체계라고 간주하기 때문에 그 원전(原典)에 대한 해석이나 쉽게 풀이해 논 것은 있어도 새로 고쳐 쓰는 개정판이나 증보판은 없는 것이다. 서양의학은 실험과 검증을 통하여 확인된 것만이 포함되는 지식의 체계이므로, 아직도 검증할 부분이 남아 있는 한 영원히 미완성의 지식의 체계 상태로 남아 있을 것이라는 말로도 된다.

② 동양의학은 직감적(直感的)인 정보도 많이 있는데 비해, 서양의학은 주로 학습(學習)을 통한 정보가 많다.

동양의학은 그 지식의 체계 속에 "직감적으로 얻은 정보(intuitive information)"가 많이 삽입되어 있고, 서양의학의 지식의 체계 속에는 주로 "배워서 알게 된 정보(learned information"만을 수용하는 경향이 있다.

어떤 사람을 한 번 힐끗 쳐다보고 "한 40대 중반 쯤 되어 보인다"하는 것은 일종의 '직감적 앎' 이다.

③ 동양의학은 주관적인 면을, 서양의학은 객관적인 면을 강조한다.

동양의학에서는 주로 주관적(主觀的, subjective)인 것을 강조하는 경향이 있다. 환자도 의사도 자기 자신의 잣대로만 재기 때문에 다른 사람의 잣대로는 얼마나 되는지 알 수가 없다. 그래서 동양의학에는 통계(統計, statistics)라는 개념이 발달되지 않았다.

서양의학에서는 객관적(客觀的, objective)인 것을 강조한다. 내가 사용하는 잣대나 그들이 사용하는 잣대나 다 같은 것이어야 된다. 따라서 서양의학에서는 객관성(objectivity)과 재현성(reproducibility)이 강조되며 통계적 연구가 발달되어 있다.

④ 동양의학은 총체적이고 서양의학은 분석적이다.

사물을 관찰할 때 모든 것을 하나 속에 묶어 놓고 생각하는 방법과, 단위별로 나눌 수 있는데 까지 자꾸 나누어서 생각해 보는 두 가지가 있다.

동양의학에서는 모든 것을 하나 속으로 끌어 모으는 생각이 구심적(求心的, concentric) 사고이고 총체적(總體的, holistic) 사고방식이다. 한의학의 틀 안에서 의학, 약학, 치과학, 간호학, 수의학 등이 분리되지 않고 계속 하나의 상태로 유지되어 오는 것은 이러한 구심적 사고방식 때문이기도 하다.

서양의학에서는 전체를 이루고 있는 낱개(個體, individual)가 건전하면 그 낱개가 모여서 이루어진 전체도 건전하다는 사고를 견지한다. 따라서 자꾸 작은 것으로 쪼개어 연구하고 평가하는 분석적(分析的, analytical)사고가 발달하였다.

⑤ 동양의학은 방어적이고 서양의학은 공격적이다.

사람의 문제점을 보는 시각에는 두 가지가 있다. 과오(過誤)를 타(他, non-self)에서 찾는 태도와, 자(自, self)에서 찾는 태도이다. 한의학에서는 과오(질병의 원인)를 나(自)속에서 찾는 경향이 있기 때문에 나를 보(補)한다는 뜻에서 보약(補藥)을 강조한다. 다분히 소극적(消極的, passive)이고 방어적(防禦的, defensive)이라고 할 수 있다.

서양의학에서는 건강한 나(自, self)속으로 해로운 타(他, non-self)가 쳐들어온다는 생각이 강하다. 그래서 서양의학에서는 들어오는 타(他)를 막는 방법(block)과 이미 들어온 것을 죽이는 방법(anti__, 또는 __cide)과 잘라 내는 방법(__ectomy)이 발달되어 있다. 다분히 적극적(積極的, aggressive)이고 공격적(攻擊的, offensive)이라고 할 수 있다.

⑥ 동양의학은 경험(經驗, Experience)적이고 서양의학은 실험(實驗, Experiment)적이다.

동양의학에서는 동일한 이론을 바탕으로 시술한 임상의 경험이, 몇 천년동안에 축적된 경험과 나의 경험이 일치한다면 그 경험 자체가 유의하고 중요하다는 입장이다.

서양의학에서는 어떠한 가설이 설정되면 이것을 실험(實驗, experiment)과 검증(檢證, prove)을 통해 확인하고, 그 확인된 결과를 임상에 적용하여 임상결과를 평가하는 과정을 강조한다. 객관성(客觀性, objectivity)과 재현성(再現性, reproducibility)이 비교적 잘 표현되는 이중맹 검사법(二重盲檢査法, Double Blind Study)을 가장 중요하고 기본적인 검사법으로 간주한다.

⑦ 동양의학은 인문주의적이고 서양의학은 기술의존적이다.

인문주의적(人文主義的, humanistic) 의술에서는 환자가 행위자(行爲者, doer)가 되고 의자(醫者)가 지도자(指導者, instructor)가 되는 관계를 유지하는 게 특징이다. 치유를 위한 많은 임무와 책임을 환자에게 부여한다. 마치 운동장에서 실제로 뛰는 것은 운동선수들이요, 옆에서 소리 지르며 지시하는 것은 코치인 것과 비슷한 관계이다.

기술 의존적(技術依存的, technological) 의술에서는 환자는 수혜자(受惠者, recipient)이고, 의자(醫者)가 행위자(行爲者, doer)가 되는 관계이다. 환자에게 책임지고 해야 할 치료적 임무를 많이 부여하지 않는다. 치료 과정의 여러 가지 결정을 기계적(mechanical)이고 기술적(technological)인 소견에 의존하는 경향이 짙다.

⑧ 동양의학은 적당성을 강조하고 서양의학은 정확성을 강조한다.

동양의학에서 말하는 적당이란 "아무렇게나"의 뜻이 아니고 "가장 알맞게"라는 뜻을 나타낸다(適當性, Adequacy). 약물의 성분 조합, 용량, 조제 과정, 치료 횟수, 치료 기간 등이 적당히 조절되는 경향이 있다.

반면에 서양의학에서는 정확하고 분명하기를 원한다. 예를 들면 약 알맹이를 천만 개를 만들어도 전부가 정확하게 똑같은 량을 함유하고 있게 만든다는 말이다. 모든 사람들이 같이 쓰는 기준을 공동의 잣대로 사용 한다(正確性, Accuracy).

⑨ 동양의학은 필연성을 강조하고 서양의학은 사실성을 강조한다.

동양의학은 "......은 이래야 한다(it ought to be ......)"는 식의 필연성(必然性)으로 지식의 체계를 세웠고, 서양의학은 "......은 이렇다(it is ......)"라는 식의 사실성(事實性)으로 지식의 체계를 세웠다. 동양의학에선 비록 형이상학적인 설명이긴 하지만 사물에 대한 "왜(why)" 에 대해서 설명하고 있고, 서양의학에선 사물과 현상이 이렇게 저렇게 변한다는 "어떻게(how)"에 대해서 많은 연구가 되어 있다.

⑩ 동양의학은 기능 위주이고 서양의학은 해부학 위주이다.

장기(臟器, organ)의 개념이 동양의학과 서양의학이 서로 다르다. 예를 들면 서양의학에서 신(腎)이라 한다면 해부학적인 장기 신장(腎臟, Kidney)을 의미한다. 그러나 동양의학에서 말하는 신(腎)은 신장-신경락-신기(腎臟-腎經絡-腎氣)의 복합체(Kidney-

Meridian-Qi Complex)의 총체적 성능(性能)을 신(腎)이라 하는 것이다.

⑪ 동양의학은 성(性)중심이고 서양의학은 질(質)중심이다.

우주에 존재하는 모든 것엔 성질(性質)이 있다. 시간이라든가 마음이라든가 하는 비물질적(非物質的, non-matter)의 성질이 성(性)이고, 물질(物質, matter)의 성질이 질(質)이다.

동양의학에선 음성(陰性), 양성(陽性), 악성(惡性), 양성(良性), 연성(軟性), 경성(硬性) 하는 식으로 성(性)을 주로 다룬다. 그리고 성의 조화(調和, harmony)를 강조한다. 영양실조(營養失調)라고 하는 말은 영양의 "조화가 깨졌다"는 뜻이다.

서양의학은 단백질(蛋白質), 지방질(脂肪質), 당질(糖質), 섬유질(纖維質), 광물질(鑛物質) 하는 식으로 질(質)을 주로 다룬다. 그리고 질의 균형(均衡, balance)을 강조한다. '균형식(均衡食, balanced diet)을 먹어라' 하는 말은 균형(balance)을 강조하는 말이다.

⑫ 동양의학은 건강 중심이고 서양의학은 병 중심이다.

동양의학에서는 의자(醫者)가 상대하는 대상이 건강(健康)이며, 사람의 상태를 "건강"과 "불건강"으로 나눈다. 그래서 동양의학에서 대부분의 불건강 상태를 기술할 때는 증(證, 症, syndrome)으로 나타나고 병명은 별로 없다.

반면에 서양의학에서는 병(病)의 개념을 강조하며, 사람의 상태가 병적 상태와 무병의 상태로 구분된다. 병을 찾아내는 진단 방법이 무척 발달하였고 또 병을 없애 버리는 치료 방법도 수없이 개발되었다. 서양의학에는 병명(病名)이 엄청나게 많다.

동양의학과 서양의학의 건강관과 질병관은 다음과 같다.

건강과 질병의 3단계

I단계	II단계	III단계
조화(調和) – 정상(正常) 건강(健康)	부조화(不調和) 불건강(不健康)	기질적 손상(機質的損傷) 질병(疾病)

동양의학의 건강관(東洋醫學 健康觀)

건강(健康)	불건강(不健康)

· 불건강 속에 병적상태가 포함 됨.

서양의학의 질병관 (西洋醫學 疾病觀)

무병(無病)	병(病)

· 무병 속에 불건강의 상태가 포함 됨.

2) 동 · 서 의학의 공통점

이상에서 열거한 동양의학과 서양의학의 차이점이 곧 동양의학과 서양의학의 공통점이기도 하다. 차이점 하나하나마다 그 일부가 서로 중첩되어 있어 공통점이 되기도 하며, 동서의학 접목의 접합점이 되기도 하며, 상호 보완점이 되기도 한다.

동양의학의 치료법은 생약요법, 훈련요법(운동요법), 자극요법 등이 포함되며 자극요법은 침(鍼), 뜸(灸), 지압(指壓), 부항(附缸)으로 세분된다.

서양의학의 치료법을 대별하면 광범위한 의미에서 화학적 요법(化學的 療法, chemical therapy), 물리적 요법(物理的 療法, physical therapy), 수술적 요법(手術的 療法, surgical therapy), 심리적 요법(心理的 療法, psychological therapy)을 들 수 있다.

동양의학의 생약요법(herbology)과 서양의학의 화학적 요법은 둘 다 약물(drug)요법이라는 점에서 공통점을 찾아볼 수 있다. 동양의학의 자극요법과 운동요법에서는 서양의학의 물리적 요법과 많은 유사점을 발견할 수 있다. 동양의학에서의 칠정(七情)의 개념에서 서양의학의 심리적 요법과 유사점을 엿볼 수 있다. 가장 현격한 차이를 보이는 분야가 있다면 수술적 요법에 있어 서양의학이 매우 강한 반면에 동양의학에서는 매우 미미하다는 점을 들 수 있다.

동양의학을 과학적으로 연구하여 실험과 검증으로 확인되는 부분이 확대될수록 동양의학과 서양의학의 공통된 부분의 폭이 넓어져 가고 있다.

3) 동양의학이 우수한 점

서양의학과 동양의학을 일대 일로 단순비교 하는 것은 쉽지도 않고 가능하지도 않다. 단지 동양의학의 장점을 열거해 보라면 몇 가지 예는 들 수 있다. 우수한 점이라던가 장점이라고 하는 것은 역시 비교상대가 있어서 상대적인 평가를 제시하는 수밖에 없다. 그것도 “이 쪽은 희고 저 쪽은 검다”하는 식이 아니고 “이 쪽이 저 쪽 보다 더 검다”라던가 “좀 더 희다”하는 정도의 비교를 할 뿐이다. 어떤 면이 더 강조되어 있느냐 하는 점을 지적하는 정도라는 뜻이다.

① 오랜 임상경험의 축적이 있다.

"한약이 왜 좋습니까?" "한 번 잡숴 보슈" 한약이 왜 좋은지 따지기 전에 직접 먹어 보라는 것이다. 이 대화에서도 엿볼 수 있듯이 한의학은 경험의 의학이다. 수 천년 동안 쌓아 놓은 경험의 축적이 있다. "이렇게 치료해 주면 낫더라"라든가 "이렇게 치료받으니까 낫더라"가 수없이 쌓여 있다. 의학에서는 "병을 실제로 낫게 해 주는 것" 이상의 도전은 있을 수 없다. "꿩 잡는 게 매다"라는 우리나라 속담처럼 "병 고치는 게 의학이다"라고 말할 수 있다. "이론이야 시대에 따라 장소에 따라 바꿀 수도 있고 바뀔 수도 있지만, 병을 낫게 해 주는 임상결과는 시대와 장소에 관계없이 인정받고 또 인정해 주어야 한다"는 것이 일부 한의학자들의 주장이다.

② 침술마취(Acupuncture Analgesia)

1972년에 미국의 닉슨 대통령이 전세계 사람들의 이목을 한몸에 받으면서 중국을 방문하였다. 이때 전세계 사람을 놀라게 한 사건 중의 하나가 "침술 마취"였다. 마취약을 사용하지 않고 침(鍼)만 몇 대 꽂아놓은 상태에서 수술을 하는 장면은 서방 세계의 모든 사람을 놀라게 하기에 충분하였다. 눈으로 보고 있는 현실이니 부정할 수도 없고, 그렇다고 여태까지 배운 상식과 머릿속에 입력된 지식으로는 도저히 설명할 수도 없는 희한한 일이 벌어진 것이다. 침 마취는 '수술은 해야 되겠는데 마취약을 쓸 수 없는 환자'에게는 생명을 구할 수 있는 최상의 선택이 된다. 한의학의 우수성을 지적하면서 우선 침 마취를 들먹이는 이유는 바로 그 때문이다.

③ 일반적으로 침술의 시술은 간편하고, 편리하며, 또 저렴하다.

침 몇 대만 가지고 다니면 갖가지 병을 다 치료해 볼 수 있으니 간편하다. 종합병원이나 현대식 의료시설이 구비되어 있지 않은 오지(奧地), 무의촌, 의료 선교지 등이나 장거리 여행 중의 버스, 기차, 비행기 안에서 등 장소와 때를 가리지 않고 사용할 수 있으니 편리하다. 값 비싼 진단기기, 치료 장비, 의료 시설이 따로 필요 없으니 저렴하다. 물론 처방된 한약이나 특별히 준비한 보약은 몹시 비싸지만 보통 맞는 침 치료는 역시 저렴한 셈이다.

④ 한약에는 부작용이 적다는 특징이 있다.

약을 매우 빠른 속도로 체내에 흡수시키거나 주사로 조직과 혈액 내에 직접 주입시키면 여러 가지 부작용이 쉽게 일어나지마는, 한약은 음식물이 소화 흡수되는 자연스러운 과정을 그대로 거치기 때문에 부작용이 적어지게 된다. 특히 약물에 예민한 반응을 보이고 생리적 인내력이 약한 노년층 환자들에겐 약을 쓰지 않는 침술치료를 무척 좋아한다. 침술치료는 몇 달 몇 년을 계속해도 위장장애와 같은 부작용이 생길 이가 없다. 한약의 특징 중의 하나는 환자들이 한약을 "기꺼이" 먹는다는 점이다. 대개 양약은 "마지못해" 먹는다는 점과 대조적이다.

⑤ 동양의학은 "건강중심의 의학"이기 때문에 건강을 유지하고 건강상태를 더욱 향상시키는 섭생법(攝生法)이 발달되어 있다.

생명활동에 기본적인 행위인 식사법, 수면법, 운동법, 호흡법, 조심법(調心法)을 구체적으로 제시하고 있다. 약을 음식화(飮食化)시키고 음식을 약물화(藥物化)시킨 것은 매우 훌륭한 건강법으로 간주된다. "약은 맛이 없는 음식이라 필요한 때만 가끔 먹는 것이고, 음식은 맛이 좋은 약이니 매일 먹는 것이다". 맛이 좀 더 있고 없고의 차이 이지 "음식과 약은 같은 것이다(食醫同源)". 이 가르침은 음식을 약 먹듯이 마음 가다듬고 먹는 습관을 길러주고, 약을 거부감 없이 먹는 습관을 길러 준다.

⑥ 동양의학의 임상에서는 인문주의적(人文主義的, humanistic)접근법을 사용하기 때문에 의사가 "지도자(指導者, instructor)"의 역할을 맡고, 환자가 "행위자(行爲者, doer)"의 역할을 하게 된다.

'행위자' 가 된다는 것은, 환자 자신이 할 수 있고, 해야 되는 일들을, 가능한 한 다 환자가 직접 한다는 뜻이다. 이러한 행위는 치료효과를 극대화시킬 수 있다. 환자에게 주로 긍정적인 치료효과 만을 제시해 주는 병의원 분위기는 '과장' 이라는 비난도 받을 수 있으나, '위약효과(placebo effect)' 를 극대화시키는 장점도 아울러 지니고 있다.

⑦ 동양의학은 철학과 형이상학을 바탕으로 하고 있기 때문에, 기본이론의 체계가 수 천 년 전에 정립되어 있고, 과학적 검증이 앞으로 오랫동안 이뤄지지 않을 정도로 비약돼 있다. 과학적으로 검증될 때까지는 "미과학(未科學)"이라는 비난을 받을 가능성도 있지만, 기존의 이론을 토대로 임상 시술은 과거에 행하였듯이 현재도 행해지고 있고 앞으로도 계속 행해 질 수 있을 것이다. 만일 이 이론이 맞는 것이라면 그 의술의 혜택을 벌써부터 받

고 있는 셈이 된다는 뜻이다. 축적된 경험이 이런 혜택을 뒷받침하고 있는 터에, 과학적 검증만을 마냥 기다리고 있다면 그만큼 손해를 보게 된다는 말로도 된다.

4) 서양의학의 우수한 점

① 전염병의 퇴치(Infection Control)

옛날에 인간의 평균수명이 짧았든 것은 모든 사람이 몇 년 밖에 못 살고 죽었다는 뜻이 아니고, 영유아들이 낫자마자 사망하는 율이 높았기 때문에 평균수명이 낮아 진 것이다. 흑사병, 호열자, 장질부사, 나병, 폐결핵 등 한 번 걸렸다 하면 살아남기 힘들었다고 생각하던 것이 이제는 약 좀 먹으면 다 낫는 것으로 취급하기에 이르렀다. 조선조의 역대 왕들의 평균수명이 44세였다. "임금님이 하찮은 종기 때문에 돌아가시는 장면을 볼 때면 경복궁 안에 현대판 종합병원 하나만 서 있었더라도 임금님들이 저렇게 돌아가시지는 않았을 텐데" 하는 말에 일리가 있다. 어쨌든 항생제의 발명으로 전염병을 퇴치할 수 있는 것은 서양의학의 강점 중의 강점이다.

② 서양의학의 또 하나의 우수성은 마취약의 발명과 함께 발달한 수술적 치료법이다.

우리 몸에서 끊어내고 붙이고 해야 될 일이 너무나 많다. 몸속에서 곪은 부분을 째서 고름을 빼 내 주어야지, 찢어진 팔다리를 꿰매 주어야지, 끊어진 혈관을 이어 주어야지, 살속에 박힌 총알을 빼 주어야지, 주먹처럼 솟아나는 혹 덩어리를 떼 내 주어야지, 주글주글한 얼굴의 주름살을 빤빤하게 펴 주어야지, 편편한 가슴에 풍만한 젓을 붙여 주어야지, 수술로 해 주지 않으면 안 될 일들이 무척도 많다.

전쟁터에서 부상당한 사람, 심한 화상을 입은 사람, 숨을 제대로 못 쉬어 목에 구멍을 뚫어야 되는 사람, 골반이 너무 적어서 아기가 나오지 못하는 산모, 이 모든 사람들의 생명은 수술로만 구제가 가능하다. 응급실이나 중환자실에 있는 대부분의 환자들은 이 항생제와 수술치료가 아니면 죽었을 사람들이다.

세종대왕의 아들 하나는 굶어서 죽었다. 목에 생선 가시가 박혀서 곪았고 아무 것도 삼킬 수가 없었기 때문이었다. 내시경이 없어서 그렇게 되었다.

③ 질병을 찾아내는 진단방법이 매우 발달했다.

혈액 내의 성분을 화학적으로 또 물리적으로 아주 미세한 세계까지 분석하여 정상과 비정상을 가려낸다. 해부학적인 구조물도 자꾸 잘게 쪼개어 가다가 심지어 유전인자의 모양까지도 잘 못된 부분을집어낸다. 몸에서 발산되는 전자파, 초음파, 적외선, 자장 등을 포착하여 이를 그래프, 영상, 파장분석을 통하여 병변(病變, 병의 변화)을 찾아낸다.

④ 의식이 전혀 없는 식물인간에게도 검사와 진단과 치료를 실시할 수 있다.

약을 줄 수도 있고, 밥을 먹일 수(영양분을 주입)도 있다.

⑤ 인체가 부족을 느끼는 부분을 인공적으로 보충시켜주고 메꿔 줄 수도 있다.

사지 절단 환자에게 의수족(擬手足, artificial limb)을 끼어 주고, 각종 보조기(補助器, orthotic device)를 대주며, 심장 박동기(pace maker)를 넣어주고, 산소 공급을 시켜 주며, 혈액과 혈중 전해질을 보충해 준다.

⑥ 서양의학에서 사용하는 약이나 기기의 치료효과가 신속하다.

국소마취제는 주사바늘을 빼기도 전에 벌써 통증은 없어진다. 대부분의 진통제 약도 먹은 지 30분 정도면 대개 진통효과가 나타난다. 토하게 만드는 약도, 토하는 것을 막는 약도, 숨 찬 것을 멈추게 하는 약도, 심장이 아픈 것을 멈추게 하는 약도 다 먹자마자 약 효과가 있도록 만들어 진 것이다.

⑦ 서양의학에서 사용하고 제시하는 정보는 몽땅 객관성과 재현성을 지닌 과학적 검증을 거쳤다. 따라서 정보와 데이터(data)는 정확성을 매우 강조한다. 모든 임상적 데이터는 소위 이중맹 검사(二重盲 檢査)로 분명하게 가려졌다는 것이다. 약효과도 검사결과에 따라 81%의 완치, 5%의 부작용(2% 설사, 5% 두통) 하는 식의 정확성을 기 한다는 뜻이다. 이 과학적 검증에는 "새로운 검증이 옛 것의 과오를 찾아낸다면 즉시 수정 한다"는 원칙을 전제로 한다.

⑧ 일부 학자들은, 서양의학에는 인간 대 인간의 훈훈한 인문주의적 관계(humanistic relationship)가 다소 희석돼 있고 오히려 기술 의존적(technology oriented) 경향이 짙

다는 점과, 객관화시키려는 통계 속에 개인의 가치가 매몰돼 버릴 가능성이 높다는 점과, 정확한 정보를 제시하노라고 환자에게 공포심을 불어넣어 줄 염려가 있다는 점이 단점이라고 지적하기도 한다. 그러나 이러한 결점을 있는 그대로 솔직히 제시하는 게 역시 장점이기도 하다는 지적이다.

2. 철학적 전통의학 이론의 과학적 해석

동양의학 속에 전통적 이론은 상당히 많이 있으나, 서양의학을 전공하는 의료인들에게 가장 생소하게 느껴지는 대표적 전통이론에는 기(氣), 음양(陰陽), 오행(五行), 장부(臟腑), 경락(經絡), 경혈(經穴) 등이 있다. 이러한 개념은 서양의학 체계에는 존재하지 않기 때문이다.

1) 이(理)와 기(氣)

기(氣)와 가장 근사한 개념을 지닌 말은 에너지(Energy)이다. 기(氣)나 에너지 자체는 객관적으로 측정하거나 가시적으로 제시할 수 없으나, 기나 에너지에 의해서 생기는 현상을 간접적으로 관찰할 수는 있다. 마치 시간(時間)이라는 것이 존재하지만 이 시간을 직접 측정하거나 오감으로 감지할 수 있도록 제시할 수는 없으며, 단지 일정하게 움직이는 물체나 현상을 관찰함으로써 간접적으로 시간의 존재를 인식하는 것과 흡사한 것이다. 특정한 성질과 현상을 가지고 구체적으로 표출되는 기(氣)의 현상을 과학이 하나씩 발견하고 이를 명명하고 또 이를 실생활에 응용하고 있기는 하다. 전기(電氣)와 자기(磁氣)는 그 좋은 예이다. 우리나라 말 속에는 기의 개념이 많이 섞여 있는데, 공기, 물기, 습기, 화기, 핏기 등이 그 예이다.

또 기나 에너지는 힘으로 표현되기도 하기 때문에 다른 형태로 나타나는 기나 에너지는 중력(重力)이라든가 압력(壓力)이라는 식으로 "력(力)"이라고도 표현한다.

이러한 기본 에너지가 생체(生體) 속에서 작용할 때 이를 생기(生氣, Bio-energy 또는 Vital Energy)라고 부른다. 생명이 생명(生命)으로 존재하게끔 유지시키는 이치(理致, Principlc)를 생리(生理)라 한다. 생리(生理)를 따라 생기(生氣)가 움직이는 것이 생물(生

物)이요, 그렇지 못한 것이 무생물이다. 동양의학에서 기(氣)라고 하는 것은 좁은 의미에서의 생기를 의미하는 것이며, 이것을 서양의학에서 항상성 에너지(恒常性에너지, Homeo-static Energy)라던가 자연치유력(自然治癒力, Natural Healing Energy)라던가 생명에너지(生氣, Bio-energy)라는 개념으로 이해하면 좋을 것이다.

① 이(理)는 데이터베이스(data base) 또는 프로그램(program)의 개념이다.

영원불변(永遠不變)하고 무궁불멸(無窮不滅)하는 절대적 마스터 프로그램(Absolute Master Program)이 진리(眞理)이다. 상대적(相對的, relative)이고 국소적(局所的, local)인 프로그램도 있기 때문에, 하늘에는 하늘의 이치인 천리(天理)가 있고, 땅에는 지리(地理), 물체에는 물리(物理), 생체에는 생리(生理)가 있는 것이 그 예이다.

② 기(氣)는 에너지(Energy)와 같은 개념으로 생각하면 된다.

영원불변(永遠不變)하고 무궁불멸(無窮不滅)하는 절대적 기본 에너지(Absolute Basic Energy)가 진기(眞氣)이다. 상대적이고 국소적으로 작용하는 기의 개념으로, 하늘에는 천기(天氣), 땅에는 지기(地氣), 생체(生體))에는 생기(生氣)가 있다.

2) 음(陰)과 양(陽)

음양(陰陽)은 상대성(相對性, Relativity)의 개념이다. 우주만물과 모든 현상은 두 가지의 상대적인 에너지의 조화(調和, Harmony)를 이룸으로 존재하는 것이고, 조화를 이루기 위해 변화해 간다는 것이다. 예를 들면, 어두운 것과 밝은 것, 찬 것과 더운 것, 무거운 것과 가벼운 것, 빠른 것과 느린 것, 여자와 남자, 마이너스(-)와 플러스(+), 네거티브(Negative)와 포지티브(Positive) 등이 음양의 관계이다.

의학에서는 몸과 마음(心 · 身), 동맥과 정맥, 체신경과 자율신경, 운동신경과 감각신경, 교감신경과 부교감신경, 빠른 섬유 와 느린 섬유(Fast Fiber vs Slow Fiber), 전해질(電解質, Electrolytes)의 마이너스 이온과 플러스 이온, 새포 막(Cell Membrane)의 바깥쪽과 안쪽이 각각 마이너스와 플러스로 충전된 것, 심리학에서의 이드(Id, 無意識 本能)와 초자아(超自我, Superego) 등등이 음양의 관계에 있다고 볼 수 있다.

동양의학에서는 삼라만상이 무한대로 큰 마크로(Macro-) 수준에서도 서로 음양의 상대적 관계를 이루고, 자꾸 세분하여 아주 미세한 마이크로(Micro-) 수준에서도 음양의 상대성을 가지고 존재한다. 그래서 우리 몸의 장기도 조직도 세포도 심지어 분자도 원자도 그리고 자연치유력 또는 항상성 에너지로 간주되는 기(氣, 生氣)도 다 각 수준에서 상대적 관계를 형성하기 때문에, 이들 사이에 상호 균형(均衡, Balance)과 조화(調和, Harmony)를 유지하면 정상(正常, Normal)이고 조화가 깨지면 비정상(非正常, Abnormal)이라고 본다.

① 음 · 양(陰 · 陽)은 상대적 상관관계(相對的相關關係)를 나타내는 성질(性質)이다.

음(陰)은 양(陽)의 존재 이유(存在理由)이고 존재 가치(存在價値)이다. "밝다"고 하는 것은 그것보다 상대적으로 "더 밝음"과 "덜 밝음"이 있기 때문에 존재하는 것이다. "어둡다"고 하는 것도 그것보다 "더" 또는 "덜" 어두운 것이 있기에 존재하는 현상이다. "밝음"이 있기 때문에 "어두움"이 있고, "어두움"이 있기 때문에 "밝음"이라는 개념이 존재할 수 있다.

② 알베르트 아인슈타인(Albert Einstein)의 "상대성 원리"는 음 · 양의 개념이다.

③ 프로이트(Sigmund Freud)의 정신심리에 관한 이론에서 에고(Ego)를 이루는 "이드(Id)와 슈퍼에고(Superego)"의 개념도 음 · 양이다.

④ 신경계(神經系, Nervous System)에도 체신경(體神經)과 자율신경(自律神經)이 상대성(相對性)이고, 체신경은 "운동신경(運動神經, Somatic Nerve)과 감각신경(感覺神經, Sensory Nerve)"이 상대성을 이루고, 자율신경은 "교감신경(交感神經, Sympathetic Nerve)과 부교감신경(副交感神經, Parasympathetic Nerve)"으로 나뉘면서 상대성을 이룬다.

⑤ 체액(體液, Body Fluid)도 플러스(plus ⊕)와 마이너스(minus ⊖)의 성질을 띠는 전해질(電解質, Electrolytes)로 상대성을 이룬다. 양성(陽性)을 띠는 전해질은 Na^+, K^+, Ca^{++}, Mg^{++} 등이고, 음성(陰性)을 띠는 전해질은 Cl^-, HCO_3^-, $H_2PO_4^-$, HPO_4^{--}, SO_4^{--} 등이다.

3) 오행(五行, Five Phases)

서양 학자들은 5행을 "5가지의 요소(要素)"라는 뜻에서 엘리멘트(Element)라고 번역을 했으나 이것은 서양 사람들이 행(行)자 속에 숨어있는 뜻을 제대로 이해하지 못하는데서 비롯된 잘못된 번역이다. 고대 희랍에는 만물을 구성하는 4가지 요소(Elements)가 있다고 간주하는 사상이 있었기 때문에 동양의 5가지 행(行)을 그냥 5 elements라고 번역한 것이다. 행(行)은 어떤 고정된 물질이라는 개념이라기보다는 사물이 한 상태(狀態)에서 다른 상태로 계속 변해가고 있는데, 이 변화하는 순환과정(循環過程, Process of Changing Cycle)에 잠시 머무는 한 단계의 특정한 상태를 의미하기 때문에 '국면(局面), 단계(段階), 상(相), 상(象)'의 뜻을 지닌 "훼이즈 phase)"가 더 적합한 영역(英譯)이라고 생각된다.

5행에는 각각 목(木), 화(火), 토(土), 금(金), 수(水) 라는 이름이 부쳐져 있다. 이것을 문자 그대로 나무, 불, 또는 물 자체를 가지고 생각하면 잘 이해가 되지 않는다. 목 화 토 금 수 는 "서로 연관은 있으면서도, 서로 다른 양상으로 존재하는 특정한 상태"를 지칭하는 기호나 상징(Symbol)이라고 생각하는 것이 5행을 이해하는데 더 도움이 될 것이다.

5행 뒤에 숨어있는 뜻을 이해하기 위해서 다소 어설픈 해석을 가한다면, 나무(木)가 타서 불(火)이 되고, 불은 타서 재가 되니 결국은 흙(土)으로 변하는 셈이고, 흙 속에는 많은 광물질(金)을 함유하고 있으며, 광물질을 많이 함유한 물(水)은 풀이나 나무(木)같은 식물에 공급되는 식의 일련의 순환(cycle)을 나타내려는 상징적 구도로 이해하면 된다.

또 다른 예를 하나 들어 보자. 생명이 존재하기 위해서 가장 중요한 물질이라고 생각되는 물을 예로 들면, 열(火)에 의해서 증발된 물은 하늘로 올라가서 구름의 형태로 존재하고, 구름이 식으면 한데 뭉쳐서 무거워 지니까 땅(土)으로 내려와 땅위에 우선 고이게 되고(하늘에서 나리는 물을 그대로 마시면 생명체에 큰 도움이 안 됨) 이렇게 땅위에 떨어진 물이 땅 속으로 스며들어 땅속에 묻혀있는 광물질(金)과 골고루 섞이게 되며, 이와 같이 광물질을 흠뻑 함유한 물이야 말로 식물이나 동물이 신진대사에 필요로 하는 살아있는 물(水)이 되면서 샘물의 형태로 다시 지표로 나오고 냇물로 흐르게 되는 것이고, 이러한 물은 다시 증발하여 구름이 되는 순환을 되풀이 하게 되는 것이다.

같은 물이라도 증기나 안개나 구름의 형태로도 존재하고, 비나 눈이나 이슬과 같은 형태로도 존재하며, 땅속에 잠겨 있는 지하수로도 존재하고, 우물물이나 냇물 강물 바닷물의 형태로도 존재하고, 동물이나 식물과 같은 생명체 속에서 활동하는 형태로도 존재한다.

이와 같이 물은 물이로되 다른 형태로 머물면서 다른 기능을 수행하는, 그러면서 서로 한 형태에서 다른 형태로 끊임없이 순환 변화하는 "자연의 순환법칙"을 설명하기 위한 이론이 5행설(五行說)이라고 생각하면 된다.

이 5행설은 동양의학에서 상당히 중요한 의미를 부여한다. 인체는 신진대사를 통해 끊임없이 변화해 나가는데 만일 일정한 통제기능 없이 변한다면 쉽게 비정상적인 방향으로도 변할 수 있을 것이다. 그러나 인체는 어떤 자극을 받아 크고 작은 변화를 일으키게 되면 되도록 빨리 균형(Balance)과 조화(Harmony)를 추구하면서 안정(安靜, Stability)을 되찾아야 하는데, 이러한 "균형을 추구하면서 안정을 되찾는" 상호작용 기전(Interacting Mechanism)이 바로 5행의 상관관계 구도이다.

가령 ⓐ에 어떤 자극이 가해 졌다면 그 자극은 촉진(Facilitation Cycle)의 방향을 따라 ⓑ로 갈 것이고, 그리고는 ⓑ에서 ⓒ로, ⓒ에서 ⓓ로, ⓓ에서 ⓔ루, 다시 ⓔ에시 ⓐ로 하는 식으로 끝없이 순환 하게 될 것이다. 그러나 ⓐ에서 출발한 자극은 억제(Inhibition Cycle)의 방향을 따라 우선 ⓒ로 가서 ⓑ에서 오는 자극을 막는 역할을 할 것이다. 만일 자극의 일부가 ⓒ에서 ⓓ로 흘러가면 ⓑ에서 가는 억제자극이 ⓓ로 가서 이를 막아버림으로 자극

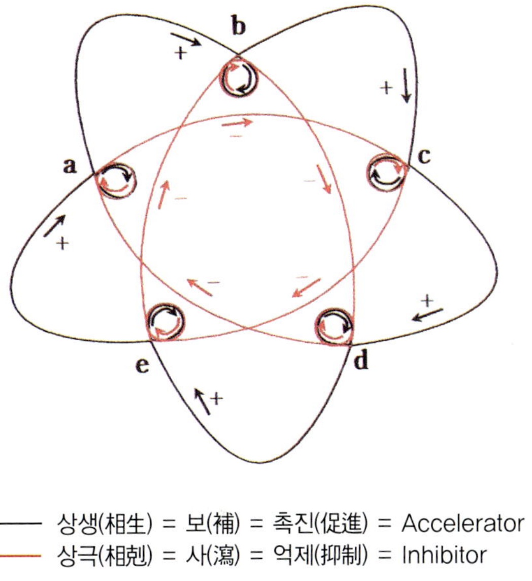

그림 II-5. 기억의 저장

의 행진은 여기서 멎게 된다. 이렇게 함으로써 자극의 연쇄 반응은 일단락 짓고 안정을 되찾게 된다. 이와 같이 어떤 자극에 의해서 연쇄적으로 일어나는 반응을 가장 빨리 그리고 가장 효율적으로 안정시키는 데는 촉진과 억제기능이 다섯 개 사이에서 서로 작용하는 것(Interaction)이 가장 이상적인 모형(model)이 된다. 고대 동양에서는 ⓐ ⓑ ⓒ ⓓ ⓔ 대신에 목(木) 화(火) 토(土) 금(金) 수(水)의 상징을 부여한 것이다.

세상만물이 다 5행 중 하나에 속한다는 동양사상은 의학에도 적용이 되어, 인체 내의 모든 장기(臟器)를 다 5행에 귀속시켰다. 그렇게 함으로써 장기(organ) 간의 촉진과 억제의 상호작용이 진행됨으로써 생리적 균형과 조화와 안정을 유지할 수 있다고 설명한다. 동양의학에서는 촉진반응을 상생(相生)이라 하고 억제반응을 상극(相剋)이라고 부른다. 바로 이것이 5행의 상생상극(五行 相生相剋) 이론이다.

4) 장부(臟腑, Solid Organ and Hollow Organ)

동양의학에서는 장기(臟器, organ)를 장(臟)과 부(腑)로 구분한다. 장(臟)은 음(陰)에 속하는 장기이고 부(腑)는 양(陽)에 속하는 장기이다. 음양설(陰陽說)에 의하면 음은 속과 안(內部)이요 양은 겉과 바깥(外部)이다. 따라서 음의 장기인 장(臟)은 몸속 깊숙이 자리 잡고 있으며, 양의 장기인 부(腑)는 바깥과 통하는 곳에 있다. 다시 말해서 가느다란 관(管, tube)이나 도관(導管, catheter) 같은 것이 몸의 구멍(입, 코, 요도, 항문)을 통해서 들어가 닿을 수 있는 장기가 곧 부(腑)가 되는 셈이다. 장(臟)은 비교적 단단한 덩어리 같은(solid) 장기이고 부(腑)는 무엇을 담는 자루나 주머니 같이 속이 빈(hollow) 장기를 말한다.

장(臟)에는 간(肝), 신(腎), 비(脾), 폐(肺), 심(心), 심포(心包)가 포함되고, 부(腑)에는 담낭(膽囊), 방광(膀胱), 위장(胃腸), 대장(大腸), 소장(小腸), 삼초(三焦)가 포함된다.

그래서 원래는 인체 내에는 주요장기로 6장 6부 (六臟 六腑)가 있는 것인데, 심장과 심포는 너무나 밀접하여 거의 하나의 장기처럼 생각하는 경향이 있어서, 사람들은 흔히 5장 6부(五臟六腑)라고 부르는 것이다. 여기에서 비(脾)는 비장(spleen)과 췌장(膵臟, pancreas)을 포함한 개념이다. 심포와 삼초는 서양의학에는 존재하지 않는 개념의 장기이다. 서양의 의학자들은 심포(心包)를 pericardium으로 번역하고 삼초(三焦)를 Triple Burner라고 번역하나 별로 만족스럽지 못한 번역이다. 심포는 엄격한 의미에서 심낭(心囊, Pericardium)과 동일한 것이 아니며 종격동(縱隔洞, Mediastinum)부위를 말하는 것이고, 기능상으로는 종격동(mediastinum) 내의 교감신경절(Sympathetic Ganglia)의 기능과 흡사하다. 삼초(三焦)는 식도의 하단과 위와 십이지장의 주위부분을 일컫는 개념이다. 기능상으로는 복강 내의 교감신경 신경총(神經叢, Solar Plexus, superior Mesenteric plexus, and Inferior Mesenteric Plexus)의 기능과 흡사하다.

주요 장기인 12개의 장부외의 기관들은 각각 12장부에 속하는 부속 장기(Secondary Organ)로 간주 된다. 주요 장기와 부속 장기는 모두 위에서 언급한 5행(五行)에 귀속되는데, 이 상관관계를 행(行)별로 열거 해 보면 다음과 같다.

목(木)행 ---	간(肝),	담(膽),	힘줄(筋),	톱(瓜, 손톱발톱),	눈(眼)
화(火)행 ---	심장,	소장,	피(혈),	털(髮)	혀(舌)
토(土)행 ---	비(脾),	위(胃),	고기(肉),	피하지방(脂),	입(口)
금(金)행 ---	폐(肺),	대장(大腸),	피부(皮膚),	솜털(毛),	코(鼻)
수(水)행 ---	신(腎),	방광(膀胱),	뼈(骨),	이(齒),	귀(耳)

매우 흥미로운 것은 동양의학에서는 뇌(腦, Brain)가 주요 장기 대열에 끼지 않는다는 것이다. 뇌는 간이나 폐처럼 인체의 신진대사의 일부를 맡아서 수행하는 하나의 장기가 아니라, 이들 장기 간(臟器間)의 역할을 서로 연결시켜주고 조절하는 중앙관제탑(Coordinating Center) 같은 기능을 가진 특수 부위라는 생각에서이다.

5) 경락 계(經絡 系, Meridian System)

동양의학에서는 가장 중요한 개념인데, 서양의학에선 아예 존재하지 않는 것이 바로 경락(經絡)이다. 인체의 체표(體表)에는 자극에 예민하게 반응하는 "반응점(反應点, Reaction Point)"이 있다. 이 점을 자극하면 체내의 장기에 영향을 주고, 반대로 장기에 병변이 생기면 이 점에 동통(疼痛)이라던가 이상감각(異常感覺)이라던가 피부색 변화와 같은 모종의 반응이 나타난다. 이 반응점을 기(氣)가 들락날락하는 구멍이라는 뜻에서 경혈(經穴)이라고 부른다. 어떤 장기와 특별히 기능적으로 관련이 있는 점들이 상당히 많이 있는데 이러한 공통점이 있는 경혈들을 연결한 "반응선(反應線, Reaction Line)"을 경락(經絡, Meridian)이라 한다.

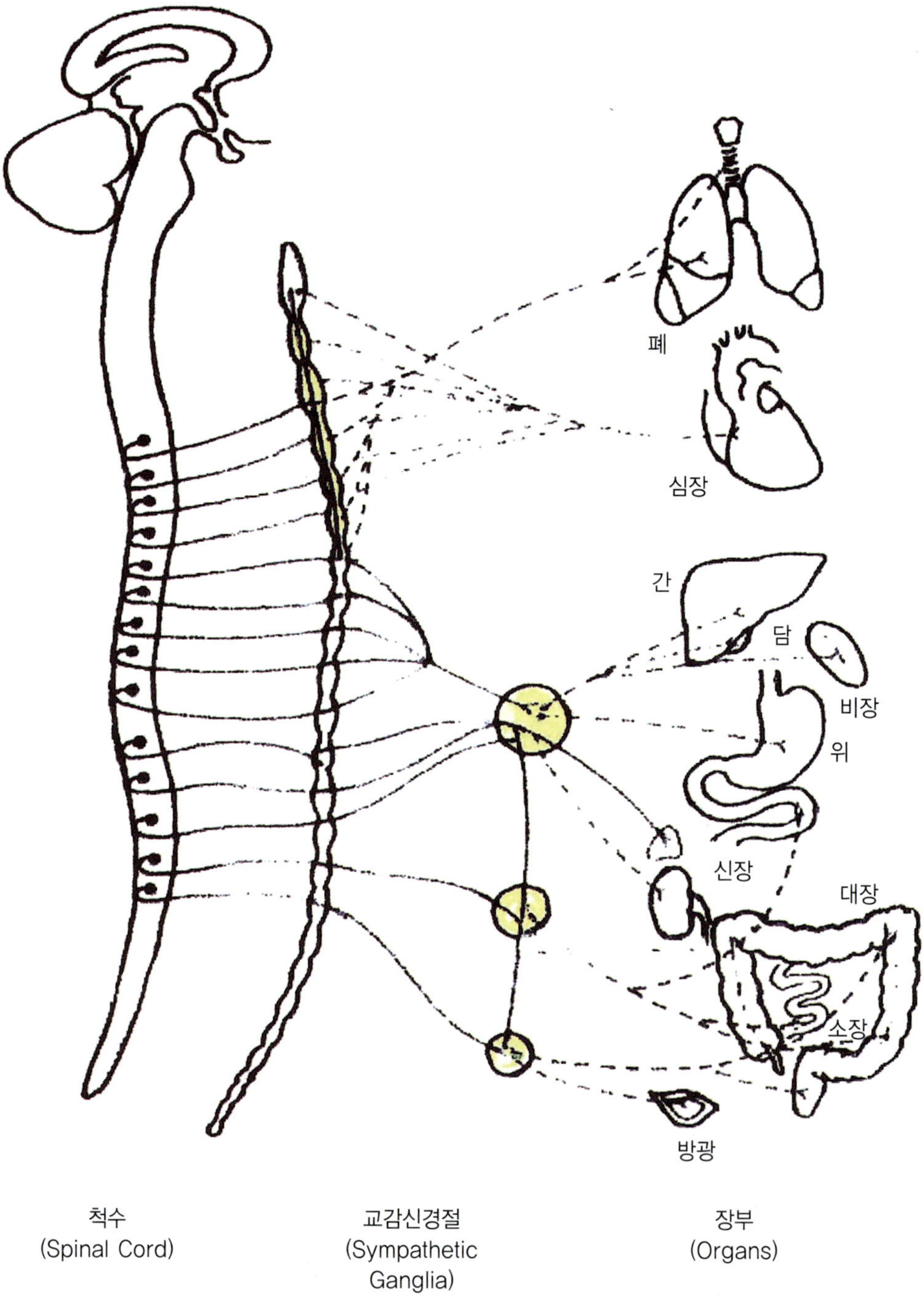
폐
심장
간
담
비장
위
신장
대장
소장
방광
척수
(Spinal Cord)
교감신경절
(Sympathetic
Ganglia)
장부
(Organs)

그림 IV-2. 12장부

경락과 경혈은 해부학적인 구조를 가진 조직이 아니고 기능적으로 반응을 예민하게 하는 무형의 점이요 선(線)이다. 지도나 지구의(地球儀)위에 줄로 그어 노은 위도(緯度)나 경도(經度)는 실제로 땅이나 바다위에 줄이 있는 것이 아니지만 위치를 정확히 명시하는 데 매우 중요한 역할을 한다. 위도(緯度)나 경도(輕度)를 서양에서는 Meridian 이라고 부르는데, 경락과 경혈도 이와 비슷한 특성이 있다고 생각하는 서구 학자들이 경락을 Meridian 이라 부르기 시작했다. 각 장기에는 그 장기와 특별히 기능적으로 연결되어 있는 경락이 따로 있어서 경락의 이름도 신 경락(腎經), 폐 경락(肺經), 간 경락(肝經) 하는 식으로 부른다. 그리고 경락과 경락은 복잡하게 서로 얽히고 연결되기도 한다. 원래 종적(縱的, longitudinal)으로 연결 된 것을 경(經)라 하고, 횡적(橫的, transverse)으로 연결 된 것을 락(絡)이라고 하는 의미를 지닌다. 어떤 경락의 이름은 산맥(山脈)이라던가 맥박(脈搏)이라고 할 때의 의미로 맥(脈)자를 사용하여 경맥(經脈)이라고 불리기도 한다. 인체의 정중앙을 종적으로 달리는 임맥(任脈)과 독맥(督脈)이 그 예이다.

서양의학에서 신(腎)이라고 하면 장기로서의 콩팥(Kidney)을 의미하지만, 동양의학에서 신(腎)이라고 하면 장기로서의 신장(腎臟)과, 여기에 부속된 경락(腎經絡)과, 그리고 특별히 신장과 신경락에 작용하고 있는 기(腎氣)가 한데 어우러진 기능의 단위 즉 "장기-경락-기 복합체(臟器-經絡-氣複合體, Organ-Meridian-Ch'i Complex)"를 의미한다. 한 장기에 생기는 변화는 그 경락에 반응을 일으키고, 경락을 자극하면 그 장기에 변화를 일으킨다는 이론이다. 그래서 서양의학에서는 기질적(器質的)인 의미를 지녔기 때문에 '신장이 손상(損傷)되었다'라던가 '비대(肥大)해 졌다'던가 '수축(收縮)되었다'고 표현하지마는, 동양의학에서는 성능적(性能的)인 의미를 지녔기 때문에 신이 '허(虛)하다'던가 '실(實)하다'라고 표현한다.

① 경혈(經穴)은 기혈(氣血)의 운행(運行)을 조절 해 줌으로써, 우리 몸의 자연치유력을 활성화 시키는 자극점이다.

② 경혈(Acupuncture Point)은 어떤 장기(臟器, organ)에 이상(異常, abnormality)가 생기면 그 점에 반응이 나타나고, 그 점을 자극 하면 그 해당 장기에 생리적 영향을 끼치는 그런 반응점(反應点, Reaction Point)이다.

3. 전통의술의 과학적 연구

철학과 형이상학을 그 이론의 바탕으로 하고 있는 동양의학의 여러 현상들을 객관적이고 과학적인 방법으로 연구해 보려는 많은 시도가 있다. 동양의학 분야 중에서도 특히 침술에 대한 연구가 가장 활발하다.

침술의 연구결과 와 연구진행 방향을 예를 들어 정리해 보면 다음과 같다.

1) 해부조직학적 연구(解剖組織學的, Anatomico-Histological Study)

① 북한의 생리학 교수인 김봉한은 경혈에서 떼어낸 조직에서 특별한 난형의 세포(oval shaped Cell)로 구성된 소체(小體, corpuscle)를 발견하였고 이 소체와 연결된 가느다란 소관(小管, Tubule)이 있었으며 이 소관의 주행이 경락과 일치하더라는 보고를 하였다(이 연구결과는 재현성(再現性, reproducibility)의 결여된다는 지적을 받고 있다).

② 하반신 마비(paraplegia)로 감각이 없는 다리에 침을 자극하여 마비되지 않은 상체 부위의 통증을 치료할 때, 마비부위의 자율신경 활동(땀샘 등)이 비교적 활발하면 치료효과가 있었고, 자율신경 활동이 손상을 받은 경우에는 유의한 치료효과가 없는 것으로 보아 침술의 작용기전이 자율신경 계와 밀접한 관계가 있음을 알 수 있다.

③ 현대의학에서 많이 관찰되고 있는 전위통(轉位痛, referred pain)의 부위와 분포양상이 동양의학의 경락(經絡)의 주행과 많이 일치되는 것을 알 수 있다.

④ 동양의학에서 전통적으로 중요한 경혈(經穴)로 다루고 있는 배유혈(背兪穴)의 배열순서가 현대의학에서 잘 규명 정리된 교감신경의 분포와 장기의 배열과 거의 완벽에 가깝게 일치함을 볼 수 있다.

침술에서 배유혈(背兪穴)이라고 하는 것은 척추주위(para-vertebral)를 종적으로 따라 배열된 특수 경혈로서, 12개의 혈(經穴)이 12개의 장부(臟腑)와 기능적으로 직접 연결되는 것인데, 그 유혈의 이름도 각기 속하는 장기에 따라 폐유(肺兪), 심유(心兪), 간유(肝兪)라는 식으로 명명되었다. 그런데 수천 년 전에 제시된 장부(臟腑)의 순서가 근대의학에서 뒤늦게야 발견한 교감신경 분포에 따른 장기의 순서와 일치함이 놀랍다는 뜻이다.

⑤ 현대의학에서 가장 흔히 임상적으로 접하는 통증이 근막통증 증후군(Myofascial Pain Syndrome)인데, 이 통증을 유발하는 유발점(Trigger Point)의 대부분(약 86%)이 침술의 경혈과 그 위치를 공유하고 있다.

⑥ 생리학자 쿤쯔와 브리찌(Kuntz & Brizzee)는 피부 어느 지점에 열을 가하면 내장 특히 소장의 소동맥(arteriole)이 확장되고 혈류가 증가하는 것을 관찰하였고 반대로 찬(cold) 자극을 주면 소동맥의 수축과 혈량감소가 관찰되었음을 보고하였다. 이와 같이 피부의 특정지점의 자극이 내장에 영향을 주고 변화를 일으키는 것을 알 수 있다.

2) 전기 자장학적 연구(電氣 · 磁場學的, Electro-Magnetic Study)

① 전통적인 침술시술자는 환자에게 침을 놓기 전에 우선 침 바늘을 자기 머리털에 한참 비비는 것을 볼 수 있었다. 금속을 털에 마찰시키면 정전기가 발생한다. 그리고 침을 일단 꽂은 후에는 침의 손잡이를 손톱으로 긁거나 손끝으로 톡톡 튀기는 동작을 하는데, 이것은 일종의 진동(vibration) 효과를 노리는 것이 아닌가 하는 과학자의 흥미를 이끌어 냈다. 즉 전자력 에너지와 자극빈도(frequency)라는 개념을 연결시키는 것이다.

② 인체의 피부에는 전기적 저항성(Galvanic Skin Resistance)을 지니고 있다. 경혈이 위치한 피부의 저항성이 주위의 다른 피부보다 더 낮음을 확인했다. 저항성이 낮다는 것은 '전기적 전도성(conductivity)'이 높다는 뜻이다. 따라서 '경혈은 전기적 저항성이 낮고, 전도성이 가장 높은 점'이라고 말할 수 있다.

③ 외이(外耳, external ear)를 물리적으로 자극하면 맥박의 질이 변한다는 소위 이심반사반응(耳心反射反應, Auriculo-Cardiac Reflex)을 불란서의 신경생리학사인 노지에

(Paul Nogier)가 발표하였다. 이 연구에 의하면, 귀에 어떤 빈도의 전기 자극을 가하느냐에 따라 이심반사 현상이 다르게 나타난다는 것이다. 예민하게 반응하는 자극의 빈도수에 따라 외이(外耳)를 2.5헤르츠(Hz)에서 160헤르츠 사이의 7부위로 구분하였다.

④ 통각(痛覺, pain sensation)은 말초신경에서 척수의 Spino-thalamic Tract를 따라 올라가 시상(視床, thalamus)을 거쳐 대뇌 감각신경중추에 종착하는 것이다. 시상부에 미세 파이펫(micro-pipette)을 삽입하고 실험동물의 꼬리나 코끝을 아프게 자극을 가하면 그 미세 파이펫을 통해 통증의 전기적 반응이 그라프로 그려져 나오는데, 침술자극을 한 후에 다시 측정해 보면 그 통증의 파장이 그라프에 나타나지 않을 정도로 통각을 억제시켰음을 알 수 있다.

3) 신진대사 내분비학적 연구(新陳代謝內分泌學的, Metabolico-Humoral Study)

① 실험동물 두 마리에게 혈액이 서로 교차순환(cross circulation)할 수 있도록 실험조작을 한 후에, 두 마리 각각에게 통각자극(painful stimulation)을 주어 재빨리 반사적으로 통각 원(痛覺源, pain source)으로부터 피하는 반응을 확인한다. 그리고 나서 한 동물에게만 침술자극을 주어 진통효과를 유발하면 전과 같은 통각자극을 가해도 그 동물은 통각 원을 피하지 않는 둔한 반응을 보이는데, 재미있는 관찰은 침 자극을 받지 않은 동물도 똑같이 둔한 반응을 보인다는 것이다. 이것은 한 동물에게 침 자극을 했을 때 분비된 진통 호르몬이, 교차순환을 통해 다른 동물에게도 건너갔음을 시사해 주는 것이 다.

② 캐나다의 포메란즈(Bruce Pomeranz) 교수는 침자극과 내분비작용에 대한 연구를 가장 많이 한 연구자 중의 한 사람이다. 그는 침 자극을 가하면 내분비 진통 호르몬 특히 엔도르핀(endorphin)이 분비되는데, 그 분비량이 약 20분경에 최고도에 도달한다는 사실을 보고하였다.

③ 침 자극으로 마약 중독자들을 치료할 수 있고, 침술 마취도 가능한 이유는 바로 이 엔도르핀(endorphin)의 분비 때문이라는 것이 확인되었다.

④ 할로데인(halothane)으로 마취시킨 실험 견(犬)에게 코끝과 입술 사이에 위치한 인중혈(人中穴, GV-26)을 침으로 자극 하면서 혈류동태검사(血流動態檢査, hemodynamic study)를 한 결과 혈압, 맥박수, 혈중 산소량 등이 증가한다는 사실이 확인 되었는데, 이어서 경혈이 아닌 점을 임의로 자극하였을 때는 혈압, 맥박수, 혈중산소량에 큰 변화가 생기지 않았다.

4) 심신의학적 연구(心身醫學的, Psycho-Somatic Study)

① 최면술 연구가인 오언(Orne) 교수는 최면에 예민한 반응을 보이는 사람들에게서 침술효과가 더 좋게 나타나는 것을 보아 침술효과의 기전이 최면현상과도 관계가 있을 가능성을 제시하고 있다.

② 관절염 전문가인 무어(Mary Moore) 교수는 침술로 골관절염(osteoarthritis) 환자들을 치료한 결과를 분석한 결과 통증치료효과가 위약효과(placebo)를 넘지 못했다고 하면서 "침술효과는 위약효과에 불과하다"고 주장한 적이 있었다.

③ 정신심리학자인 로쓰만(Rothman) 박사는 침술마취에 대한 연구를 통하여, 실험 대상자들에게서 '마취가 될 것이라는 암시(suggestion)를 준 부위'에 마취가 되지 않고 여태까지 축적되었던 마취경험을 통해 '기대되었던(expected) 부위'에 마취현상이 생기는 것을 확인하고 "침 마취는 최면효과에 의한 것이 아니다"라는 결론을 내렸다.

④ 수의학 마취과 교수인 클라이드(Allan Klide) 박사는 "침 마취로 동물들을 많이 수술하고 있는데, 동물들이 최면이나 암시효과를 나타낼 가능성이 없음으로, 침술의 효과는 위약효과나 최면효과가 아니다"라고 주장한다.

⑤ 구소련의 과학자 키를리안(Kirlian) 부부박사는 사람의 몸에서 발산되어 나오는 모종의 에너지를 관찰하였고, 후에 이것을 사진으로 찍어놓는 방법이 개발 되었다. 아직도 이 발산되는 에너지의 정체를 정확하게 밝혀내지 못하고 있는 실정이나, 이러한 현상이 신체적 변화와 심리적 변화에 공히 반응한다는 사실에 착안히여, 기를리인 현상과 심신 의학석

상관관계와 동양의학에서 말하는 기(氣)와의 상관관계를 연구하는 학자들의 수가 늘어가고 있다.

4. 보완대체의학의 종류

정통의학인 서양의학을 제외한 그 나머지 각 문화권의 전통의술과 민간요법을 통틀어 연구대상으로 삼는 의학을 보완대체의학이라 한다. 지금까지 200여가지의 대체요법이 소개되어 있으나 그 중에 비교적 많이 알려지고 보급되어 임상에 응용되고 있고 기초연구도 활발히 진행되고 있는 것은 약 60가지에 이른다.

기본적인 이론의 바탕을 서양의학에 둔 대체요법과, 동양의학에 밀접한 대체요법과, 동 · 서 의학 혼합형의 대체요법으로 대별할 수도 있다.

1) 서양의학에 밀접한 대체요법

(1) 정골의학(整骨醫學, Osteopathic Medicine)

정상적인 신체기구와 구조상의 결함을 발견하고 교정하는 조작법의 중요성을 특별히 강조 한다. 1874년에 Andrew T. Still(1828-1917)에 의해서 창시된 치료체계로서, "신체가 정상 구조적 관계에 있으며 호적한 환경조건과 적당한 영양을 취한다면 신체는 질환 및 다른 중독 상태에 대해서 스스로 치유될 수 있다"는 이론에 기초를 두고 있다. 주로 척추 및 관절 질환, 관절염, 소화기장애, 만성 통증 치료에 많이 사용된다. 치료에 사용하는 기술로는 정골의학적 수기법(Osteopathic Manipulation)을 강조한다.

(2) 족부의학(足部醫學, Podiatric Medicine)

우리나라에는 없는 분야이며 의료인들에게조차 매우 생소한 전문분야이다. 족의학 전문의(Podiatrist)는 정형외과 의사가 하는 절단수술과 같은 큰 수술은 시술하지 않으나, 살속 을 파고드는 발톱을 제거한다던가, 발바닥의 굳은살과 티눈을 제거한다던가 하는 비교적 간단한 수술을 비롯해서, 발의 통증이나 근육의 강직을 제거하기 위한 보조기(Brace)를 사용하는 등 발의 질병이나 불편한 증상을 진단하고 치료하는 모든 방법을 사용한다.

족의학이란 한마디로 "불편한 발을 편안하게 만들어 주는 의학"이라고 할 수 있다.

(3) 척주교정의학(脊柱矯正 醫學, Chiropractic Medicine)

우리나라 말로는 알 맞는 번역이 없어서 그냥 발음대로 '카이로프락틱 의학'이라고도 부르는데 이것은 팔마(Daniel D. Palmer)에 의해 1895년에 창시된 것이다. 그 이론적 배경은 다음과 같다. 중추신경에는 뇌와 척수가 포함되는데 이 척수(脊髓, Spinal Cord)를 담고 있는 뼈가 바로 척추(脊椎, Vertebral Bone)인 것이다. 이렇게 작은 뼈들을 이어서 만든 것이 척추이다 보니 이중의 어떤 척추는 제자리로부터 조금 삐져 나올 수도 있을 것인데 이런 삐져나옴을 카이로프락틱 에서는 '아탈구(亞脫臼, Subluxation)이라고 한다. 아탈구는 신경을 압박하게 되어 결국 신경기능의 장애를 일으키게 된다. 따라서 카이로프락틱 치료의 목표는 이 아탈구가 된 척추를 주로 수기법(Manipulation)으로 교정하여 줌으로써, 신경을 통한 자연치유력의 잠재력이 최대한 정상적인 방향으로 작용할 수 있도록 만드는 것이다.

(4) 중금속 제거 요법(重金屬 除去 療法, Chelation Therapy)

인체에 필요 이상의 중금속(Heavy Metal)이 축적되면 만성 피로 증후군이나 우울증을 비롯한 많은 질병을 유발할 수 있는데, 바로 이러한 중금속을 체외로 제거시켜 줌으로써 질병을 치료도 하고 예방도 하는 요법이다. 구체적인 치료방법은 비타민과 광물질이 함유된 EDTA(Ethylene Diamine Tetra-acetic Acid)를 정맥주사나 경구투여를 함으로써 혈류로부터 독소나 노폐물을 제거해 주는 것이다. 동맥경화증이나 심근경색 같은 심혈관 질환의 예방에도 도움이 된다.

(5) 해독요법(解毒療法, Detoxification Therapy)

문자 그대로 인체 내에서부터 몸에 해로운 독소를 제거하는 치료법이다. 인간들은 대기권, 물, 음식, 토양, 등으로부터 수많은 오염 물질이나 화학적 독소들에 노출되어 있다. 이로 인해 면역기능 저하, 신경 질환, 호르몬 기능 저하, 정신 질환, 암 등이 발생할 수 있다. 이러한 경우 절식요법, 식이요법, 장 요법(腸療法), 비타민 C 요법, 발열 요법(發熱療法) 등을 사용하여 체내의 독소를 제거하는 방법을 해독 요법이라 말한다.

(6) 최면요법(催眠療法, Hypnotherapy)

문자 그대로 최면술(催眠術)을 이용한 치료법이다. 최면요법은 많은 의학적인 또는 정신학적인 문제들을 다루는데 사용된다. 구체적으로 예를 들면, 흡연, 과음, 과식 등을 멈추는 데 도움을 주기도 하고, 스트레스, 불면증, 분노, 공포, 억울 등의 정신적인 문제를 치료하는 데도 도움을 준다.

(7) 에너지 의학(Energy Medicine)

인체에 전자기파를 주입하여 에너지 균형을 맞춤으로써 정상 또는 건강한 상태로 되돌아오도록 하는 치료법이다. 에너지 의학은 현재 일어나고 있는 질병의 원인이나, 앞으로 일어날 수 있는 질병들을 알아내기 위해 인체 내에 흐르는 여러 가지 전자기들을 측정하는 진단기기를 사용한다.

(8) 영양요법(Nutritional Supplement)

이론적 배경은, "영양실조가 자주 일어나는 현대인들의 식생활 습관을 볼 때, 식이요법만으로는 신체 전반에 걸친 영양물질을 충분히 공급할 수가 없다는 견지에서, 비타민이나 광물질 등을 함유한 영양 공급을 해야 여러 가지 질병, 외상, 수명 연장 등에 영향을 줄 수가 있고, 육체적 정신적 건강을 유지하고, 또 만성질환 예방에도 기여 한다"는 것이다.

(9) 분자정형의학(分子正形醫學, Orthomolecular Medicine)

최적의 영양 상태를 만들어 주는 비타민, 광물질, 아미노산, 등을 사용하여 신체의 균형(몸의 분자성분)을 유지시켜 주는 방법을 말한다. 고혈압, 암, 감정 저하, 정신분열증, 그 외 정신질환 등의 치료에 도움이 된다고 주장한다.

(10) 엔자임 요법(Enzyme Therapy)

부족한 엔자임을 보충시켜 줌으로써 치료효과를 노리는 방법이다. 모든 화학적 반응이 신체에서 일어나며 이러한 자극에 관여하는 것들이 효소(Enzyme)인데 이러한 효소가 부족할 때 여러 가지 질환들을 유발시킬 수 있다.

(11) 환경의학(Environemental Medicine)

건강과 질병이 식생활 규칙과 어떤 연관성이 있나를 연구하고, 먼지, 곰팡이, 화학물질, 여러 식품 등이 무슨 알레르기의 원인이 되는지 등을 탐구하여, 생물학 및 신체와 환경과의 상호작용을 철저히 이해함으로써 환자들의 육체적 정신적 건강에 도움을 주는 의학이다.

(12) 산소요법(酸素療法, Oxygen Therapy)

산소를 이용하는 치료법으로 고압 산소요법(Hyperbaric Oxygen Therapy), 산화요법(Oxydation Therapy), 오존요법(Ozone Therapy) 등의 방법이 있다. 산소요법은 신체를 화학적으로 향상시켜 질병을 회복하고, 재활을 증진시키며, 전반적인 기능을 증진시킨다. 바이러스, 곰팡이, 박테리아의 감염, 순환기 질환, 만성 피로 증후군, 관절염, 알레르기 등에 사용된다.

(13) 자장요법(磁場療法, Magnetic Field Therapy)

전자기 에너지와 인체는 중요한 교차관계를 가지고 있는 것을 이해하고, 전자장을 치료에 응용하는 방법이다. 자기요법은 인체 내의 세포와 신경계의 흐름 사이에서 화학적인 반응을 일으켜서 치료를 하게 된다. 자기치료법은 육체와 정신적인 상애를 진단하고 치료하는 데 사용되며, 통증 등의 증상 감소, 질병 예방, 스트레스 해소 등에도 사용된다.

(14) 응용운동학(應用運動學, Applied Kinesiology)

골격의 기형이나 만곡이 근력의 약화와 관계가 있고 또 근력의 약화는 심지어 내장의 기능장애와도 관련이 있다는 점에 착안하여, 포괄적인 근육검사(Comprehensive Muscle Testing)를 통하여 다양한 건강문제를 진단하고 이 잘못된 근골격계통의 관리를 해 줌으로서 결과적으로 환자의 관절운동범위(Joint Range of Motion), 면역이나 소화기능, 신경기능, 호르몬의 분비, 또는 다른 내장의 기능을 호전시켜 주는 치료방법이 응용운동학이라고 할 수 있다.

(15) 바디웍 요법(Bodywork)

국소나 전신 마사지, 심부조직 수기법(Deep Tissue Manipulation), 의식적인 운동(Conscious Exercise), 에너지 균형조절(Energy Balancing) 등을 통하여, 신상을 완화

하고 이완을 증진시켜 통증을 감소시키며 손상된 근육을 회복시켜 주고, 혈액순환을 자극시켜 줌으로써, 궁극적으로 인체의 구조나 기능을 향상시켜 주고 전신건강을 증진시킨다는 이론의 치료법이라고 할 수 있다.

(16) 롤핑 요법(Rolfing)

창시자인 롤프(Ida P. Rolf) 박사의 이름을 그대로 따서 치료법을 명명했는데, 치료방법이나 기술이 획기적이거나 기발한 것은 아니다. 인간은 직립동물이기 때문에 "수직적 중력(垂直的 重力, Vertical Gravity)"을 잘 다스려야 건강을 유지할 수 있다는 이론이다. 중력을 이용해서 인체를 수직 축으로 늘려(Stretch) 주고 근골격을 좌우대칭적으로 균형을 잡아줌으로써, 근골격 계통과 전신의 건강을 증진시킨다는 치료법이다.

(17) 꿈 치료법(Dream Therapy)

"꿈은 자기인식(自己認識, Self Realization)의 한 형태"이기 때문에 이 꿈의 내용을 잘 기억하고, 이것을 깨어 있는 의식세계와 연결시켜 행동하고 훈련함으로써 건강증진에 연결시킨다는 치료법이다.

(18) 오락치료(娛樂治療, Recreation Therapy)

오락성을 띤 동작이나 운동이나 행위를 통하여 치료효과를 도모하는 요법인데, 그 일부 기술은 재활의학 분야에서 이미 많이 사용하고 있다. '억지로라든가 마지못해서'라는 기분이 아니라 '즐겁고 스스로 하고 싶은' 마음으로 치료행위에 동참하도록 하는 요법이다. 각 환자의 소질이나 취미를 따라서 미술, 서예, 도예, 음악, 무용, 운동, 꽃꽂이, 마술, 원예 등의 방법을 이용할 수 있다.

(19) 마술요법(魔術療法, Magic Therapy)

마술을 이용하여 치료효과를 얻는 방법이다. 마술 자체가 치료효과를 발휘하는 것이 아니라, 치료적 운동(Therapeutic Exercise)이 필요한 환자가 재미있고 신기한 마술을 배움으로써, 자발적으로 즐거운 마음으로 마술을 배울 때는 배우노라고 또 일단 배운 다음에는 그 기술을 다른 사람들에게 보이고 싶어서 치료에 도움이 되는 특정한 동작을 자꾸 되풀이하는 결과로 자연스럽게 소정의 치료효과가 생길 수 있다는 것이다.

(20) 신경치료(神經治療, Neural Therapy)

마취제의 주입을 통하여 인체의 에너지의 흐름을 자유롭게 하고 세포의 기능을 정상화 시킨다는 이론을 바탕으로 한 요법이다. 신체의 구조상 완전한 상태에서도 외상 등을 통하여 에너지의 흐름이 차단될 수가 있는데 이때 자율신경계의 신경부분, 혈위(穴位, Acupuncture Locus), 상처부위, 다른 조직(Tissue) 등에 마취제를 주입하여 이 에너지 흐름을 통하게 해 준다는 게 그 설명이다.

(21) 재건요법(再建療法, Reconstructive Therapy)

자연물질을 주입하여 약한 부위를 강하게 하거나, 손상된 인대(Ligament)나 건(Tendon)을 강하게 하기 위해 결합조직(Connective Tissue)의 성장을 자극하는 치료방법 이다. 경화제(硬化濟, Sclerosing Agent)를 주입하여 약한 조직(Tissue)을 경화(Sclerosis)시킴으로서 강화시킨다는 조직경화 치료법(組織硬化療法, Sclerotherapy 또는 Prolotherapy)도 여기에 속한다.

(22) 세포치료법(細胞治療法, Cell Therapy)

동물의 기관(器官, Organ), 태아(胎兒, Fetus), 배(胚, Embryo) 등으로부터 떼어 낸 세포질을 주입하여 여러 가지 퇴행성 질환을 치료하는데 사용하는 요법이다. 관절염이나 파킨슨 씨 병(Parkinson' s Disease)와 같은 퇴행성 질환에 흔히 시도되고 있다. 넓은 의미에서는 세포질의 주입뿐만 아니라 수혈이나 골수 이식 등을 여기에 포함시킨다.

(23) 두개천골자극요법(頭蓋 薦骨 療法, Craniosacral Therapy)

두개골(頭蓋骨, Cranial Bone)이나 천골(薦骨, Sacral Bone)을 조작(Manipulation)함으로써, 두통이나 강직상태의 호전 그리고 일반적인 신체기능을 향상시킨다는 치료법이다. 자율신경(Autonomic Nervous System)중에 부교감 신경(Parasympathetic Nerve)은 뇌신경(Cranial Nerve)과 천골신경(Sacral Nerve)에서 나옴으로 이 부위에 자극을 주어 부 교감신경의 기능을 향상시켜 결과적으로 자율신경 전반의 균형을 잡아 준다는 이론이다.

(24) 홍채진료법(虹彩診療法, Iridology)

지난 100여 년간 하나의 독특한 진단방법으로 정립되어 왔고 이 방법을 통해 얻은 진단을 토대로 자연요법(Naturopathy), 자연치유법(Natural Healing), 척주교정치료(Chiro-practics) 등과 연관지어 치료를 제공한다. 헝가리 의사인 프레셀리(Ignatz von Preszeley) 박사가 1881년 그의 저서를 통해 소개된 것이 이 홍채진단학의 공식적 출범이다. 사람 눈의 검은자위는 그 구조나 짜임새(Texture), 색채(Pigmentation), 밀도(密度, Density)가 시시각각으로 변하는데, 이것이 아무렇게나 변하는 것이 아니고 내장(內臟)이나 인체 다른 부위의 변화가 홍채에 반영되는 형식으로 변하기 때문에, 이 변화를 관찰함으로써 어떤 장기나 조직에 문제가 있는지를 알아낼 수 있다는 것이 그 이론적 배경이다.

(25) 자발요법(自發療法, Autogenic Therapy)

독일의 의사 슐츠(Johannes Schultz)가 1930년대에 창시한 치료법으로, 이것은 환자 자신의 마음의 창의력에 의식을 집중시켜 스스로의 이완과 자각(自覺, Awareness) 상태를 강화시킴으로써 전반적 건강 증진 효과를 얻으려는 일종의 심리적인 요법이다. 자발요법의 구체적인 예를 들어보면, 환자로 하여금 "나의 왼팔이 무겁다"라는 자기암시를 주면 환자의 팔이 이완될 수 있고, "나의 왼팔이 더워진다"라는 자기암시를 주면 이번에는 왼팔의 혈액순환이 향상된다는 것이다.

(26) 라이히안 요법(Reichian Therapy)

1897년에 오스트리아에서 태어나 1939년부터는 미국에서 활약한 정신분석 학자인 라이히(Wilhelm Reich) 박사가 창시한 이 방법은, 주로 성기능 장애의 치료에 많이 사용되었다. 이 치료법은 정신분석이나 심리적인 측면에 치중하는 경향을 피하고 오히려 직접적으로 신체적인 면과 성격적인 면을 다루면서 비정상적으로 억제되었던 성적 정서적 에너지를 효율적으로 분출시킴으로서 치료효과를 도모하였다.

(27) 신경언어학적 프로그램 요법(Neuro-Linguistic Programming)

정신학적인 반응(Psychiatric Response)과 치료과정(Treatment Process)을 좋은 방향으로 발전시키기 위해 행동이나 사상의 무의식적인 형태(Unconscious Behavior)를 평가하고 이를 정적인 방향으로 재 프로그램(Re-programming)함으로서 효과를 노리는 치료방법이다. 회복이 어려운 질병을 갖고 있는 환자가 자신의 회복에 대해 부정적인 생각에 꽉 차 있을 가능성이 많은데, 이런 환자에게 "나는 꼭 나을 수가 있다"라던가 "분명히 희망이 있다"라던가 "노력할 가치가 있다"라던가 하는 식의 말을 되풀이 하면서 긍정적인 사고를 하도록 프로그램을 재편성해 주는 것이다.

(29) 생체되먹이요법(Biofeedback Therapy)

특수한 기기를 이용하여 심신의 반응을 측정하고, 이 측정된 정보를 소리나 광선이나 그래프의 형태로 환자에게 "감각적으로 되먹여(feedback)" 알려줌으로서, 환자가 자신의 이완이나 긴장상태를 스스로 조절하도록 훈련시켜서 통증의 감소, 스트레스 해소, 정신적 안정감, 전반적 건강 증진을 도모하는 치료법이다. 이 치료의 일부는 재활의학 분야에서 통증치료와 근육이완법으로 널리 사용되고 있다.

(31) 생물학적 치과치료법(生物學的 齒科治療法, Biological Dentistry)

치아 건강은 몸 전체의 건강에 큰 영향을 미치고, 만성적인 퇴행성 질환들은 직접 간접적으로 치아의 문제와 관련이 있다는 관찰을 토대로 하여, 치아 주위를 마취시키거나, 근육의 저항 검사를 시행하거나, 경락을 이용하거나 하는 방법을 써서 충치, 감염, 중독물질, 알레르기 유발물질 등을 제거하고, 치근관이나 치아나 턱의 비정열(非整列, Malalignment)을 교정해 줌으로서 전신의 질병을 치료하고 예방해 준다는 치료방법이다.

(32) 수의학(獸醫學, Veterinary Medicine)

사람에게 적용하는 것은 물론 아니다. 그러나 대체의학의 개념은 수의학에도 적용된다는 점을 지적하는 바이며, 실험동물을 이용한 미래의 연구를 위해서도 동물들의 대체의학적 반응에 대한 것을 관찰해 두는 것은 매우 중요한 일이 될 것이다.

(33) 행위예술치료(行爲藝術治療, Performing Art Therapy)

음악, 무용, 연극, 미술, 조각, 도예, 사진 등의 예술 활동을 의술과 접목시킴으로써 다양한 심신의 질환이나 증상을 호전 또는 완화시키는 데 도움을 주는 요법이다.

2) 동양의학에 밀접한 대체요법

(1) 아유르베다 의학(Ayurvedic Medicine)

인도에서 5천년 이상 동안 일상생활에서 활용되어 온 의학체계이다. 아유르베다(Ayurveda)라는 말은 '생활의 과학'이라는 뜻의 산스크리트어이다. 아유(Ayu)는 '삶'을 의미하며 베다(veda)는 '앎'을 의미한다. 아유르베다의 가르침에 따르면, 모든 인간은 종교적 본능, 경제적 본능, 생식적 본능, 자유를 향한 본능의 4가지 생물적 또는 영적인 본능을 가지는데, 이러한 본능들을 충족시키기 위해서는 기본적으로 균형 있는 건강이 필요하다는 것이다. 아유르베다는 의학적이면서도 형이상학적인 일상과학이며 모든 치료의 모체라고 생각하는 것이다. "모든 인간은 스스로 자신의 질병을 치유할 수 있는 능력을 갖고 있다"는 것이 아유르베다의 기본 철학이다. 인도에서 수십 세기 동안 시행되어 온 삶의 지침들 중에는 요가와 탄트라와 아유르베다가 있는데, 요가가 신성(神性) 즉 진리와의 결합을 가르친다면, 탄트라는 진리와의 궁극적인 결합을 가능케 하는 에너지 조절에 대한 가장 직접적인 방법을 제시하는 것이고, 아유르베다는 생활의 과학이라고 볼 수 있다. 아유르베다 의학은 한의학과 마찬가지로 나름대로의 의학적 이론과 치료술이 비교적 잘 정립되어 있다.

(2) 자연의학(自然醫學, Naturopathic Medicine)

약으로서 알려진 약을 쓰지 않고 공기, 광선, 물, 열, 마사지 등의 자연의 힘을 빌어 치료한다는 체계이다. 인류역사의 시작과 더불어 시작되었다고도 할 수 있는 이 자연의학은 "우리 몸에는 스스로를 낫게 하는 항상성 에너지(Homeostatic Force)가 존재하기 때문에, 자연의 힘을 빌어 이 자연 치유력을 활성화시킨다"는 이론을 그 바탕으로 하고 있다. 자연의학 시술자들은 식이요법, 영양요법, 동종요법, 한약, 침, 운동치료, 수치료, 수기요법, 전기치료, 광선치료, 그 외 여러 형태의 물리치료 등을 다 수용하여 쓰고 있다.

(3) 명상요법(冥想療法, Transcendental Meditation)

명상을 통하여 육체적, 정신적, 감정적상태의 균형을 맞추어 줌으로써 치료 효과를 노리는 방법이다. 스트레스, 통증, 고혈압, 심장질환의 치료에 사용된다.

(4) 요가(Yoga)

인도에서 수십 세기 동안 시행되어 온 삶의 지침 중에는 아유르베다, 탄트라, 요가가 있는데 요가는 신성(神性), 즉 진리와의 결합을 가르치는 것이다. 요가(Yoga)라는 단어의 의미는 결합(Union)이라는 뜻으로 육체적, 정신적, 심리적 에너지의 복합체를 의미한다. 전세계적으로 가장 오래 전부터 알려져 있는 건강체계라 할 수 있는 이 요가 요법은 자세와 호흡 그리고 명상을 통하여 스트레스 및 혈압강하 효과, 심장박동을 고르게 하는 효과, 노쇠를 막는 효과가 있다고 알려져 있다.

(5) 기공치료(氣功治療, Qigong Therapy)

수십 세기 동안 동양 문명권에서 주로 사용해 오던 건강법인데, 호흡조절과 정신집중 과 육체운동을 어떤 형식에 다라 반복함으로써 기혈(氣血)을 고르게 하고 몸을 튼튼하게 하고 병도 낫게 하는 방법이다. 혈액순환을 향상시키고 면역기능을 증가시킨다고 알려져 있으며, 훌륭한 건강 유지법으로 널리 사용되고 있다.

(6) 생약요법(生藥療法, Herbal Medicine)

식물의 잎이나 뿌리나 열매를 적당히 섞어 먹음으로써 치료효과를 얻는 요법이다. 동양에서는 한약재(韓藥材)로서 주로 의료인들이 다루지마는 구미 여러 나라에서는 자연식품(自然食品)으로 취급되고 있다. 전세계적으로 약 250,000~500,000가지의 식물이 알려져 있는데 이 중에서 약 5,000가지 정도만 생약으로써 다루어지고 있는 실정이다.

(7) 꽃요법(Flower Remedies)

꽃을 이용하여 치료효과를 얻으려는 방법인데, 직접적으로 신체 및 정신의 양면으로 감정의 상태를 호전시키려는 것이다. 감정은 신체 건강에 많은 역할을 하는데, 부정적인 감정이나 스트레스의 균형을 바로 잡아서 효과적으로 건강을 회복시키려는 시도이다. 꽃 치료 시술자들이 사용하는 구체적인 방법은, 꽃들을 아침 일찍 이슬이 있는 채로 따서 샘물을 담아 놓은 항아리에 넣고 3시간 가량 태양에 노출시킨 후 다시 꽃과 잔가지를 제거하고 이 액체와 브랜디를 1 : 1로 섞어서 원액을 만들어 사용한다.

(8) 향기요법(香氣療法, Aromatherapy)

향기를 이용한 치료법으로, 식물이나 생약으로부터 추출한 정유를 사용한다. 호흡기 계통의 박테리아성 감염, 면역결핍, 피부질환, 방광염, 단순성 헤르페스 등과 같은 감염성 질환에 사용된다.

(9) 소리 요법(Sound Therapy)

소리치료에는 소리치료와 음악치료를 포함한다. 소리와 음악은 인간의 건강에 매우 강한 영향을 미친다. 소리요법은 스트레스를 감소시키기 위한 효과적인 치료로서 정신과학적 치료과정, 저혈압이나 지속적 통증의 치료, 학습능력 저하의 치료과정에 사용되며, 운동감각 과 균형감각 그리고 인내력 등을 향상시키는데 사용된다.

(10) 원예요법(園藝療法, Horticulture Therapy)

꽃을 피우고 채소를 가꾸고 식물을 키우는 원예행위(園藝行爲)를 통하여 환자에게 자신감(自信感, Confidence)과 자존심(自尊心, Self-esteem)을 길러 줄 수 있으며, 정신박약자나 정서가 불안정한 사람이나 정신적 장해가 있는 사람에게 적용을 하면 양호한 치료효과가 있을 수 있다.

(11) 반사요법(反射療法, Reflexology)

"인체의 특정한 부위에는 외부 자극에 특별히 예민하고 그 부위를 자극하면 체내의 다른 부위에 반사 반응을 일으킨다는 전제하에, 마사지나 지압술 또는 열 자극을 가함으로써, 그 국소뿐만 아니라 전신의 건강까지도 증진 시킨다"는 이론을 바탕으로 한 요법이다. 발 반사요법(Foot Reflexology)이 가장 많이 사용되고 있는 반사요법이다.

(12) 봉침요법(蜂針療法, Bee Venom Therapy)

문자 그대로 벌에게 쏘임으로서 치료효과를 얻는 치료법이다. 많은 경우에 경혈의 자리를 택하지마는 반드시 그런 것은 아니고 몇 군데 피부 부위를 선택하여 인위적으로 벌침을 꽂아줌으로서 통증의 감소, 관절염의 호전, 전신건강의 증진 효과를 얻는 치료법이다.

(13) 접촉요법(接觸 療法, Touching)

아주 간단하거나 또는 아주 복잡한 접촉(接觸, Touching, 만져 주는 것)법을 이용해서 치료적 효과를 노리는 방법이다. 영유아의 건강한 성장에도 접촉 자극은 반드시 필요한 것이며, 성인의 경우에도 치료적 접촉은 정신적 안정도 제공하고 병 증세의 호전도 제공하고 있다.

(14) 심령치료법(心靈治療法, Psychic Healing)

환자 자신이 스스로 무엇을 하는 것이 아니고, 보통 사람들 이상의 능력을 가졌다는 소위 초능력자가 특수한 심령적 시술을 환자에게 행해 줌으로서 질병이 치료된다는 방법이다.

3) 동서의학 접목형의 대체요법

(1) 미술치료(美術治療, Art Therapy)

미술이라고 하는 창의적인 활동을 통해서 피검자의 감정적 정서적 문제를 표현하도록 하고, 미술치료 전문가는 이러한 활동을 통해 숨어있는 문제점을 평가하고 이를 토대로 질병의 치료나 증상의 호전에 도움이 되는 임상적 미술 프로그램을 제공, 교육, 감독 해 주는 요법이다. 1800년 대 후반부터 사용되어 왔으며, 그림그리기, 색칠하기, 조각, 도예 등을 사용한다. 미술요법은 아동이나 성인의 심리적 정서적 문제, 스트레스와 관련된 다양한 심신 상관 증상, 암이나 통증과 같은 만성질환 환자들이 겪는 심리적 고통 등을 완화 또는 호전시켜 준다.

(2) 동종요법(同種療法, Homeopathic Medicine)

이열치열(以熱治熱)과 비슷한 철학을 바탕으로 삼고 있다. 건강한 사람에게 어떤 물질(약물)을 투여했을 때, 어떤 질병에서 생기는 증상과 비슷한 증상이 발생한다면, 그 “같은 종류의 물질(同種)”을 사용하여 그 병도 치료할 수 있다는 이론이다. 독일 의사 하네만(Samuel Hahnemann, 1755-1843)이 1810년에 인술의 원칙(仁術의 原則, Organon of the Art of Healing)이라는 책을 펴냄으로써 확산되기 시작한 의술이다. 질환의 원인이 되는 것과 동일하지는 않지만 그것과 유사한 물질을 다량 사용하면 질병의 증상을 일으킨 것이고 적당량을 사용하면 질병의 치료 효과가 나타난다는 것이나. 수많은 약물 중에서 가장 유사한 증상을 일으키는 것을 하나 골라서 그 사람의 체질과 질병의 과정을 고려하여 그 약을 희석하여 투여한다. 그런데 매우 흥미롭기도 하고 심지어 신비롭기 까지 한 사실은, 그 약을 희석하면 희석할수록 약효는 더 강하게(potent) 나타난다는 것이다. 이 동종요법의 핵심적인 철학은 "질병을 치료하는 것이 아니라 사람을 치유하는 것이다"라는 것이다.

(3) 식이요법(食餌療法, Diet Therapy)

음식을 약처럼 먹으면서 치료효과를 얻는 것이다. "내가 먹은 것이 바로 나다(I am what I eat)"이란 말이 있다. 내 몸의 구성은 바로 내가 먹은 것에 의해 만들어진다는 뜻이다. 나의 몸이 지니고 있는 성분(Elements)들은 몇 달 또는 늦어도 일년 안에 다 체외로 빠져나가고 새로운 성분들로 대체가 된다. 따라서 내가 먹은 것으로 나의 새 몸이 구성된다는 뜻이다. "무엇을 먹을 것인가?" "어떻게 먹을 것인가?" "언제 먹을 것인가?"하는 것을 제대로 시행함으로써 건강유지와 치료효과를 노린다.

(4) 절식요법(絕食療法, Fasting)

일정기간 먹지 않는 절식(絕食)으로 치료효과를 얻는 방법이다. 정수나 주스 등을 이용하는 절식요법이 있는데, 절식요법 시행자들은 고혈압, 두통, 알레르기 등에 치료효과가 있으며, 전반적인 건강상태(General Condition)의 향상에도 도움이 되고, 면역체계에도 영향을 미친다고 주장하고 있다.

(5) 주스 요법(Juice Therapy)

과일 및 채소로부터 얻은 신선하고 생생한 주스를 이용하여 신체를 자양시키고 충전시키는 방법이다. 스트레스나 질병이 있는 상태에 영양물질 공급의 차원에서 주스요법은 건강을 유지시키는 방법으로 사용될 수 있다. 이 주스 치료 시행자들은 면역체계를 자극시키고, 혈압을 낮추고, 독소를 제거하며, 환경적 요인에 의한 질병이나 음식 알레르기나 소화기 장애를 치료 하는데도 도움이 된다고 주장하고 있다.

(6) 장 요법(腸療法, Colon Therapy)

"건강한 장(腸)은 일부 필수 영양분을 흡수하며, 기본적인 신체의 배설물과 독소를 제거하는 역할을 하는 것임으로, 이 장을 세척하여 건강한 장으로서의 기능을 증진 시킨다" 는 치료법이다.

(7) 광선요법(光線療法, Light Therapy)

빛과 색을 이용한 치료법이다. 인체는 24시간 동안 주기를 가지고 돌아가는 생체시계인데 이로 인해 수면을 취하고 홀몬을 분비하며, 체온이나 다른 생화학적 기능들을 하게 되며, 이 리듬에 장애가 생기게 되면 감정저하나 수면 장애 등이 생기는데 이때 자연광선이나 다양한 형태의 빛을 조사해 주게 되면 인체의 자연리듬을 되찾고 건강을 유지케 할 수 있다는 이론이다. 실제 임상에서 사용하는 자외선(Ultraviolet)이나 레이저(LASER)는 바로 이 광선치료에 속한다.

(8) 수 치료(水治療, Hydrotherapy)

수 치료라고 하는 것은 물리치료실에서 사용하는 수 치료뿐만 아니라, 어떤 형태로든 체내에 투여하거나 체 표면에 적용하는 등 외부에서 질환의 치료목적으로 물을 사용하는 방법을 통틀어서 일컫는 광범위한 의미에서의 수 치료를 말한다. 물 뿐만 아니라 어름, 수증기 등으로 뜨겁거나 차가운 온도를 유지케 하여 건강을 증진시키는 방법을 포함한다.

(9) 고열요법(高熱療法, Hyperthermia)

"우리 몸은 감염이나 염증에 대항하기 위해 자연적으로 열이 생기게 되어 있는데, 열이 생기지 않을 때 인위적으로 발열시켜 국소 질환이나 전신 질환을 치료하려는 모든 방법을 일컫는 말이다. 열은 질병에 대해 가장 힘 있게 대항할 수 있는 것 중에 하나이다.

(10) 양자의학(陽子醫學, Quantum Medicine)

양자의학이란 분자 생물학(Molecular Biology)차원을 넘어서 원자 차원으로 접근하는 치료법인데, 원자에서 방사하는 양자 에너지(Quantum Energy)를 전자(Electrons)군에서 나오는 에너지와 그 주위의 소립자(素粒子, Subtle Particles)군에서 나오는 에너지를 구별하여 분석함으로서 우리 몸의 정상적인 상태와 비정상적인 상태를 가려내고, 병적인 에너지의 발원지(Source)를 미세 전자파(微細電磁波, Subtle Electro-Magnetic Waves)로 사극함으로서, 정상적인 상내로 되돌려 놓는나는 이론을 바탕으로 하는 치료법이 양자의학이다. 미국에서는 자기공명 분석기(磁氣共鳴分析器, Magnetic Resonance Analyzer)로 불리고, 일본에서는 양자 공명 측정기(陽子共鳴測定器, Quantum Resonance Analyzer)로 불리는 기기(器機, Instrument)를 이용하여 연구와 시술을 병행하고 있다. 우리나라에도 최근에 도입이 되어 사용 중에 있다.

(11) 뇨료법(尿療法, Urine Therapy)

건강유지 섭생법으로 소변을 마시는 방법이다. 주로 자기 자신의 오줌을 마신다. 소변에는 인체의 여러 생리적 상태를 반영하는 정보가 들어 있는데, 이 되 마시는 소변의 정보가 몸의 생리기전을 자극하여 불건강한 요소들을 수정 보완할 수 있다는 이론을 바탕으로 하고 있다.

(12) 무도요법(舞蹈療法, Dance Therapy)

육체적 심리적 변화를 유도하기 위하여 몸의 율동에 초점을 맞추어 효과를 얻는 치료법이다. 신체장애 에도 사용하지만 정신장애를 위해 더 많이 사용하는 편이다. 춤은 흥미를 유발하는 동작이기 때문에 비교적 가벼운 심폐기능 운동으로도 사용되고 있다.

(13) 도인상상요법(導引想像療法, Guided Imagery)

마음의 힘을 비러 마치 질병이 몸에서 빠져나가는 것을 상상함으로서 실제로 병이 없어지는 것을 노리는 치료방법 이다. 구체적인 예를 들면, 과거의 즐거웠던 일의 기억들을 사용하여 마치 그 일이 현재에 일어나고 있는 것처럼 상상하게 하여 기분을 좋게 하여 신체건강을 증진시킨다던가, 몸속에 자리 잡고 있는 통증이나 궤양이나 어떤 질병이 몸 바깥으로 빠져나가는 것을 상상함으로서 실제로 병이 없어지는 효과가 생길 수 있다는 것이다.

(14) 심신의학(心身醫學, Body-Mind Therapy)

정신과 육체의 심오한 상관관계를 인식시키고, 인체의 본래의 타고난 치료능력과 치료과정에서 자기책임을 지게 함으로써 치료효과를 노리는 방법이다. 생체역학(生體力學), 심상요법(心象療法), 최면요법, 명상요법, 요가 등을 포함한 광범위한 형태의 치료방법을 동원하여 쓴다.

V. 동양의 색깔과 서양의 컬러

1. 문화와 색채

인류 역사와 더불어 색채에 대한 감각은 인간의 삶에 깊이 연관되어 왔다. 색은 인간의 생활 속에 깊이 내재되어 인간의 인식과 감성을 표현하고 전달하는 수단이 되었다. 색의 역사는 인류의 역사와 함께 시작되었다. 최초의 인류는 생존을 위해 주변의 색에 순화 되고, 보호색으로 활용하며 생명을 이어 왔다. 그러면서 점차 인류가 번영하고, 의식주의 변화를 가져오게 되었으며, 사냥에 의존하던 주식은 조그마한 동, 식물에게로까지 손이 미치게 되었으며, 동, 식물들은 방어의 수단으로 강렬한 색상을 띄게 되고, 인류는 이것을 구분하면서 인류는 조금씩 색에 대한 눈을 뜨게 되었다.

고대인이 사용한 색상 팔레트는 빨강, 황금색, 노랑, 녹색, 파랑, 자주, 흰색, 검정 등으로 단순하며 직접적이고, 고대 세계 어디에서건 색상의 선택이 거의 다르지 않다. 그러나 문화가 발달하면서 그 문화에 맞는 색채가 연구, 발전되고, 그에 맞게 사용되었다. 최근에는 그 문화적 차이를 구별하기 쉽지 않을 만큼 공통적으로 다양한 색채들이 사용되고 있다. 그러나 우리의 잠재의식 속에 내재된 색채를 보는 근본적인 시각의 차이는 분명히 존재한다.

동양의 색채 의식의 중심에는 음양오행사상이 있다. 음양오행사상은 일체의 만물이 모두 음과 양의 두 가지 요소로 구성되어 있으며 삼라만상의 생성소멸은 목, 화, 토, 금, 수의 다섯 가지 원소가 상생하고 상극하는 순환에 의해서 이루어진다고 보는 고대 중국의 우주관이다. 이에 비해 서양의 색채 의식은 과학적 접근에 의해 합리적이고 체계적인 표색계와 색채조화론을 활용한 배색미를 추구하였다. 복잡하고 변화 많은 배색방법에 일정한 질서와 규칙을 제시하여 객관적인 원리로 체계화한 것이다. 색채에 대한 상징성은 나라와 민족에 따라 차이가 있다. 동서양의 색채 의식은 그 차이점 만큼 공통점도 많다. 그것은 색채가 지닌 속성의 힘일 것이다. 동양의 철학적, 사상적 접근 방식과 서양의 과학적, 체계적 접근 방식이 함께 연구되고 발전된다면 더욱 깊이 있게 색채를 활용할 수 있을 것이다.

동양과 서양의 색채에 대한 근본적인 시각의 차이를 알아보고 서양회화와 동양회화, 특히 한국의 회화 속에서 그 특징을 찾아보고자 한다.

2. 동 · 서양의 색채 의식

1) 동양의 색채 의식

① 동양의 색채 의식 - 음양오행사상

동양의 색채 의식은 중국을 중심으로 한 동양사상의 근간이 되는 음양오행(陰陽五行)사상을 바탕으로 하고 있다. 동양문화권 내의 고대 민족은 자연의 운행 속에 보이지 않는 절대적이고 위대한 법칙이 있다고 생각하였다. 즉, 자연은 음(陰)과 양(陽)의 이원적 구조로 이루어져 있으며 음양의 두 기운이 상생(相生), 상극(相剋)함에 따라 만물이 생성되는 것으로 믿어왔다. 이것이 음양설(陰陽說)이고, 이 음양설의 영향을 받아 만물의 생성원리를 목(木), 화(火), 토(土), 금(金), 수(水)의 오원기(五元氣)로 설명하는 것이 오행설(五行說)이다.

음양설과 오행설은 각각 독립적으로 발전하다가 전국시대 중엽에 하나의 사상체계로 통합되었다. 무극에서 음과 양의 기운이 생겨나 하늘과 땅이 되고 다시 음양의 두 기운이 다섯 가지 원소를 생산하였는데 이것이 오행인 것이다.

음은 어둡고 수동적이며, 양은 밝고 능동적인 속성을 보유하는 것으로 양은 음에 의해 과도하게 왕성해지지 않고, 음은 양에 의해 조화를 얻어서 과도하게 쇠퇴하지 않음으로써 유동적이고 동태적인 평형관계를 유지하고 있다. 오행 역시 마찬가지로 서로 조화를 이루기도 하고 충돌하기도 하는 상생상극을 통해 균형있는 통합을 이루어 질서를 유지하고 있으며, 하늘에는 오운(五運)이 있고, 땅에는 오재(五材), 사람에게는 오성(五惺)이 있어서 모두 오사(五事)가 따른다고 하였다. 즉, 여러 사물의 변화원리를 오행으로 설명하고 아래 〈표 V-1〉에서와 같이 모든 산물의 근본으로 취급하며 물질 구성의 궁극적 요소로 본 것이다.

동양에서는 오행을 색, 방위, 맛 등과 결부시켜 왔다. 오행을 요약한 〈표 V-1〉과 같이 목은 청색, 동쪽, 신맛 등을 의미하고, 화는 적색, 남쪽, 쓴맛 등을 상징하며, 토는 황색, 중앙, 단맛 등을 의미하고, 금은 백색, 서쪽, 매운 맛 등을 상징하며, 수는 흑색, 북쪽, 짠맛 등을 의미한다.

우리나라 역시 중국의 영향을 받아 음양오행사상을 색채 문화에 적용시켜 실생활에 사용하였다. 벽사를 상징하는 청색과 적색은 주술적 의미로 사용하였으며 흉례시에는 백색과 흑색을 사용하였다. 오색을 전부 사용하여 화(禍)와 흉(凶)을 막고 길(吉)과 복(福)을 비는 복합적인 의미를 내포하기도 하였다. 서낭당에 오색포(五色布)를 걸거나 아이들의 색동옷, 오곡밥, 단청 등이 그러하다고 할 수 있다.

표 V-1. 오행소속표

	목(木)	화(火)	토(土)	금(金)	수(水)
형상	나무	불	흙	금속, 바위	물
방위	동	남	중앙	서	북
계절	봄	여름	4계절, 환절기	가을	겨울
색채	청색	적색	황색	백색	흑색
오상	인(仁)	예(禮)	신(信)	의(義)	지(智)
오성	기쁨	즐거움	욕심	분노	슬픔
오장	간장	심장	비장	폐장	신장
오관	눈	혀	몸	코	귀
맛	신맛	쓴맛	단맛	매운맛	짠맛

동양의 색채 의식은 음양오행의 이치를 바탕으로 자연 친화적인 순환성을 중시하여 자연과 인간의 관계를 보다 친밀하게 여겼으며, 오색이 지닌 상징적인 의미를 활용하여 생활에 길운을 빌고, 악을 물리치는 벽사의 개념으로 사용하였다. 이렇듯 동양에서는 색채의 사용에 있어서 색채 그 자체의 미(美)보다 상징성과 의미를 부여하는 수단으로써 철학적, 사상적으로 사용하여 왔다.

② 동양의 오색(五色)관 – 오방색

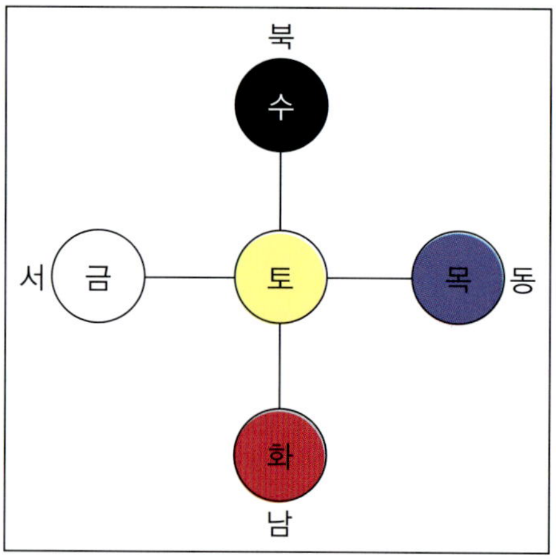

그림 V-1. 오방색과 방위

음양오행사상에 의하면 오행에는 오색이 따르고 방위와 계절이 따르는데 중앙과 사방을 기본으로 삼아서 오방이 결정되고 그 방위에 따라 오색이 배정되며 오행의 상관관계로 인하여 중간색이 나오고 중간색에서 무한한 색조가 형성되는 것이다. 〈그림 V-1〉에서와 같이 동쪽은 청색, 서쪽은 백색, 남쪽은 적색, 북쪽은 흑색, 중앙은 황색이며 이중에서 청색, 적색, 황색은 양(陽)의 색이고 흑색과 백색은 음(陰)의 색이다. 이 다섯 가지 색을 오방색, 혹은 정색(正色)이라 부르며 정색과 정색의 혼합으로 생기는 색을 간색(間色)이라 부른다. 간색으로는 청색과 황색 사이의 녹색, 청색과 백색 사이의 벽색, 적색과 백색 사이의 홍색, 흑색과 황색 사이의 유황색, 흑색과 적색 사이의 자색의 5가지가 있으며 모든 간색은 음의 색이다. 음양오행사상은 정색과 간색을 음양에 따라 적절하게 사용하는 것을 중요하게 생각하였다.

① 청색 : 동방은 해가 솟는 곳으로 나무(木)가 많고 푸르기 때문에 청색을 의미함과 동시에 봄을 상징한다. 즉 하늘과 물, 식물 등의 생명을 상징하고 발전, 창조, 신생, 불멸, 희망 등을 의미하는 색으로 이용되었다. 영어에서 바다는 blue, 산은 green, 하늘은 sky blue, cyan이라고 각기 다른 색으로 표현하는 것과 달리 우리나라는 푸른 바다, 푸른 산, 푸른 하늘이라는 같은 단어를 사용하며 초록, 남색, 청색 등을 총칭하여 청색이라는 표현을 사용하였다. 또한 서양의 청색이 지

니는 우울함과는 달리 젊음, 희망, 신선함을 상징하였으며 장유유서를 숭상하던 사회에서는 미숙함, 낮은 지위를 의미하기도 하였다. 특히 한국인은 청색과 백색에 강한 선호를 보여, 청색을 학과 같은 청렴결백한 선비의 색으로 간주하였다.

청색은 청정한 생명력을 가지고 있어 창조, 신생, 생식을 상징하기 때문에 양기가 강한 색이다. 우주의 만물이 생성 발원하는 원천적인 힘을 지닌 기운으로 기운이 쇠퇴해 가거나 죽어가는 목숨들을 살리기 위한 방법의 하나로 청색을 사용하기도 하였다.

② 적색 : 적색은 음양오행설에서 온화하고 만물이 무성한 남방 색으로 태양, 불(火), 피를 상징하며 생명력이 풍만하고 강력한 양의 색으로 청색과 더불어 우리 민족과 밀착되어 사용되어 온 색이다. 적색은 가장 강력한 양의 색으로 인식되어 재앙과 악귀를 물리치는 강력한 색으로 사용하였다. 예로부터 붉은 팥죽을 쑤어 문짝에 뿌려서 액운을 제거한 것, 단오에 대궐이나 경사대부의 집에 붉은 부적을 벽이나 출입문에 붙인 것, 신부의 두 뺨에 연지점을 찍은 것, 장을 담근 후에 붉은 고추를 두르는 것 등은 모두 귀신, 나쁜 기운으로 대표되는 음을 양으로써 물리치고 막는다는 의미를 지닌 행위이다.

적색은 우리말로 붉은색으로 밝음, 고귀함, 남쪽 등을 의미한다. 청색과 비교하여 높은 벼슬의 신분을 나타낼 때 많이 사용하였다. 가락국의 건국신화에서 나오는 '하늘에서 내려온 붉은 보자기'는 천상의 밝음과 함께 나라의 시작을 의미하는 것이다. 「삼국사기」, 「고구려본기」에서는 '검은 개구리가 붉은 개구리와 싸움을 하다 죽었다.'는 기록이 있는데, 여기서 검은 개구리는 북쪽에 있는 부여를, 붉은 개구리는 남쪽에 있는 고구려를 의미하는 것으로 부여가 고구려에게 망했다는 뜻이다.

③ 황색 : 오행 중 토(土)에 해당하며 오방색의 중심색으로 모든 것을 포용하고 조화롭게 만드는 땅을 상징한다. 고대어에서 '누렇다'의 어근은 '놀-'이고 이것은 땅을 의미한다. 한자어 '천지현황(天地玄黃)'에서 알 수 있듯이 하늘은 검게, 땅은 누렇게 인식했음을 알 수 있다. 또한 황색은 우주의 중심에 해당하고 가장 밝게 빛나는 존귀한 색으로 인식되어 광명과 생기의 정화로 보았으며 중국문화의 영향으로 황제의 색으로 사용되었으며 중국에서 뿐만 아니라 한국과 일본에서도 오랫동안 그 사용이 제한되었다.

황색은 전통적으로 땅, 중앙, 황제, 권위를 의미한다. 중앙의 특징은 땅이 평평하며 늘 젖어 있어서 만물이 잘 자라는 곳인데, 단군이 도읍을 정했다는 평양(平壤)도 이러한 지형을 가리키는 것이었으나 후에 지명으로 바뀌었다. 조선 태종은 오방신의 각 방위색인 파랑, 하양, 빨강, 검정, 노랑의 제물을 올려 하늘에 제사를 드렸는데, 여기서의 노랑은 중앙인 서울을 의미하였다.

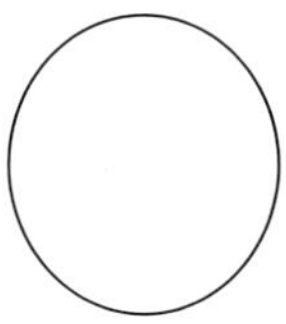

④ 백색 : 백색은 오행 중 금(金)을 나타내며 서방에 속하는 것으로 가을에 해당된다. 흰 백의 한자는 '白' 자로 태양을 뜻하는 한자어 '日' 자 위에 빛을 가리키는 한 획을 내리 그어 이루어진 것으로 태양숭배사상에 그 근원이 있다. 우리 민족에게 백색은 결백, 진실, 낮, 순결 등을 의미하여 우리민족이 백의(白衣)를 즐기게 되었으며, 전통적으로 태양, 신성, 탄생, 길한 조짐, 서쪽을 상징한다. 또한 음양오행설에서는 처음 출발 준비적 태세가 음(陰)이 되고 그의 발동이 양(陽)이라고 말한다. 이것이 자연적인 순서라고 생각하고 백색을 색채의 시발점으로 보고 있다. 「삼국사기」와 「삼국유사」에 나타난 고구려의 주몽 신화와 신라의 박혁거세 신화에서는 태양의 빛으로 하늘의 기운을 상징하고 있으며, 단군의 국호 조선(朝鮮)도 아침 조(朝), 고울 선(鮮)자로 한민족의 'ᄇᆞᆰ' 사상에 그 연원이 있다. 우리 민족을 일컫는 배달민족이란 말도 '백산=밝달' 로 우리말의 음운 변화로 '배달'이 된 것이다. 즉 배달민족은 한민족을 의미하는 동시에 맑고, 밝고 신성한 하늘의 자손임을 표현하는 말인 것이다.

⑤ 흑색 : 흑색은 오행 중 수(水)로서 북방을 나타내고 겨울에 속한다. 흑색은 태양이 사라진 어두움을 나타내며 고요한 밤, 죽음을 나타내기도 한다. 흑색의 우리말은 '검은색' 으로 전통적으로 신격, 물, 북쪽을 의미하며 어근 '검/감' 에서 곰, 거북, 거미 등이 파생되었다. 이들은 동물인 동시에 신격화되었으며 단군신화의 검은 곰에서 웅녀가 탄생한 것과 김수로왕의 탄생설화에 나오는 구지가(龜旨歌)에서 그 예를 찾아볼 수 있다. 흑은 물의 색으로 세종실록에서 춘분, 하지, 추분, 동지에 구름 빛이 검으면 물난리가 난다고 보았다. 또한 화재예방 부적은 물의 상징인 검은색을 사용하였고, 풍수지리설에서 묏자리가 명당의 형국을 갖추었다 할지라도 흙빛이 검을 때에는 물이 나와 자손이 패망하게 된다하여 피하였다.

우리 조상들은 음양오행에 의해 모든 것이 규정된다고 믿었으며 색채도 이러한 이치에 따라 사용하였다. 한자의 '색(色)'은 상형적으로 '인(人)'과 '파(巴)'를 합한 글자이다. 이는 소용돌이를 사람이 누르고 있다고 해석하거나 사람이 힘 있는 소용돌이를 일으켜 영향을 미치는 것으로 해석된다. 즉 색은 사람과 관련이 있으며 또한 사물에 영향을 미칠 수 있는 의미를 나타낸다고 할 수 있다. 이렇듯 동양에서는 색채의 미(美), 그리고 개인의 감각보다는 색채의 의미에 따라 상징적인 수단으로 색채를 사용하였다고 볼 수 있다.

2) 서양의 색채 의식

① 서양의 색채 의식

서양의 색채 개념은 과학적인 접근에 의해 형성되기 시작하였다. 이미 색채를 과학적으로 연구하려는 시도는 기원전 유명한 학자들로부터 시작되었다. 인류가 색채를 사용한 흔적은 원시시대의 빙하의 유물로부터 구석기 시대의 동굴 벽화들을 비롯하여, 이집트, 그리스, 로마에 이르기까지 점점 색이 다양해지고 상징과 계급의 구별에 사용되었다.

중세를 거쳐 르네상스 시대에 레오나르도 다 빈치(1452~1519)는 그의 저서인「회화론」에서 배색이론을 피력하고 있다. 근대에 들어서는 색채에 대해 과학적인 이론을 전개한 사람은 뉴튼이다. 뉴튼은 빛의 입자가 눈에 들어가면 색 감각이 발생한다는 입자설을 주장하고 빛이 삼각형의 프리즘을 통하여 생기는 스펙트럼에 대한 역사적인 학설을 전개하였다.

한편 뉴튼에 반대하여 이론을 전개한 괴테는 '빛은 자연 그대로 보아야 하며, 뉴튼의 프리즘 광선처럼 결코 좁은 틈에서 새어난 빛을 도입해서는 안 된다.'라고 주장하면서 색채는 물리학적인 것뿐만 아니라 심리 · 생리학적인 것인 것이며, 예술에 속하는 색채는 과학적으로만 해결할 수 없다고 주장하였다.

이렇듯 물리학 · 생리학 · 심리학 등의 분야에서 색에 대한 연구가 이루어 졌으며 이를 바탕으로 다양한 색채학 이론들이 등장하였다. 이 중에서 색채의 아름다운 효과를 나타내기 위한 색채 조화론은 복잡하고 변화 많은 색상에 일정한 질서와 규칙을 제시하여 배색간의 조화의 원리를 규명하려고 한 것이다. 가장 대표적인 것으로는 먼셀(Munsell)의 표색계와 오스트발트(Ostwald)의 표색계, CIE 표색계 등을 들 수 있다.

먼샐표색계에 따르면 색채는, 색상(Hue), 명도(Value), 채도(Chroma)에 의해 파악되며, 이를 색의 삼속성이라고 한다. 색상은 색을 구별하고, 명도는 밝음과 어두움을 나타내며, 채도는 색의 순도를 표현한 것이다. 이러한 표색계를 통한 색채조화론은 계통적으로 색채를 이해하고, 보편적, 일반적, 객관적으로 바라보도록 하였다.

또 한편으로는 색채에 대한 색채 감정에 대해서도 연구되었다. 색채 감정은 생활, 환경, 개성, 그리고 경험 등의 여러 조건에 따라서 서로 다르게 나타난다. 그러나 일반적으로 작용하는 색채에 의한 심리적 효과를 보편적으로 규정하려는 노력이 있었던 것이다.

이와 같이 서양의 색채 개념은 다양한 학문적 측면의 연구에 의해 과학적이고 합리적인 체계를 갖추어 왔다. 즉 표색계와 각종 색채에 관한 이론들을 활용하여 색채를 활용하고 있는 것이다.

② 서양의 오색(五色)관

서양 문화에서 색에 대한 연상이나 감정적 가치가 발전하여 일반적 통념을 형성하게 되었다. 서양 문화에서 주요색에 대한 상징적 의미에 대해 알아보고자 한다.

① 청색 : 청색은 색채의 감정 효과 면에서 시원한 느낌을 주는 한색이다. 주로 차분하고 안정된 색으로 바다, 하늘, 우주를 묘사할 때 많이 사용된다. 또한 심리학적으로 신진대사를 느리게 하고 근육을 이완시키는 효과가 있다.

영국에서 'true blue'란 진정한 푸른색이란 뜻으로 '정절'의 의미로 사용되며 청색을 정절과 신의의 색으로 사용한다. 또한 청색을 혼수 품목으로 준비해야 하는 관습도 찾아볼 수 있다. 또한 노빌리스의 문학 작품 「하인리히 폰 오프터딩겐」을 보면 주인공이 꿈꾸는 '푸른 꽃'은 무한을 향한 동경을 상징하고, 환상을 의미하는 청색이다.

또한 청색의 'blue'는 '우울한'을 의미하기도 한다. 이는 피카소의 청색시대 작품에 잘 나타나 있다.

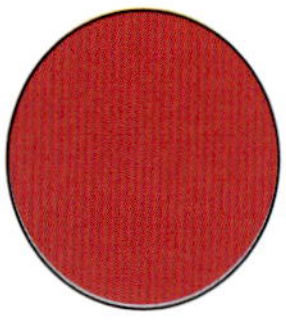

② 적색 : 적색의 가장 대표적인 상징은 '불'과 '피'이다. 적색은 열정, 생명, 환희, 분노, 공격성, 흥분, 위험, 유혹, 에로스, 역동적, 적극적 등의 이미지를 가지고 있다. 또한 적색은 감정적인 면에서 난색에 속하며 먼 거리에서도 물체의 존재를 알아볼 수 있는 시인성과 주목성이 높은 색으로 소방차, 교통신호, 비상등, 안전판에 사용되고 방화, 정지, 금지의 의미를 갖고 있다.

서양에서는 적색과 관련해 자주 사용되는 비유적 표현들이 많다. '마음을 붉게 물들이다.'는 폭동이 일어나는 것을 의미하며, '빨강을 본다.'는 것은 격노한다는 것이다. 붉은 화성은 공격적이고 전투적인 군신인 'Mars'를 따서 부르며, 적기는 혁명을 상징하고 있다.

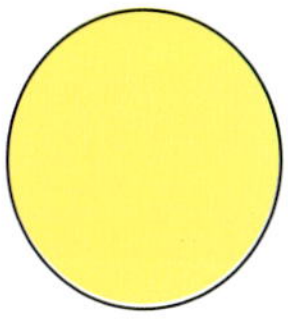

③ 황색 : 서양에서의 황색은 이중적인 이미지를 지니고 있다. 황색은 인류 역사상 극히 중요한 두 가지 현상인 태양, 금과 연관되어 있다. 그래서 황색은 희망, 부, 풍요, 고귀함 등을 의미하는 반면 질투, 배신, 의혹, 불신 등을 상징하기도 한다. 황색의 이러한 부정적인 이미지는 검은색, 회색, 녹색 등이 아주 적은 양만 첨가되어도 황색 본래의 성질을 상실하게 되는 특성에 기인한 것으로 분석하기도 한다.

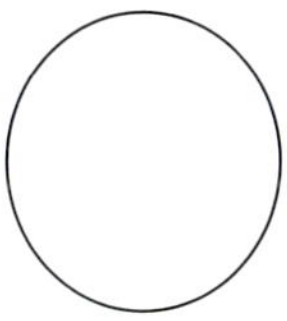

④ 흰색 : 서양에서 백색은 고대 그리스 시대부터 빛의 색, 신의 색을 상징해왔다. 백색은 신에 속하는 색으로 신들의 의상을 흰색으로 표현하였다. 또한 백색은 평등, 평화를 상징하기도 하는데, 프랑스 혁명 때 봉기한 3색기에 있어서 청색은 자유, 백색은 평등, 적색은 박애를 상징했다.

서양의 여성들은 결혼을 할 때 순백의 웨딩드레스를 입는다. 이것은 백색이 순결, 무구, 청초의 상징이기 때문이다.

⑤ 흑색 : 모든 빛이나 색을 흡수하는 흑색은 신비, 정숙, 엄숙성의 상징이며 권위, 세련, 위엄, 슬픔, 후회를 나타낸다.

죽음의 이미지를 가지고 있는 흑색은 16세기 영국 왕실에서 상중에 검정색 옷을 입기 시작한 것이 기원이 되어 현재까지 서양에서는 흑색이 상(喪)을 상징하고 슬픔을 표시하는 색채로 사용되고 있다.

흑색은 희망 없음을 의미하며 기분을 우울하게 하거나 좌절감에 빠지게 한다. 서양에서의 흑색은 마녀, 마법을 연상시키기도 하며 요술과 초자연력을 의미하기도 한다.

서양의 색채에 대한 상징적 의미는 심리학적, 사회학적 요소의 영향을 받아 형성되었다. 동양에서 색채가 철학적, 사상적으로 발달되어 온 것과는 사뭇 다른 모습이다.

3. 동서양 회화의 색채

1) 동양 회화의 색채

① 고구려 고분벽화

고구려는 삼국 중 가장 먼저 벽화를 제작하기 시작하였으며 이를 백제, 신라에 전파함으로서 수준 높은 예술미를 보여주었다. 고구려 고분벽화는 우리 회화사에 있어서 채색화의 여명기라 할 만큼 고대 회호의 기원과 발전과정을 보여주는 위치를 차지하고 있으며 고인의 명복을 빌기 위한 우리민족의 영혼불멸의 내세관이 잘 반영되어 있다.

고구려의 고분벽화는 고분 자체의 구조상, 회화의 내용이나 양식상 보통 3기로 나누는데 전기(4C-5C)의 인물풍속도, 중기(5C중반-6C)의 인물풍속 및 사신도, 말기(6C말-7C전반)의 사신도로 나눌 수 있다. 전기 고분벽화의 대표적인 예는 안악3호분으로 묘주와 묘주부인의 초상화가 그려져 있으며, 중기 고분의 대표적인 무용총은 무용도, 수렵도 등이 그려져 있다. 말기 고분은 사신도가 그려져 있는 사신총으로 대표된다. 안악3호분의 초상화와 수렵도에서는 원근에 따라 백-적-황색으로 하는 고대의 설채법의 원리를 보여주는 묘사방법이 잘 나타난다.

고구려 고분벽화의 색채는 초기에는 검은 색을 주로 하여 붉은 색, 자주색, 청색, 녹색 등을 사용하여 어두운 색조를 보이고 명도가 낮으나 말기로 갈수록 색채가 다양하고 화려해지며 배색이나 농담의 변화도 풍부하여 형상의 효과를 높이고 있다. 특히 사신도는 네 방위를 수호하는 신을 그린 그림으로 청룡도(靑龍圖), 백호도(白虎圖), 주작도(朱雀圖), 현무도(玄武圖)이며, 오방색과 오행의 사상을 잘 반영하고 있다.

고구려의 고분벽화는 한국의 회화사적 입장에서 볼 때 그 정신과 색채가 고려의 불화, 조선시대의 민화 또는 무속화로 이어지는 귀중한 자료이다.

② 고려 불화

고려는 국교를 불교로 하여 불교회화가 특히 발달하였다. 현존하는 고려 불화 중 가장 연대가 오래된 것은 「아미타여래 입상」이다. 빨간 바탕에 황금색 장식의 옷을 입고 있는 아미타여래의 모습은 호화롭고 정교한 느낌을 자아내게 한다. 고려 불화 중 가장 우수한 작품의 하나로 손꼽히는 「수월관음도」는 유연한 곡선, 정교한 채색 등으로 유명하다.

고려시대의 불화는 청, 황, 적, 백, 흑의 5색을 밝고 화려하면서도 은은한 색으로 쓰고 있다. 주된 색채는 적색과 금색임을 알 수 있는데 적색은 고대부터 귀한 신분, 최고의 신을 나타나는데 쓰인 색으로 불화에서는 신성하고 숭고한 의미를 지닌 색으로 쓰여졌다. 금색 역시 부처의 '절대적'인 존재를 나타내기 위하여 사용한 색으로 부처의 진리와 지혜라는 무한한 빛을 상징하는 것이다. 백색은 백색연꽃과 조화를 이루며 깨끗하고 순수한 존재임을 나타내며 황색은 왕족과 같음을 의미하여 지장보살에 나타나는 흑색은 명부(冥府)의 의미를 담고 있다.

이처럼 불화에서의 색채는 음양오행사상을 표현하는 방식으로 오방색을 사용한 것처럼 장식으로서의 기능보다는 나타내고자 하는 불상들의 존재와 내용을 암시하는 상징적 기능으로 사용된 것임을 알 수 있다. 또한 독특한 도상과 기법을 창안한 고려 불화는 뛰어난 사실성과 세련된 미의식으로 그 우수성과 독창성이 동아시아 최고의 수준을 보여주고 있다.

③ 조선 민화

조선시대에 들어 유교가 국교가 되자 수묵화가 득세하고 색채의 사용이 저조하게 되었다. 이런 시대적 상황 속에서 민화는 고려시대의 색채전통을 조금이나마 지켜내는데 중요한 역할을 담당했다고 할 수 있다.

민화는 실생활에 밀착되어 있는 생활미술로 그림의 내용과 형식은 생활목적과 직결되어 있어 그 내용을 보면 무속이나 벽사에 의한 것이 많다. 귀신을 쫓아내고 복이 깃들기를 염원하는 마음을 담아 그린 그림으로 음양오행사상에 영향을 받아 오방색으로 채색하였다. 가장 대표적인 민화의 소재로는 도교적인 '십장생', '사신도', '신선도'와 유교적인 '문자화', '문방도' 등, 가장 일상적인 '화조화', '산수화', '풍속화' 등이 있다. 특히 화조의 그림은 민화 가운데에서도 가장 색채가 풍요롭고 화려한 그림으로 부인방, 신호부부의 방에 병풍으로 많이 사용하였다.

민화는 강렬한 원색들 간의 대비효과를 강조하여 평면성을 강조함으로써 장식 효과를 추구하였다. 민화에서 느껴지는 색채의 미는 고분벽화, 단청, 색동, 노리개 등의 장신구와 오색고명, 신선로 등의 음식에서 느껴지는 전통적인 색감과 직결된다. 즉, 민화는 대상의 사실적인 색감보다는 음양오행에 의한 색의 질서와 주관적인 색의 가치를 추구하여 그려진 것으로 한국적인 색조와 조화미를 잘 나타내고 있다.

2) 서양 회화의 색채

① 고대 회화의 색채

나일강과 피라미드라는 유적을 가진 유구하고 신비한 나라 이집트의 문화는 기원전 3~4000년경부터 기원전 1300년까지 크게 번영되었다. 이 시기에 피라미드의 석조대신전이 건립되었고 조각은 물론 거대한 벽화가 제작되었으며, 특히 미이라가 들어있는 관과 주변의 소장품 등 여러 유물들로 보아 그 당시의 다양하고 화려한 생활풍습과 색채장식을 엿볼 수 있다.

태양을 상징한 금색을 위시로 하여 적색, 녹색, 황색, 청색, 흑색, 백색, 갈색 등의 여러 색을 기본으로 하여 이용하였으며 그 중간색을 사용하기도 하였다. 금색은 태양을 상징하고, 녹색은 자연을, 청색은 하늘을 상징하여 도자기, 유리제품, 귀금속과 목공예품의 색채도 다채롭고 화려한 색을 지녔는데, 이는 왕친 및 특권층의 화려한 색채선호도에서 기인한 것이라 할 수 있다. 화장술의 원칙들은 흰색은 피부의 색소를 교정하고, 빨강은 뺨에 생기를 주며, 파랑은 이마의 끝을 강조하고, 진홍은 입술의 빨강을 활기차게 하며, 밝은 빨강은 손가락에 여명의 색조를 준다. 이러한 색에 펴진 화장색이 더해져 검정색과 녹색이 보여진다.

그리스 건축에 남아있는 부분적인 채색현상에 의하여 그리스시대의 당시 색채조절 상태를 다소나마 볼 수 있는데, 도리아식에는 청색과 금색으로 장식되었으며, 코린트식에는 금색을 이오니아식에는 청색, 적색, 금색을 사용하여 채색된 돌을 이용하여 장식하였다. 이 시기의 철학자 제논이 '색채는 물질의 최초 현상 형식이다'라고 주장하여 색채에 대한 관심을 과학적 시선으로 보았으며, 플라톤은 '백색에 의한 눈의 개방, 흑색에 의한 눈의 수축'이라는 이론을 제시하여 이 당시 그리스 사람들은 눈에서 광선이 발생하여 사물이 보인다고 생각하였다. 그리고 그의 제자 아리스토 텔레스는 '왜 어둠속에서는 물체가 안 보이는가?'라는 주제로 색채에 대한 다른 이론을 전개하여 색채를 보다 과학적으로 접근하였다.

② 중세 회화의 색채

기독교 박해시대에서 기원전 지하무덤인 카타콤속에서 기독교미술은 시작하였다. 동로마의 수도인 이스탄불에서 비잔틴 문화가 발생하면서 다채로운 모자이크 기하학문양이 새겨졌다. 금세공품들의 빛나는 황금색과 맑고 푸른 색, 강렬한 색들과 스테인드 글래스의 강한 붉은 색과 짙은 초록색은 초자연적인 세계의 관념을 전달할 수 있게 만들었다. 이 스테인드 글래스를 성당에 도입함으로써 색채를 감성적 최고조에까지 이르게 했던 것이다. 로마네스크 양식의 교회는 프레스코벽화로 전개되었는데 상징적 표현의 수단으로써 청명하고 뚜렷한 색조를 나타내려고 노력하였다. 하늘의 파랑과 녹색은 비잔틴과 로마의 모자이크에서 신성한 투성명성과 내적인 형상화로 재구성되었다. 고딕시대의 색채는 복잡하고 강렬해지며 벽면은 스테인드 글래스가 발달하여 물질세계를 초월한 신비의 세계를 엿볼 수 있었다. 중세기에는 암흑시대라고 하지만 색채 응용면에서는 결코 어둡지 않았으며 다만 종교와 인위적인 금지령에 의해 색채와 용도에 제한을 두었던 것으로 추측된다.

③ 르네상스 회화의 색채

이탈리아 피렌체를 중심으로 과학과 결합된 르네상스의 색은 15~16C에 걸쳐 미술양식에 큰 영향을 준 시기였다. 당시 미술에서 회화형식은 물론 색채의 미가 조금씩 눈을 뜨면서 반에이크는 유체안료를 발명했는데, 그 당시 화가들은 기성화된 물감을 구입할 수 없었다. 그들도 대부분 색이 있는 풀이나 광물질에서 여러 가지 안료를 만들어 다채로운 유화작품이 선보이기 시작했다. 이 시대 레오나르도 다빈치가 가장 중요한 활약을 하였으며, 이 당시의 레오나르도 다빈치는 자연과학과 기술방면에서의 활약과 업적을 바탕으로 회화의 큰 혁신을 가져왔다. 무엇보다 현실을 사실적으로 그리기 위해 사물을 예리하게 관찰하고 각종원리를 이해하여야 한다고 주장하였으며, 원근법과 해부학, 중력과 역학, 색채학등 사실적인 재현을 위하여 노력하였다. 이 시기는 유채안료의 발전과 원근법, 명암법에 대한 이론이 확립됨으로써 다양한 색채를 통한 작품들이 제작되었다. 다빈치의 저서 '회화론' 책에서 '보색조화설'이 상당히 주목을 끌었다. 당시 미술에 있어서 색채의 의미가 중요하게 된 것은 베니스를 중심으로 한 베네치아파 화가들의 영향으로 유화기법의 다채로운 작품이 많이 나타났다.

④ 근대 회화의 색채

근대에 이르러 물리학자, 생리학자, 심리학자등이 색에 많은 관심을 가지면서 '색채학'이라는 말이 등장하게 되었다. 아리스토텔레스의 영향을 받아 색채보다 과학적인 이론을 전개한 뉴턴은 '빛이 지진한다.'는 이론에 의해 '빛은 입자가 흐르디기 그 입자가 눈에 들어오면 색감각이 발생한다'는 입자설을 주장하고, 빛이 삼각형 프리즘을 통하여 생기는 스펙트럼에 대한 역사적인 학술 전개를 하였다. 이 시대의 화가 램브란트는 귀족들의 자화상과 인물들의 군상을 통하여 바로크색채에 대하여 여러 가지를 제시해 주었다. 그는 빛의 밝음과 어두움을 대비시켜 주제를 강렬하게 전하고자 하였으며, 이것은 야간순찰대, 자화상등의 작품에서 잘 나타나고 있다. 그 후 뉴턴의 체계에 반론을 제기한 괴테는 평생 색채연구에 몰두하여 색채론을 두편이나 내었으며, 특히 색채를 생리학과 심리학 부분에서 많은 발전을 보게 하였다. 그 외 검정색이 즉, ① 단일색(공기, 흙, 물등의 색) ② 중간색(범위혼합에 대하여) ③ 색채의 무규정성 ④ 인공색 ⑤ 유기적 변화에 의한 식물의 색채변화 ⑥ 모발, 깃털, 표피의 색에 대하여 이 당시 화가와 이론가에는 크게 자극된 이론이었다. 이 연구는 물리적 입증은 받지 못하였으나 정신적으로 큰 영향을 주었다.

⑤ 19세기 회화의 색채

프랑스의 대혁명과 영국의 산업혁명으로 근대적 전환기를 맞으면서 과학의 발달은 색채학, 사진술, 석판 인쇄 등이 독자적인 양식을 형성하였다. 그리하여 색채의 영향과 이론에 대한 일반의 관심이 높아진 것은 19세기 초엽이었다. 파리의 화학자 슈브르러는 1830년대 「색의 동시대비 및 채색된 조성에 관한 법칙에 대하여」라는 저서를 발간하였는데, 이후부터 인상파와 신인상파 화가들의 과학적 기초가 되었다. 클로드 모네가 루앙의 성당을 연작으로 그린 까닭은 장소의 분위기보다 그 시간의 분위기를 표현하려 하였다. 즉, 자연의 색은 빛에 따라 달라진다는 현상을 탐구하기 위해 시차를 두고 동일 풍경을 그렸는데, 그것은 태양의 진행과 빛의 반사에서 오는 색의 변화를 표현하기 위한 것이었다. 토마스 영은 뉴턴의 광학이론을 계속 전개시킨 사람으로 뉴턴의 이론을 정리하면서 사람의 눈에는 가지각색의 핵신경이 있지 않다고 하였다. 색광의 스펙트럼을 통해 볼 때 적색에서 주황부분까지는 적색, 황색에서 초록까지는 초록, 청색에서 자주색까지는 청색이라하여, '우리 눈에는 적색, 초록, 청색의 세가지 신경이 존재하지 않을까'라는 가설을 세웠다. 그 이후 토마스 영의 이론을 발전시킨 사람으로 헬름홀츠는 '시각과 회화'를 발표하여 이목을 끌었다. 이러한 분위기에서 생겨난 미술표현은 신고전주의, 낭만주의, 자연주의, 사실주의, 인상주의, 초기인상주의, 후기 인상주의 등으로 발전하게 되었다.

⑥ 20세기 이후 회화의 색채

20세기 이후에는 다양한 현상이 나타나는 시기로 색채위주의 감성적인 경향으로 본능적이며 원색의 표현을 통해 다양함과 자유분방함을 추구했던 시기이다. 반고호와 폴 고갱의 작품이 관심을 끌기 시작했으며 앙리 마티스는 색채를 적극적으로 사용하여 원색의 평면적인 화면을 통해 색채의 짜임새를 연구하여 현대 디자인의 발전에 도움을 주었으며, 그 후 파블로 피카소를 위시하여 20세기 추상미술의 발달에도 큰 역할을 하였다. 색을 하나의 기호체계로 정립한 사람은 먼셀과 오스트발트였다. 미국의 화가였던 먼셀은 먼셀표색법을 확립하여 명도, 채도, 색상에 의한 조화론을 제창하였으며, 오스트발트는 독일의 화학자로써 색채를 연구하여 색의 표시체계를 제창하여 규칙적인 혼색에 의하여 색을 수치화하였다. 이들은 색을 색상, 명도, 채도로 분류하여 하나의 기호체계로 정립함으로써 오늘날까지 국제간에 통용되는 중요한 업적을 남겼다. 그리고 바실리 칸딘스키는 러시아의 화가로서 디자인의 기초가 되는 추상화의 이론과 실천을 주장하였으며 1922년에 바우하우스에 참가하여 색채의 역할을 분석함으로써 큰 영향을 주었다. 또 요하네스 이텐은 1913년 바우하우스에 참가하여 색채를 표현의 중요한 요소로 파악하고 색채의 전문교육법을 확립하였다. 따라서 20세기는 다양한 색채와 형태를 통하여 미술, 문화, 음악등 예술활동 뿐만 아니라 의복이나 유행, 그리고 사진, 미디어, 화학, 물리학, 심리학등의 전반적인 발달로 색채에 대한 일반적인 관심도 크게 높아졌다.

VI. 색채요법(Color Therapy)

1. 색채요법의 개념

색채치료란 개인의 건강과 균형을 유지하고 정신적 행복을 도모하기위해서 인간의 유기조직에 각기 다른 색상들을 도입시키는 기술이다. 색의 진동은 인간의 신체주위에 존재하는 신비한 에너지의 장(아우라)을 통하여 흡수된다. 눈과 피부, 그리고 내분비체계와 연결되는 힘의 핵심(차크라)으로도 흡수가 된다. 색채의 움직임은 신체적으로 몸 안의 모든 조직에 활력을 복구시켜줄 뿐 아니라 정서적 정신적인 회복도 촉진해준다. 따라서 색채치료는 인간의 신체와 정신과 감정을 조화롭게 맞춰나가는데 도움이 되며, 그 결과로 개인적인 성장과 영적인 개발을 격려해줄 수 있다.

빛의 스펙트럼에서 나오는 색들을 완벽하게 받아들이는 가장 확실한 방법은 자연광에 자신을 노출시키는 것이다. 고대 그리스인과 이집트인들이 주로 그 방법을 사용하였다. 하지만 안타깝게도 우리가 원할 때마다 혹은 필요할 때마다 태양을 통하여 우리 몸에서 치료의 구실을 하는 빛을 받아들인다는 것이 항상 가능한 일은 아니다. 그러한 이유 때문에 색채치료의 도구들이 개발되었다. 그 도구들은 스펙트럼 내에 있는 특정한 색을 분리해서 신체의 전체나 그 색을 필요로 하는 특정 부위에 투사 시킨다. 색채치료의 또 다른 형태는 정신적인 투사, 즉 색채 시각화와 암시, 명상 같은 기법들을 활용하는 것이다. 이 방법들이 우리의 내적인 빛과 우주의 에너지를 활용하여 치료능력을 더 확실하게 다져줄 수 있다.

우리 인간은 지구와 우주에서 언제나 고갈되지 않는 에너지의 근원을 받아들인다. 지성을 지닌 존재이기 때문에 이 에너지를 긍정적으로 사용하는 방법도 알아갈 수 있다.

치료의 힘은 실제로 우리 안에 잠재되어 있으며, 이 힘은 겉으로 드러나기보다 수면상태에 빠져 있는 경우가 더 많다. 그 이유는 우리가 문제의 해결책을 안에서보다 외부에서 찾으려 하기 때문이다. 대부분의 사람들이 자신의 힘과 능력을 과소평가하느라 바빠서 자신의 안에 내재된 힘을 깨닫지 못한다. 하지만 이 에너지와 힘을 생산적으로 사용하면 현재의 불편함과 질병을 확연하게 경감시킬 수 있다. 질병을 예방하는 효과도 끌어 낼 수가 있다.

2. 빛과 색의 성질

1) 과학적 빛과 철학적 빛

만유인력의 법칙으로 유명한 뉴턴은 태양광선의 투명광은 여러 색깔의 빛이 섞인 것이라고 주장하였다. 뉴턴은 투명한 빛이 프리즘을 통과하면 무지개의 일곱 색으로 분리되는 것은 발견했기 때문이다.

소설가인 괴테는 “색은 빛과 인간의 관계로 완성된다”고 주장하였다. 괴테의 실험은 오후 약한 태양광 아래 짧은 양초 한 자루에 불을 붙여 하얀 종이 위에 세워 놓고 촛불과 태양 사이에 연필 한 자루를 세워 연필의 그림자를 보면 흰색이 아니라 파란색으로 보인다는 사실을 관찰한 것이다.

색의 속성을 이해하기 위한 방법에는 역사적으로 두 가지가 있는데 그 접근법은 매우 다르다. 분석적인 과학자들의 방법과 시인과 철학자들이 사용한 접근방식이 그것이다. 그들의 연구를 통하여 우리는 색에 대해서 과학적으로 이해 할 수 있게 되었고, 색에 대한 정서적이고 직관적인 반응도 알게 되었으며, 치료목적을 위해 색채를 활용하는 시스템도 발전시킬 수 있었다.

처음에 빛의 굴절 현상을 밝혀 낸 사람이 17세기의 아이작 뉴턴이다. 그는 유리 프리즘으로 실험을 하면서 흰색 빛의 광선이 여러 가지 다른 색들로 분리되는 것을 발견했다. 그 색들은 빨강, 주황, 노랑, 초록, 파랑, 남색, 보라의 일곱 가지로 구성되어 완벽한 색채 스펙트럼을 형성하고 있었다. 그리고 그것이 모두 합해지면 다시 흰색의 광선이 되었다. 1706년 그는 처음으로 색상환이라 알려진 그림을 만들었다. 보라색과 빨강이 서로 유사하다는 것을 깨닫고 이 7가지 색을 지속적인 색의 순환 고리로 연결시킨 그림을 만든 것이다.

그 후 1792년에 철학자이자 소설가이자 시인이었던 괴테가 또 다른 색상환을 발표 하였다. 괴테의 색상환은 여섯 개의 색 마젠타, 주황, 노랑, 초록, 파랑, 보라로 구성되어 있다.

그는 기초물리학적으로 색에 접근했던 뉴턴의 방식을 비판하면서, 색을 인생의 역동적인 흐름으로 파악하였다. 명(明)과 암(暗)의 활동적인 상호작용과 감각적으로 경험하는 색의 중요성을 강조하였다. 괴테에게 색은 아름다움의 표현이었고, 따라서 뉴턴의 접근방식이 너무 기계적이고 정적이며 생명력이 결여되어 있다고 생각하였다. 뉴턴의 분석적인 관찰과 색이 가진 에너지와 그 영향력을 설명하려 했던 괴테의 관심 이 두 가지가 현대 색채 이론의 기반을 형성하고 있는 것이다. 그러나 그들 모두 완벽한 색상환을 제시하지 못 했다고, 근래의 색채 전문가들은 지적하고 있다.

뉴턴과 괴테의 이론에서 나타나는 차이점은 다음과 같다.

- 뉴턴은 빨강을 순수한 색으로 보았고 스펙트럼에 남색을 집어넣었다.
- 괴테는 순수한 빨강과 남색을 삭제하고 마젠타를 포함시켰다.
- 뉴턴의 색상환은 일곱 색으로 구성되어 있는 반면 괴테의 색상환은 여섯 개의 색만 포함되었다.
- 괴테의 색상환에는 보색의 개념이 도입되었다. 하지만 뉴턴은 홀수로 만들어야 한다고 생각했기 때문에 7개의 색으로 구성하였다.

이런 결점을 보완한다는 의미에서 하워드와 도로시 선의 CRR 검사법에는 8개의 색 스펙트럼을 사용한다. 따뜻한 색과 차가운 색, 그리고 반대 되는 색과 조화를 이루는 보색의 개념을 섞어 빨강, 주황, 노랑, 초록, 청록, 파랑, 보라, 마젠타의 8개 색의 색상환을 구성한 것이다.

2) 삼원색

뉴턴이 1668년에 실시한 프리즘 실험에서 백색광에 여러 종류의 단색광을 섞으면 특정한 색을 만들 수 있다는 것이 밝혀지자 혼색하여 다른 색을 만들 수 있는 "근본 색"에 관심이 쏠렸다. 세 가지 색을 섞으면 거의 모든 색을 만들어 낼 수 있다. 이 근본 색을 삼원색이라 한다. 이 근본 색 해명에 힌트가 된 것은 "인간이 어떤 원리로 색을 느끼느냐에 달렸다"는 괴테의 주장이었다.

1801년 영국의 과학자 토마스 영은 그림물감을 섞다가 힌트를 얻어 시신경에는 빨강, 녹색, 파랑의 삼색을 느끼는 신경이 있고, 모든 색은 이 세 가지 신경의 자극의 비율을 통하여 지각된다는 삼색설을 주장하였다. 그런데 이 삼색설은 색광의 혼합이지 색의 혼합은 아니었기 때문에 인정받지 못했다. 1860년 맥스웰 토마스 영의 삼색 필터로 슬라이드 영사를 하여 삼색 빛의 혼합으로 다양한 색을 만들 수 있다는 것을 실증했다. 1868년에는 헬름홀츠가 영의 삼색설을 시세포와 관련지어 생리학적이고도 정량적으로 해명했다. 이를 영-헬름홀츠의 삼색설이라 한다. 이로써 빨강, 녹색, 파랑이 빛의 삼원색이라는 사실이 해명된 것이다. 빛의 삼원색의 대표적인 응용 사례는 컬러 텔레비전이다. 컬러 텔레비전은 빛의 삼원색을 구사하여 수많은 색을 만들어내고 있다.

물감 등의 색의 재현에 대해서는 예로부터 색 세 가지를 섞으면 어떤 색이라도 만들 수 있다는 사실이 알려져 있었다. 이 경험을 바탕으로 빨강, 노랑, 파랑을 기본색으로 하여 색 재현이 체계화되어 왔었다. 그 뒤 1868년에 오론이 사이언, 마젠타, 옐로의 삼색 물감으로 재현하는 데 성공하자 이 삼색이 색의 삼원색이 되었다. 색의 삼원색의 대표적인 응용 사례는 컬러 잉크젯 프린터를 비롯한 컬러 인쇄에서 찾아볼 수 있다.

다시 말하면, 태양에서 나오는 백색광에는 많은 단색광이 포함되어 있는데 어떤 두 가지 단색광을 섞으면 두 빛이 포함된 빛이 되고, 여러 단색광을 섞어나가면 빛의 양과 파장의 종류가 늘어나 빛은 점차 밝아져서 결국에는 백색광이 된다.

물감의 혼합에 대해서는, 여러 가지 색의 물감을 섞을수록 거무튀튀해지는 것은 물감이 빛을 흡수하기 때문이다. 빛을 흡수하는 물감을 섞어서 다른 색을 만들 수 있는 까닭은 흡수되는 빛이 증가하여 물감에서 반사되어 우리 눈에 도달하는 빛의 양과 파장의 종류가 줄어들기 때문이다. 어떤 파장의 빛을 흡수 · 반사하는가가 물체의 색이며, 어떤 스펙트럼을 가지고 있는가가 빛의 색이다.

이처럼 색은 신체적으로 경험하는 것뿐만 아니라 정신적인 면과 정서적인 면의 경험이기도 하다. 우리의 눈이 바라보는 것이 생리적 심리적으로 연결이 되고, 우리의 정신세계나 미적인 감각과도 관련되어 있다. 그러나 물리학자나 화학자들은 색을 매우 다르게 인지하는데, 영적인 의미에는 관심이 없고 색의 구성 성분과 염료(화학자), 빛 에너지를 받아드리는 눈의 반응(물리학자)에 더 관심이 많다. 그리고 그런 분야에서는 색에 관한 명백한 규칙들이 정해져 있다.

물리학적으로 색에는 빛이 포함된다. 빛에는 중요한 삼원색이 있으며, 그 세 가지 색은 다른 두 개의 색을 합쳐서 결코 만들어 낼 수 없는 필수 색상이다. 이것은 색을 발산하는 발광의 삼원색이라 할 수 있다. 그 삼원색이 다 섞이면 하얀색이 된다. 다른 색들은 이 세 가지 중 둘 이상의 색이나 그 합성 색상을 혼합하여 만들어 낼 수 있다. 삼원색은 빨강, 파랑, 초록이다. 빨강과 초록빛이 합해지면 노랑이 되고, 초록과 파랑이 합해 지면 청록이 되고, 파랑과 빨강의 빛이 섞이면 마젠타가 된다.

화학적으로 색은 염료와 혼합물을 사용하며, 삼원색은 빨강, 파랑, 노랑이다. 여기에서의 삼원색은 빛을 발하는 발광의 색이 아니고 흡수한 나머지 반사색을 보는 흡수의 색이다. 이 삼원색을 다양하게 조합하여 다른 색조들을 만들 수 있다. 빨강과 노랑은 주황을 만들고, 노랑과 파랑은 초록을 만들고, 파랑과 빨강이 결합하면 보라색이 된다. 삼원색이 화학적으로 합해지면 점차 검정으로 향해 간다.

그런데 여기서 다시 한번 확실하게 구분하여 이해하여야 하는 것은 빛의 삼원색과 색의 삼원색이 그 성질에 있어서 서로 다르다는 점이다. 빛의 삼원색은 빨강(R), 녹색(G), 파랑(B)이고, 색의 삼원색은 사이언(C), 마젠타(M), 옐로(Y)이다. 빛의 삼원색은 발산하는 색이고 색의 삼원색은 흡수한 나머지가 반사하는 색을 말한다. 어떤 의미에서는, 빛의 삼원색은 양(陽)의 삼원색이고 색의 삼원색은 음(陰)의 삼원색이라 할 수 있다.

19세기 말의 색채 화가인 배빗(Babbitt)은 자기적인 색과 전기적인 색에 대해 말하면서 자기적인(magnetic) 색은 양(陽)이고 전기적인 색은 음(陰)이라고 하였으나, 이러한 주장이 여기서 말하는 삼원색과 직접적인 관계가 있는 것은 아니다.

3) 보색

각각의 색에는 이원성이 있다. 긍정적인 속성과 부정적인 속성이 있고, 따뜻한 스펙트럼의 색이 있고 차가운 스펙트럼의 색이 있고, 음의 속성이 있고 양의 속성이 있다. 보색은 균형 있는 에너지를 드러내기 위해 결합되는 것인데, 서로 반대되는 속성이 있으면서 또 보완적인 측면도 아울러 지니고 있다. 예를 들면 빨간 색을 한참 들여다보고 있다가 눈을 감으면 빨간색의 보색인 청록색의 영상이 나타나게 마련이다. 따뜻한 양의 색은 마젠타, 빨강, 주황, 노랑이고 차가운 음의 색은 초록, 청록, 파랑, 보라이다. 서로 보색 관계에 있는 색들은 빨강과 청록, 주황색과 파랑, 노랑과 보라, 초록과 마젠타이다.

3. 서양의 컬러 테라피의 역사

① 서양 민족문화의 색채치료

세계 각지의 문화나 문명의 역사에서 인간은 색채효과를 잘 이용하고 있다. 특히 고대의 사람들은 종교적인 운용을 통해 색에 특별한 작용이 있다고 믿고 있었다. 색채가 가진 치료효과라고 말할 수 있을 것이다. 마야민족의 영장에 가까운 곳이 있는데 그곳에서 샤먼에 의한 기도의식이 행해진다고 한다. 그것은 색채기도라고 하는데 샤먼들이 입고 있는 민족의상은 색채가 매우 풍부하고 아름답다. 더욱이 디자인 감각이 훌륭하다. 검은 바탕에 빨강과 흰색, 파랑과 초록 등 선명한 자수를 이용한 상징적인 그림이 그려져 있다. 그것들은 비, 번개, 태양 등 자연현상들이다. 이유를 보면 그에게 있어 태양이나 번개도 전부 신들의 화신이며, 그 힘을 신체에 담기 위해서 몸에 장식하는 것이라고 한다. 일본의 신도를 포함해 세계 각지의 원시 종교와 공통점이 있는 듯하다.

고대 마야 문명의 피라미드는 전부 빨갛게 채색되어 있다. 짙은 녹색의 밀림 속에서 하늘을 향해 솟아있는 빨간 피라미드. 이 빨강은 마야, 아즈텍 등 고대문명에서 중요한 의미를 가지 것으로 전해온다. 티칼의 제사 센터의 피라미드뿐만 아니라, 멕시코 각지의 다른 피라미드에도 빨갛게 채색된 흔적이 남아있다고 한다. 고대의 토르티카, 아즈텍, 호피, 그리고 미국원주민에 이르기까지 상당 부분 공통으로 존재하는 것은 태양신앙이다. 특히 마야나 호피는 이 우주가 태양에 의해 지탱되고 있으며, 태양이 소멸할 때에 인간은 물론 지구도 멸망한다고 두려워했다. 그렇기 때문에 마야나 아즈텍 제국에서는 태양의 생명을 영원토록 하기 위해서 산인간의 심장을 희생 제물로써 바쳤던 것이다.

고대 이집트 주술사들은 붉은 색으로 주문을 썼는데, 색채가 악귀와 귀신을 물리치는 큰 힘을 지녔다고 믿었다. 스코틀랜드와 헝가리, 포르투갈, 덴마크, 독일 등지에서도 가축이 죽는 것을 막으려고 가축에 빨간 끈과 빨간 헝겊조각을 매달았다. 북부 아프리카의 대상(隊商)들은 사막을 건널 때 푸른색 사기 구슬을 낙타의 이마에 얹어두었다. 악한 기운의 악마 눈이 파란 구슬에 고정되어 낙타를 해하지 못할 것이라 여겼다. 색에 신비하고 영험한 힘이 있다고 믿었기 때문이다. 고대인들은 색깔 있는 재료를 장식품과 장신구로 썼는데 고대 이집트와 바빌로니아의 비문을 해석한 결과, 신의 은총을 불러온다는 믿음 때문이었다. 이집트에서는 빨간 부적이 여자들의 하혈을 막는 것에 쓰였고 황달 치료에 노란색이 쓰였다.

② 종교 속의 색채치료

종교에서도 색채를 이용하여 신을 상징하였는데, 이집트에서는 신을 상징하는 태양을 황금색, 노란색 또는 붉은 색으로 고대그리스에서도 노란색이나 황금색은 아테나(Athena) 여신을 가리켰다. 주신(酒神) 디오니소스(Dionysus)는 붉은 얼굴을 하고 있었고, 이리스(Iris)는 무지개를 상징하였고, 성서 속에서도 하느님의 색은 청색이며, 녹색 에메랄드는 그리스도와 관련되어 있다.

기독교에서 성 삼위를 성부(손), 성자(양), 성신(비둘기)으로 나눈다. 신이 삼위일체로 나눠지는 것과 같이 펴져있는 빛도 그러하다. 예컨대 성부의 신이 파란색 광선으로 나타나고, 성자를 유지시키고 보존하는 힘은 노란색 광선으로 나타나며, 분해하는 힘을 가진 성신은 빨간색 빛으로 나타난다.

미국 원주민 문명에서는 빨강을 비롯한 색을 주술적인 힘을 가진 것으로 취급하였었고, 이슬람권에서는 종교상의 우상숭배는 아니나 힘을 상징하거나 왕권의 표징으로서 역시 태양의 붉은 이미지가 사용된다. 이슬람권을 여행하면 왕족의 문장으로서 빨강이나 금으로 칠한 태양의 그림을 볼 수 있다. 그리스도교에서는 빨강이란 색은 인간의 죄가 그에 의해 용서받는다는 치유의 이미지와 관련된다.

③ 색채치료의 역사

문명 초기부터 현재까지 수많은 사람들이 색채가 가지고 있는 치료효과에 관한 많은 연구를 해왔다. 19세기 초기에는 새로운 약의 발견과 외과적 의학의 진전으로 일시적이나마 색채 치료법이 우리의 관심에서 멀어지는 듯하였다. 그러나 19세기 후반에 색채치료법은 Pancast와 Babbit 등(Graham, H. 1998)의 연구로 다시 관심의 대상이 되었다.

1877년에 Pancoast는 "파랑과 빨강"(blue and red)이라는 저서를 출간했는데, 이 두 색채가 그가 사용한 유일한 색채였던 것으로 보인다. 그는 빨간색과 파란색의 유리로 된 창으로 빛을 통과시키는 방법으로 치료를 했는데, 이 유리창을 지나온 광선은 환자에게 집중하여 비춘다. 당시 그의 기록에 의하면 색채치료는 효과적이었다고 했다.

Babbit(1878)는 "빛과 색채의 원리"라는 그의 저서가 발간되었을 때 크게 인정을 받았다. Babbit의 치료법은 빨간색과 파란색에다가 노란빛도 함께 사용했다는 점에서 Pancoast의 치료법과는 다소 다르다. 색채를 방출하는 동안 그는 태양 빛을 이용한 상자를 개발했고, 그는 이것을 'thermoline'이라고 불렀다. 이것이 나중에 개조되어진 ' 전기호(electric arc)'이며 이것으로 빛을 비추게 되었다. 이 새로운 상자와 함께, 그는 색채가 필요한 부분에 필요한 색채를 집중적으로 쪼일 수 있는 색채를 장착한 색채 디스크(choromo disc)를 사용했다. 그는 태양수(水)를 만들어 치료에 사용했다고 전해진다. 태양수를 만들기 위해서 그는 필요한 색채의 색채 렌즈(chromo lens: 치료 목적을 위해 개발한 것) 과 장착된 작은 유리병을 햇볕아래 걸어 놓아, 태양수를 만들고 환자는 이 물을 마시면서 질병을 치료했다.

1934년에 Ghadiali는 세 권으로 엮은 색채(spectro-chrome metry) 백과사전을 출간했다. 이 저서는 집에서 할 수 있는 색채치료과정을 담고 있다. 그리고 그는 소리, 빛, 색채, 자기가 모두 같은 에너지이며 차이점은 진동수뿐이라고 믿었다. 그는 색채와 진동을 몸의 생리현상과 연관시켰고, 어떤 것도 완전히 순수한 요소들이란 없으며, 모든 요소들이 단일 스펙트럼을 가지지 않는 복합체라고 믿었다. 그는 슬라이드를 통해 빛을 방출하는 두 개의 기구를 발명했다. 첫 번째 기구는 그가 색채분석기(graduate spectro-chrome)라고 부르는 것으로 이 기구는 2,000와트 전구가 있고 모터로 가동되며, 알루미늄 슬라이드 운반기에 장치된 채색되어진 회전하는 슬라이드를 집어넣은 기구이다. 두 번째 기구는 가족치료를 위해 개발한 알루미늄 색 분석기이다. 이 기구는 1,000와트 전구와 색채파장, 슬라이드를 갖춘 봉해진 신호기로서 슬라이드 운반체를 내장하고 있다. 이 기구는 그 자체에 스탠드와 자동 시간 전환기가 있고 색채 분석을 가정에서 사용하기 위한 안내서도 포함하고 있다.

Spectro-chrome Metry 백과사전의 3권에서 Ghadiali는 다음과 같은 내용을 진술하였다.

몸을 회복시키고 기운을 내게 하며, 원기를 되찾게 하는 과정에서 인간의 몸은 특정한 주기의 법칙(law of periodicity)에 따르게 된다. 이렇게 지금까지 알려지지 않았던 법칙은 spectro-chrome metry의 창시자에 의해 처음으로 발견되고 실용화되어 졌다. spectro-chrome metry를 사용하는데 있어서의 대단한 성공은 부분적으로는 점성술적이고, 또 부뷴적으로는 중력에 관계되며, 부분저으로는 생화학적인데, 이것은 무엇보다도 발광과 관련 되어있는 법칙을 정확하게 적용하는 것에 달려있다. 이러한 것들이 지나치게 복잡하고 인식하기 어렵지만 나는 모든 법칙을 조직화함으로써 복잡한 과정을 단순화했다고 하였다.

1666년에 Newton은 프리즘을 사용해서 태양 빛에 존재하는 모든 색채를 발견했다. 그러나 19세기에 색채이론을 쓴 Goethe는 이 내용을 반박했다. 이 분야에 있어서의 그의 계승자들과는 달리 Goethe는 색채는 살아있는 존재라고 믿었고, Newton의 경우 빛과 어둠의 상호작용을 통해 색채가 나타난다고 본다는 점에서 그의 색채 이론과는 달랐다. 또한 동시대인들이 간과하게 된 색채 이면에 있는 영적인 의미에 대해 믿었고, 이것이 Steiner가 색채를 연구하게 된 기초를 마련해 주는 계기가 되었다.

신비학자, 철학자, 스승, 그리고 종교적인 지도자로 불려진 Steiner(1861-1925)는 후에 "Rudolf Steiner"로 이름 붙여진 학교를 1919년에 설립했다. 그는 색채의 이론에 관해 매우 발전된 이론을 전개시킨 것으로 명성이 나 있었고, 색채치료법이 다가오는 시대에는 중요한 역할을 하게 될 것이라고 예견했다. 질병은 현실의 의식과 더 높은 차원의 지각과 일치되지 아니 함으로써 생겨나는 것이며 질병은 예술을 통해 치료될 수 있다고 믿었고 또한 그는 빨간색, 파란색, 노란색 같은 활동적인 색채가 있고, 형태와 관련이 있는 초록색, 흰색, 검정, 복사꽃 같은 이미지 색채가 있다고 색채를 두 개의 범주로 나누는 것이 특징이다.

시각에서의 새로운 빛(new light on the eye)이라는 저서에서 Simpkins(1958)는 몸이 음식물을 필요로 하듯이 눈은 빛의 에너지를 필요로 한다고 주장했다. 시각을 통해 적용되어졌을 때 색채의 치료적 가치는 특히 효력이 있다고 믿었고, 그의 저서에는 눈에 적절한 빛을 쏘임으로써 백내장을 성공적으로 치료했다는 성공사례가 소개되어 있다.

눈에 빛을 쏘이는 것의 중요성을 연구한 현대의 연구자는 Liberman이다. 미래의 광의학(light, medicine of the future)이라는 저서에서 각종 암과, 우울증, 스트레스, 시각장애, PMS, 인간의 면역체계, 학습 장애를 치료하는데 빛과 색채를 이용하는 것에 대해 그는 논의 했고, 일광치료법의 선구자들처럼, 그도 태양 빛이 우리의 행복한 생활에 필수적이라고 믿었다. 이와 같이 계속되는 색채에 대한 연구를 통해 가시광선의 놀랄만한 치료효과에 대해서 더 많이 확산되고 있다.

④ 임상에서 색채치료의 응용 사례

마담 크라보위스키는 보석이 가지고 있는 빛깔의 색채와 파동수가 망막에 미치는 효과 및 방사감각에 대한 실험을 했다. 그는 그의 저서에서 보석과 색채를 사용하는 것에 의한 임상적 가치를 실증하고 있다. 또 제닌구스, 젠나, 브라운 세 학자는 보석의 치료 효과에 대한 책을 출판하였으며, 예방과 치료의 목적으로 보석을 널리 사용하고 있다.

1921년에 루돌프 젠나는 일련의 강의에서, 어떤 증상의 보조적 치료로서 색채의 형(形)을 응용할 것을 제안하고 있다. 여기서 말하는 색채란 눈으로 보이지 않는, 적외선의 어두움으로부터 생기는 농적색으로부터 시작해서 기압이 서서히 올라감에 따라 자외선에 녹아드는 심홍색으로 끝나는 과정의 대기압의 미묘한 변화를 말한다. 이것의 농도 변화는 시각뿐만 아니라 피부와 같은 모든 체표에서도 감지되어진다. 장님인 경우에도 색에 반응하는 이유가 여기에 있다. 그 반응은 개인에 따라 차이가 있지만, 그 차이가 치료를 위한 유익한 지침이 된다고 젠나는 논한다. 이 치료에 응용되는 것은 적(赤), 오렌지, 황(黃), 녹(錄), 터키청, 청(靑), 자(紫), 마젠타(magenta)라고 하는 자연분광의 색채이다. 구체적인 색채요법으로는 색이 칠해진 천이나 벽 또는 조명을 사용하거나 나아가 색채 리듬방사기, 색채 레벨램프, 벽의 색, 색채 조정기 등의 장치가 이용되고 있다.

1940년 소련에서 세미욘, 바렌티나, 킬리언 부부는 고주파를 연구하였다. 그 과정에서

킬리언은 장치의 전극봉으로부터 나온 전기 불꽃이 가까운 곳에 누워 있던 환자에게 닿는 것을 목격하였다. 킬리언은 환자의 손과 전극 사이에 놓아두었던 감광판을 현상하자 거기에 손의 윤곽을 나타내는 발광체가 찍혀져 있고, 마치 에너지의 유출처럼 손가락 끝에서부터 발광되고 있는 것을 발견했다. 이를 토대로 킬리언은 생명체의 전자장적 에너지 측정기계를 개발하였다. 킬리언은 오러(aura)라 불리는 이 에너지가 독자적인 전자장을 가진 하나의 통합된 유기체이며 생물적 에너지권의 기초라고 확신했다.

이러한 실험은 이미 1891년 미국의 니콜라 테슬라에 의해서 발표되었다. 이후 1930년에 런던의 성 토마스 병원의 월터 키르나 박사가 오러를 관찰한 특별한 스크린을 개발하였다. 킬리언이 발견한 사진은 질병에 따라 다른 부위에서 피부 표면상에 반점의 형태로 경혈이 확실하게 찍혀지므로, 침치료 진단을 위해서도 커다란 가능성을 주었고 질병의 진단에도 유효한 방법을 제시했다.

1978년에는 독일의 피트 만데르 박사가 서양의 빛과 색에 관한 지시과 동양의학의 음양오행론, 침과 경락에 관한 연구, 그것의 포톤(photon, 광자)에 관계하고 있는 생물학적, 물리학적 연구를 통합하여 색채광선요법을 개발하였다. 독일의 물리학자 프리츠 알버트 포프박사는 모든 생명체의 세포가 생체 포톤(bio-photon)을 발하고 있다는 것을 실증하였다. 포토란 양자론에서 말하는 특정의 에너지와 운동을 가지는 일종의 빛의 입자로, 포프 박사는 생명체가 물질적 육체 외에 전자장적 에너지체를 가지고 있다는 것을 발견한 것이다. 동양의학의 경락과 경혈은 바로 이 광(光) 네트워크의 무언가와 관련이 있다고 말하고 있다.

1960년대 바젤대학 심리학 교수인 로르샤흐 박사가 개발한 로르샤흐 테스트라는 성격검사법에는 73매의 색채 카드가 사용된다. 그는 실험을 통하여 피험자에게 빨간색을 보여주면 혈압이 오르고 호흡이나 심장박동이 격해지며, 감색을 보여주면 반대의 결과가 나타나는 것을 알게 되었다. 또한 감색, 적색, 황색, 녹색, 자색, 갈색, 회색, 흑색의 여덟 종류 중에서 감색, 적색, 황색, 녹색은 심리적 원색으로 분류하고, 간단한 검사의 보조색으로 자색, 갈색, 회색, 흑색을 사용함으로써 심리적 육체적 스트레스가 잇는 부분을 판정하였다. 이러한 테스트를 통해 병의 징후를 일찍 발견하고 대응할 수 있게 되었다.

1994년 조르지 에게리 박사는 생명에너지 수준을 측정하는 방법을 개발했다. 그것은 엷은 필라멘트 호일을 사용하여 회전 상황에서의 활력지수(Vitality quality, VQ)를 측정하는 방법이다. 필라멘트를 손바닥으로부터 식각으로 5cm 정도 띄워놓고 피험자의 손에서 나오는 에너지를 측정한다. 이 과정에서 침이나 뜸 등에서는 강한 에너지가 방사되고 경혈이 아닌 곳으로부터는 약한 에너지가 방사되는데, 이를 통해 볼 때 호일을 회전시키고 있는 에너지와 경락에 따라 흐르고 있는 에너지가 같은 종류의 것이라고 추정할 수 있다.

4. 동양에서의 컬러 테라피의 역사

① 동양 민족문화의 색채치료

중국문화 있어서 색은 5천년 이상 전에 만들어진 음양오행의 우주관에서는 대단한 의미를 갖고 있다. 음양 사상은 혼돈의 우주 '태극'에서 음과 양의 2대원소가 분리되며. 더욱이 목, 화, 토, 금, 수의 요소를 정해 오행으로 했다. 그리고 오색, 오방, 오시, 오감, 오장, 오승 등 혹성에서 인체를 하나로 연결된 우주로 보며, 삼라만상을 대응시켜 생활의 지혜로 감았던 것이다. 더불어 목, 화, 토, 금, 수에 대응하는 오색은 청, 적, 황, 백, 흑이다. 더욱이 오방은 동, 남, 중앙, 서, 북이며, 오시는 봄, 여름, 토용, 가을, 겨울을 말하고, 오장은 간장, 심장, 비장, 폐, 신장에 대응한다. 중국 역대 황제의 상징적 색깔이 '노란색' 인 것도, 세계의 중심을 나타내는 색이기 때문이다. 이 우주관은 한국을 비롯해, 아시아 각국에 전해졌다. 한국에서는 현재에도 국기의 디자인에 음양을 상징하는 색과 오행을 의미하는 표징이 나타나있다.

그리고 일본에서도 이 중국의 사상을 적극적으로 받아들여, 신사의 오색의 막을 비롯해 가이세끼 요리의 색 사용 등 생활 속에 지금도 영향을 끼치고 있다. 또 색이 가진 치료효과와 관련해서 말한다면, 환자의 피부색으로 진단을 하는 한방 치료에서 오색의 의미는 진단 기준이 되며, 치료방법으로도 색이 지침이 되는 것이다.

중국이나 인도의 사원과 불각에는 여러 가지 색들로 도색되어 있다. 그러한 색은 단순히 화려하게 보이고 눈에 띄게 하는 역할만을 하는 것은 아니다. 그와 같은 배색은, 사원이 있는 지역의 기후나 풍토, 생활양식 속에서 어떠한 색이 사람들의 신체에 적합한 것인지 그리고 어떠한 색이 마음에 영향을 미치는지에 대한 사려 깊은 의도가 숨어있다고 할 수 있다.

i. 차크라

차크라(Chakra)는 물질적 혹은 정신의학적 견지에서 정확하게 규명될 수 없는 인간 정신의 중심부이다. 그림이 직선과 곡선 혹은 명암만을 가지고 완전하게 설명될 수 없듯이 차크라도 생리학적 · 정신의학적, 또는 어떤 과학적 형태로도 설명되어질 수 없다. 차크라란 '숙시마 프라나(sukshma prana; 미세한 프라나)'라고 하는 미세한 생명력이 활동하는 중심부이다. 차크라는 교감신경계, 부교감신경계 및 자율신경계와도 상호 관계를 맺고 있으며, 우리의 온몸 구석구석과 긴밀히 연결을 맺고 있다. 차크라는 마음의 바퀴이며 욕망의 숲 속에 살고 있다. 바퀴 그 자체와 마찬가지로 욕망 또한 커다란 동기의 힘이다. 그리고 각 차크라는 단계별로 욕망을 담고 있는 욕망의 보금자리이다. 일생을 통하여 우리는 욕망의 늪 속에 살며, 각자가 가장 편안하게 느끼는 차크라의 견지에서 삶의 상황을 이해하고 판단한다. 차크라를 논의할 때는 반드시 이 에너지 중심센터의 미묘한 성질을 이해할 필요가 있다. 신경들은 단지 기본 원동력에 지나지 않지만 그 메시지는 매우 미묘하며 의식 혹은 자기 인식이 있게 마련이다.

차크라란 어떤 물질적 형상을 지니지 않으며 생리학적 혹은 순수 물질적 차원에서 설명되어질 성질의 개념이 아니다. 차크라는 영혼 에너지와 육체의 움직임이 합치되고 침투되어 만나는 중심이다. 차크라는 연꽃으로 비유 표현되며, 그 차크라 하나하나는 색채와 관계가 있다. 특히 색깔 차크라 명상법은 색깔이 특정한 진동을 통해서 신체에 영향을 미친다는 이론을 전제로 고안됐다. 이외에도 자연과 접촉하거나 향기를 맡으며 해당 차크라에 부드럽게 주의를 집중하는 차크라 명상법이 있다.

요가에서는 의식 에너지가 어떤 차크라에 머물러 있는지에 따라 기질이나 성격 등이 결정된다고 본다. 차크라에 집중하고 또 그것을 자각하면서, 나를 지배하고 있는 특정 성향을 객관적으로 관조하는 능력을 얻을 수 있다. '나는 마음을 관찰하지만 마음은 나에게 영향을 미치지 못한다.'는 판단능력을 견지하게 되는 것이다. 이 같은 자각과정을 거쳐 차크라 명상을 지속적으로 진행한다면 일곱 개의 차크라 에너지가 각성되면서 그 안의 극과 극의 성향들이 통합될 수 있다. 양극성의 통합을 이루는 것은 양극성에 대한 자각을 놓지 않으면서 양극이 균형을 이루는 중도를 체화하는 것으로 설명된다.

ii. 음양오행설

이 세상의 모든 사물에는 반드시 상반되는 두 가지의 성질이 존재하고 있다고 보고, 이것을 음과 양이라는 속성으로 체계화시킨 것이 음양설이다. 강약, 과부족, 장단, 표리 등 대립적 평형관계를 도처에서 발견할 수 있다.

한편, 이 세상의 모든 사물은 목, 화, 토, 금, 수라는 다섯 가지 성질이 있다는 사상에 기반한 것이 오행설이다. 오행설을 해석하기 위해 사용되는 상생(相生)이라는 용어는 "태어나다, 도와주다."라는 의미로 받아들여진다. 따라서 목생화는 "나무는 연료로서도 사용하지만, 불은 나무가 있기 때문에 타오를 수가 있다."라고 해석할 수 있다. 토생금은 "광물질은 모두 흙에서 생성되기 때문에 흙은 금, 은, 다이아몬드 등을 낳게 할 수 있다."고 해석되며, 화생토는 "불은 모든 것을 태워버려 재로 만들고, 불에서 나온 재로부터 흙을 만들 수 있다."고 해석된다. 금생수 역시 "물의 수원은 흙 속에 있으므로 흙은 광물을 낳고, 만물의 성장에 없어서는 안 되는 물을 저장하는 수원을 만들기 때문에 광물질은 물을 낳게 한다."는 것이다. 마지막으로 수생목은 "나무의 생장은 흙 속의 수분을 흡수함으로써 자란다."는 것을 말한다.

한편, 상극(相剋)이란 "이기다, 제압하다, 이용하다"라는 뜻이다. 수극화는 "불기운은 왕성해도 물을 부어버리면 소멸한다. 따라서 물은 불을 이길 수 있다."라고 해석된다. 화극금이란 "광물은 불기운에 닿으면 녹아서 액체화된다. 화기에 의해 광물은 정련되고 주조되어 물건으로 제공 되어지는 것처럼, 불이 금에 이겨서 이용되어질 수 있다."는 것이다. 금극목은 "광물에 의해서 나무의 생장이 닫히고 광물의 독성으로 초목이 말라버리는 것은 금의 차가움이 강하기 때문."이다.

목극토 "토기의 본성은 만물을 길러내는 것이지만, 나무가 생장하기 위해서는 흙의 영양이나 정기를 흡수하기 때문에 흙으로부터 양분을 섭취해나감으로써." 상극을 이룬다. 그리고 토극수는 "물을 흘러가는 것에 의해서 청명을 유지할 수 있지만, 흙에 의하여 물의 흐름의 방향이 막히거나 제한됨으로써 연못과 같은 흐르지 않는 물이 되어 때로는 탁해지고 썩어버리기도 한다. 이것은 흙의 기운에 제압되어지기 때문이다."라고 해석한다.

이와 같이 나무, 불, 흙, 쇠, 물은 모든 것에 응용될 수 있다. 대우주의 법칙을 음양오행설로서 포착해낸 중국 특유의 자연철학은, 인간의 건강을 관리하는 의료 분야에도 응용되어져 오늘날 중국의학의 기초가 되었다.

중국의학의 진찰 방법 중에는 사진법이 있다. 사진이란 망진(望診), 문진(聞診), 문진(問診), 절진(切診)을 말한다. 이는 각각 바라보고, 듣고, 물어보고, 만져봐서 환자의 병 상태를 파악하는 것이다. 이 중 가장 첫 단계인 망진은 형과 색을 관찰하는 것으로 병의 정도를 파악하는 것이다. 망진 중에서도 몽색진은 진단 시에 피부색이나 안면색이 중요한 진단 요소가 된다.

예를 들어 안색을 살펴서 증상을 보는 경우 하얀색은 허증, 한증, 실혈증으로 진단한다. 청자색은 한증, 통증, 어혈증, 경증으로 진단한다. 한편 적색은 열증, 황색은 비허증과 습증, 그리고 흑색은 신허증, 수음증, 악혈증이라는 식으로 진단한다. 또 일상의 음식물에도 색으로 물하면 파란색은 간과 담에 좋고, 붉은색은 심장과 소장에 좋으며, 노란색은 비와 위에 좋고, 흰색은 폐와 대장에 좋고, 검은색은 신장과 방광에 좋은 음식물이라고 설명이 된다.

이제 건물의 배색과 연관을 시켜보면 중국의 건물의 배색에는 이러한 음약오행설의 사고방식이 크게 영향을 미치고 있다. 불은 심장에 관계하고 있는 색으로, 교감신경을 흥분시키는 작용을 한다. 결국 적색은 황제 앞에서 긴장하고 있는 자의 힘조차도 잃어버리게 만들고, 황제의 입장에는 복종시키는 데 좋은 색이라고 말할 수 있다. 반면에 황제 측에서는 자극이 적은 배색으로 청색이나 황색 등을 볼 수 있도록 색이 사용되어지고 있다. 이것은 아드레날린 분비를 억제해서 부교감신경을 억제하여 냉정하게 신하를 내려다보고 판단할 수 있도록 하기 위한 것이다. 이러한 배색 역시 당시 생활 경험으로부터 얻은 지혜인 것이다.

② 종교 속의 색채치료

인도의 힌두교에서도 색채는 큰 의미를 가지고 있다. 그것을 더욱더 느끼게 하는 것이 매년 봄에 성대하게 행해지는 힌두 3대 축제의 하나인 호리 축제일 것이다. 2월부터 3월에 걸쳐서 만원의 날에 봄이 오는 것을 축하하며 수확을 기원하는 이 축제는 서사시 '마하바라타'에 따라서 사랑의 신 크리슈나를 찬양한다. 이 축제는 한마디로 말하면 '색의 제전'이다. 시장에서는 빨강색, 분홍색, 노랑색, 초록색 등 선명한 색의 가루가 날개가 돋친 듯이 팔린다. 이 축제 속에서 평소 사회적인 질서는 사라져 버린다. 색을 뿌리는 행위는 사랑의 상징이다. 사랑의 축제가 색채의 제전이기도 한 것은 인도에서는 더욱 더 의미가 깊다. 인도의 신분제도를 나타내는 '바르나'라고 하는 말이 있는데, 이 말은 '색'을 의미하는 산스크리트어라고 한다. 마치 색채에 의해 신분이 색으로 구분되어 왔던 것이다. 사실 색은 계급의 기호이기도 하며, 높은 지위의 브라만이 흰색, 다음의 크샤트리아가 빨강, 바이사가 노랑, 수드라가 검정으로 성해져 있다. 이 인도사회의 특유의 계급 제도를 넘어, 색의 제전 '해피호리'는 사람들을 해방시키는 것은 아닐까 싶다.

일본은 신도에서 죄를 씻는 절차를 상징하는 색으로서 '흰색'의 독특한 신앙이 있다. 백목으로 만들어진 신전이나 백장속, 무도에 있어서 도복이 흰색인 것 등은 정신 집중이나 명상 효과 등 심리적인 정화작용을 나타내는 색으로 사용되어 온 것 같다. 노랑은 서양에서 비겁, 편견, 박해를 상징하기 때문에 기독교에 있어 노랑은 제일 싫어하는 색으로 전해진다. 그러나 힌두교, 도교, 불교에 있어서는 제일 좋아하는 색이며, 스님의 의복이다. 사원 불상에도 노랑은 많이 사용되고 있다.

③ 색채 치료의 역사

중국의 의술은 전통적으로 주술(呪術), 탕액(湯液), 수기(手技)의 세 가지 요소로 이루어져 있으며, 지역과 민족에 따라 특색 있게 발달해 왔다. 중국 최고의 의학서인 〈황제내경소문〉〈한방석원명저〉에서 다음과 같은 기록을 볼 수 있다.

동방 지역은 해변에 위치하여 어업을 주로 하기 때문에 생선과 염분을 많이 섭취한다. 따라서 피부병이 많고 악성종양이나 농양을 앓는 경우가 많다. 그리하여 폄석에 의한 외과적 요법이 발달했다.

서방 지역은 불모의 산악지대로 수렵이나 광업을 주로 하였고, 격변하기 쉬운 기후를 가지고 있다. 따라서 두꺼운 옷을 입고 기름진 음식을 먹기 때문에 내장질환이 많다. 독성이 강한 약물을 사용하여 치료하는 의술은 서쪽으로부터 기원했다.

북방 지역은 고원으로, 기후가 차고 주민은 유목생활을 하여 고기나 젖을 주로 먹는다. 그런 환경 때문에 울혈(鬱血)에 의한 내장질환이 많다. 따라서 북방에서는 뜸, 즉 온열작용에 의한 요법이 발달한 것도 당연하다.

남방 지역은 습기가 많은 평야로, 주민은 농경을 업으로 삼고 있다. 고온다습하고 곡물을 주식으로 삼고 있기 때문에 혈행장해에 의한 근맥의 병이 많다. 이와 같은 표재성(表在性)의 신경질환에는 미침이 좋다.

중앙부는 평원으로 습하여 교통이 편리하고 촌락을 이루어 생활을 한다. 이들은 정신노동이 많고 운동이 부족하여 사지빈혈과 위축을 불러오기 쉽다. 따라서 도인(導引), 안마(按摩), 운동요법과 마사지 방법이 성행하게 되었다.

한의학은 이와 같이 오랜 세월의 경험을 거쳐서 축적되어 왔다. 현재 행해지고 있는 침이나 뜸 치료는 지금으로부터 2500년 전 중국 황하 문화권에서부터 행해졌다고 전해진다. 그리고 색은 중국의학에서 중요한 의미를 지니고 있었다. 이는 음양오행설의 자연관에 기인한다. 한의학이라고 하는 전통의학의 근간을 이루는 사상이 바로 음양오행설이다.

④ 임상에서 색채치료의 응용 사례

한의학에서 색의 중요성은 앞에서 말한 대로이지만, 동양에서 색에 대한 연구는 현재의 의료 분야에서도 많이 활용되고 있다. 티베트의 밀교에서는 명상에 있어서 색채가 지니는 특성을 인정하고 있다. 인도에서는 지금도 전통적인 방법으로 색채요법이 행해지고 있다. 그것은 적, 황, 청, 녹 등의 색깔이 들어 있는 물을 컵에 담아 태양에 비춘 다음, 그것을 환자에게 먹이는 것이다. 환자는 그 색에 의하여 활동적으로 되거나 온순해지기도 하는데, 그것을 보고 상태를 진단한다. 때로는 산성 체질과 같은 특수한 상태까지 색채로 치료하고 있다. 또 인도의 요가에서는 육체의 에너지를 일곱 개의 차크라 (chakra, 에너지 응집륜)로 나누고 있다.

토우호쿠 공업 대학교 정보처리기술연구소에 있는 진마사테루는 생체의 광 네트워크 시스템에 대하여 다음과 같이 이야기하고 있다. "생체는 광 커뮤니케이션을 위한 시스템을 가지고 있다. 생체 포톤에 있어서, 극미한 생체 포톤 발광이 생체계의 다중계층구조 각각의 수위내 및 수위간에 있어서의 협력 현상과 피드백 작용을 통해서 형성되어지고 있다." 다시 말해서, 이것은 질서 있는 생명 시스템 그대로, 항상성(homeoastasis)의 상태나 거동을 알리는 새로운 생체 광정보라고 이해할 수 있을 것이다. 생체 포톤을 계측하는 과정에서 경락상의 경혈이 서로 관련되어 있음을 관측할 수 있다고 한다. 합곡혈(合谷穴)에 침을 꽂는 시점 전후로 발광량을 측정해본 결과 생체 포톤에 변화가 있었음을 발견하였다.

한편, 1980년에 치지이와 히데카겐는 〈색채에 따른 연상: 일본과 미국 학생의 비교〉라는 흥미로운 발표를 하였다. 색채를 지각하는 데는 개인이나 국민성에 따라 다소 차이가 있지만, 이 데이터는 시각치료에 참고가 될 뿐만 아니라, 생리학적으로도 중요하다. 우리가 색을 의식하든 의식하지 않는, 색은 생활 속에서 매우 중요한 요소를 차지하고 있다.

5. 색의 힘

색채요법 전문가들은 여러 가지 색은 각각 정서적, 정신적, 신체적 단계에 특별한 영향력을 지니고 있다고 주장한다.

① 빨간색(보색: 청록)

정신적 정서적 특징 : 동기부여, 자극, 활동성, 의지력을 특징으로 하는 강점이 있고, 점잖지 못하고, 세련됨이 부족하고, 완고하고 잔인한 약점을 지닌다.

신체적 효과 : 생명체에 활력과 에너지를 촉진해 준다. 아드레날린을 분비시켜 혈액 순환을 향상시키며, 헤모글로빈이 생성될 수 있도록 돕는다. 혈압과 체온을 상승시키고 신경조직을 자극한다.

빨간색은 열병, 고혈압, 상처, 화상, 염증에는 사용하지 말아야 한다.

② 주황색(보색: 파랑)

정신적 정서적 특징 : 사교적이고 지도적인 빨강의 특징을 지니나 빨강보다 건설적으로 행동한다. 주황색에는 열정이 있고 자연스럽고 충동적인 활기가 있는 것이 강점이다.

반면에 거만함, 과시하려는 성향, 우울증의 경향으로 이어지는 것이 약점이기도 하다.

신체적 효과 : 혈액순환 과정을 촉진하고 신경계와 호흡계에 영향을 미치며, 동화작용을 도와준다. 칼슘의 색이므로 임산부에게 도움이 되며, 비장과 신장질환 치료에도 유익하다는 주장이다.

그러나 쉽게 동요하는 성질을 지녔거나 스트레스로 고생하는 사람들은 주황색을 사용하지 않는 게 좋다.

③ 노란색(보색: 보라)

정신적 정서적 특징 : 희망, 화사함, 쾌활함, 편견이 없고 도량이 넓음, 긍정적, 지적인 식별력 등이 이 색의 강점이다.

부정적으로 작용하면 파괴적, 속임수, 기만, 음흉 함, 지배욕, 아첨, 비관주의 등과 이어지는 약점도 지니고 있다.

신체적 효과 : 신경계와 심장과 근육을 강화시켜 주는 작용을 이끌어 낸다. 위액 분비를 촉진하고 적절한 내장 운동을 도모하고 근육과 관절의 염증 증세를 호전시키는 효과도 있다.

노란색이 정신병이나 노이로제에 시달리는 사람에게는 사용하지 않는 것이 좋다.

④ 초록색(보색: 마젠타)

정신적 정서적 특징 : 초록색은 안전과 보호의 이미지 이다. 적응력, 베품, 관용, 협력의 성질이 있다. 감정의 안정, 올바른 판단, 양심의 고양과 연결되어 있는 강점을 지닌다.

그러나 의심, 지나친 조심성, 질투 , 무관심, 냉담 함 등을 유발하는 약점도 지닌다.

신체적 효과 : 교감신경계에 유익한 작용을 한다. 세포 조직을 형성하는 데, 그리고 유해물질을 없애 주고, 긴장을 완화하고 혈압을 낮추는 데 도움이 된다.

잘못 사용하면 졸음과 피로나 짜증을 유발한다.

⑤ 청록색(보색: 빨강)

정신적 정서적 특징 : 청록색은 어떤 식으로도 압도하지 않으며 지속적으로 활력을 지닌다.

기민함, 명확한 자작, 행복을 발산하는 너그러운 자질, 자유롭고 승리하는 자질 등과 연결 되는 것이 강점이다.

그러나 혼란, 무능력, 미성숙, 고립, 공허감 등과 연결되는 약점도 지니고 있다.

신체적 효과 : 시원하고 긴장을 풀어주고 상쾌한 느낌을 준다. 두통, 베인 상처, 타박상, 화상 등에 도움을 주며, 여드름, 습진, 만성 피부병 등의 치료에 유익하며, 스트레스와 긴장을 풀이 주고, 면역계의 활성화로 다양한 염승의 치료에도 도움을 준다.

활기가 없고 축 늘어지는 상태를 경험하는 사람들에게는 안 쓰는 것이 좋다.

⑥ 파란색(보색: 주황색)

정신적 정서적 특징 : 파랑은 영혼의 더 깊은 영역으로 들어가는 특징이 있으며 가장 고상하게 나타나는 특징은 열망이다. 성실성, 아름다움, 재치, 평화 믿음, 긴장이완의 성질을 지니는 것이 강점이다.

반면에 의심, 감상적, 비현실성, 게으름 등에서 우울 상태로 갈 수 있는 약점을 지닌다.

신체적 효과 : 신경을 진정시켜 주는 효과, 스트레스 완화 효과, 인후염 후두염 목이 쉬었을 때, 생리통, 편두통, 불면증 등에도 유익하게 사용할 수 있다.

그러나 저혈압, 마비 증세, 감기, 우울증 등에는 사용하지 않는 게 좋다.

⑦ 보라색(보색: 노랑)

정신적 정서적 특징 : 보라는 품위, 고상함, 자존심, 예술적 기교, 끈기, 현실적인 이상주의 등과 어울린다는 점이 강점이다. 역사적으로 왕실에서 사용했던 색이며 보라색이 지닌 에너지가 가장 긍정적으로 발휘될 때에는 합일과 일체의 힘을 만들어 내기도 한다.

그러나 잘못 사용하면 건망증, 인내력 부족, 경솔함, 무례함, 자만심과 연결되는 약점도 지니고 있다.

신체적 효과 : 보라색은 뇌하수체 기능과 연결되어 있어서 호르몬의 활동을 정상화시킨다. 강박적 질환, 성격적인 불균형 같은 정신 질환, 신경통 등의 치료에 도움을 준다.

⑧ 마젠타(보색: 초록)

정신적 정서적 특징 : 모든 색 중에서 가장 고상하고 신비로운 색인 마젠타는 소망을 현실적인 것으로 변화시킨다는 상징성, 헌신, 존중, 감사 등의 자질이 포함되는데 운영 능력, 연민의 감정, 온화함, 보호 본능, 보살핌 등이 강점이다. 최고 수준으로 표현되었을 때 무조건적인 사랑이나 정신적인 사랑이 나타나는 것으로 되어 있다.

마젠타의 부정적인 에너지는 우월감, 거만함, 독점욕, 불안정 등과 이어질 수도 있다.

신체적 효과 : 이 색은 뇌의 혈액 순환을 돕고 교감신경계를 자극한다. 두통, 고혈압, 만성피로, 신경 쇠약, 공격적이고 난폭한 행동 등의 치료에 도움을 준다.

6. 색채 요법의 임상적 응용

하워드와 도로시 선이 개발한 CRR(Colour Reflection Reading)검사법을 예로 들어 설명 해 본다. 이 검사를 할 때는 우선 검사를 받는 사람에게 여덟 가지 색 중에서 세 가지 색을 고르라고 한다. 그 후에는 그 색들이 반영하는 그들의 진실한 자아와 현재 상태와 목표에 대한 해석을 제공하는 것이다.

이 색채 검사에는 3단계가 있다.

처음 단계는 개인적인 취향에 따라서 색을 선택하는 것이다.

두 번째 단계는 그 색을 선택한 사람과 관련 지어 색을 해석하는 것이다.

세 번째 단계는 검사 결과를 바탕으로 실천에 이르는 것이다.

여기서 사용하는 색은 8가지인데, 이 8가지 색은 다음과 같이 8가지 특별한 형태의 모형에 입힌다.

빨강(사각형), 주황(마름모), 노랑(밑으로 향한 삼각형), 초록(원), 청록(육각형), 파랑(위로 향한 삼각형), 보라(밑으로 향한 오각형), 마젠타(위로 향한 오각형).

1. 좋아하는 색을 고른다.

빨강, 주황, 노랑, 초록의 순서대로 한 줄에 놓고, 청록, 파랑, 보라, 마젠타를 다음 줄에 놓는다. 여덟 개의 색을 보면서 "지금 이 순간 당신의 마음이 끌리는 순서대로 세 개를 선택하라"고 지시한다.

선택한 세 가지 색을 좋아하는 순서대로 (제일 마음에 드는 색, 두 번째로 마음에 드는 색, 세 번째로 마음에 드는 색) 앞에 놓고 나머지 색 견본들은 옆으로 치워 버린다.

2. 순서가 지니는 의미

첫 번째에 있는 색 : 당신의 개인적인 본질을 나타낸다. 당신이 진짜 어떤 사람인지를 말해 주는 부분이다. 기본 성격과 상황에 따라 반응하는 양식을 반영한다. 당신의 진실한 자아의 표현이라 할 수 있다.

두 번째에 있는 색 : 현재를 의미한다. 처 해 있는 현재(육체적, 정신적, 정서적인 면에서 모두)와 관련이 있다. 이 색(혹은 그것의 보색)은 당신의 깊은 무의식적 욕구나 결핍 상태 혹은 약점들을 반영하고 있으며, 당신이 지금 즉시 수용해야 할 색이라는 뜻이다. 해결해야 할 문제를 나타내 주는 색이기도 하다.

세 번째에 있는 색 : 당신의 목표를 의미한다. 그 목표를 달성할 수 있는 방법도 나타내 준다. 이 색에는 당신의 내면적인 소망, 비전과 꿈이 반영되어 있으며, 그것은 운명의 방향과 앞으로 당신이 밟아야 하는 단계를 지시해 준다. 이 색은 새롭고 신선한 미래를 만들기 위하여 당신에게 어떤 행동들이 필요한지를 알려 준다.

3. 행동에 옮기는 단계

앞에서 고른 색과 의미의 해석에서 인생에 존재하는 조화와 부조화를 대충 알게 되었을 것이다. 이렇게 새로 얻은 지식을 현실에서 적용 해 보는 행동의 시간이 되는 것이다.

① 색을 생활공간에 응용한다.

자신에게 긍정적인 영향을 줄 수 있는 색깔을 선택하여 옷을 입는 다던가, 거실, 천장, 벽지, 카펫, 커튼 등 인테리어에 색을 활용하는 것이다.

② 구체적인 색채요법의 활용

색채치료의 이론에 의하면 색채의 자극은 신체적으로 몸 안의 모든 조직에 활력을 복구시켜 줄 뿐 아니라 정서적 정신적인 회복도 촉진 해 준다는 것이다. 색채치료는 인간의 신체와 정신과 감정을 조화롭게 맞춰나가는 데 도움이 되며, 그 결과로 개인적인 성장과 영적인 개발을 격려해 줄 수 있다는 것이다.

우선 신체적 정신적 정서적인 색의 작용에 대해 숙지하여야 한다. 그러면 어떤 사람이 지니는 문제의 증상이 어떤 색을 사용 할 때 가장 효율적인 도움을 줄 수 있는가에 대한 해답이 도출되어 나온다.

③ 색채 호흡법의 활용

복식 호흡법에다 색채 시각화를 접목시켜 자연치유력을 활성화 시킨다.

④ 색채 시각화의 활용

시각화는 우리의 인생에서 원하는 것을 끌어드리기 위해 상상력을 발휘하여 마음에 그림을 그려 보는 방법이다.

⑤ 색채명상의 활용

명상을 하면 건강에 유익할 뿐만 아니라 육체적 정신적 정서적인 면에서도 균형을 맞춰준다. 색채의 명상법은 그 색을 찾을 수 있는 자연 색에 맞춰서 개발되었다. 상상력을 발휘해서 그 장면을 실제로 경험하는 것처럼 상상 할 수만 있으면 된다.

VII. 미술교육과 미술치료

인간의 사고력에 대한 최근의 연구들은 고차원적이고 생산적인 지적 작용으로서 창의성에 높은 관심을 보이고 있다. 인간의 다양한 능력 중에서 특별히 창의적 사고력을 강조하는 이유는 급변하는 사회를 살아가고 있는 현대인들에게는 새로운 문화를 바르게 수용하고, 고유의 문화를 창조적으로 개발할 수 있는 능력이 요구되기 때문이다.

최근의 연구 결과에 따르면 컴퓨터나 학습지보다 독서나 미술을 하는 아동들의 창의성이 풍부한 것으로 나타나고 있다. 책을 읽고, 보고, 느끼는 가운데 얻어진 풍부하고 다양한 경험과 상상력은 아동들의 감성 체계를 자극해 표현하려는 욕구를 일으킨다. 또한, 아동이 책을 읽고 내용을 스스로 재구성하고 미술을 통해 표현하는 가운데 창의성은 발달하는 것이다.

* 뇌의 발달단계

뇌의 발달단계에서 사람의 뇌는 3세에서 6세까지 앞이마 부분인 전두엽 부위에서 신경회로의 발달이 최고조에 이르게 되고, 7세에서 12세 사이에서는 부정엽과 측두엽 부위로 옮겨지며, 사춘기인 12세에서 15세 사이에는 뇌 뒤쪽의 후두엽으로 발달의 중심이 옮겨지게 된다. 이런 과학적 사실을 토대로 뇌 발달이 아동들의 성장과 어떤 연관성이 있는지를 파악한다면 연령에 따르는 최적의 미술 지도방안을 구안할 수 있을 것이다.

문학적 창의성의 센터는 전두엽으로 일컬어지고 있지만, 모든 영재의 공통된 특징으로 연상회가 지목되고 있다. 이 곳은 두정엽과 측두엽, 그리고 후두엽의 연합령으로서 전공분야를 불문하고 그 분야에서 수월성을 발휘한 사람들이 공통으로 발달한 곳이다.

초등학교의 학령기는 모든 영재의 능력이 갖추어지는 두정엽과 측두엽이 발달하는 시기이므로, 이 시기의 교육이 뇌력의 향방을 정해 놓는다고 볼 수 있다. 초등학교의 미술은 이렇게 뇌가 발달하여 가는 과정 중에 두정엽과 측두엽 발달기에 상당하는 기간에 해당하므로 어느 시기보다도 중요하게 취급되어야 한다.

* 좌뇌 편중 교육으로 나타나는 문제점

- 아동이 어렸을 때 그림 그리기를 무척 좋아했지만 성장하면서 그림 그리기를 싫어하고 낙서를 좋아한다.
- 그림을 그릴 때 형태를 그리지만 세부적인 묘사를 하지 못하고 주제와 형태에 관한 내용을 제목이나 글로 적어서 표현하는 경우가 있다.

  일반적으로 좌뇌가 우세한 부모는 수학과 숫자에 능하기 때문에 논리적이고 집중력이 있는 자녀를 주위가 산만하고 예술적인 자녀보다 더 좋아하는 경향이 있다. 이것은 자녀를 부모의 관점에서 해석하는 것으로 자녀의 재능을 발달시키지 못하는 경우가 발생할 수 있으므로 자녀의 뇌 쓰기를 관찰하여 적절한 교육을 심어줄 필요가 있다.
- 어릴 때부터 영재교육을 받은 아동들 중 일부는 고학년들과 함께 산수와 영어, 컴퓨터, 과학 등을 배우므로 언어를 이해하는 베르니케 영역이 발달하면서 의사소통 할 때 말을 더듬는 경우가 발생한다.

- 영재교육을 받은 아동들 중에는 친구와 잘 어울리지 못하고 혼자 있는 시간이 많았으며 같은 또래 친구들에게 따돌림을 당하는 경우가 있다.
- 아동이 성장하면서 예의가 없고 어른들에게 존칭을 쓰지 않는 경우도 있다.

* 우뇌의 특징

- 직관적이다.
- 상징적인 내용에 더 반응을 잘한다.
- 문제를 예감이나 육감으로 판단한다.
- 직관적인 문제해결을 좋아한다.
- 주관적으로 판단한다.
- 유동적이며 자발적이다.
- 종합적으로 사고한다.
- 심상에 많이 의존한다.
- 그림그리기나 조작하기를 좋아한다.
- 자유롭고 개방적인 연구를 좋아한다.
- 감정표현을 잘한다.
- 상대방 얼굴을 잘 기억한다.
- 대화도중 은유법이나 유추를 자주 사용한다.
- 공간 지각력이 발달해 있다.
- 감성이 풍부하고 정서적이다.
- 상상하기를 좋아한다.

* 우뇌우세형 아동에게 좌뇌를 강화시키는 방법

우뇌적인 사람들은 좌뇌를 활용하면 불안을 해소할 수 있다.
- 작품을 감상할 때 어떤 내용이 내포되어 있는지 분석적이고 구체적으로 감상한다.
- 항상 목표를 세우고 목표달성과 비교하면서 생활한다.
- 전화를 받을 때는 오른쪽으로 받으면서 조직적이고 합리적으로 상대방 이야기를 듣는다.

- 추상적인 얘기를 구체적으로 파악하면서 듣는다.
- 음악은 가사가 있는 음악을 들으면서 기억해 본다.
- 모든 일들을 논리적이고 합리적으로 해결하려는 습관을 기른다.
- 일상생활에서 이루어지는 일들을 기록하는 습관을 기른다.
- 그림을 그리면서 논리적인 의미를 부여해 본다.
- 단어 퍼즐 놀이를 한다.
- 마음속으로 그날의 계획을 세우거나 여행계획을 세워본다.
- 자신의 정확성, 경제성, 통찰력 등에 대한 가치를 평가한다.
- 논리적인 의견이나 제안을 할 때 미리 연습한다.
- 메모에 우선순위를 기입한다.
- 슬픈 감정, 즐거운 감정, 화난 감정 등을 도화지 위에 붓으로 표현해 보고 색칠을 한 후에 그림 뒷면에 그 이유를 이야기로 서술해 본다.
- 미래에 대한 추상적인 그림을 그려보고 의미를 부여해본다.
- 작문을 쓰거나 일기를 쓰는 습관을 들인다.
- 주변 사물을 30초에 한 점씩 그리기(좌뇌에서 생각할 수 있는 시간을 주지 않는다.)
- 시를 읽고 연상되는 그림 그리기
- 그림은 보지 않고 대상만 보고 그리기
- 대상을 거꾸로 놓고 그리기
- 왼손으로 그리기
- 캄캄한 곳에서 그리기와 만들기
- 그림을 가리고 일부분만 보면서 표현하기
- 전지에 자기 자신의 모습을 그리고 꾸미기

1. 미술 교육

(1) 미술교육의 의의와 목표

미술은 자신의 생각이나 감정을 시각적인 표현을 통하여 조형의 세계로 창조, 발전시키는 예술의 한 영역이며, 미술과 교육은 창작과 감상의 다양한 활동을 통하여 표현 및 감상 능력을 기르고, 창조성을 개발하며, 정서를 함양함으로써 전인적 인간을 육성하는 교과이다.

즉, 미술을 통한 인간 형성이라는 목적을 달성하고 미술의 본질을 이해함으로써 일반 교육적인 면에 비중을 두고 예술적인 측면을 조화시켜 나가는 교과라 말할 수 있다.

다시 말해 미술교육은 "인간의 가능성이 최대로 신장되도록 돕기 위해 인간의 내면을 시각적, 공간적, 조형적으로 표현하고 그것을 이해하며 감상하게 하는 교육"이라 말할 수 있겠다.

미술교육은 그 의의를 학생이나 사회의 요구에 의한 미술활동의 수단적 결과에서 찾으려는 맥락주의(contextualism)적 관점과 인간의 본성에 대한 이해를 위한 미술교육의 공헌에서 찾으려는 본질주의(essentialism)적 관점이 있다. 20C 중반까지는 맥락주의적, 본질주의 적 각각의 관점에서 미술교육의 가치와 의의를 기초로 미술교육의 목표와 내용구성을 결정해왔다. 그러나 이 2가지 관점은 서로 상반되는 관점이 아니므로 20C 후반부터는 상호보완측면에서 2가지 관점을 절충하여 미술교육 이론을 전개하고 다음과 같은 목표를 제시하고 있다.

· 미적 현상에 대한 감각적 반응과 판단력 향상
· 시각 예술의 이성적 부분과 감성적 부분 즉, 형식과 내용에 대한 구별 능력 향상
· 변화와 새로움을 추구하는 창조력 신장
· 미술활동 중 발생하는 문제를 행동, 인내, 극복의 과정을 통해 자주적 문제 해결 능력 향상
· 미술과 삶의 상관성 이해
· 창의적 미술 제작에 필요한 기능 습득
· 미술과 사회, 인간의 삶에 대한 인식 형성

또한 이를 기반으로 미술교육의 교육적 가치의 목표에서 중요하게 다루어지는 부분은 '미적 경험', '미적 태도', '미적 가치'이다.

'미적 경험'이란 미적 가치의 경험이며 미적 경험은 사물의 성질이나 탐구 대상으로서의 가치를 인정하는 과학적 경험과는 달리 인간의 개성적 주관에 근거한 살아있는 경험으로 단순한 감각적 즐거움(sensory enjoyment) 이상을 의미하는 것으로 인간의 마음과 영혼을 총체적으로 움직인다. 뿐만 아니라 다양한 방법으로 서로 다른 관심이나 경험과 관련을

맺도록 한다. '미적 태도'란 미적으로 보이는 것은 지각을 가지고 자기 마음에 드는 것을 선택하는 것을 의미하며, 아름다움을 말하고 넓은 의미에서 고귀하고 사랑스러운 모든 것을 포함하여 아름다움이 무엇인가를 알고 창조해 내려는 모든 행위가 '미적 가치' 이다.

(2) 미술교육의 변천

1) 17C 이전의 미술교육

① 고전기의 미술교육

예술교육에 대한 논의는 플라톤의 '공화국'과 아리스토텔레스의 '정치학'에서 각각 거론되고 있는데 이들은 예술과 교육을 공동체 존속에 중요한 영향을 주는 문제로 보면서 예술의 본질적인 특성보다는 문화를 지속시키기 위한 교화적 기능에 가치를 부여했다. 회화와 노동은 열등한 직업으로 여겼기 때문에 정규교육에 부수적으로 첨가된 특수교과로 교육되었다.

로마시대 후기에는 재능 있는 학생을 후원하여 건축을 장려하고 예술에 대한 후원도 있었지만 예술가들의 사회적 지위와 보수는 장인에 불과하여 도공, 직조공, 화가, 석공 등은 부친에게 제작기술을 전수 받거나 견습생 자격으로 기술을 습득하여 그 명맥을 이어갔다.

음악과 체육 교육이 그리스 교육에서 신체와 영혼의 교육을 위해 중요시된 반면, 미술교육은 미술을 '모방의 모방'이라고 보는 관점 때문에 경시되었다.

② 중세의 미술교육

중세에는 예술이 전반적으로 쇠퇴한 반면 손작업을 중요시하는 수도원학교에서는 나무, 가죽, 귀금속, 유리 등을 다루는 수도사들이 장인으로 등장하게 되며 수녀원에서도 직조, 자수 등이 교육되었다.

중세에 새로 등장한 장인들을 위한 공예 길드는 교육의 중요한 일부가 되었다. 길드의 기능 중 하나는 노동공급을 조절하는 것으로 도제신분제도를 운영하였다. 도제교육은 훈련중심의 교육으로 대가의 작품을 모방하는 교육이므로 예술적 독창성보다는 고도의 기량 전수에 비중을 둔 교육이라고 할 수 있다.

③ 르네상스시대의 미술교육

중세의 도제제도에서 양성된 대가(master)는 기술을 전수하는 사람이었던 반면에 르네상스시대에는 예술가를 천재로 인식하게 되면서 미술교육의 새로운 형태가 탄생하게 된다.

르네상스의 인문주의자들이 미술, 문학, 역사의 연관성을 강조하면서 미술을 경이로운 수준으로 격상시키면서, 중세에는 교육되지 않았던 교육내용에 '미'의 교육이 포함되었다.

르네상스의 미술교육은 예술원에서 이루어졌으며 학문의 보편적인 지식을 기초로 미술 실기이론과 철학적 지식이 발전되고 교육되었다. 예술원에서는 다양한 연력의 예술가 그룹들이 함께 있어 초보자들과 노련한 대가들이 함께 작업하며 새로운 기교와 원칙들에 대해 감상하고 토론하였다. 이외에도 그들은 미술이론과 일반문화의 특징에 대한 논의를 통해 학문으로 발전시켰다. 예술원의 교육내용으로는 해부학, 논리학, 수사학, 미술이론, 철학 등이 포함되어 있었다. 르네상스의 미술교육은 미술가들의 사회적 지위가 높아짐에 따라 질적 · 양적으로 향상되었다.

2) 17~18C의 미술교육

17C에 예술적 지위는 사회의 정치적 절대주의, 이성, 과학의 발달로 인하여 쇠퇴한다. 예술의 역할은 국가의 권력과 위신을 강조하는 것으로 국왕의 기호를 충족시켜 주며 국왕의 위세를 세우기 위한 장치적 수단으로 전락하게 된다. 그러나 다른 한편으로는 예술원에 대한 후원과 교육감독정책 등이 행정적으로 제도화되었다. 18C의 산업혁명 이후 미술교육은 경제적인 이유에서 실용성을 강조한 예술원과 미술교육기관이 설립되어 드로잉과 디자인 중심의 교육을 하였다.

이 시대의 미술교육의 목표는 관찰력의 신장, 묘사능력과 미적 감각의 훈련으로 이는 훌륭한 작품을 모방하면서 키워진다고 생각하여 자연물을 묘사하기보다는 임화(臨畵) 위주로 수업을 하였다. 최상의 목표로는 인체의 세부적인 부분까지 동작에 따라 해부학적으로 관찰되었던 반면 색의 사용은 거의 학습되지 않았다. 18C 때 소묘와 회화는 사설강습을 통해 귀족과 상류사회인들 중심으로 유행처럼 교육되었으나 점차 일반교육의 교육내용으로 자리 잡게 된다.

3) 19C의 미술교육

18C 산업혁명 이후 빠른 속도로 산업화되어 상품의 대량생산이 이루어지면서 상품에서 예술적 특징이 감소되기 시작하자 훈련된 디자이너가 사회적으로 요구되었다. 다른 한편으로는 낭만주의의 영향으로 법칙을 강조하여 창작활동을 통제하는 예술원 교육의 필요성에 대한 의문이 제기된다. 이러한 사회적 요구에 따라 전문적인 미술교육기관이 설립된다. 프랑스의 장식미술학교와 독일의 공예학교와 개방대학에서 장인을 양성하고 영국에서는 디자인 학교를 설립하여 미술을 산업에 이용하고자 했다.

18C의 소묘수업은 19C 페스탈로치(J. H. Pestalozzi, 1746~1827) 시대에도 큰 변화 없이 일반교육의 일부에 불과했으며, 페스탈로치 역시 자신의 기초수업과정에 소묘수업을 포함시켰다. 자연물을 소묘의 최상의 모델로 여기던 루소의 영향을 받은 페스탈로치는 자연의 현상을 최고의 모델이라고 생각함과 동시에 자연을 사실적으로 표현하기 위해서는 소묘의 기초적인 연습이 이루어져야 한다고 믿었다. 페스탈로치는 물체의 형태를 구성하는 직선, 곡선, 각 등을 마치 감각인상의 알파벳처럼 읽어낼 수 있다고 보면서 '직관의 ABC(Anschaungen ABC)'라고 했다. 이러한 이론을 기초로 제작된 미술교육을 위한 교재에서는 두 점을 직선으로 연결하는 것에서부터 시작하여 점들을 연결하여 도형을 그리고 점차 발전시켜 자연을 원근법으로 그릴 수 있도록 한다. 이러한 페스탈로치의 생각은 19C 전반에 걸쳐 계속되었고 유럽과 미국의 소묘교육의 목표와 내용이 되었다.

페스탈로치의 기초소묘를 자연물을 사생하기 위한 도구로만 보던 관점이 변화되면서 19C 독일 미술교육에서는 독립된 영역으로 정착하게 되었다. 명작의 모방 숙련 정도와 인체묘사가 이 시대 소묘수업의 가장 핵심적인 수업목표였기 때문에 이를 위해 학생들을 위한 소묘방법에 관한 참고자료들도 여러 가지로 개발되었다.

19C 초에 소묘의 기초로서 슈티그모그라피쉬 방식의 수업이 자주 이루어졌는데 이는 칠판이나 화면에 점들이 찍혀져 있어 교사의 지도에 따라 점들을 연결시켜 나가는 방법으로 형태를 만들어 내는 연습을 한 것이다. 이와 비슷한 방법으로 화면에 또는 예화에 모눈금을 그어 손쉽게 모방할 수 있도록 하기도 하였다. 이러한 수업방법들이 보여 주듯이 19C에는 단지 형태의 외형에만 중점을 두는 기능교육만 이루어졌고 감정이나 감각의 표현력을 신장하는 교육은 이루어지고 있지 않았다. 색상에 대한 교육 역시 18C 때와 마찬가지로 거의 다루어지고 있지 않았다.

페스탈로치에 의해 소묘를 통해 인간의 미적 감각이 일깨워져야 한다고 주장되던 19C의 소묘수업 내용은 부정적으로 평가되고 있는데 이는 당시의 수업내용이 극히 예술성과는 무관하고 기능과 이론 위주의 교육내용에만 치우쳐 있기 때문이다. 이러한 교육내용의 영향으로 인하여 19C에 명작으로 인정된 회화, 조각, 그래픽 등은 모두 잘 모방된 작품들에 불과했다. 그러나 19C에도 예외적으로 단지 모사기능에만 가치를 부여하지 않은 학자가 있었는데 그가 프뢰벨(F. Frobel, 1782~1852)이다. 그의 주장은 아동들이 소묘활동을 통해 자신의 내적인 경험을 표현하게 하고 자신의 창의력을 신장할 수 있도록 해야 한다는 것이었다. 미술의 궁극적인 목표도 프뢰벨은 인간 내면의 표현이라고 했다. 프뢰벨의 이러한 사상은 19C 전반의 미술교육 흐름의 초석이 되었으나 불행히도 현장에서의 소묘수업에는 영향을 미치지 못하고 말았다. 그러나 몬테소리, 슈타이너 등의 교육철학에서 프뢰벨의 미술교육의 의의가 실천되었다.

러스킨(Ruskin)은 소수의 사람만이 태어나면서부터 아름다움을 지각할 수 있는 능력을 갖고 있으므로 일반적으로 드로잉 교육을 통해 미적 지각력이 계발되어야 한다고 보았다. 러스킨은 미적인 환경이 아동의 미적 안목을 형성시키며 아동이 문화인으로 성장할 수 있도록 한다고 보았다. 이러한 러스킨의 주장이 갖는 의의는 미술교육을 기술전수나 산업 디자인 교육으로 보는 이전의 관점을 교양교육으로 일반화 시켰다는 것이다.

4) 20C의 미술교육

① 20C 초기의 미술교육

세계대전으로 문화적 · 기술적 발전은 파괴되었고 교육의 재정비 역시 필요한 상황이었다. 학문적 · 기술적 발전만큼 인간교육이 중요하다는 것이 주장되었으며, 이것은 학교교육에 직접적인 영향을 미쳤고 미술교육은 인간교육에 있어서 중요한 위치를 차지하게 되었다. 스프랭거(spranger)는 “사고력과 지식은 보는 것과 조형 활동을 통해 길러져야 하며, 눈과 손의 협응 으로 자신의 내면을 말로 표현하는 것처럼 표현할 수 있도록 해야 한다”라고 주장하였으며, 이는 미술교육의 교육목표에 반영되어 기하학적 소묘 기초연습이 사라지고 자유화를 주로 그리도록 하였다. 자유화를 통한 아동들의 창의적인 표현활동은 미술교육의 핵심적인 목표임과 동시에 내용이 되었다.

1900년 초 몇 년간은 미술교육자들이 미술수업방법의 다양화, 색의 사용, 자유화 지도 등을 미술교육의 새로운 내용으로 보충 · 심화하는데 노력을 기울였던 시기라고 할 수 있다. 이 시기에는 그리기뿐만 아니라 문자도안, 칠판 그림, 가죽공예, 건축모형 등 새로운 영역을 미술교육 내용에 포함시키게 된다. 표현주의의 영향 아래 사람들은 아동화의 인상표현의 예술성에 대해 관심을 갖기 시작했다.

– 20C 초 미술교육에서는 다음과 같은 내용이 강조되었다.

· 미술시간이 모든 학교에서 교과로 지정되어야 한다.

· 미술수업의 가장 중요한 목표는 관찰력이 신장과 주변의 대상에서 발견한 특성을 표현할 수 있는 능력을 길러 주는 데 있다.

· 소묘와 조소 지도는 미술을 통한 교육으로 이해되어야 하며 미술을 위한 교육으로 이해되어서는 안 된다.

위와 같은 미술교육 내용의 혁신은 처음에 현장에서는 부분적으로 실천되어 경험화나 상상화를 그리게 하기도 하였으나 미술수업의 중요한 목표는 변함없이 대상물의 사실적 표현이었다. 이는 미술교사들이 미술교육 내용의 혁신을 그대로 반영할 수 있을 만큼의 역량이 부족한 탓이었고 미술교사의 역량부족의 원인은 바로 미술교사 양성이 제대로 되지 않고 있었기 때문이다.

미술교육의 새로운 시도는 미술교육 분야에서의 변화를 유도하였을 뿐만 아니라 일반교육에까지 그 영향이 미쳐 예술교육의 근본목표인 창의력 신장, 감성교육 등이 일반교육 과정에서도 중요시되도록 하였다. 인간의 모든 영역이 단지 학문적 지식과 그에 따른 실증만으로는 설명될 수 없다는 것이 인식되고, 이에 따라 예술교육이 지식교육만큼 중요하다는 것이 표현되었다. 이상과 같은 20C초 미술교육의 새로운 관점은 1940년대에 접어들면서 비로소 교육현장에 반영되기 시작한다.

② 20C 중기의 미술교육

1940년대에 발간된 미술교육의 대표적 서적들은 미술교육의 주요사명을 아동의 창의적 발달을 촉진시키는 것으로 보았다. 특히, D'Amoco의 「미술의 창의적 지도」, Lowenfeld의 「창의적 · 정신적 성장」, Read의 「예술을 통한 교육」등은 미술교육 분야에 많은 영향을 주었다. 창의성에 대한 연구는 자연과학의 발달로 심리학이 실험적 · 실증적인 방법으로 연구되면서 더욱 발전되었다. 아동의 심리가 직접적으로 표현되는 아동화는 20C초 아동 심리학 분야에서 자료로 활용되면서 아동화에 대한 관심을 증폭시키기도 했다. Freud, Jung의 영향을 받은 Lowenfeld는 아동에게 잠재되어 있는 창의적 · 정신적 성장을 위해 미술이 중요한 매개체가 된다고 보았다. 따라서 그는 아동의 관점에서 아동미술을 이해하고 자유로운 자기표현을 위한 환경의 제공과 격려를 강조하였으며 표현활동 과정을 중요시하였다. 뿐만 아니라 모든 아동의 미술표현 능력은 일정한 발달단계를 가지므로 단계에 맞는 동기부여가 이루어지고 주제와 재료 등이 제시되어야 한다고 보았다. 또한 그는 미술교육에 대한 과학적이고 체계적인 접근을 시도하여 미술교육에 대한 하나의 학문적 모델을 제시하였다. 이러한 로웬펠드의 사상은 현대 미술교육 사상에 많은 영향을 미쳤고 그의 사상을 몇 가지 문장으로 축약한다는 것은 어려운 것이지만 반드시 검토해야 할 것이다. 이에 로웬펠드 미술교육 사상의 배경과 주요 개념, 그 영향 등을 중심으로 살펴보고자 한다.

【로웬펠드의 미술교육 사상】

* 어린이와 미술의 관계

모든 어린이는 내부에 잠재해 있는 창의적인 발달 능력을 소유하고 있으며 교육은 그런 능력을 개발시켜야 한다고 믿었다. 어린이의 발달을 전체적인 것으로 보고 그 전체적인 구조 안에 지적 발달, 정서적 발달, 신체적 발달, 지각적 발달, 사회적 발달, 미적 발달, 창의적 발달 등이 유기적 관계를 맺으며 이루어진다는 것이다. 그에게 미술도 중요한 것이지만 그의 주요 관심은 어린이의 적절한 발달에 있었으며 지각하고 생각하는 창의적인 어린이로 발달시키는 수단으로 미술을 보았던 것이다. 그래서 어린이의 감수성을 육성하고 협동심을 길러 이기심을 줄이고 결국 창의적인 능력을 계발하는 교육적 도구가 미술이었다. 촉각적, 시각적, 청각적 현상에 대한 직접적인 경험을 통하여 어린이의 상상력과 지각 능력을 발달시킨다는 생각은 허버츠 리드의 "어린이는 자신의 감수성의 계발을 통해 배워야 한다."는 생각과 유사하며 듀이의 '행함을 통한 학습', 아른하임의 게슈탈트 접근인 '전체 안에서의 구분' 등의 생각과 일맥 상통한다.

* 발달 단계

로웬펠드는 어린이의 순차적인 발달을 매우 중요시 한다. 어린이가 태어나서 성장하면서

표 VII-1. 로웬펠드의 미술표현 발달단계

	난화기(2~4세)
특징	· 마구 그리는 난화기: 감각이 주변 환경과 접촉하면서 그 반응으로 그리기 시작한다. 동작을 통제하지 못하며 무의식적으로 표현한다. · 조절하는 난화기: 동작이 반복되어 시각과 근육활동 간의 협응이 시작된다. 선이 일정한 반복으로 나타난다. · 명명하는 난화기: 무의식적 접근이 (근육운동 지각) 점차 의식적인 접근(상상에 의한 사고)이 되어 자신이 그려 놓은 난화에 이름을 붙이기 시작한다.
인물	전 단계의 난화기에서는 나타나지 않고 명명하는 난화기 단계에서 이름을 붙이는 활동에 의한 상상 속의 인물이 등장.
공간	없거나 상상에 의한 공간이 조금 나타난다.
색채	의식적인 접근이 아닌 단순히 즐기기 위한 색을 선택함. 명명하는 난화기에 이르러 여러 의미에 따라 색을 구별하여 사용함.
디자인	없음

	전도식기(4~7세)
특징	· 표현된 것과 대상과의 관계를 발견하기 시작하며 아는 바를 그린다. · 반복을 통해 한정된 개념을 발달시킨다. · 인물, 나무, 해, 산 등을 주로 그리며 모든 것을 자기중심적으로 표현한다.
인물	머리를 나타내는 동그라미와 다리와 팔을 나타내는 세로선이 나타남.
공간	공간 안에 대상들을 질서없이 배열하는 자기중심적인 접근(정서적인 관계표현)
색채	자연과 관련이 없음. 정서적인 관계에 따라 색칠.
디자인	의식적인 접근이 없음

	도식기(7~9세)
특징	· 자신과 대상과의 관계를 공식화하고 그것을 도식화하여 표현한다. · 중요한 부분을 과장하고 중요하지 않은 부분을 생략하며 주관적인 인물과 공간개념을 표현한다. · 기저선(base line)이 나타나 바닥이나 땅을 나타낸다.
인물	과장하거나 생략하여 나타난다. 상징의 변화.
공간	한정된 첫 공간개념인 기저선이 나타난다.
색채	색채 도식의 반복을 통하여 대상과 색채 사이의 관계 발견. 동일한 대상에 대한 동일한 색채.
디자인	의식적인 접근 없음

	또래집단기(9~11세)
특징	· 또래집단의 의사를 존중하고 도식으로부터 벗어나기 시작하며 세부표현이 나타난다. · 중첩과 기저선 사이에 공간을 인식하게 되며 위에서 본 모습을 표현한다. · 기하학적인 선(도식)이 없어지며 성인의 조언을 받으려 하지 않음.

표 VII-1. 계속

또래집단기(9~11세)	
인물	옷(드레스, 유니폼)에 대한 관심. 소녀와 소년의 차이를 강조한다. 사실적인 선에 치우친다.
공간	기저선 사이에 공간을 채워 넣음.
색채	객관적인 단계로부터의 탈피. 주관적인 경험에 따라 사용됨.
디자인	장식에 대한 첫 의식적인 접근. 재료와 기능에 대한 지식.

의사실기(11~13세)	
특징	· 사실적으로 표현하려고 애쓰며 시각형과 비시각형인 경향이 나타난다. · 배경과 원근감, 비례 등을 표현한다.
인물	신체활동에 대한 시각적인 관찰. 비례감이 생김.
공간	입체표현에 대한 욕구로 멀리 있는 사물에 대한 축소가 나타남. 지평선(시각형)이 나타나고 배경은 중요할 때만 표현됨(비시각형).
색채	원근과 기분에 따라 자연의 색채를 변화시킴.
디자인	양식화에 대한 첫 의식적인 접근이 나타나고 직업에 대한 상징화를 한다.

청소년기	
특징	· 야망, 정열, 낭만적인 이상이 나타남. · 자기반성이 나타나고 뚜렷한 성적 자각. 또래 집단의 압력.
인물	활동적이고 참여적이며 자기 동일화 또는 감정이입하여 나타난다. 의상과 춤과 율동에 큰 관심을 보임.
공간	시각적인 원근법
색채	세련되고 반드시 사실적이지는 않음.
디자인	기능의 디자인. 내부 장식에서의 디자인.

결정기(13~17세)	
특징	· 환경을 창의적으로 받아들이며 표현유형이 촉각형, 시각형, 중간형으로 뚜렷하게 구분된다. · 시각형은 외관과 비례, 명암, 배경, 원근 등을 중시한다. · 촉각형은 내면정서의 표현, 색채나 공간표현이 주관적 표현이다.
인물	· 시각형: 순간의 인상 묘사, 객관적인 타당성에 대한 사실적인 해석. · 촉각형: 내적 표현 강조, 개인주의적 해석, 성격의 묘사.
공간	· 시각형: 원근법에 따른 표현. 삼차원적 특징. · 촉각형: 자기에 관련된 가치에 따른 원근, 대상과의 가치관계 표현
색채	· 시각형: 사실적인 표현으로 원근과 분위기에 따른 색채특성의 변화. 분석적인 태도, 인상주의적. · 촉각형: 개인의 중요도에 따른 지엽적인
디자인	· 시각형: 디자인의 장식적인 특성, 조화의 강조. · 촉각형: 추상적인 특성의 정서적인 디자인.

일정한 단계를 거쳐 발달하며 어떤 단계로 나아가기 위해서는 반드시 그 전 단계를 거쳐야 한다는 입장이다. 그래서 미술교육은 먼저 어린이의 일반적인 발달단계를 정확하게 연구하고 그에 맞는 주제, 동기부여, 재료 등이 주어져야 한다는 것이다. 그렇다고 이런 발달단계의 접근은 개인의 차이를 무시하는 것이 아니라 개인 간의 차이를 인식하기 위한 출발점으로 삼아야 하며, 적절한 지도를 위해 일반적인 발달에 대한 이해가 있어야 한다는 생각이다.

【동기부여와 지도방법】

첫째, 그는 재료, 주제 등이 발달단계에 맞아야 한다고 본다.

둘째, 베끼거나 본뜨기, 칠하기 그림책 등을 강하게 반대한다. 이런 것들을 시키면 어린이들의 창의성과 자기표현이 억제된다는 것이다. 창의성을 가장 잘 실현시키는 방법은 어린이를 삶에 그들의 모든 감각을 노출시키는 것이며 촉각적, 시각적, 청각적 현상에 대한 직접적인 경험을 통해 어린이의 상상과 지각능력이 발달 된다고 본다.

셋째, 제작 결과보다 과정을 매우 중시한다. 중요한 것은 어린이가 자발적으로 자기를 표현하고 자신의 정서를 표출하며, 그림으로써 자신의 사고의 폭을 넓혀 가는 과정이라고 본다.

넷째, 성인의 관점에서 바라보는 간섭의 배제이다. 교사나 학부모의 역할은 동기를 부여해주는 촉매자(catalyst)수준을 넘어서는 안 된다는 것이다. 어린이의 입장을 고려하지 않은 간섭은 어린이를 좌절시켜 그것이 누적되면 결국 "나는 그릴 수 없어요.(I can't draw)"라는 말을 하게 된다는 것이다.

다섯째, 어린이의 표현 유형에 맞게 지도해야한다. 어린이는 성장함에 따라 시각형과 촉각형, 중간형의 어린이가 나타난다. 정서와 내부의 감정을 중시하는 촉각형의 어린이에게 시각적인 사실들을 표현 하도록 강요하면 안 된다는 것이다.

【시각형과 촉각형】

어린이가 미술표현에 어떻게 접근하느냐에 따라 구분되는 이 두 표현 유형은 동기부여와 주제, 표현 방법 등에서 중요하다.

시각형의 주요 매개체는 눈으로, 대개 사물의 겉모습으로부터 대상에 접근한다. 이들은 대상의 형태와 구조의 특징을 분석하고 이 형태가 명암, 색상, 톤, 원근에 따라 어떻게 변하는지에 관심을 갖는다.

반면 촉각형은 근육운동 지각적 경험과 촉각적 느낌, 대상과의 정서적 관계 등으로 표현한다. 대상이나 공간에 대한 중요성의 정도는 그것과 어린이의 정서적 가치에 따라 결정되며 대상을 주관적으로 해석한다.

로웬펠드는 모든 어린이가 정확하게 이 두 유형으로 나누어지지는 않지만 교사는 이런 두 유형을 이해하고 있어야 하며 모든 어린이들에게 시각적으로 정확하게 그리도록 유도해서는 안 된다고 본다. 동기부여 역시 시각적 외관을 중시하는 어린이에게는 시각적인 동기부여를, 촉각형인 어린이에게는 그들의 내부정서를 고려한 동기부여를 해야 한다고 보는 것이다.

【로웬펠드 사상의 영향과 비판】

1960년대 이후 학문중심 교육과정의 영향으로 미술교육에서 이해와 감상을 중시하고 미술사나 미술비평 등을 지도하려는 거센 움직임이 있었으나, 현대미술교육의 기저에는 여전히 로웬펠드 사상이 흐르고 있다.

로웬펠드의 미술교육에 관한 관점은 현대미술교육의 바탕을 이루고 있고 세계적으로 파급된 만큼 그에 대한 비판도 많이 제기되었다.

첫째, 표현만을 너무 강조하여 미술 감상과 이해교육을 소홀히 했다는 점이다. 미술을 활용할 수 있는 어린이를 길러야 하며, 그러기 위해서는 무엇보다도 미술에 대한 이해와 감상교육이 필요하다. 미술을 바르게 이해하고 있어야 그에 따른 표현도 가능하기 때문이다.

둘째, 결과도 과정 못지않게 중요하다는 것이다. 교육은 과정이며 미술은 특히 과정을 중시해야 하지만 제작결과를 감상, 평가하지 않으면 다음 표현과 지도에 연결되지 않는다.

셋째, 교사 역할의 소극성이다. 그는 교사의 역할을 강조하면서도 그 역할은 주로 동기부여에 한정되는 느낌이다. 대부분의 교육결과는 교사에 의해 좌우된다. 로웬펠드는 어린이의 개별적인 자기표현을 간섭하는 것을 극도로 경고하면서도 미술적 성장의 발달단계를 통해 어린이를 촉진 시켜야한다고 주장한다. 간섭하지 않으면서 발달을 촉진하려면 어떻게 해야 할까? 어린이를 간섭하지 않고 자유롭게 표현하게 해도 그리는데 자신 없어 하는 어린이가 매우 많다. '나는 그릴 수 없어요'라고 말하게 되는 이유가 부모나 교사의 간섭 때문이라기보다는 자신의 표현과 대상, 자신의 그림과 사진, 자신의 작품과 잘 그린 사람의 작품의 차이를 인식하게 되면서 발생하게 되는 경우가 많다고 보아야 한다. 창의성은 백지상태에서 혼자 힘으로 발달하는 것이 아니라 다른 창의적인 작품을 보고 교사의 적극적인 지지를 받으면서 보다 효율적으로 발달할 수 있다는 것이다.

③ 20C 후기의 미술교육

20C 중반까지 미술교육에서 문제의 대상이 되는 것은 미술교육 교과과정의 구체와 작업에 대한 것, 미술교육의 학문화 과정에 대한 것이 주였고 미술 자체에 대해서는 거의 논의되지 않고 있었다. 1970년대부터 미술교육 내용의 사회적 역할에 대한 문제가 제기되기 시작했다. 묄러(Moller)는 미술수업이 지나치게 형식적 · 의도적으로 진행되고 있다고 보았다. 이러한 미술교육은 결국 학생들이 미술품들을 비판 능력 없이 감상하게 되고 이는 사회적 현실에서 미술 분야의 발달에 못 미치는 미 성숙된 예술 감각을 키워줄 뿐이라고 했다. 이러한 문제점들을 묄러와 다른 몇몇 학자들은 시각적 미디어(media)를 통해 정보를 전달하는 시각적 의사소통(visual communication)으로 해소하려고 했다. 사진, 영화, 텔레비전 등에 대한 역할은 기능을 올바르게 이해함으로써 현대에서의 중요한 역할은 문화적 매개체를 통해 종래의 읽고 쓰는 교육에서 탈피하여 '시각적 알파벳주의(Analphabetismus)'가 이루어져야 한다고 보았다.

시각적 의사소통은 미술교육에서 부분적으로 수용되어 미술수업에 직접적인 영향을 미치게 되었다. 융커(Jungker)에 의해 미술교육과 시각매체분야의 상호보완이 거론되기 시작했는데 이것은 미술교육의 내용이 더욱 풍부해지고 광범위해진 것을 뜻한다. 묄러처럼 미디어의 도움 없이는 미술품의 가치가 발휘될 수 없다는 극단적인 이론을 융커는 수업내용을 단지 미술 분야로만 국한시킬 것이 아니라 일상생활에서 자주 대하는 모든 그림의 종류를 포함시켜야 한다고 보았다. 이처럼 미술교육의 내용을 확대시킴으로써 자연스럽게 시각적 의사소통이 내용 속에 포함된다고 했다. 예술교육이 감각의 세계를 단계적으로 설명하고 감각의 세계에서 감각적 또는 통합적으로 교육이 이루어진다는 면에서 예술교육은 의도적인 교육이라고 할 수 있다. 1970년 이후 출간된 미술교육서들은 대부분 시각적 의사소통을 의도적으로 강조하였는데 대부분이 많은 문제점들을 내포하고 있었다. 이러한 가운데 미술교육의 새로운 과제로서 하트윅(Hartwig)에 의해 '시각훈련(Sehenzulernen)'이 대두되었으며 이 새로운 관점은 미술교육의 범위를 모든 시각적 세계로 확대시켜 놓았다.

미술교육의 또 다른 새로운 범주로서 놀이와 행위가 등장하게 되며 한 유형으로서 클레트케(H. Klette)의 경우는 벽이나 바닥 같은 큰 면에 장난처럼 그리는 것이나 커다란 대상물을 고치거나 부수어 다시 만들거나 하는 행위 등을 미술과 수업내용으로 제시하고 있다. 클레트케의 주장에 따르면 이러한 놀이와 행위를 통해 아동들은 종래의 어떤 미술교육 내용에서 보다 자신을 가장 자유롭게 표현할 수 있다고 했다.

놀이와 행위 중심의 내용은 수업시간으로부터 자유 시간까지 연장될 수도 있는데 이때 아이들이 흥미를 고려하여 진행되면 표현활동의 진정한 즐거움을 맛볼 수 있게 할 수 있다고 한다. 미술, 교육, 정보처리, 사회학 등의 분야에 종사하는 사람들의 모임은 KEKS Group 역시 같은 의견을 제시하고 있다. KEKS가 주최하는 놀이와 행위를 통해서 아동들은 자신의 모든 행위를 의식화하게 되는데 자신을 자유롭게 표현하면서 예를 들면, 자신의 분노까지도 표출하면서 동시에 자신의 행위에 대한 분석도 스스로 된다고 한다. KEKS Group이 이러한 놀이와 행위를 예술교육 내용이 한 분야로 제시함으로써 미술교육의 영역이 더욱 확대되었다.

1970년대 이후 현대 미술교육에서는 교과내용이 많이 확대되어 미술교육의 영역이 넓어지게 되고 미술에 대한 이론과 실기를 통합적으로 지도하게 되었다. 또한 포스트모더니즘, 다중지능이론 등의 영향으로 미술교육의 다원론적인 연구에 따른 다양한 미술교육 프로그램이 개발되어 현장에서 적용되어 있다.

(3) 현대 미술교육 이론과 이를 기초로 한 미술교육 프로그램

1) 감성교육을 기초로 한 미술교육 프로그램

감성이란 지성과 연관된 인식능력 중 하나로 감성적 인식의 학문 즉, 미학의 의미인 라틴어 Aestetica가 감성의 어원이다. 감성은 분석적 감성과 종합적 감성으로 분류할 수 있다. 분석적 감성은 감각에 의한 식별능력의 정도와 관련 있는 것이며 종합적 감성은 감각으로 접수된 특성이나 내용을 직관적으로 관련지어 종합한다. 직관적으고 종합하여 관련지울 때 개인의 주관적 · 정서적 체험이 영향을 미치게 된다. 주관적인 정서적 체험이 풍부하게 일어나도록 하는 미술교육 방안이 감성교육을 기초로 한 미술교육 프로그램이다.

2) 다문화 미술교육을 기초로 한 프로그램

다문화 미술교육은 미술이 문화를 반영하는 것이므로 미술교육의 중요한 역할을 문화의 유지와 전수로 보는 관점이다. 다문화 미술교육은 미술을 통해 다른 문화를 이해하도록 하여 인간에 대한 이해의 폭을 넓히도록 할 뿐만 아니라 전통문화에 대한 관심을 확대시키고 아동이 자신의 정체성을 발견하도록 한다. 다문화 미술교육의 특성을 Stuhr는 여러 인종의문화적 요소들을 미술 프로그램과 연계하여 학습내용을 구성하는 것, 그 문화적 요소들에 대해 이해하도록 하는 것, 특정문화와 그룹을 소개하는 것, 미술교과 과정에 문화적 또는 사회적인 다양성을 반영하여 진행하는 것, 교사와 학생들에게 특정문화의 미술적 요소와 구조를 인식하도록 하는 것 등으로 설명하고 있다.

3) 아트 프로펠 프로젝트를 기초로 한 미술교육 프로그램

아트 프로펠(Art Propel)은 Gardner가 주도하는 'Project zero'에 의해 시작된 프로젝트로 미술 · 음악 · 문학 등의 예술교과를 위한 수업방법에 많은 영향을 주고 있다. Project zero는 1967년 하버드 교육대학원의 Nelson Goodman에 의해 계속되었고 Gardner와 Perkins의 다양한 실험연구 결과에 의해 계속 진행되고 있다. 미술교육에서 미술에 대한 일반적인 지식의 상태는 zero라고 본 Goodman에 의해 Project zero라는 명칭이 붙여졌다.

아트 프로펠에서는 미술교과의 학습을 미술적 생산, 지각, 반성적 사고로 설명하고 있다. 미술적 생산 즉, 제작에서 학생들은 여러 가지 방법으로 표현한다. 학생들은 재작과 관련된 미술작품 감상을 통해 미술의 형식적 · 내용적 요소에 대해 이해하고 판단하는 지각활동을 하게 된다. 이때 자신의 작업과 미술작품의 관련성을 인식하면서 판별능력이 형성되고 이는 다음 단계의 학습과 반성적 사고의 기초가 된다. 반성적 사고는 계획 · 방법탐색, 선택, 결과평가, 문제점 발견 등의 사고과정으로 자신의 경험을 토대로 미적 판단에 준하여 자신의 학습과정 및 결과에 대해 사고하는 것이다. 이 과정에서 미술과 관련된 용어를 사용하여 다른 사람과 의사소통하는 방법을 익히게 된다. 제작, 지각, 반성적 사고는 일련의 상호연관된 요소로서 분리될 수 없다.

4) DBAE 이론에 기초한 미술교육 프로그램

DBAE는 시각미술에서 필요로 하는 4가지의 중요한 활동과 관련지어 미술교육의 목표를 미술작품을 창조하는 것, 미술작품의 가치를 지각하고 반응하는 것, 역사와 문화적 측면에서 미술품의 역할을 이해하는 것, 미술품에 대해 판단하고 판단 근거를 이해하는 것 등으로 설정하고 있다. Eisner와 DBAE 학자들은 미수교과를 창의성을 신장시키기 위한 수단 또는 취미로서의 교과가 아닌 인간의 미적 의식을 다루는 교과로서 미술교과에서는 시각 · 이해 · 판단 · 창조 등의 능력이 교육될 수 있다고 본다.

이러한 이론을 실천하기 위한 교육방법으로 Eisner는 문제해결 수업방법을 제시하고 있다. 문제해결을 통한 교육방법은 Dewey의 반성적 사고에 기초한 것으로 반성적 사고는 문제를 발견하고 그 문제를 중시하면서 연속적으로 사고하는 것으로 탐색적인 노력을 지속적으로 해나가는 과정에서 일어난다.

(4) 평가

교육과정에서 평가는 매우 중요할 뿐만 아니라 적절한 평가방법을 적용하는 문제가 교육에서 가장 어려운 부분 중에 하나이며 이는 미술교육에서도 예외는 아니다. 미술분야에서 지금까지 어떤 관점에서 평가되어 왔는가 또는 평가되고 있는가를 살펴보는 일은 미술교육에서의 평가대상과 평가내용을 무엇으로 설정해야 하는가에 대한 자료조사라고 볼 수 있다. 미적 본질과 미적 경험 등은 개성적 · 상황적 인간의 경험과 불가분의 관계에 있기 때문에 객관적으로 헤아릴 수 있는 성질의 것이 아니다. 즉, 수학적 상황을 받아들여 결과를 통계화하여 평균치를 내는 것은 무의미하다는 것이다. 따라서 미술교육에서의 평가는 일반적인 면과 개인적인 면에서 이루어져야 하며 이를 위해서는 무엇이 일반적이고 무엇이 개인적인가를 파악해야 한다. 즉, 표현발달 수준을 진단하고 진전 정도를 기술하는 것, 재료와 용구 사용에 대한 능력의 정도, 미술에 대한 이해의 정도라고 볼 수 있을 것이다. 그러나 교육의 현실이 평가자는 유일하게 교사뿐이고 학생이나 학부모의 평가는 이루어지지 않고 있다.

이와 같은 문제점은 다음과 같은 자기기술평가표와 체크리스트로 보완을 할 수 있을 것이다.

표 VII-2. 자기기술평가표의 예 : 4학년, 상상하여 그리기 (미술교육입문, 김정희, 2002)

년 월 일 학년 반 이름
1. 무엇을 상상하여 그렸나? 2. 가장 그리기 재미있었던 부분은? 3. 무엇을 그릴 때 가장 어려웠나?

표 VII-3. 교사와 아동을 위한 체크리스트의 예: 4학년, 상상하여 그리기

(미술교육입문, 김정희, 2002)

년 월 일 학년 반 이름	잘했음	보통	잘못했음
1. 상상한 내용이 잘 표현되었나? 2. 여러 가지 모양으로 표현하였나? 3. 상상한 내용과 잘 어울리는 색을 사용하였나? 4. 준비한 재료를 효과적으로 사용하였나? 5. 먼 것과 가까운 것의 차이를 잘 표현하였나? 6. 작품에 대한 설명을 잘 하였나?			

이렇듯 평가의 새로운 동향은 양적 평가와 질적 평가의 방법이 배타적이 아닌 상호보완적인 것으로 보고 있으며 교과 교육의 평가 방향은 종합적이고 통합적인 관접에서 제시되고 있다.

3. 미술교육과 미술치료의 비교

미술치료는 사람들이 창작하도록 도와주는 작업을 포함하기 때문에 자연히 교육적인 요소가 있다. 그러나 교육은 치료라는 근본적인 목표를 위한 보조적인 것이다. 바꿔 말하면, 미술치료사가 미술치료기법을 가르칠 때는 단순히 기능 자체를 위한 것이 아니라, 그 기법으로 사람의 감정을 보다 분명하게 표현하게 하고 높은 수준의 승화를 경험하게 하며 또는 높은 자존감을 성취하도록 도와주기 위하여 가르친다는 것이다.

마찬가지로 미술교육도 치료적인 면들을 가진다. 훌륭한 미술교사들은 넓고 유익한 방식으로 학생들의 능력을 길러주고 성장을 증진 시킨다. 그리고 미술활동이 사회적, 정서적인 성장을 증진시킨다는 것은 의문의 여지가 없다. 미술은 긴장을 풀게 하고, 마음속에 감추어진 것들을 가시화하고, 말로 옮기는 것이 어렵거나 불가능한 생각들을 표현하게 하는 등의 여러 가지 이유로 치료적인 힘을 내재하고 있다.

따라서 미술치료 회기는 미술 수업처럼 보일 수 있고, 미술치료 그룹은 학급처럼 보일 수 있다. 미술치료와 미술교육은 재료가 같고 접근방법들도 제한이 없는 것부터 고도로 구조화된 것까지의 범위를 가진다. 치료사가 사용하는 언어도 미술교사의 언어와 구분되지

않을 수 있다. 그러나 근본적인 차이는 미술치료사와 미술치료 참가자들의 마음 속, 즉 보이지 않는 곳에 있다.

미술치료사는 미술 평가를 할 때 발생하는 현상을 임상으로 훈련된 눈으로 보며 심리학적으로 조율된 귀로 듣는다. 치료사는 자신과 미술재료에 대한 개인의 상호작용을 통하며, 표현된 어떤 작품에 대한 반응과 행동의 모든 양상에 주의를 집중한다. 치료사는 이러한 단서들을 통하여 그가 발달상의 어떤 단계에 있는지, 그의 근본적인 갈등은 무엇인지, 그가 갈등을 어떻게 대처하고 있는지를 평가한다.

이렇게 미술교육과 미술치료는 다른 점이 있지만 그것을 명쾌하게 설명하는 것은 쉽지 않다. 그러나 교육과 치료는 근본적인 목표에서 차이가 난다.

이 두 부분의 구분이 불분명하지만 큰 맥락에서 차이를 비교 해보면 다음과 같다.

표 VII-4.

	미술교육	미술치료
대상	일반 아동	장애 아동
목적과 가치	· 미술에 대한 이론과 실기를 지도 · 객관적이고 미적인 가치를 평가 · 미적 감각과 발전적 기능을 단계적으로 지도 · 상상력과 창의력 계발 · 자기표현과 의사소통의 수단이 된다.	· 개인에 초점을 두고 작업 · 계획을 세우지만 상황에 따른 개연성이 생긴다. · 심리적, 정신적인 문제를 표현 · 결과보다는 작업 과정과 상호 관계가 중요하다. · 활동을 통한 자아개념과 감정을 정화 · 인지능력과 신체적 능력 향상 · 창작을 통한 성장, 재활, 치료의 역할을 한다.
	· 신체적 성장 · 지각 성장 · 정서적 성장 · 지적 성장 · 사회적 성장 · 심미적 성장 · 창의적 성장	· 발달 장애아의 신체발달 · 정서장애아의 정서 능력 함양과 안정 · 학습장애, 언어장애아의 인지능력 향상 · 대인관계 개성 및 형성, 발달 · 뇌 개발과 자기 표현력 증진 및 자아성장

미술치료와 미술교육은 따로 생각 할 수 없으며 특히, 아동과 청소년을 위한 미술치료는 교육적인 부분을 도외시 할 수 없다. 이러한 점과 관련하여 미술교사나 상담교사들에게 큰 관심을 갖게 한다. 미술치료사들에게 또한 미술교육의 이론과 사상들을 무시한 미술치료란 있을 수 없다.

미술교육과 미술치료의 공통점은 미술이라는 예술 형태를 기본으로 두고 있으며, 조화로운 인격 발달과 올바른 성장에 기여하는 것이라 하겠다.

즉, 가장 올바른 교육자의 입장은 원만하고 융통성 있는 조형 활동을 통하여 학생이 자신감을 가지고 사회적, 정서적 성장을 증진 할 수 있게 이끌어 주는 것이며 가장 올바른 치료자의 입장 역시 내담자 자신의 창의력을 장려해서 내면적인 것을 마음껏 표현하고 표출할 수 있게 이끌어 주고 자기 존중감을 상승 시키는 것과 잃어버린 균형을 찾게 도와주며 그들이 환경적, 정서적, 인지적 그 외의 많은 충격들을 완화 시키는 역할을 하는 것이라 할 수 있겠다.

VIII. 미술치료와 매체연구

1. 재료의 의미

재료란 표현의 제재로써 흔히 안료, 물감, 목재, 철재 등 예술의 물질적 원료로 정의한다. 하지만 그 의미를 좀 더 포괄적으로 정의하면 창조과정의 결과에 있어서 예술적인 여러 형상을 산출해 낼 모든 전제로서의 소재라고 말할 수 있을 것이다.

재료는 그 자체로 시각적, 촉각적, 감각적인 성격을 지니고 있으므로 어떤 재료를 가지고 작업하든지 작품에 큰 영향을 미친다. 특히 현대 미술에서는 재료 자체가 주는 상징성과 표현력에 중점을 두고, 다양한 표현방법을 사용하여 재료를 작품에 적극적으로 활용하고 있다. 즉 현대 미술에서는 재료가 단순히 표현을 위한 수단이 아니라 그 자체가 내면을 상징하고 표현하는 주된 역할을 감당하고 있는 것이다. 이러한 재료의 인식이 확장됨에 따라 재료자체를 하나의 개별 작품으로 평가하고자 하는 개념미술(conceptual art)이 형성되었다. 개념미술의 작가인 플랭클린(R. Franklin)은 재료와 기술만이 독창적인 자기 예술 창조에 성공할 수 있다고 말한다.

이처럼 예술작품에서 재료가 지니는 효과는 작품의 동기와 형태, 표현 및 정서적 기능과도 밀접하게 연결되어 작가의 의도와 심리를 잘 드러내도록 해준다.

예술작품과 마찬가지로 미술치료에서의 재료는 표현방법을 결정하는 중요한 의미 외에도 내담자의 이미지를 시각적으로 형상화하고 느낌과 생각을 보여주는 의사소통의 매개체 역할을 한다. 따라서 내담자에게 재료를 다루지 못하거나 다루기에 부적합한 것이라면, 그 재료는 매체가 될 수 없는 것이다. 내담자가 자신이 선택한 재료를 통해 자신의 생각과 느낌을 표현할 수 있을 때 그 재료는 매체가 된다. 미술치료에 있어서 환자는 자신의 경험이나 생각을 바탕으로 이미지를 표현하지만, 이를 시각적으로 형상화하기 위해서는 반드시 재료를 통해야만 한다. 따라서 재료는 환자의 감정을 현실적으로 표현하도록 유도하기 위한 필수적인 매체이다.

또한 미술치료에 있어서 재료는 환자에게 호기심과 흥미를 유발하고 감수성을 강화하는 의미도 지니고 있다. 즉 재료를 통해 이미지를 형상화하고 재구성하는 과정을 통해 상상력과 창의력을 자극 할 수 있는 것이다. 따라서 치료사는 새롭고 다양한 재료를 통해 내담자의 상상력을 자극하고 표현의욕을 고취시켜 창의적 표현을 하도록 유도할 수 있다.

다양한 재료를 체험하는 것은 내담자의 다양한 표현 욕구를 충족시킬 뿐 아니라 환자의 신체 감각을 활성화시켜주며 균형 있는 신체발달을 증진시키는 역할도 담당한다.

따라서 미술치료에 있어 재료와 매체는 내담자의 심리를 이해하는데 중요한 역할을 하므로 이것에 대하여 폭넓은 이해와 경험을 가지는 것은 미술치료의 큰 바탕을 이룰 수 있다.

환자를 위하여 치료사들이 알아야하는 매체의 다양한 중요성은 다음과 같다.

미술치료사들이 단순한 매체와 과정을 더 선호하는 이유는

첫째, 덜 구조화 된 매체일수록 환자들의 심리적인 투사가 용이하기 때문이며 창작만이 미술 치료적이다.

두 번째, 실용성 때문이다.

세 번째, 모든 연령에서 약간의 지시 또는 아무런 지시 없이도 사용될 수 있기 때문이다.

네 번째는 적당한 품질의 재료 선정에 유의해야 한다.

미술치료사는 재료를 소중히 다루며 매체와 도구를 정성스럽게 다룬다. 치료자가 재료와

내담자의 작품을 다루고 보관하는 모습이 환자에게 더 중요한 메시지를 전달할 수 있는 것과 비슷하다.

미술치료사는 환자가 창조적 의도를 현실화하는데 부딪치는 문제를 적절히 해결해 주기 위해 서로 다른 매체, 질감, 도구의 독특한 사용법을 충분히 알고 있어야한다.

재료의 무게, 질감, 색깔, 크기가 다양한 종이와 여러 종류의 마분지, 캔버스, 돌, 나무처럼 일반적으로 표면에 작업하는 재료가 있다. - 치료사는 각각의 종이가 지닌 한계점이나 장점을 파악할 필요가 있고 그리거나 색칠 할 때 효과적인 크기, 질감 등의 선택에 도움을 줄 수 있도록 한다.

재료의 특징을 알아야 한다.

그리기 재료의 경우 모든 종류의 연필, 부드러운, 단단한, 색이 있는 목탄, 거친 표면에 적합한, 도자기 위에 가능한, 사인펜, 펜, 볼펜, 잉크, 마커, 크레용, 크레파스와 페인트스틱, 콘테, 파스텔 등에서도 어떤 질감의 종이가 그 도구에 가장 적합한지를 알고 있어야한다.

채색도구의 경우도 수채물감(액체, 고체), 템페라, 과슈(gouche)와 카제인(casein), 핑거페인팅, 가루비누, 액체세제, 유성물감, 아크릴물감, 액상크레용(Liquid Crayon) 등 다양한 재료를 사용함으로서 각기 다른 질감의 효과를 만들어 낼 수 있다.

조형modeling 재료로는 가마에 굽는 점토, 오븐에 굽는 점토, 공기 중에 말리는 점토, 유성 점토 등의 인공점토와 천연점토에 대해 알고 종이반죽의 다양한 종류와 합성 혹은 가루형태의 점토(구운 후에 구부러질 수 있는 Elastic clay, 굳은 상태일 때 붙이고 색칠하는 Super wood)등의 특성과 재료를 다루는 적합한 도구를 알고 있어야 한다.

딱딱한 종이, 철사, 헝겊, 실, 나무, 플라스틱과 가위, 붓, 조형도구, 칼, 호치키스, 끈, 테이프, 풀, 접착제등의 재료의 다루는 방법을 아는 것도 중요하다.

더욱 중요한 것은 미술치료사가 누군가를 위해 재료를 선택하거나 추천할 때 재료를 성공적으로 다룰 수 있는지, 창작의도에 적합한 매체인지 고려해야 한다. 그러기 위해서는 특히 내담자의 지각-운동능력은 물론 매체의 난이도를 잘 파악하고 있는 것이 도움이 된다.

치료사가 재료 결정시 나누어주는 방법, 청소, 관리, 물, 비누의 사용 가능성, 시간, 공간과 충분한 예산인지, 최적의 환경인지를 분명하게 고려해야 한다.

재료의 효율성을 안다.

재료의 여러 가지 정서적, 지적반응으로 핑거페인팅은 부드럽고, 축축하고 두껍고, 색깔이 다양하게 느껴질 수 있으며 손을 직접 대는지, 않는 지에 따라 풍부하게 느끼거나 지저분하게 느껴질 수 있다.

점토는 즐거움, 아주 싫음, 차가움, 단단함, 부드러움 등의 감정을 경험 할 수도 있다. 투사적인도구로 두껍고 손잡이가 긴 붓은 강한 성격의 사람에게 강력하게 작용하거나, 못을 나무에 박는 것은 공격성을 풀어 놓는 것 혹은 불안감을 야기 시키는 금지된 행동으로 느낄 수도 있다. 나무를 사포로 문지는 것은 사랑스럽게 쓰다듬는 경험이나 적대적인 공격으로 느낄 수도 있다.

유동적이고 다채로운 것을 원하는 경우는 그림물감과 동일시 하지만 자신을 통제 불능하게 하는 재료라고 느낄 때는 위협적으로 다가갈 수 있다.

이렇게 각 재료에 대한 개인의 반응이 그들의 내면세계의 투사라고 볼 수 있다. 그리고 이러한 미술매체, 도구, 과정에 대한 지식은 개인적이며 본질적인 경험을 통해서만 얻을 수 있겠다(쥬디 아론 루빈, 2001).

표현치료의 기법선정체계를 매체 선정, 지시방법 선정, 구조화의 강도 선정 등의 세 가지 차원이 가지는 치료적인 의의를 발달적인 맥락에서 소개한다. 즉 아이가 태어나면 자신의 몸 차원에서 감각 및 동작 적 차원, 그리고 상징적 형태나 색상차원, 놀이 및 언어차원으로 발달한다고 하였다.

한 개인의 발달이나 발생학적인 발달맥락에서 인간은 다음과 같은 발달 단계를 거치며, 각 발달 단계에 상응하는 예술 매체는 표 VIII-1과 같다.

표 VIII-1. 인간발달과 상응하는 예술매체

발달순서	상응하는 표현매체	지시방법	구조강도	피아제의발달이론
〈성인, 발달후기〉				
언어차원의 표현(lexical)	능동적인 언어사용	지식적	구조적	형식적 조작 단계
도상차원의 표현(iconic)	연극, 놀이 활동			구체적 조작 단계
형태차원의 표현(imagestic)	미술, 놀이 활동			전 조작단계
감각차원의 표현(kinesthetic)	신체동작, 무용 활동			
몸 자체(내면자극에 의한 반응)	냄새 맡고 연관된 기억하는	비지시적	비구조적	감각운동단계
〈신생아, 발달 초기〉				

초기 발달에 해당하는 신체자체가 개입되는 예술 매체는 심리적으로 원초적인 차원에 해당하는 만큼 퇴행적인 소지가 많고, 침투 적이며 강력한 치유력을 가지고 있다고 볼 수 있다. 발달 후기에 해당하는 언어 매체는 덜 위협적이기는 하지만 치료에 필요한 퇴행의 소지가 결여 되어 있다고 하겠다.

예술치료는 다양한 예술매체가 정상적인 유아의 발달단계를 대변할 수 있다. 유아의 발달을 연구 한 대부분의 학자들이 유아의 발달이 신체, 동작 적 차원에서 이미지나 제스처, 그리고 언어 형태의 표현으로 이루어진다고 보고 있다.

피아제를 위시한 Brunner, Werner 등의 학자는 이 단계를 신체 감각적(kinesthetic), 행동화(an active), 이미지(image), 도상적(iconic), 상징적(symbolic), 언어적(lexical) 단계라고 명명하였다(존슨, 1999).

미술치료는 위의 도표 상에서 봤을 때 발달 사다리의 중간에 위치하므로 가장 안전한 예술매체라고 볼 수 있다.

2. 미술매체의 선택

미술치료가 작품을 분석하는 것보다 창작과정을 치료과정으로 전환한다는 차원에서 시행되는 경우에 적절한 재료와 방법의 선택이 큰 역할을 한다. 이러한 재료와 기법의 선택 기준은 직접적인 창작 경험에 매우 중요하게 작용된다. 재료와 방법이 어떤 목적으로 쓰여지는가를 알기 위해서 먼저 치료라는 의미는 창작활동을 통하여 증상이 경감되도록 도와주는 것이며 내담자의 문제를 들어주거나 적당한 시기에 적당한 창작방법을 활용해 증상의 치유와 함께 호전되도록 도와주는 것, 정신성장 과정을 촉진하게 도와주는 것, 보다 건전한 성격으로 전환하도록 도와주는 것, 남의 감정에 대한 이해심이 증진되도록 도와주는 것이라고 하겠다.

미술치료 기법은 창작에서 자연스러운 자기표현을 하게하고 얼마나 솔직하게 표현하였느냐에 따라 그 예술성을 판단하게 된다.

독창적인 표현의 창작과정에 필요한 화구의 선택, 작품의 질감, 유연성, 상상력, 화합하려는 노력, 새로운 가능성에 도전하는 용기 등 각 재료가 가지는 특성에 대한 이해가 중요하다. 화구의 선택에서는 대개 연필, 크레용 등의 간단한 재료가 쓰이지만 치유성을 촉진

표 VIII-2. 미술매체의 특성(Landgarten, 1987)

젖은 점토	그림물감	부드러운 점토	오일파스텔	두꺼운 켄트지	꼴라쥬	단단한 점토	얇은 켄트지	색연필	연필
1	2	3	4	5	6	7	8	9	10

가장 낮게 통제 가장 높게 통제

하기에 빈약할 수도 있다. 어떤 화구는 자아의식을 증진시키고 어떤 화구는 본능적이고 깊은 무의식의 차원까지 영향을 미치며, 성취감, 흥미위주 등이 화구선택에 따라 좌우되기도 한다(김진숙, 1993).

미술치료는 미술재료의 사용에 따라서 치료효과가 많은 영향을 받게 된다. 따라서 미술치료사는 재료가 가지는 치료적인 효과에 대한 깊은 이해가 필요하며, 치료의 목표와 방향이나 내담자의 요구에 따라서 융통성 있게 선택해야 한다. 이 때 고려해야할 중요한 점은 촉진과 통제이다. 따라서 미술치료사는 미술매체들의 특성(표 VIII-2)에 따라 어떤 효과를 낼 수 있느냐를 고려하여 선택해야 하며, 내담자의 욕구에 민감하게 반응할 줄 알아야 한다(Wadeson, 1980).

미술치료를 위한 매체 선택 시 유의 사항으로는 다음과 같다.

- 내담자와의 접근성이 좋아야 한다.
- 주변에서 구하기 쉽고 너무 많은 비용이 들지 않는 것이 좋다.
- 표현재료에 변화를 주어야 한다.
- 안전하고 위생적이어야 한다.
- 내담자의 감각에 맞게 자극하고 통합할 수 있어야 한다.
- 내담자의 운동감각과 심리적 상태를 고려해야 한다.

3. 미술매체의 활용

미술치료에 있어 치료사는 미술 매체가 가진 각각의 특징을 통해 환자를 파악할 수 있게 된다. 즉 연필을 사용한 경우 선의 특징을 관찰하고, 색채의 경우 색이 가진 특성과 상징적 의미 등을 통해 심리변화를 탐색할 수 있고 그에 따른 치료를 병행할 수 있는 것이다. 또한 내담자가 선택한 재료의 촉감, 유동성 등을 통해 진단하기도 한다. 예를 들어 환자가 딱딱한 재료만을 선택하여 쓰는 경우 경직되고 공격적일 수 있으므로 서서히 둥글고 부드러운 재료를 쓰도록 유도하는 것이 좋다.

일반적으로 미술치료 시에 미술 매체는 환자가 자유롭게 선택하도록 하는 것이 바람직하나 환자가 재료에 대한 이해가 부족하거나 사용방법을 모르고 있을 때는 치료사가 미술매제를 적절히 제시해줄 필요가 있다. 그러나 어떠한 미술매체에 대하여 너무 제한된 사용방법을 제시하거나 적용범위를 규정하여 특정 재료가 어떤 증상에 효과가 있는 것처럼 단정짓는 것은 내담자의 능동적인 반응을 축소시키고, 오히려 상상력과 창의력의 개발을 막을 수 있기 때문에 위험하다. 그리고 치료사 자신도 한정된 사고로 인해 환자의 여러 가지 표현의 가능성과 치료효과를 통찰하는 데 방해 요인이 될 수 있다. 따라서 어떠한 재료에 대한 사례들은 내담자를 치료하기 위한 정보로만 준비하고, 내담자의 상태와 성격에 맞게 융통성 있는 적용이 필요하다.

이 가운데 환자와 치료자간에 라포가 형성되면, 이때부터 재료사용 및 표현방법에 대한 명백한 이유를 설명하고 상황에 따라 환자를 더욱 촉진시키기 위한 제안을 한다. 촉진을 위한 매체로는 비구조화 된 재료들을 사용하는 것이 좋다. 이는 비구조화 된 재료들은 내담자가 스스로 능동적으로 생각하고 독창적으로 표현을 할 수 있도록 유도하기 때문이다. 이를 위해서는 내담자가 자발적으로 재료를 선택하고 사용할 수 있도록 색상, 재질, 크기, 형태, 종류 등이 다양한 재료를 제공하는 것이 좋다. 이러한 다양한 재료의 활용을 통해 환자는 상상력을 개발할 수 있다.

치료사는 미술치료 시에 환자의 특성을 고려하여 미술매체를 선택 할 수 있다. 매체의 선택에 있어 환자의 성격과 반대성향의 재료를 제공하는 것은 그의 내면세계에 억압된 부분을 재통합하는 기회를 줄 수 있으므로 매우 중요하다. 예를 들어 충동적 성향을 가진 환자에게는 색연필, 사인펜과 같은 딱딱한 재료를 사용해 충동적 성향을 통제할 수 있어야 하고, 강박관념, 우울증이나 성격이 경직된 환자에게는 진흙이나 핑거페인팅 등이 좋으나 충동적이고 자아경계가 불분명한 환자에게는 충동적 성향을 더욱 심화시킬 수 있고 퇴행을 촉진시킬 수 있으므로 유의해야 한다.

재료가 실제성을 가지고 있는지 추상성을 가지고 있는지에 따라서도 적용 대상이 달라질 수 있다. 예를 들어 노인들의 경우는 실제성을 가진 재료를 통한 창작과정이 좋은데, 이것은 노인들의 사고과정은 점차 경직되어 가기 때문에 추상적인 창작력은 오히려 노인들에게 창작에 대한 두려움을 줄 수 있기 때문이다. 반면 추상적인 재료는 실수를 좋은 창작의 방법으로 이끌 수 있다는 장점이 있다.

그 외에 색종이 꼴라쥬와 같은 성취감과 자부심을 가지게 할 수 있는 재료의 경우 회복기 환자들에게 자신감을 줄 수 있으며 가면이나 인형 등의 투사성이 강한 재료들은 내면의 문제를 투사할 수 있는 좋은 매체라고 볼 수 있다. 유아동의 경우는 감각을 자극하고 촉진하며 통제의 효과를 줄 수 있는 곡물, 폐품 류, 생활용품까지도 재료로 활용하되 참여자의 기능수준을 고려해 제공해야 한다.

반면 너무 생소한 재료는 자아가 미성숙한 경우 좌절감을 경험하게 하며, 쉽게 찢어지는 신문지나 잘 부서지는 분필과 같은 재료들은 적절하게 사용되지 않을 경우 오히려 좌절을 유발시킬 수 있으므로 주의해야 한다.

따라서 환자의 다양한 요구와 특성에 맞추어 융통성 있게 재료를 제공하며, 재료가 주는 치료적 특성을 고려하여 재료 및 접근 방법을 선택하게 된다면 보다 과학적인 미술치료에 접근 할 수 있을 것이다.

4. 매체의 분류 및 탐색

미술매체는 치료의 목표와 방향에 따라 융통성 있게 사용해야 하는데, 재료의 특성과 표현활동에 따라서 면으로 된 매체, 그리기를 위한 매체, 입체로 된 매체, 헝겊 및 선으로 된 매체, 크림 성 매체 및 가루매체로 나누어 볼 수 있다. 다양한 재료의 활용은 먼저 내담자의 활동을 적절하게 지원할 수 있도록 치료자 자신이 자신 있게 다룰 수 있는 것이 중요하다. 따라서 치료사는 다양한 매체에 대한 여러 가지 탐색과 기법개발을 위한 노력이 선행되어야 한다.

1) 면으로 된 매체

* 종류

- 종이 : 신문지, 인쇄용지, 필기용지, 도서용지, 도화지(캔트지, 와트만지, 색상지), 포장지(크라프트지), 박엽지(그래싱지, 모조지), 먹지, 잡종지(아트지), 주름지, 골판지, 한지, 닥지, 배접지, 화선지, 색종이, 습자지, 화장지, 신문지 등.
- 그 외 : 석고붕대, 쿠킹호일, 셀로판지, 부직포, 시트지, 우드락, 합판, 망사, 랩, 사포, 고무판, 목판, 아크릴 판 등

* 탐색하기

- 잘게 뜯기
- 잘게 뜯어 붙이기
- 칼, 가위로 자르기
- 손으로 찢기
- 평평하게 접기
- 둥글게 말기
- 접어서 꺾기
- 겹쳐서 붙이기
- 긁기
- 뭉치기 (구기기)
- 자국 내기 (찍기)
- 비틀기, 꼬기
- 짜 맞추기
- 구멍 뚫기

* 특성

- 재료에 따라 다양한 형태를 만들 수 있다.

- 독특한 효과를 가져다준다.
- 입체조형의 재료가 될 수 있다.

2) 그리기 매체

*** 종류**

- 소묘재료 : 연필, 색연필, 콘테, 볼펜, 사인펜, 매직펜 등
- 채색재료 : 수채물감, 포스터컬러, 아크릴 물감, 색연필, 수채색연필, 사인펜, 파스텔, 크레용, 크레파스, 파스넷, 잉크나 먹물, 천연염료 등

*** 탐색하기**

- 점을 찍어 나타내기
- 선긋기
- 여러 자루를 잡고 점찍기, 긋기
- 다양한 재료 위에 그리기
- 문지르기
- 녹여 그리기
- 여러 재료 혼합하여 색칠하기
- 긁어내기
- 스트로크 내기

*** 특성**

- 사인펜 : 선이 분명하고 밝으며 일정한 굵기로 나오므로 유아들에게 좋은 재료이고 색칠보다는 밑그림을 그리기에 더 용이하다.
- 크레파스 : 취급이 간단하고 편리하다. 강한 선이나 선명한 색깔을 자유롭게 표현하기 쉬우며, 발색이 잘 된다. 혼색이 간단하다.
- 파스텔 : 파스텔은 평면표현 재료의 결함을 보완할 수 있는 독특한 재료이다. 파스텔의 막대 모양 형태는 파스텔의 획에 선적인 특성을 부여해 주므로 자유로운 선의 특성을 이용할 수 있게 해주며 명암을 선으로 조정할 수 있게 해준다. 한편 부드러운 질감

효과를 내는데 적절하다. 파스텔은 손의 감각을 가장 직접적으로 전달해 주는 채색 재료이다. 파스텔에는 소프트 파스텔과 하드 파스텔, 파스텔 연필, 오일 파스텔, 수용성 파스텔 등의 다양한 종류가 있다.

3) 입체로 된 매체

* 종류

구슬, 단추, 풍선, 공, 양초, 솜, 스폰지, 스팡글, 스치로폼, 모형 꽃, 조화, 자연물(나뭇가지, 꽃, 과일, 야채, 돌맹이 등), 점토(지점토, 색점토, 고무점포, 천사점토, 아트 클레이), 석고, 종이죽, 목재, 대나무, 유리 등

* 탐색하기

- 주무르기, 쥐기, 뭉치기
- 짓누르기, 두들기기
- 비비기. 말기. 굴리기.
- 구부리기. 접기. 비틀기. 떠내기.
- 붙이기, 빗기, 끊이기
- 뜯기, 긁어내기, 깎아내기, 구멍을 뚫기
- 꽂기, 찍기, 던지기
- 조각내기, 쪼개기
- 불에 그을리기, 착색하기

* 특성

- 유연성, 변형성, 변질성, 촉감성이 뛰어나다.
- 역동적인 재료가 될 수 있다.

4) 헝겊 및 선으로 된 매체

*** 종류**

- 다양한 섬유원단(우단, 면, 마, 모직, 비단, 린넨, 망사, 가죽, 인조가죽 등)
- 끈(한지 끈, 면 끈, 가죽 끈, 운동화 끈), 고무줄, 실(털실, 레이스실, 무명실, 면실), 리본 테이프, 피복전선, 모루막대, 철사, 나무젓가락, 성냥개비, 이쑤시개, 빨대, 면봉, 수수깡, 막대기

*** 탐색하기**

- 손으로 찢기, 가위로 자르기
- 꿰매기,
- 다른 물체와 이어보기
- 돌돌 말아 감기
- 구멍을 뚫어 매달기
- 여러 개를 붙여서 면으로 나타내기
- 접거나 포개기, 구부리기

*** 특징**

- 넓은 공간에서 역동적인 재료로 사용할 수 있다.
- 탄력성이 있어 자유롭게 변형이 가능하다.

5) 크림 성 매체 및 가루매체

*** 종류**

밀가루 풀, 생크림, 무스, 반짝이 풀, 로션, 크림, 밀가루, 전분, 색 톱밥, 석고가루, 모래, 색모래, 소금 등

＊ 탐색하기

- 흩뿌리기
- 비비기, 바르기
- 다른 재료와 섞어 사용하기

＊ 특징

- 물질이 가지고 있는 고유의 특징이 있다.
- 소근육 활동에 도움이 된다.
- 역동적인 활동이 된다.
- 촉각적인 표현효과를 준다.

앞서 살펴본 것 같이 재료의 탐색을 위해서는 표현재료에 대한 가능성 탐색이 우선되어야 한다. 표현재료에 대한 가능성 탐색이란, 어떤 특정 재료에 대해 그 재료로 표현 가능한 모든 조형 활동을 다양하게 시도해보는 것을 말한다. 예를 들어 종이를 가지고 찢기, 자르기, 구기기, 비틀어보기 등의 활동을 통해 가능성을 탐색해 보는 것이다. 이러한 기본재료에 대한 다양한 탐색이 이루어진 후에는 표현기법에 대한 가능성 탐색이 되어져야 한다. 즉 재료를 이용해 다양한 탐색을 한 후 자기에게 맞는 표현기법으로 자신이 표현하고 싶은 것을 표현하는 것이다. 예를 들어 종이를 구긴 후 다시 펴서 그림을 그리거나, 구긴 종이에 물감을 찍어 이미지를 표현하는 등 자신이 표현하고자 하는 의도를 정하여 나타내는 것이다.

이를 미술치료에 적용시킨다면 내담자에게 다양한 재료에 대한 탐색 및 제공의 기회를 줌으로서 내담자들이 자유롭게 자신의 느낌이나, 표현하고자 하는 바를 반영할 수 있다. 또한 기존의 방식을 뛰어넘거나 통합하는 표현을 가능하게 한다.

재료 탐색 의 과정을 정리하면 다음과 같다.

- 재료의 색깔과 질감과 두께 등 표면적인 차이점들을 살펴본다.
- 재료로 가능한 다양한 탐색을 해보고 효과를 살펴본다.
- 탐색 도중 자기에게 맞는 표현기법으로 자신이 표현하고자 하는 의도를 정하여 나타낸다.

5. 매체와 미술치료 기법

미술 재료는 현대에 들어와 더욱 다양해졌고, 그 의미와 역할도 광범위해지고 있다. 현대미술의 발달은 더욱 새로운 재료와 표현방법의 가능성을 제공하고 있으며, 이에 따라 더욱 독창적인 재료와 기법이 생겨나고 있다. 이러한 흐름과 달리 우리나라 미술치료 기법의 현실은 창작성과 창작과정을 통한 치료라고 하기엔 아직 미비한 부분이 많으며, 그림 진단과 해석 부분에 치중하고 있는 실정이다.

우리가 종종 '미술치료기법'이라고 부르는 구조화된 접근 방법이 영리하고 창의적이고 무해한 것이지만 이러한 구조화된 방법들은 환자들로 하여금 자신만의 창의적인 방식을 찾는 것을 방해하거나 진정한 미술경험의 진수를 박탈할 수 있다는 점에서 우려를 표명하였다(Judith A. Rubin, 2001). 내담자들이 다양한 재료를 탐색하고 자유롭게 자신의 내면을 표현할 수 있도록 하는 것은 치료사의 직무이다. 따라서 미술치료사는 스스로 다양한 매체에 대한 연구에 힘써야할 뿐 아니라, 새로운 기법의 개발과 적용을 통해 각양각색의 환자들에게 매체가 적절히 기능을 발휘할 수 있도록 습득하고 끊임없이 노력해야 한다.

다양한 매체를 활용한 미술치료기법

* 감정드로잉 1

1. 재료	아크릴, 파스텔, 넓은 붓, 캔트지
2. 재료의 특성	*파스텔: 색감이 부드러우며, 아크릴 위에 작업을 하면 아크릴과 대비되어 표현효과를 높일 수 있다. *아크릴 물감: 발색이 좋고, 빨리 마르고, 점성이 있어서 밀도감을 느낄 수 있다. *넓은 붓: 붓의 표면적이 넓어서 터치감을 살릴 수 있고, 터치 자체가 표현기법이 될 수 있다.
3. 순서	1) 넓은 붓을 이용해 자신이 원하는 색상을 선택하여 직선과 곡선을 그어 바탕을 매꿔나간다. (단. 내담자의 상황에 맞게 선의 방향이나 물감의 농도, 색상은 자유롭게 변형될 수 있다) 2) 물감이 마른 후, 그림의 느낌을 살펴보고 떠오르는 감정을 파스텔이나 콩테 등을 사용해 표현해본다.
4. 효과	1) 넓은 붓을 이용하여 칠할 때 시원한 느낌을 주며, 이를 통해 억압된 감정이 분출된다. 2) 색상을 통해 자신의 감정을 표현할 수 있다. 3) 재료의 특성만으로도 작업효과가 뛰어나고, 표현력과 완성도가 커서 성취감을 높일 수 있다.
5. 작품 (1)	 
5. 작품 (2)	 

* 감정드로잉 2

1. 재료	하드보드지, 골판지, 화선지, 수채화 물감, 풀, 붓
2. 재료의 특성	*화선지: 잘 구겨지고 물감의 흡수력도 좋아서 다루기 쉽다. *골판지: 화선지의 부드러운 느낌과 대비되어, 서로의 특성을 더 부각시킬 수 있다. *수채화 물감: 농도조절과 색감조절이 편하고, 화선지와 골판지, 각각의 매체들과 잘 어울리며 쓰기 편하다.
3. 순서	1) 화선지를 하드보드지 위에 자신의 감정대로 구기거나 찢어서 붙인다. 2) 골판지를 손으로 찢거나 잘라서 느끼는대로 붙이거나, 떠오르는 형상을 만들어 본다. 3) 붓으로 화선지와 골판지 위에 물감의 농도를 다양하게 하여 표현해본다.
4. 효과	1) 부드러운 화선지와 거친 골판지의 대조적인 느낌에 따라 수채화 물감의 표현이 다르게 어우러져서 다양한 감정을 느낄 수 있다. 2) 촉각과 시각의 이중적 효과를 기대할 수 있다.
5. 작품	

* 아크릴판을 이용한 작업 1

1. 재료	투명아크릴판, 아크릴 물감, 빽붓
2. 재료의 특성	*투명아크릴판: 표면이 맨들맨들해서 물감이 스며들지 않고 겉에서 자연스럽게 섞이면서 흐르는 효과를 줄 수 있다. *아크릴 물감: 발색이 좋고, 빨리 마르고, 점성이 있어서 밀도감을 느낄 수 있다.
3. 순서	1. 아크릴판에 빽붓을 이용하여 아크릴 물감을 자신의 느낌을 자유롭게 표현한다. 2. 물감 칠이 된 아크릴판 위에 종이를 올려 찍어낸다.
4. 효과	1. 아크릴판에 물감이 자연스럽게 섞이는 우연의 효과가 긴장을 이완하고 마음을 편안하게 해주는 효과가 있다. 2. 의도하지 않은 형상이 쉽게 연출되어 미술작업에 대한 흥미를 유발할 수 있다. 3. 물감을 아크릴판에 칠하고 다시 찍어내는 2차적인 과정을 통해 감정의 정화를 경험할 수 있다.
5. 작품	    

* 아크릴판을 이용한 작업 2

1. 재료	투명아크릴판, 아크릴 물감, 붓
2. 재료의 특성	*투명아크릴판: 표면이 맨들맨들 해서 물감이 스며들지 않고 겉에서 자연스럽게 섞이면서 흐르는 효과를 줄 수 있다. *아크릴 물감: 발색이 좋고, 빨리 마르고, 점성이 있어서 밀도감을 느낄 수 있다.
3. 순서	1) 아크릴 물감에 적당히 물을 섞어 판위에 자유롭게 채색한다. 2) 다양한 색을 사용해 부분적으로 칠한 판을 기울여 색을 혼합시킨다. 3) 물감이 어느 정도 마르면, 색이 혼합되며 생기는 경계선을 따라 선명한 색으로 드로잉한다. 4) 경계선을 따라 드로잉 된 선을 보고 연상되는 그림을 만들어간다.
4. 효과	1) 난화와 같이 색으로 드로잉 해 무의식의 심상을 투사시킬 수 있다. 2) 아크릴 판에서 흐르듯 만들어지는 혼합색을 통해 고정된 감정을 유연하게 이완시킬 수 있다.
5. 작품	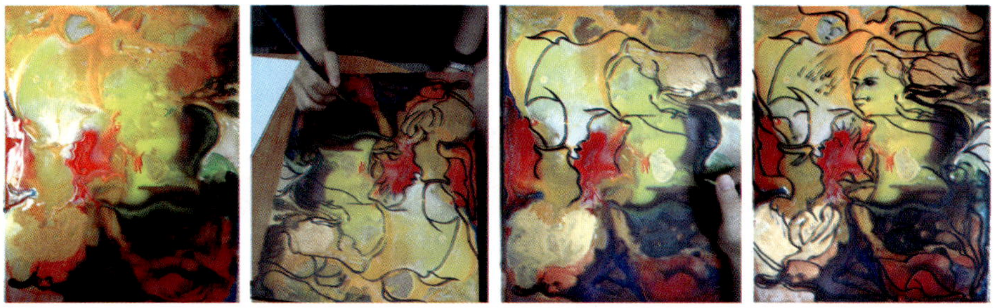

* 크레파스와 물감을 이용한 기법

1. 재료	크레파스, 수채화 물감, 도화지
2. 재료의 특성	*크레파스: 쓰기 편하고 부드러우며 어느 정도의 통제감도 있다. *아크릴 물감: 발색이 좋고, 빨리 마르고, 점성이 있어서 밀도감을 느낄 수 있다.
3. 순서	1) 도화지 위에 흰색 크레파스를 사용하여 자유롭게 그린다. 2) 그 위에 수채화 물감을 사용해 붓으로 칠하면 크레파스로 그린 부분이 드러난다. 3) 드러나는 이미지와 연상된 색을 사용해 다양한 이미지로 표현한다.
4. 효과	1) 흰색 크레파스를 통해 그림으로써 드러나지 않는 내면의 무의식을 자유롭게 표현하도록 유도한다. 2) 수채화 물감을 섞었을 때 물과 기름의 반발성을 통해 크레파스로 표현된 이미지가 나타남으로서 재미를 준다. 3) 흰색 크레파스로 표현된 선적 이미지를 색으로 형상화시킬 수 있다.
5. 작품	    

* 신문지를 이용한 기법

1. 재료	신문지, 풀, 도화지, 크레파스, 아크릴 물감
2. 재료의 특성	*신문지: 찢거나 구기는 등의 변형이 용이하며, 신문지 고유의 색상과 문자가 독특한 느낌을 준다. *크레파스: 쓰기 편하고 부드러우며 어느 정도의 통제감도 있다. *아크릴 물감: 발색이 좋고, 빨리 마르고, 점성이 있어서 밀도감을 느낄 수 있다.
3. 순서	1) 신문지를 찢거나 구겨서 도화지 위에 자유롭게 구성한다. 2) 구성한 신문지 위에 아크릴물감이나 크레파스 사용하여 이미지를 완성한다.
4. 효과	1) 신문지를 찢거나 구기는 과정에서 카타르시스를 경험할 수 있고, 표현에 제약없이 다양한 표현이 가능하다. 2) 신문지가 가진 무채색의 느낌과 문자가 색상과 어우러져서 새로운 작품성과 높은 성취감을 준다.
5. 작품 (1), (2)	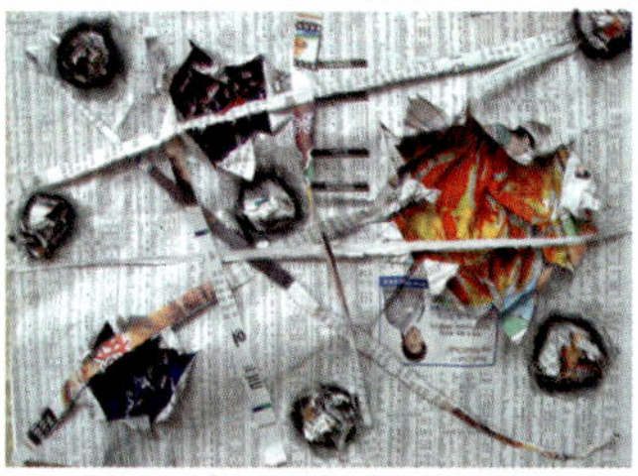 
5. 작품 (3)	

* 이미지를 통한 감정 표현하기

1. 재료	도화지, 선호하는 다양한 재료(파스텔, 크레파스, 색연필 등)
2. 순서	1) 개인이 선호하는 재료를 이용해 자아상을 그린다. 2) 그린 자아상 중 자신이 부각시키고 싶거나 변형하고 싶은 부분 위에 종이를 대어 붙인다. 3) 새롭게 종이가 올려진 부위에 대한 감정이나 떠오르는 이미지를 자유롭게 표현한다.
3. 효과	자신의 외모에 대해 느끼는 감정, 신체상 등을 표출하고 자신의 신체에 대해 탐색해 볼 수 있다.
4. 작품	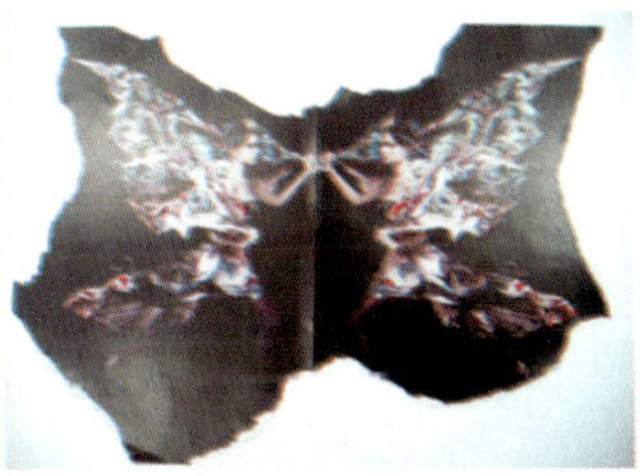  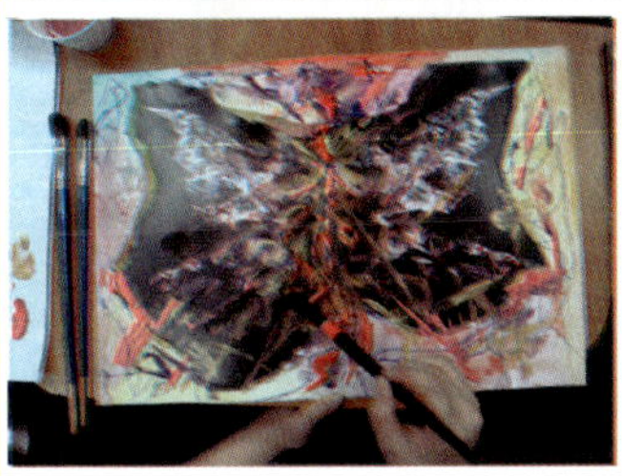 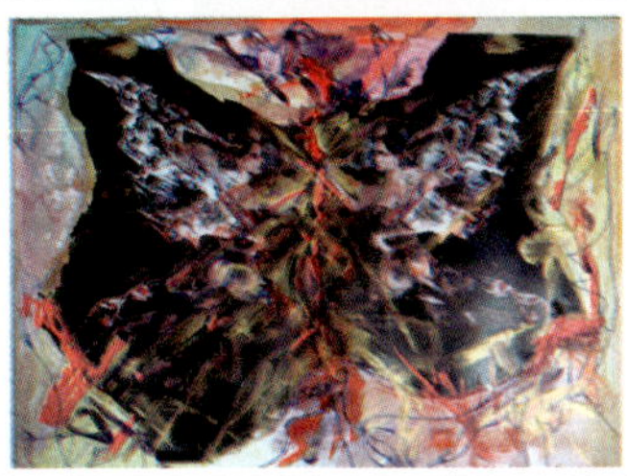

* 꼴라쥬를 이용한 관심사

1. 재료	도화지, 잡지사진, 가위, 풀, 사인펜 혹은 매직
2. 재료의 특성	*잡지 사진: 그림으로 정확히 표현하기 어려운 이미지를 나타내기 쉽다. 그러나 원하는 사진을 찾지 못할 경우 표현의 한계가 있다.
3. 순서	1) 잡지에서 자신이 원하는 이미지들을 찾아 놓는다. 2) 찾은 이미지들 중 자신이 표현하고자 하는 바와 가장 맞는 것들을 구성하여 붙인다. 3) 이를 바탕으로 사인펜을 이용해서 덧붙여 표현한다.
4. 효과	1) 그림에 대한 부담감을 줄 일 수 있고, 사진과 싸인펜 만으로 완성도를 높일 수 있어 성취감을 줄 수 있다. 2) 내면의 복잡한 심리나 상황을 시각적인 사진으로 정확히 표현함으로서 자신의 생각이나 감정이 명확하게 정리된다.
5. 작품	 

* 인물사진을 이용한 기법

1. 재료	잡지사진, 크레파스, 도화지, 아크릴 혹은 수채화 물감, 붓
2. 재료의 특성	*인물(잡지)사진: 그림이 아닌 사진을 통해 더 실제감을 주어 자기 자신을 투사하기 쉽다.
3. 순서	1) 도화지 위에 자신이 고른 인물사진을 찢거나 오려 붙인다. (형태변형 등도 가능) 2) 인물 사진 위나 주변에 물감이나 크레파스를 사용해 자유롭게 드로잉한다.
4. 효과	1) 인물사진을 사용함으로 그 인물을 통해 느껴지는 이미지에 자신의 감정을 투영시켜 표출할 수 있다. 2) 기존에 인물사진이 가진 고정된 이미지를 자신만의 표현을 적용시켜 새로운 이미지로의 변형이 가능하다.
5. 작품 (1), (2), (3)	  

* 퍼즐그림	
1. 재료	도화지, 채색도구, 칼
2. 재료의 특성	*크레파스: 쓰기 편하고 부드러우며 어느 정도의 통제감도 있다. *아크릴 물감: 발색이 좋고, 빨리 마르고, 점성이 있어서 밀도감을 느낄 수 있다.
3. 순서	1) 도화지 위에 흰색 크레파스나 마카, 물감 등의 채색도구를 사용하여 자유롭게 그린다. 2) 다 그린 그림을 사각형의 여러 개의 조각으로 자른다. 3) 자른 조각들을 다시 재구성하여 새로운 이미지를 만든다.
4. 효과	1) 그림을 조각으로 정교하게 자르면서 소근육을 강화시킬 수 있다. 2) 자른 조각들을 다시 재구성하는 과정을 통해 창의력과 상상력을 키울 수 있다. 3) 치매 노인이나 인지장애 환자들에게는 자른 조각을 섞어 원래의 모양으로 맞추어보게 함으로서 인지기능을 강화할 수 있다.
5. 작품	

* 난화를 이용한 자화상

1. 재료	도화지, 마커, 오일파스텔, 수채화 물감
2. 재료의 특성	*마커: 쓰기 편하고 선명하며 마커의 면적이 넓고 좁음을 이용한 굵기 조절이 가능하다. 수정이 용이하지 않다. *오일파스텔: 쓰기 편하고 크레파스와 비슷한 느낌이나 좀 더 부드러우며 잘 번져서 파스텔 효과가 난다. *수채화 물감: 농도조절과 색감조절을 통해 다양하고 풍부한 표현이 가능하며, 사용자만의 개성을 나타내기 쉽다.
3. 순서	1) 도화지 위에 다양한 색의 마카를 이용해 자신이 상상하는 얼굴의 이미지를 자유롭게 드로잉 한다. 2) 오일 파스텔 혹은 수채화 물감을 이용해 자신이 느끼거나 생각하는 데로 채색을 가미한다. 3) 다 표현 후 완성된 이미지와 자신의 모습을 연관 지어 생각해보며, 다른 사람과 느낌을 나눈다.
4. 효과	1) 자유로운 연상을 통해 자아상을 그려봄으로서 객관적 자아가 아닌 내면의 자아를 형상화 할 수 있다. 2) 자신의 자아상을 색상이나 선의 형태로 표현함으로 현재의 심리를 표출할 수 있다. 3) 자신의 감정과 성격에 대해 이해하고 고찰할 수 있는 기회를 갖는다.
5. 작품 (1)	 
5. 작품 (2)	 

* 이름 꾸미기

1. 재료	도화지, 색연필, 사인펜
2. 재료의 특성	*싸인펜: 다른 매체에 비해 통제력이 강해서 선명하고 명확한 느낌을 준다. *색연필: 사인펜에 비해 부드럽고 채색하기 용이하다.
3. 순서	1) 사인펜을 이용해 도화지에 자신의 이름을 크게 쓴다. 2) 이름의 모양에서 연상되는 이미지를 현재 자신의 상황이나 감정, 혹은 자아상과 연관시켜 그려나간다. 3) 색연필이나 싸인펜을 이용해 채색한다.
4. 효과	1) 이름을 통해 자신상과 현재의 상황 등을 되돌아보는 계기가 된다.
5. 작품 (1)	 
5. 작품 (2)	 

* 선과 면을 이용한 감정표현하기

1. 재료	도화지, 마커 혹은 싸인펜, 파스텔 혹은 색연필
2. 재료의 특성	*마커: 선명하며 명확한 색을 표현하며, 통제력이 있다. 수정이 용이하지 않다. *파스텔: 부드럽고, 자연스러운 색감을 낼 수 있으며, 번짐 효과에 의해 다양한 강도의 느낌을 표현할 수 있다.
3. 순서	1) 도화지 위에 마커를 이용해 수직, 수평선 과 사각형, 삼각형, 원 등의 도형을 그린다. 2) 그린 후 파스텔을 이용해 도형 안에 현재의 생각과 감정을 선 또는 색상으로 자유롭게 표현한다.
4. 효과	1) 마커의 강하고 선명한 느낌과 파스텔의 부드러운 느낌이 대조됨으로서 자신의 상반되는 감정을 투사시킬 수 있다. 2) 규격화된 도형 안에 부드러운 느낌의 파스텔을 사용함으로서 내면의 억압된 감정을 부드럽게 승화시키며 분출할 수 있다.
5. 작품	   

* 문의 안과 밖 그리기

1. 재료	아크릴 혹은 수채화 물감 등의 채색 재료(재료의 제한 없음), 붓, 캔트지
2. 재료의 특성	*아크릴 물감: 두께감이 있게 발라져서 무거운 느낌을 주고, 문의 견고하고 폐쇄적인 느낌을 표현하기 쉽다. *수채화 물감: 가볍고 부드러운 느낌을 주어, 개방적인 문을 표현할 수 있다.
3. 순서	1) 캔트지 위에 자신이 생각하는 형태의 문을 자유롭게 그린다. 2) 문을 열 수 있도록 문 형태를 가위로 잘라낸다. 3) 다른 종이에 문을 열었을 때 보이는 이미지를 상상하여 그리거나 사진을 붙여 자유롭게 표현한다. 4) 3)번의 내부 이미지 종이를 첫 번 째 그림 문 안에 나타나도록 아래쪽에 붙인다.
4. 효과	1) 재료의 선택에 따라 문을 개방적 혹은 폐쇄적인 느낌으로 표현함으로서 내담자의 심리를 알 수 있다. 2) 문의 크기와 형태, 색상 등에 따라 내담자의 외면 심리를 알 수 있다. 3) 문의 내부를 표현할 때 내담자의 내면적 욕구나 현재의 감정상태 등을 알 수 있다.
5. 작품 (1)	
5. 작품 (2)	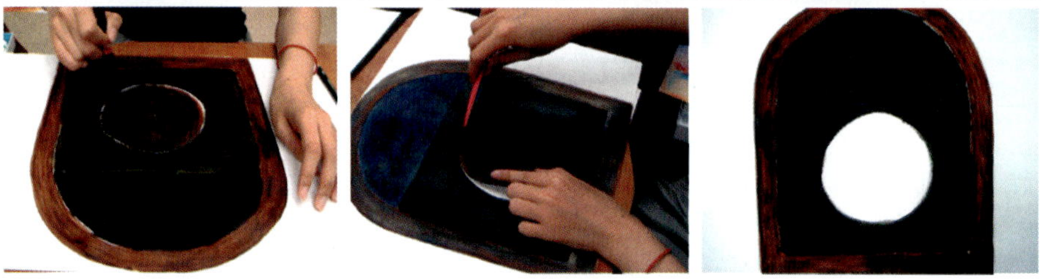

* 문그리기 1-2

1. 재료	아크릴 혹은 수채화 물감 등의 채색 재료(재료의 제한 없음), 붓, 캔트지
2. 재료의 특성	*아크릴 물감: 두께감이 있게 발라져서 무거운 느낌을 주고, 문의 견고하고 폐쇄적인 느낌을 표현하기 쉽다. *수채화 물감: 가볍고 부드러운 느낌을 주어, 개방적인 문을 표현할 수 있다.
3. 순서	1) 두 장의 캔트지에 자신의 이미지를 두가지로 표현하여 각각 그린다. 2) 두 그림 중 위에 올리고 싶은 그림과 밑으로 감추고 싶은 그림을 선택한다. 3) 첫 번째 이미지 종이를 오려내고 싶은 만큼 잘라서 그 뒤에 다른 이미지 종이를 덧붙인다.
4. 효과	1) 두 개의 이미지를 그림으로서 자신의 상반된 감정에 대해 인식해보는 계기가 된다. 2) 두 개의 그림 중 올리고 싶은 그림과 숨기고 싶은 그림을 선택함으로서 자신이 감추고 싶은 감정을 좀 더 구체적으로 인식할 수 있게 한다. 3) 숨기고 싶은 이미지를 외적으로 표현함으로서 자신의 감추이진 내면의 부분을 끌어내도록 유도할 수 있다.
5. 작품	  

* 점 이어 그리기

1. 재료	유성매직, 도화지, 수채화 물감, 붓
2. 재료의 특성	*유성매직: 선명하고 명확한 색을 표현하며, 통제력이 있어 점을 찍기에 편리하며, 물에 번지지 않는다. *수채화 물감: 매직으로 힘든 면적인 부분을 칠하기 용이하며, 매직의 딱딱한 느낌을 부드럽게 완화시켜준다.
3. 순서	1) 도화지 위에 매직으로 원하는 만큼 자유롭게 점을 찍는다. 2) 점들을 이어 본인이 생각하는 그림을 매직 혹은 수채화 물감으로 그린다. 3) 그린 그림을 다양한 매채를 사용하여 색칠을 한다.
4. 효과	1) 점을 찍는 과정을 통해 집중력이 향상되고 그림에 대한 부담을 감소시킬 수 있다. 2) 점을 연결하여 그림을 그리면서 창의성을 끌어낼 수 있다. 3) 매직으로 그림을 완성했을 경우, 선명하고 뚜렷한 이미지 표현이 더 가능해진다. 4) 쉽게 표현하기 가능하며, 완성도와 성취감을 높일 수 있다.
5. 작품 (1)	  
5. 작품 (2)	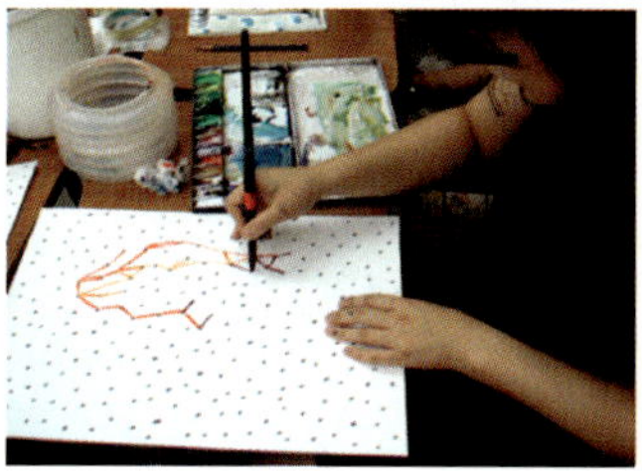  

* 황금 꽃 그리기

1. 재료	도화지, 목공용 본드, 스펀지, 아크릴 물감, 연필
2. 재료의 특성	*목공용 본드: 쉽게 마르고, 마르면서 투명해지므로 다른 색을 올리기 쉽고 입체적인 질감표현이 가능하다. *스펀지: 붓과 달리 우연적인 효과를 낼 수 있다. 스펀지가 물감과 물을 흡수함으로 두드림에 따른 색의 농도 조절이 가능하다. *아크릴 물감: 수채화물감에 비해 건조가 빨라 색을 덧입혔을 때 번지지 않는 장점이 있다.
3. 순서	1) 도화지 위에 연필로 원하는 꽃을 그린다. 2) 목공용 본드로 그린 선을 따라 덧그려 준다. 3) 본드가 어느 정도 마르면 스펀지에 금색이나 은색 아크릴 물감을 묻혀 도화지 전체를 두드린다. 4) 스펀지로 검은 색 아크릴 물감을 살짝 묻혀 본드로 그려진 부분을 두드려 더 강하게 표현한다.
4. 효과	1) 본드로 그리는 과정을 통해 집중력을 높일 수 있다. 2) 스펀지를 두드리면서 긴장 및 스트레스를 완화할 수 있다. 3) 재료의 본래의 기능과 다르게 작업을 함으로서 흥미를 유발 시킬 수 있다. 4) 완성 후 판화적인 느낌을 낼 수 있다.
5. 작품 (1)	 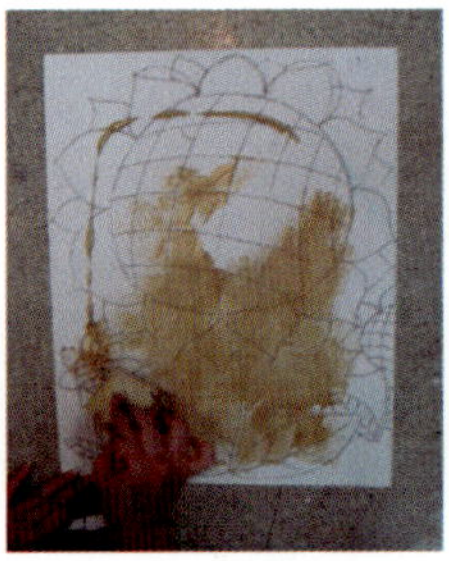 

* 물감 짜서 표현하기

1. 재료	아크릴 물감, 넓은 붓 도화지
2. 재료의 특성	*아크릴 물감: 두께감이 있고, 색상이 선명하다. *넓은 붓: 붓의 표면적이 넓어서 터치감을 살릴 수 있고, 터치 자체가 표현기법이 될 수 있음. 시원한 느낌을 준다.
3. 순서	1) 도화지 위에 넓은 붓을 이용해 아크릴로 배경을 칠한다. 2) 다 칠한 배경 위에 표현하고자 하는 이미지를 자유롭게 그린다. 3) 그려진 그림 위에 라인을 따라 다양한 색의 아크릴 물감을 짜본다. 4) 물감이 마르기 전에 다른 도화지를 덮어 누른 후 펼쳐 다른 느낌의 작품을 새롭게 만들어 볼 수도 있다.
4. 효과	1) 넓은 붓으로 배경을 자유롭게 칠하면서 긴장이 해소된다. 2) 그림에 대한 부담과 두려움을 완화할 수 있다. 3) 아크릴 물감을 짜면서 억압된 감정이나 스트레스를 풀어준다. 4) 쉽게 표현하기 가능하며, 완성도와 성취감이 높다. 5) 하나의 작업으로 두 종류의 상반된 느낌의 작품이 완성될 수 있다.
5. 작품	  

* 랩을 이용한 기법 1-1

1. 재료	수채화 물감, 비닐 랩, 붓, 두꺼운 판화지, 도화지
2. 재료의 특성	*비닐 랩: 랩의 구겨짐에 따라 새로운 촉감을 경험할 수 있다. *수채화 물감: 농도 조절이 쉽고, 가볍게 흐르는 특징을 가지고 있어서 랩과 함께 사용했을 때 표현하기가 쉽다.
3. 순서	1) 원하는 색의 물감에 물을 많이 섞어서 도화지 위에 자유롭게 드로잉한다. 2) 드로잉 한 종이 위에 랩을 씌우고 손으로 밀면서 랩을 자유롭게 구겨본다. 3) 물감이 다 마른 뒤 비닐 랩을 띠어낸다.(위의 작업을 그 위에 다른 색을 사용해 덧붙여 반복할 수 있다.) 4) 랩을 벗겨낸 후 마른 물감에서 보여 지는 우연적인 형상을 따라 드로잉해본다.
4. 효과	1) 손으로 랩을 구기면서 물감을 밀어내는 과정이 작업에 대한 흥미를 유발시킨다. 2) 우연적인 효과를 통해 그림에 대한 부담감을 감소시킬 수 있다.
5. 작품	   

* 랩을 이용한 기법 1-2

1. 재료	수채화 물감, 비닐 랩, 붓, 두꺼운 판화지, 도화지
2. 재료의 특성	*비닐 랩: 랩의 구겨짐에 따라 새로운 촉감을 경험할 수 있다. *수채화 물감: 농도를 조절이 쉽고, 가볍게 흐르는 특징을 가지고 있어서 랩과 함께 사용했을 때 표현하기가 쉽다.
3. 순서	1) 1-1의 작품을 자유롭게 찢어본다. 2) 찢긴 조각을 이용해 새로운 도화지에 재구성하여 붙인다. 3) 붙인 조각 에서 느껴지는 느낌을 물감이나 다른 매체를 사용하여 덧붙여 그린다.
4. 효과	1) 종이를 찢으면서 감정이 해소된다. 2) 찢어진 이미지를 붙여내는 과정을 통해 창의력과 표현력을 높일 수 있다. 3) 조각난 모양을 재구성하여 이미지를 새롭게 덧붙여 그리면서 마지막으로 내담자의 감정을 표출하고 정리할 수 있다.
5. 작품	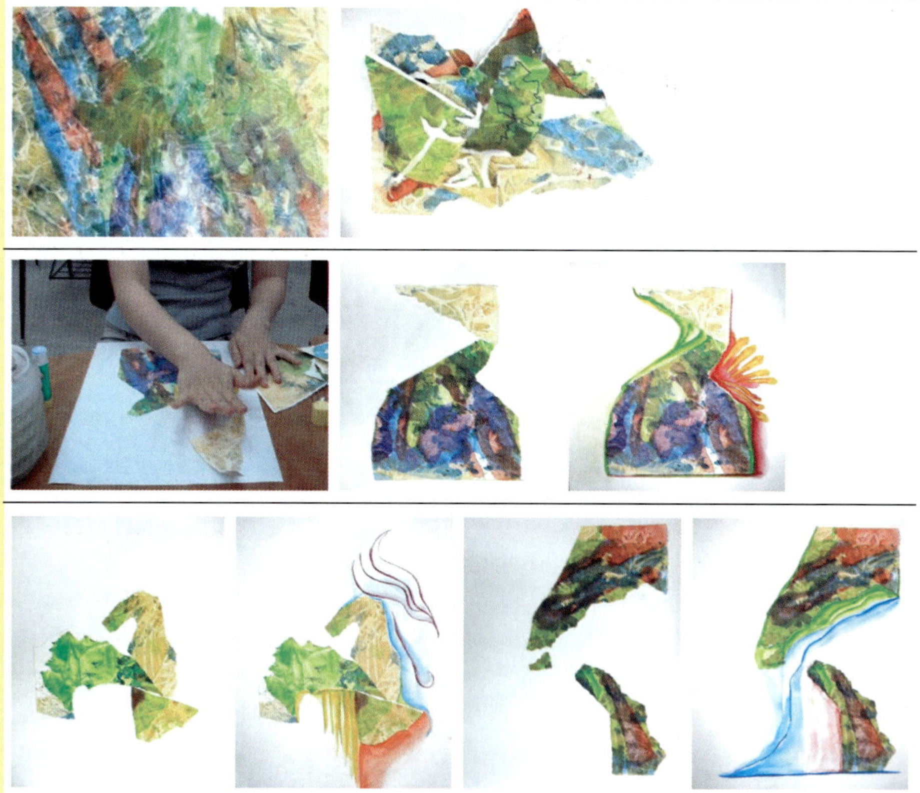

* 선과 색을 이용한 감정표현

1. 재료	매직, 수채화 물감 혹은 파스텔 등의 채색재료, 붓
2. 재료의 특성	*매직: 선명하고 명확한 색을 표현하며, 생각하는데로 자유롭게 쓸 수 있다. *수채화 물감 : 발색이 좋고, 물의 농도에 따라 다양한 느낌을 연출할 수 있어 내담자의 느낌을 나타낼 표현력의 폭이 넓다.
3. 순서	1) 매직으로 직선이나 곡선 등 다양한 선을 사용해 자유롭게 긋는다. 2) 선을 원하는 만큼 충분히 그린 후에 자신이 원하는 부분에, 원하는 만큼 색을 칠한다.
4. 효과	1) 선을 자유롭게 사용하면서 억압된 감정이 분출되고 스트레스가 해소된다. 2) 반복된 작업 과정을 통해 감정이 이완된다. 3) 통제된 선을 그어나가면서 집중력이 향상된다. 4) 선과 면을 분할하는 과정을 통해 구성능력이 생긴다.
5. 작품 (1)	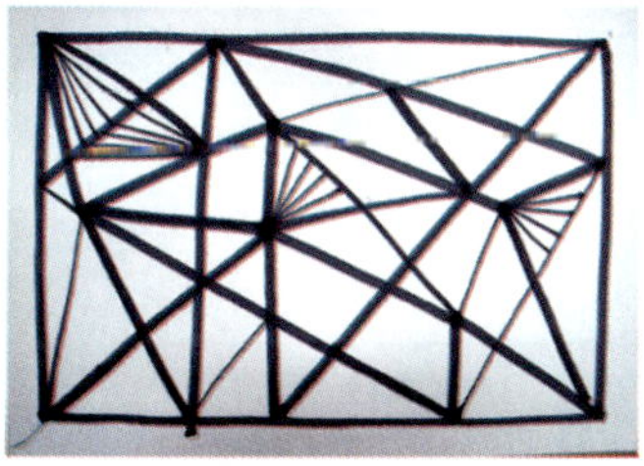 
5. 작품 (2)	 
5. 작품 (3)	 

* 선과 색을 이용한 감정표현 응용 1

1. 응용	매직 대신 수채화 물감을 이용해 선을 그리고 채색할 수 있다.
2. 작품	 

* 선과 색을 이용한 감정표현 응용 2

1. 순서	1) 수채화 물감으로 색과 형상을 자유롭게 표현하여 면을 분할한다. 2) 바탕을 다 채운 후 검정색 물감을 이용해 면과 느낌의 선을 그으며 드로잉한다.
2. 효과	1) 1-2작업과 상반되는 순서로 진행되는 작업으로, 앞과 연결하여 작업하면 감정이 재통합된다. 2) 면 분할을 통해 집중력을 키울 수 있고 통제가 잘 이루어진다.
3. 작품	  

* 물감과 화선지를 이용해 표현하기

1. 재료	아크릴 물감, 화선지, 도화지, 풀
2. 재료의 특성	*아크릴 물감: 두께감이 있고, 색상이 선명하다. *화선지: 잘 구겨져 구겼을 때 질감으로 인한 촉각이 자극되며, 얇아서 아래 색상이 은은하게 비추는 효과가 있다.
3. 순서	1) 도화지 위에 아크릴 물감을 짜서 그리고자 하는 이미지를 표현한다. 2) 화선지를 도화지보다 약간 크게 자른 후 구겨서 부드럽게 만든다. 3) 구겼던 화선지를 펴서 먼저 작업한 작품 위에 올려 붙여준다. (응용표현) 화선지 위에 이미지가 비춰지면 그 테두리를 따라 사인펜으로 그리고, 붓에 물을 묻혀 칠해 번지게 한다.
4. 효과	1) 물감을 붓으로 칠하는 것이 아니라 짜서 표현함으로서 그림에 대한 부담감이 있는 내담자에게도 쉽게 작업에 참여할 수 있게 해준다. 2) 물감으로 그린 작품위에 화선지를 붙여 은은하게 보여지는 색감의 효과를 통해 마음이 편안해 짐을 느낄 수 있다. 3) 구긴 화선지를 통해 아래 그림의 물감이 주는 입체감을 만져봄으로서 촉각을 자극시킨다. 4) 처음에 작업한 이미지와 또 다른 이미지의 완성물을 통해 흥미를 유도하고 성취감을 높인다.
5. 작품 (1)	  
5. 작품 (2)	  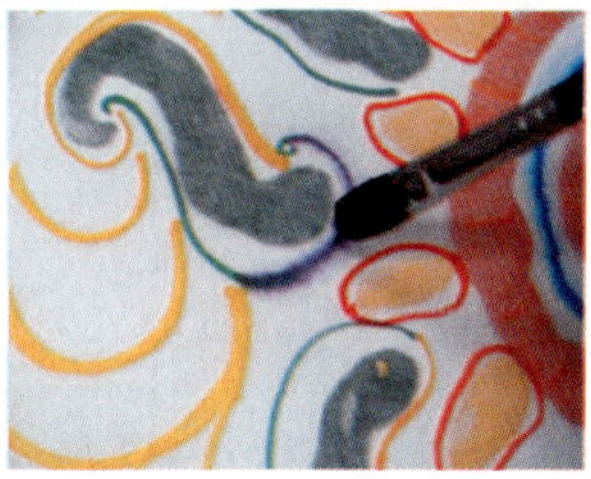

* 화선지를 이용한 작업-1

1. 재료	화선지, 수채화 물감, 아크릴 물감, 풀
2. 재료의 특성	*수채화물감: 화선지에 잘 스며들어서 은은한 느낌을 준다. *아크릴물감: 물에 잘 번지지 않고 수채화에 비해 선명하게 표현된다. *화선지: 잘 구겨지고, 물감의 흡수가 빨라 표현이 쉽고 질감으로 인한 촉각이 자극된다.
3. 순서	1) 화선지를 자유롭게 구겨서 도화지 위에 풀로 붙인다. 2) 도화지에 붙인 화선지 위에 원하는 색의 수채화 물감으로 물을 충분히 사용하여 색을 칠한다. 3) 아크릴 물감을 사용해 자유로운 선으로 떠오르는 그림을 그린다.
4. 효과	1) 화선지를 구기면서 자신의 감정을 탐색할 수 있다 2) 수채화 물감이 화선지에 번지면서 감정이 이완되고 풀어지는 것을 느낄 수 있다. 3) 아크릴 물감의 선명한 특성을 통해 감정을 명확하게 표현해볼 수 있다. 4) 매채들의 조화를 이용해 쉽게 작품이 완성되므로 성취도가 크다.
5. 작품	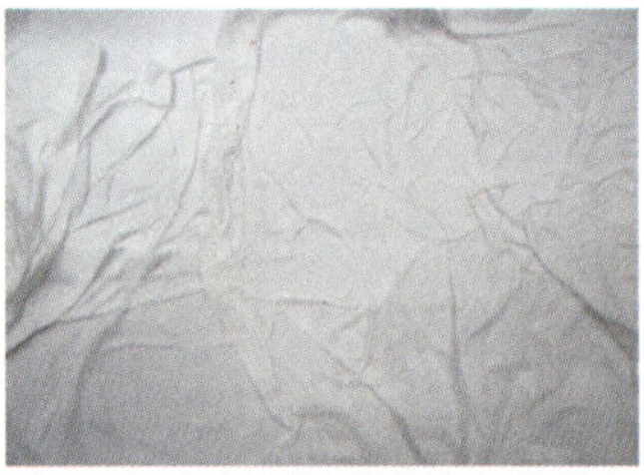   

* 화선지를 이용한 작업-2

1. 재료	화선지, 수채화 물감, 아크릴 물감, 풀
2. 재료의 특성	*수채화 물감: 화선지에 잘 스며들어서 은은한 느낌을 준다. *아크릴 물감: 물에 잘 번지지 않고 수채화에 비해 선명하게 표현된다. *화선지: 잘 구겨지고, 물감의 흡수가 빨라 표현이 쉽고 질감으로 인한 촉각이 자극된다.
3. 순서	1) 도화지 크기의 화선지를 자유롭게 구긴 후 도화지 위에 펼쳐 붙인다. 2) 구겨진 화선지가 붙은 도화지 위에 원하는 색상을 선택해 물감으로 칠해본다. 3) 다양한 크기로 자른 화선지를 잘라 구기면서 둥글게 뭉친다. 4) 먼저 작업했던 작품 위에 다양한 크기로 둥글게 뭉쳐진 화선지들을 자유롭게 구성하여 붙인 후 색상을 입힌다. 5) 동그랗게 뭉쳐진 화선지를 중심으로 도화지를 오려낸 후 새도화지에 재구성하여 새로운 작품을 만들어 본다.
4. 효과	1) 부드럽게 잘 구겨지는 화선지를 접는 과정이 내담자로 하여금 인징감을 찾노록 해준다. 2) 화선지를 구기고 뭉치는 과정을 통해 촉각을 활성화시킬 수 있다. 3) 뭉친 화선지를 재구성함으로서 입체적인 효과를 줄 수 있다. 4) 미술에 부담감이 있는 사람들에게 흥미를 유발할 수 있으며 쉽게 작업에 참여할 수 있다. 5) 두번의 작업을 통해 완성도가 높아지고, 내담자에게 성취감과 자신감을 부여해 줄 수 있다.
5. 작품	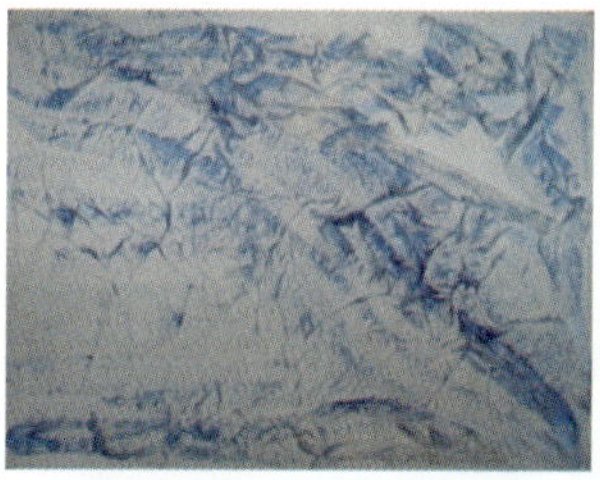     

* 화선지를 이용한 작업-3

1. 재료	화선지, 도화지, 수채화 물감, 수성 싸인펜, 붓, 물통, 풀
2. 재료의 특성	*수채화 물감: 화선지에 잘 스며들어서 은은한 느낌을 준다. *수성 싸인펜: 색상이 선명하고 선적 느낌이 강하며, 물에 닿으면 번저서 수채화 물감과 같은 효과를 준다. *화선지: 물의 흡수가 빨라 색상이 잘 번지며, 잘 찢어져 이미지를 자르고 붙이기에 편리하다.
3. 순서	1) 화선지에 사인펜으로 자유롭게 드로잉한다. 2) 붓에 물을 붙여 사인펜으로 드로잉한 부분 위를 따라 덧칠한다. 3) 흰색 도화지에 파스텔이나 색연필로 원하는 색의 배경을 칠한다. 4) 사인펜이 번져나온 화선지의 그림 주위를 손으로 찢어 도화지에 자유롭게 구성하여 붙인다.
4. 효과	1) 물에 의해 사인펜이 번져나오면서 선명했던 이미지가 부드러운 형태와 색상으로 바뀌면서 감정이 이완된다. 2) 화선지를 손으로 찢음으로서 비구조화된 자유로운 표현이 가능하다. 3) 도화지에 다른 매체를 사용해 배경을 그리고, 찢어진 화선지를 도화지에 새롭게 붙임으로 작품의 완성도를 높일 수 있다. 4) 화선지를 찢어 처음에 그렸던 것과 다르게 도화지에 구성해봄으로서 감정의 재통합을 경험할 수 있다.
5. 작품 (1)	
5. 작품 (2)	

* 화선지를 이용한 작업

1. 재료	한지, 수채화 물감, 아크릴 물감, 풀
2. 재료의 특성	*수채화 물감: 화선지에 잘 스며들어서 은은한 느낌을 준다. *아크릴 물감: 물에 잘 번지지 않고 수채화에 비해 선명하게 표현된다. *한지: 잘 구겨지고, 물감의 흡수가 빨라 표현이 쉽고 질감으로 인한 촉각이 자극된다.
3. 순서	1) 한지를 자유로운 모양으로 찢은 후 구겨서 둥글게 뭉친다. 2) 구긴 한지 위에 수채화 혹은 아크릴 물감을 고르게 묻힌다. 3) 색이 묻은 한지를 도화지 위에 자유롭게 찍는다. 다양한 색상을 사용해 이러한 작업을 반복해본다. 4) 찍은 한지를 이용해 물이 담긴 물통에 담가 화선지를 적신다. 5) 젖은 한지를 펴서 말린 후 도화지에 자유롭게 구성한다. (펼칠때 한지가 찢어지지 않도록 조심해야 한다)
4. 효과	1) 한지를 자유롭게 찢고 구기면서 감정의 분출을 통해 스트레스를 해소할 수 있다. 2) 한지를 찍으면서 구겨진 모양에 의해 물감이 찍히는 우연적 형상이 흥미를 유발하고 그림에 대한 부담감을 감소시킨다. 3) 한지가 젖으면서 물감이 번짐에 따라 색상과 질감이 부드러워지며 감정이 이완됨을 느낄 수 있다. 4) 접어서 찍는 작업과 펴서 재구성하는 작업과정을 통해 두 개의 작품을 완성 할 수 있어 성취감을 높일 수 있고, 두 개의 느낌을 비교해봄으로서 감정의 변화를 살펴볼 수 있다.
5. 작품 (1)	 
5. 작품 (2)	  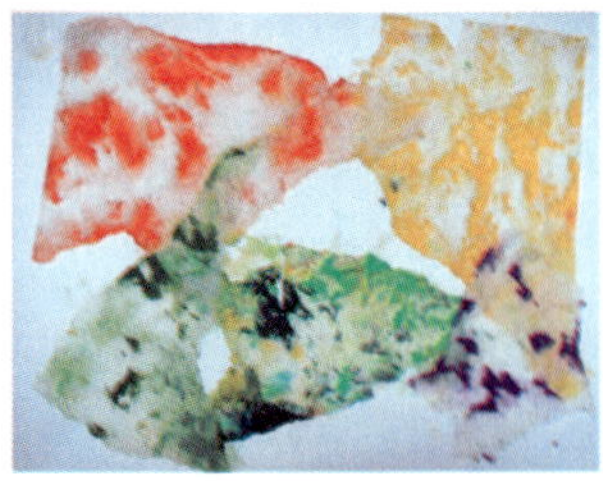

* 트레싱지 작업-1

1. 재료	도화지, 트레싱지, 마커, 수채화 물감 혹은 아크릴 물감, 풀
2. 재료의 특성	*트레싱지: 반투명해서 색감이 은은하게 묻어나온다. *매직: 선명하고 명확한 색을 표현하며, 생각하는 데로 자유롭게 쓸 수 있다.
3. 순서	1) 트레싱지를 자유로운 길이와 형태로 여러 개 잘라놓는다. 2) 잘라놓은 트레싱지 조각에 각각 다른 매체를 사용해 드로잉 혹은 채색을 하여 표현한다. 3) 도화지 위에 표현한 트레싱지 조각들을 자유롭게 구성하여 붙인다.
4. 효과	1) 트레싱지 위에 표현되는 매체의 느낌이 색다른 경험을 준다. 2) 여러 개의 조각들에 각각 다른 감정을 나타내어 이를 다시 재구성함으로서 감정의 통합을 이룰 수 있다. 3) 각각의 트레싱지들이 겹쳐지면서 색의 우연적 효과를 경험할 수 있다.
5. 작품	  

* 트레싱지 작업-2 (만다라 꽃 만들기)

1. 재료	도화지, 트레싱지, 아크릴 물감, 풀
2. 재료의 특성	*트레싱지: 반투명해서 은은하게 색감이 묻어나오며, 종이에 힘이 있어 입체 표현이 용이하다.
3. 순서	1) 트레싱지를 원형으로 동그랗게 자른다. 2) 원형의 트레싱지 위에 떠오르는 이미지 혹은 표현하고자 하는 이미지를 그려본다. 3) 작품이 완성된 원형의 트레싱지를 새로운 도화지에 구기거나 잘라 자유롭게 붙여 본다. 4) 구겨진 원형의 트레싱지 아래에 줄기나 잎을 그려 꽃을 꾸민다. (응용) 꽃 외에도 원형 트레싱지를 붙인 후 연상되는 것을 그려서 새로운 작품으로 만들 수도 있다.
4. 효과	1) 새로운 재료를 통해 미술치료 작업에 흥미와 호기심을 유발할 수 있다. 2) 원형의 트레싱지에 그려진 작품이 마음에 들지 않더라도 새로운 그림작업을 통해 완성도와 성취감을 높여주어 자존감을 향상시킬 수 있다. 3) 트레싱지에 만다라를 적용함으로서 내면의 심리를 밖으로 이끌어 내어주고, 심리적 안정감을 줄 수 있다. 4) 트레싱지를 구김으로써 간단하게 입체작업을 완성할 수 있으므로 작업에 대한 만족감을 높일 수 있다.
5. 작품	 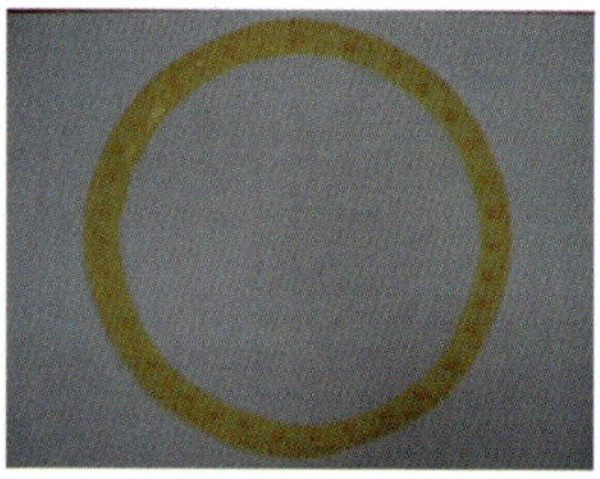 

* 천을 이용한 작업-1 (천을 이용한 감정표현하기)

1. 재료	흰색의 천, 도화지, 풀, 수채화 물감
2. 재료의 특성	*천: 부드럽고, 수채화 물감을 묻혔을 때 더 잘 번지며 여러 가지 색상의 물감이 자연스럽게 혼합된다. *수채화 물감: 물에 농도에 따라 색감이 자연스럽게 표현되며, 천에 물감의 흡수가 잘 된다.
3. 순서	1) 천을 원하는 넓이와 길이로 손으로 찢는다. 2) 찢은 천을 도화지에 자유롭게 구성한다. 3) 구성한 도화지 위에 수채화물감을 이용하여 색을 칠한다.
4. 효과	1) 천에서 느낄 수 있는 부드러운 촉감이 정서적으로 안정감을 준다. 2) 천을 찢으면서 억제된 감정이 해소된다. 3) 물감이 천으로 스며들면서 번지는 효과가 종이에 비해 자연스럽다. 4) 계획되지 않고 자연스럽게 감정이 표출된다.
5. 작품 (1)	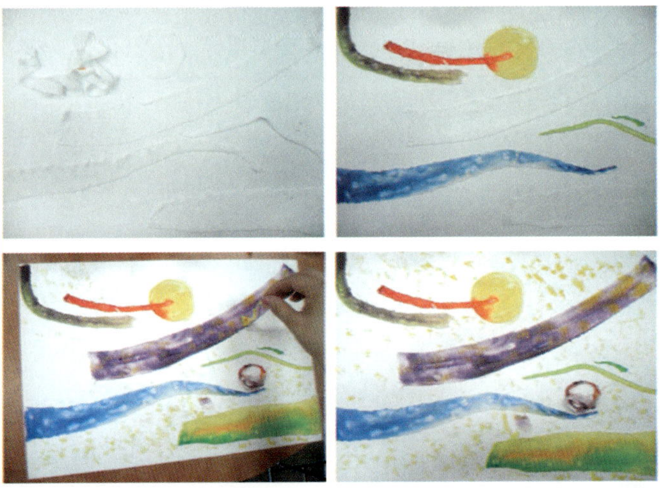
5. 작품 (2)	

* 천을 이용한 작업-2 (천 염색하기)

1. 재료	흰색의 천, 도화지, 풀, 수채화 물감, 볼펜
2. 재료의 특성	*천: 부드럽고, 수채화 물감을 묻혔을때 더 잘 번지며 여러 가지 색상의 물감이 자연스럽게 혼합된다. *수채화 물감: 물에 농도에 따라 색감이 자연스럽게 표현되며, 천에 물감의 흡수가 잘 된다.
3. 순서	1) 흰 천위에 수채화 물감을 다양한 색깔로 묻혀 스며들게 한다. 2) 색이 다 스며든 천위에 갖고싶거나 원하는 물건을 펜으로 그린다. 3) 그린 그림을 따라 천을 잘라서 도화지에 붙인다. 4) 도화지에 붙인 후 그 물건에 덧붙여 자신의 신체를 그린다.
4. 효과	1) 천에 염색이라는 쉬운 방법을 통해 작품의 완성도를 높일 수 있다. 2) 그림에 대한 부담이나 두려움이 있는 내담자들에게 성취감과 자신감을 높일 수 있다. 3) 자신이 원하는 물건을 시각적으로 표현해 봄으로서, 자신의 내면의 욕구를 탐색하고 표출할 수 있다. 4) 원하는 물건과 관련하여 자신을 표현해 봄으로서 대리 만족을 경험할 수 있다.
5. 작품	      

* 천을 이용한 작업-3 (감정 읽기)

1. 재료	다양한 천, 도화지, 풀, 수채화 물감
2. 재료의 특성	*천: 부드럽고, 수채화 물감을 묻혔을때 더 잘 번지며 여러가지 색상의 물감이 자연스럽게 혼합된다. *수채화 물감: 물에 농도에 따라 색감이 자연스럽게 표현되며, 천에 물감의 흡수가 잘 된다.
3. 순서	1) 천을 길게 일정한 길이로 여러 개 자른다 2) 원하는 색의 물감을 물에 타서 그릇에 담아 놓는다. 3) 잘라놓은 천을 끝부분만 각각의 그릇에 담가놓는다. 4) 천이 어느 정도 염색될 때 까지 일정시간 동안 (15분정도) 기다리며 색이 주는 느낌을 느껴본다.
4. 효과	1) 천이 염색되면서 색이 서서히 올라가는 과정을 보면서 감정을 이완되고 자신의 감정과 생각을 되돌아 볼 수 있다. 2) 오랜 시간이 요구되는 작업을 통해 마음의 여유와 안정감을 찾을 수 있다.
5. 작품	  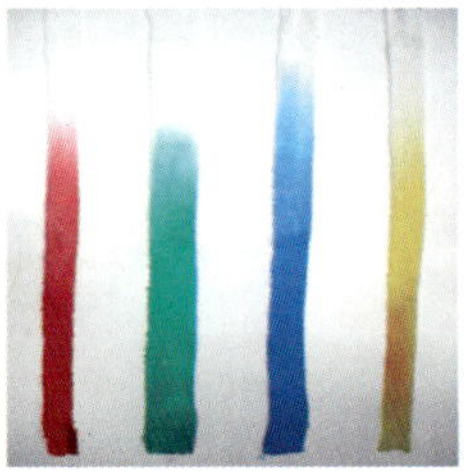

* 천을 이용한 작업-4 (천 꼴라쥬)

1. 재료	다양한 천, 도화지, 풀, 수채화 물감
2. 재료의 특성	*천: 패턴을 가지고 있어 패턴과 색상에 따라 다양한 감정을 느낄 수 있고 그림에 비해 질감이 더 잘 느껴진다.
3. 순서	1) 도화지 위에 얼굴 모양을 그린다. 2) 현재 나의 감정과 연관되는 패턴이나 색상의 천을 선택하여 감정이 차지하고 있는 비중만큼의 크기로 자른다. 3) 자른 천을 얼굴 모양 도화지 위에 구성하여 붙인다.
4. 효과	1) 직접 그리는 것이 아니라 천의 패턴이나 색상을 활용함으로서 좀 더 쉽게 표현할 수 있다. 2) 다양한 천의 패턴과 색상을 통해 자신의 감정을 탐색해볼 수 있다. 3) 천의 종류가 많을 수록 다양한 표현이 가능하고 완성도와 성취감을 높일 수 있다.
5. 작품	

* 천을 이용한 작업-5 (천위에 자유드로잉)	
1. 재료	다양한 천, 도화지, 풀, 수채화 물감 혹은 아크릴 물감
2. 재료의 특성	*천: 부드럽고, 수채화 물감을 묻혔을때 더 잘 번지며 여러가지 색상의 물감이 자연스럽게 혼합된다. *수채화 물감: 물에 농도에 따라 색감이 자연스럽게 표현되며, 천에 물감의 흡수가 잘 된다.
3. 순서	1) 무지의 천을 자유롭게 잘라 그 위에 수채화 혹은 아크릴 물감을 사용해 자유 드로잉을 해본다. 2) 도화지에 수채화 혹은 아크릴 물감을 사용해 색을 칠해 배경을 만든다. 3) 그린 천을 도화지 위에 배치해 본다.
4. 효과	1) 천의 흡습성으로 인해 색이 잘 번지고 혼합되어 자연스러운 습식화의 느낌을 줄 수 있다. 2) 자신이 표현하고자 하는 것이 우연적인 효과와 결합되어 느낌이 극대화된다. 3) 수채화가 번지는 느낌이 긴장이 완화되고 안정감을 준다.
5. 작품	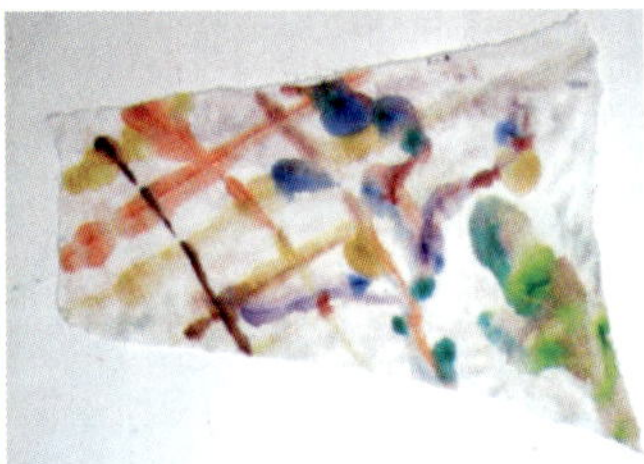 

* 펜화	
1. 재료	펜촉, 잉크, 도화지
2. 재료의 특성	* 펜: 가늘고 선명해서 날카로운 느낌을 표현하기 좋다. 정밀한 묘사가 가능하다.
3. 순서	1) 무지의 천 위에 수채화 혹은 아크릴 물감을 사용해 자유 드로잉을 해본다. 2) 그린 천을 도화지 위에 배치해 본다.
4. 효과	1) 세밀한 묘사로 인해 집중력이 높아진다. 2) 그림을 진행하는 과정이 오랜 시간을 요하므로 내면의 깊은 성찰을 가능하게 한다. 3) 흑과 백만으로 표현되어 내담자의 감정이 점과 선, 형태에 의해 명확해진다.
5. 작품 (1)	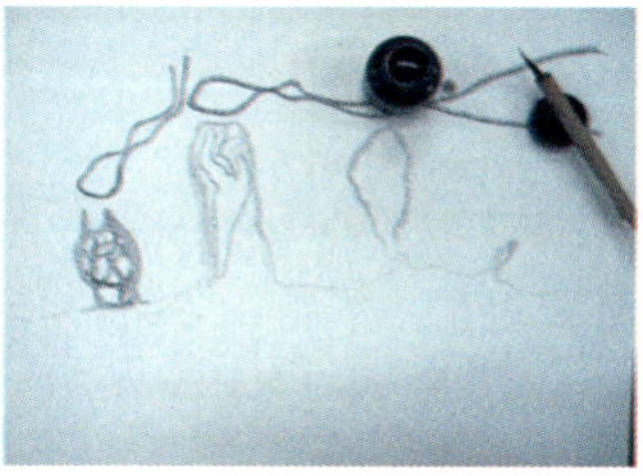 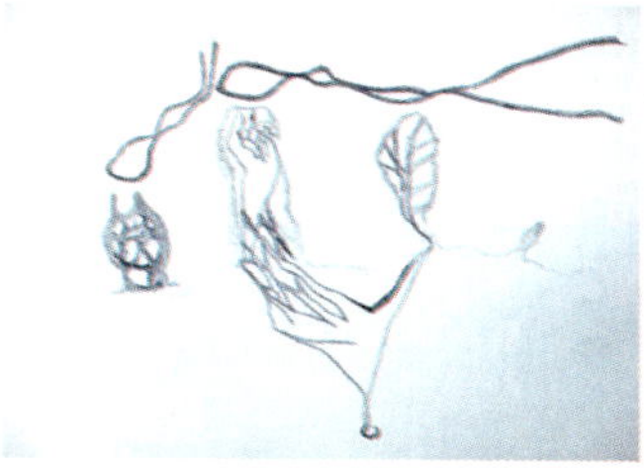
5. 작품 (2)	

* 우드락 판화

1. 재료	우드락 판, 연필(뾰족하지 않은), 화선지, 아크릴 물감 또는 수채화 물감, 붓
2. 재료의 특성	*우드락 판-적당히 단단하고 연필로 손쉽게 판화느낌을 낼 수 있다. 단 수정이 불가하다. *화선지- 일반종이보다 물감의 흡수력이 뛰어나다.
3. 순서	1) 그리고 싶은 것을 일반종이 먼저 스케치한다. 2) 그 그림을 우드락 판에 대고 연필을 이용하여 힘 있게 그려준다. 3) 아크릴 물감 또는 수채화 물감을 잘 묻도록 발라주고 화선지로 찍어낸다. 4) 다양한 색을 이용해 찍어보고 그 느낌에 대해 이야기해본다.
4. 효과	1) 보관이 용이하여 언제든지 본인이 원할 때 반복해서 찍어내며 감정을 표현할 수 있다. 2) 스케치한 것을 우드락 판에 옮길 때 틀리면 수정이 불가하기 때문에 집중력을 높일 수 있다. 3) 다양한 색을 이용하여 여러 장 찍는 것이 가능하며, 색을 통해 감정을 표출 시킬 수 있다.
5. 작품	 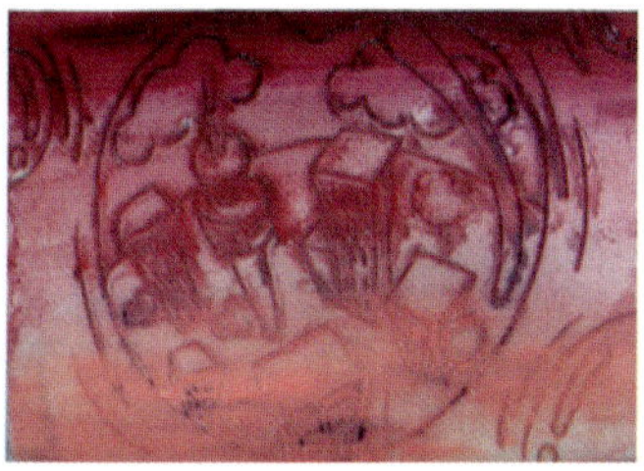 

* 아크릴과 백붓

1. 재료	아크릴 물감, 넓은 붓, 켄트지
2. 재료의 특성	*아크릴 물감의 강한 발색이 이미지를 선명하게 도드라지게 보이는 효과가 있다. *넓은 붓: 붓의 표면적이 넓어 표면을 매끄럽게 펴 바를 수 있다.
3. 순서	1) 켄트지 위에 강한 색 아크릴 물감을 튜브 채로 짜 이미지를 그린다. 2) 그 위에 종이를 누르듯 밀어내 이미지를 왜곡시켜 찍어낸다. 3) 우연의 이미지를 이용해 의도하지 않았던 심상을 생각하고 내면의 무의식을 발견할 수 있는 시간을 가져본다. 4) 찍힌 종이위에 같은 방법으로 물감을 짜고 넓은 붓으로 물의 양을 조절해 펴 바른다. 5) 완성된 그림을 몇 번 더 찍어내 본다.
4. 효과	1) 선명하게 그려진 이미지를 밀듯이 찍었을 때 음영이 지는듯한 형상으로 변화되는 효과는 우연의 이미지를 만들어낸다. 2) 즉흥적으로 떠올린 이미지를 자유롭게 표현해 봄으로써 참여자의 솔직한 현재의 심리를 파악할 수 있다. 3) 표현된 그림을 통해 다시 한 번 자신의 감정을 정리하는 시간을 가질 수 있다.
5. 작품	 
	 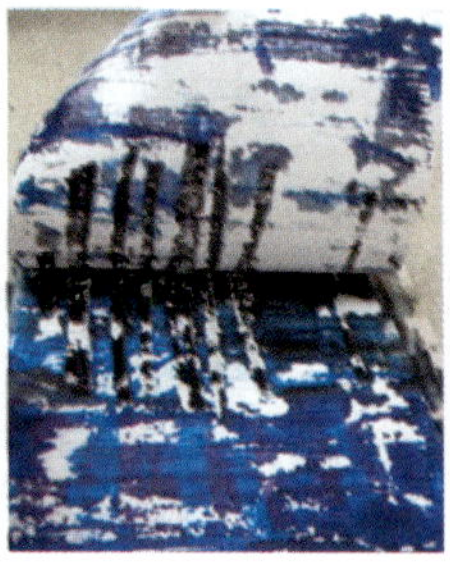 

* 고무판화	
1. 재료	고무판, 판화용 칼, 연필, 수채화 물감, 스펀지, 켄트지
2. 재료의 특성	*판화용 칼: 다양한 종류의 칼로 넓은 면적과 가는 선을 구분지어 음각 양각을 표현할 수 있지만 판화용 칼의 쓰임과 용도에 대한 이해가 충분하고 힘 조절을 잘 할 수 있는 사람을 대상으로 적용해야 한다는 한계가 있다. *고무판: 다른 판에 비해 부드럽고 잘 파지며, 잉크를 발랐을 때 색이 매끄럽고 선명하게 표현된다.
3. 순서	1) 기물을 사실묘사하기 위해 관찰하고 고무판에 연필로 스케치한다. 2) 스케치 선에 따라 판화용 칼로 음각 양각을 구분 짓고 반대로 찍히는 판화의 원리를 고려해 판다. 3) 판 위에 스펀지로 물감을 찍어 펴 바른다. 4) 켄트지를 위에 덮고 손으로 펴 누르며 문질러 판을 찍어낸다.
4. 효과	1) 수채화 물감을 스펀지로 넓게 펴 바를 때 이차적으로 면적을 분할하며 구분 지을 수 있어 형태의 재인식을 돕는다. 2) 사실묘사를 힘으로서 관찰력을 발달시키고 집중력을 향상시킨다. 3) 판화용 칼을 사용할 때 칼의 위험성을 고려해 한손으로 판을 힘껏 눌러 받치고 조심스럽게 선을 만들기 때문에 주위를 기울여 몰입하는 빈도가 높아진다.
5. 작품	 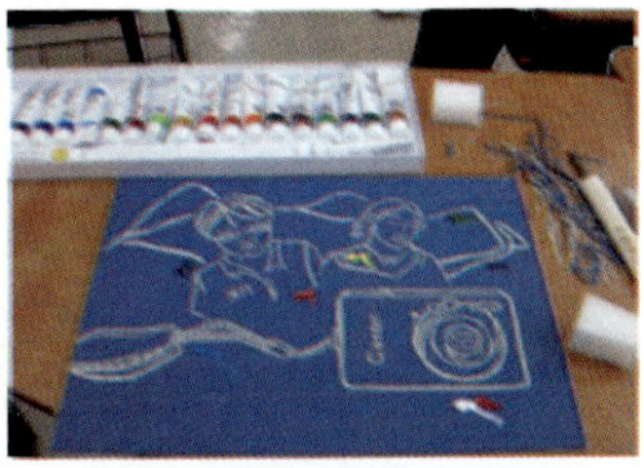
5. 작품	 

* 색지 화면구성

1. 재료	여러 색의 색지, 풀, 가위
2. 재료의 특성	*색지 - 색상이 선명하고, 구겼을 때 너덜너덜해지면서 한지느낌으로 변해 부드럽고 친근하게 느껴진다.
3. 순서	1) 원하는 색상의 색 한지들을 골라 구기고 비벼 뻣뻣한 종이의 질감을 부드럽게 만든다. 2) 구긴 종이를 가위나 손으로 찢고 잘라 배경종이에 구성해본다. 3) 완성물을 감상하며 색과 모양에 대한 상징적인 형상을 연상해보고 낱말을 붙여본다.
4. 효과	1) 뻣뻣한 색지를 구기고 비벼 부드러운 한지느낌을 연출할 수 있어 상반되는 질감을 느낄 수 있고 이 과정을 통해 손의 촉감을 자극할 수 있다. 2) 단조로운 재료로 화면을 부드럽게 또는 엠보싱 효과를 주어 입체로도 표현할 수 있어 창의력을 발달시킨다. 3) 종이를 찢고 구기며 스트레스를 발산한다. 4) 구성된 색과 모양으로 이미지를 연상해 보거나 낱말을 붙이는 과정 내면을 의식화 할 수 있다.
5. 작품	 
5. 작품	 
5. 작품	   

* 사포를 이용한 구성

1. 재료	사포, 종이, 풀, 가위
2. 재료의 특성	사포 : 1. 거친 질감을 이용하여 섬세한 손의 촉감을 자극할 수 있다. 2. 종이보다 두꺼우므로 종이판화보다 더 쉽게 효과가 난다. 3. 특유의 질감이 종이와는 다른 느낌의 표현을 가능하게 한다.
3. 순서	1) 사포를 자신이 원하는 형태로 자유롭게 자른다. 2) 원하는 느낌으로 잘 배치하여 종이에 붙인다
4. 효과	1) 사포를 만져보고, 자르는 과정 속에서 거친 사포의 질감을 느껴 봄으로서 촉감을 자극한다. 2) 사포 특유의 검은색이 흰종이와 대비되므로 작업을 할때 형태적인 것을 볼때 종이의 흰색과 검은색의 강한 대비로 시각적 자극을 가져올 수 있다. 3) 거칠고 두꺼운 사포의 느낌을 이용해 간편하게 판화작업을 할 수 있고, 그 질감 자체로 인해 색다른 표현과 성취효과를 기대할 수 있다.
5. 작품	

* 종이판화

<table>
<tr><td>1. 재료</td><td>마분지, 가위, 풀, 롤러, 물감, 도화지</td></tr>
<tr><td>2. 재료의 특성</td><td>*마분지: 1. 두께감이 있어 붙였을 때 입체감을 줄 수 있다.
2. 표면이 매끄러워 색이 잘 흡수되지 않고 마르는 시간도 오래 걸린다.</td></tr>
<tr><td>3. 순서</td><td>1) 마분지를 원하는 형태와 느낌으로 자른다.
2) 마분지의 두께감을 이용하여 붙인 마분지에 층을 내여 표현해 본다.
3) 마분지로 표현한 판에 원하는 물감을 바르고 종이를 올려 찍어낸다.
4) 이러한 작업을 반복하여 완성한다.</td></tr>
<tr><td>4. 효과</td><td>1) 종이를 이용한 판화라 위험한 요소가 없으며 누구든지 쉽게 할 수 있다.
2) 밑판을 만들고 물감을 바르고 찍는 판화과정을 통해 몰입하는 시간을 가지게 된다.</td></tr>
<tr><td>5. 작품</td><td> 
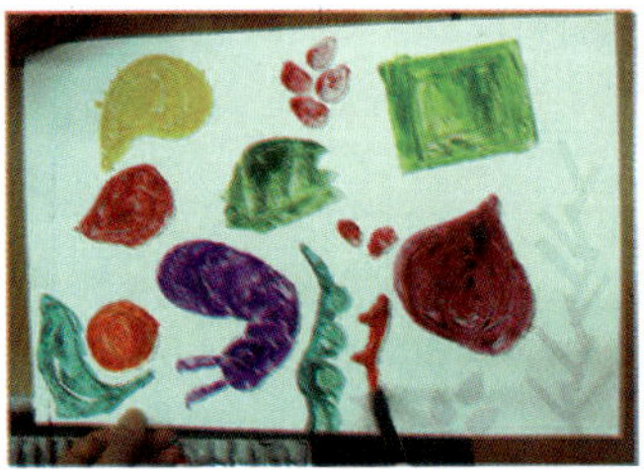 </td></tr>
</table>

* 끈을 이용한 판화

1. 재료	각종 끈, 오공본드, 가위, 도화지, 롤러, 물감
2. 재료의 특성	*끈: 끈 특유의 질감과 부드럽게 말리거나 꼬이는 특성을 이용해 다양한 느낌을 연출할 수 있고, 다루기가 쉽다.
3. 순서	1) 도화지에 끈을 꼬거나 겹치거나 다양한 모양으로 자신의 감정과 느낌을 표현하여 본드를 이용해 접착시킨다. 2) 끈으로 표현하여 붙인 종이위에 원하는 색상의 물감을 바른다. 3) 흰 종이를 위에 올려 롤러를 사용해 강하게 잘 눌러주고 떼어낸다.
4. 효과	1) 끈 특유의 부드러운 곡선적인 느낌을 주므로 환자의 부드럽고 섬세한 감정을 표현하기에 좋다. 2) 밑판을 만들고 물감을 바르고 찍는 판화과정을 통해 몰입하는 시간을 가지게 된다.
5. 작품	 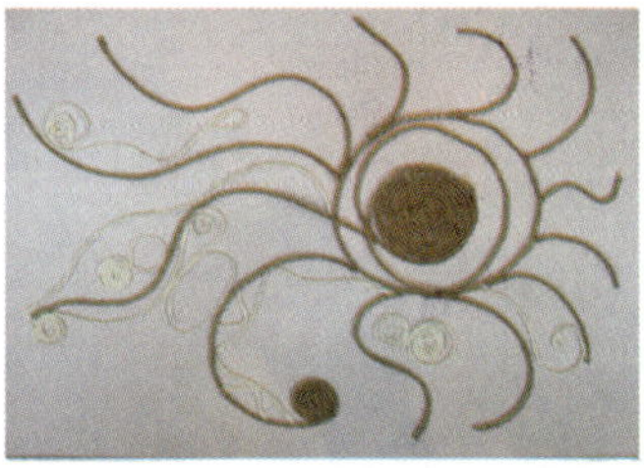 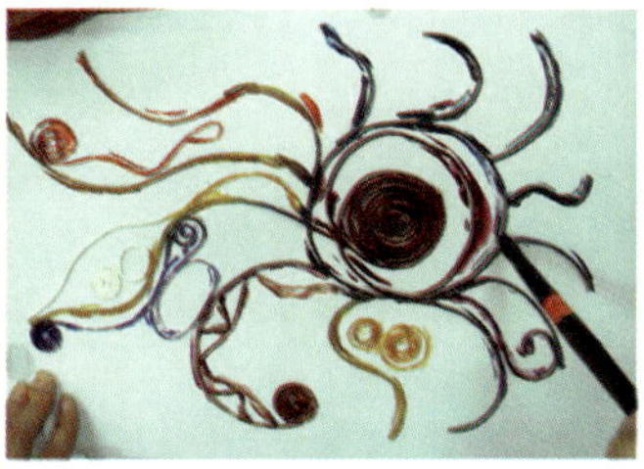  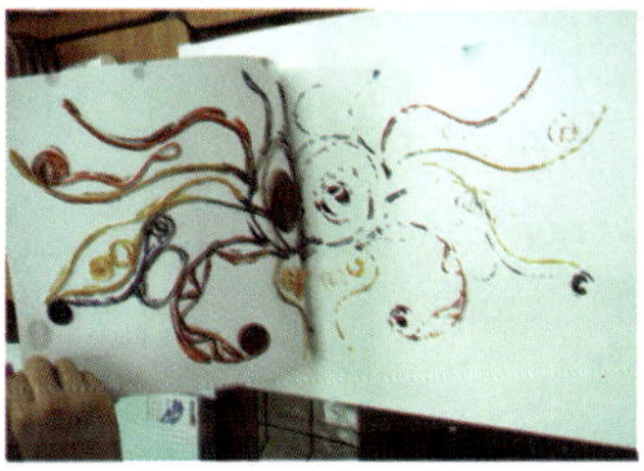 

* 골판지 판화 작업

1. 재료	골판지, 도화지, 가위, 풀
2. 재료의 특성	*골판지: 재료가 입체적이며 표현효과가 크게 나타난다.
3. 순서	1) 골판지 위에 자신이 표현하고자 하는 다양한 이미지를 가위로 오린다. 2) 다양하게 잘라진 이미지들을 도화지 위에 자연스럽게 배치해본다. 3) 구성된 이미지를 도화지에 풀로 붙인다. 4) 다양한 색의 물감을 골판지 이미지 위에 칠한 후 새로운 도화지를 위에 올려 찍어본다.
4. 효과	1) 가위로 이미지들을 생각하고 오리면서 생각을 정리할 수 있게 되며 마음에 안정감을 준다. 2) 자신의 감정을 스케치 없이 오리기 작업을 통해 바로 표현함으로서 내담자의 솔직한 현재의 심리상태를 알 수 있다. 3) 오려진 이미지를 구성해 봄으로서 상상력과 창의력을 키울 수 있다. 4) 한 번에 두 가지 작업을 통해 서로 다른 느낌의 두 개의 작품으로 완성되어 성취감을 높일 수 있다.
5. 작품	

* 실크스크린

1. 재료	도화지, 판화지, 수채화 혹은 아크릴 물감, 연필, 스펀지
2. 순서	1) 도화지에 연필로 원하는 그림을 표현한다. 2) 칼을 사용하여 그림을 따라 도화지를 잘라 구멍을 낸다. 3) 구멍이 난 도화지를 판화지 위에 올려놓고 스펀지에 아크릴 물감을 묻혀 구멍부분을 찍어낸다. 4) 도화지를 떼어낸다.
3. 효과	1) 단순한 모양에서 복잡한 모양까지 대상에 맞게 수준을 조절할 수 있어 누구나 흥미 있고 쉽게 접할 수 있다. 2) 작품 구성능력을 통해 인지력을 평가하고, 인지기능을 향상시킬 수 있다. 3) 칼로 그림을 따라 자를 때 주위를 요하므로 집중력을 높일 수 있다. 4) 다른 부위에 번지거나 묻을 위험이 없이 그림 부위에만 색이 입혀지므로 깔끔하고 정확한 이미지를 낼 수 있다.
4. 작품	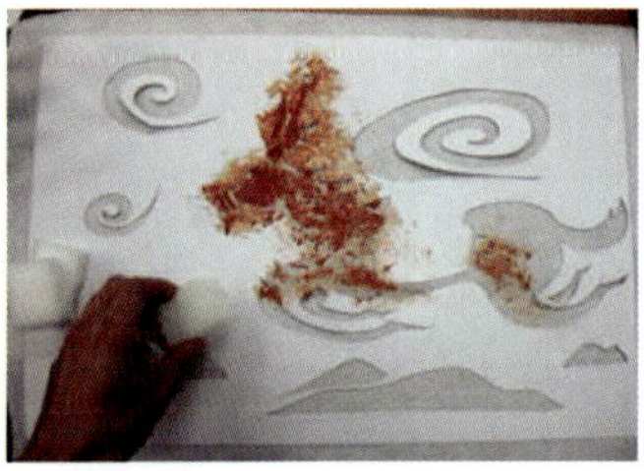   

* 망사를 이용한 작업 -1

1. 재료	양파망 혹은 망사(샤워솔)
2. 재료의 특성	* 망: 1) 망을 뭉쳐 물감을 묻히면, 넓은 부분을 쉽게 표현하기 편리하다. 2) 작업이 용이하며 빠른 시간 내에 표현이 가능하다.
3. 순서	1) 양파망이나 망사천을 준비한다. 2) 양파망을 이용하여 물감을 묻히거나 적신 후 도화지에 두드리거나 찍어서 자신의 감정이나 생각을 표현한다. 3) 다양한 색상의 물감을 사용해 망사에 묻혀 찍어 이미지를 완성한다.
4. 효과	1) 재료 준비가 간단하며 빠른 시간 내에 다양한 그림을 표현할 수 있다. 2) 간단한 작업으로 높은 완성도와 만족도를 줄 수 있다. 3) 스케치 없이 바로 자신의 감정을 표현함으로서 색상와 강도 등으로 내담자의 심리상태를 파악할 수 있다. 4) 에너지가 약한 내담자들에게 쉽고 편안하게 미술작업에 참여할 수 있도록 해준다. 5) 스트레스가 있는 내담자들에게는 두드리거나 찍는 방법을 통해 스트레스를 해소하고 감정을 발산할 수 있게 해준다.
5. 작품 (1)	  
5. 작품 (2)	  

* 망사를 이용한 작업 2

1. 재료	양파망 혹은 망사 (샤워솔)
2. 재료의 특성	* 망: 1) 망을 뭉쳐 물감을 묻히면, 넓은 부분을 쉽게 표현하기 편리하다. 2) 작업이 용이하며 빠른 시간 내에 표현이 가능하다.
3. 순서	1) 양파망을 이용하여 자신이 생각하는 이미지를 자유롭게 만들어 오린다. 2) 도화지 위에 오려진 양파망 조각들을 배치하여 본다. 3) 풀로 붙여 이미지를 완성한다.
4. 효과	1) 양파망을 자르고 붙이는 과정을 통해 집중력과 인내심을 키울 수 있다. 2) 양파망의 구겨진 느낌이 재질감을 느낄 수 있게 해주어 촉각을 자극하는 효과가 있다. 3) 우연의 효과를 통해 자유로운 형태가 나타나 환자로 하여금 작업에 대한 흥미유발을 시킬 수 있다.
5. 작품	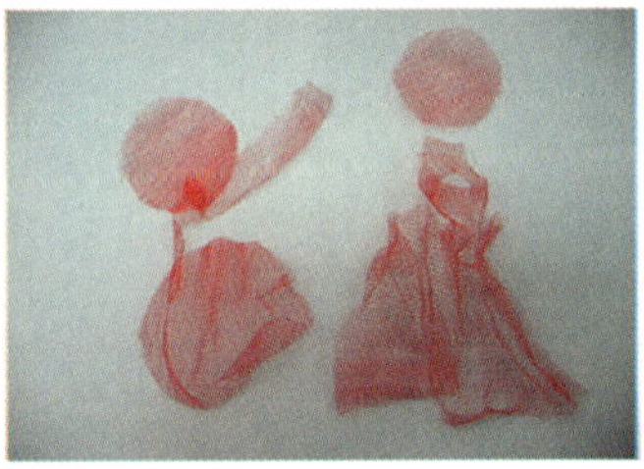 

* 자연물을 이용한 만다라

1. 재료	주변에서 볼 수 있는 모든 자연물(꽃, 나무, 돌맹이 등)
2. 효과	1) 주변에서 쉽게 볼 수 있는 소재를 통해 만다라에 쉽게 접근할 수 있고 완성도를 높여 자존감을 강화할 수 있다. 2) 만다라 작업을 통해 집중력과 안정감을 줄 수 있다.

3. 작품

* 인공물을 통해 본 만다라 형상

3. 작품

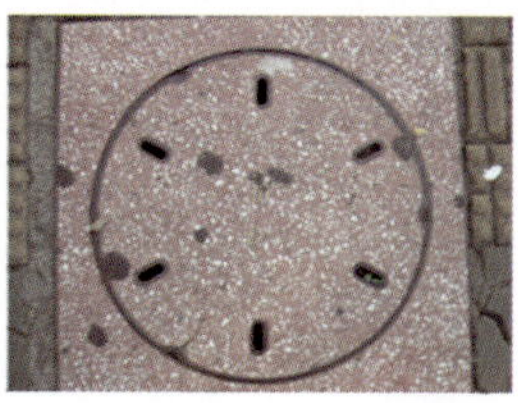

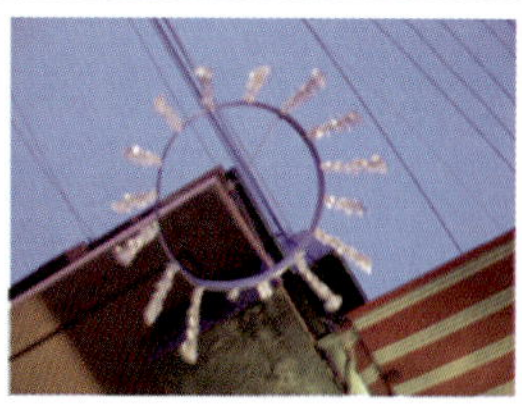

* 종이끈을 이용한 미술작업

1. 재료	화선지, 동양화 물감, 종이끈, 물 컵
2. 재료의 특성	1) 동양화 물감: 화선지에 잘 스며들고 색상이 선명하게 표현된다. 2) 끈: 잘 휘어지는 탄력이 있고, 곡선과 직선 등의 형태변형이 자유롭다. 3) 화선지: 물감의 흡수가 빨라 표현이 쉽고 질감으로 인한 촉각이 자극된다.
3. 순서	1) 종이끈과 화선지를 준비한 후 종이끈을 적당한 크기로 여러개 잘라준다. 2) 종이컵에 물과 물감을 2:1 정도로 혼합하여 종이끈에 묻힌다. 3) 화선지 위에 종이끈을 이용하여 직선이나 곡선적인 느낌을 살려 자유롭게 꾸며본다.
4. 효과	1) 가느다란 선으로 작업하는 동안 집중력을 키울 수 있다. 2) 물감이 끈에 자연스럽게 묻어나는 느낌과 화선지에 찍는 작업을 통해 습식화의 편안함을 느낄 수 있다. 3) 미술작업이 간단하고 쉬우나 그림의 완성도는 높게 나타난다. 4) 완성도 높은 그림을 통해 자존감과 성취감을 높일 수 있다. 5) 화선지에 쉽게 번지는 습식화의 느낌을 통해 경직성과 과도한 자기통제를 약화시킬 수 있다.
5. 작품	

* 닥종이를 이용한 미술작업-1

1. 재료	닥종이, 동양화 물감, 화선지, 붓
2. 재료의 특성	1) 닥종이: 종이에서 느껴지는 질감은 거칠지만 자연 친화적인 소재로 흥미유발을 준다. 2) 화선지: 닥종이와 반대로 느껴지는 부드러운 질감으로 신체적, 심리적 이완에 도움을 준다.
3. 순서	1) 화선지와 닥종이를 준비한 후 화선지 위에 화선지보다 조금 작은 닥종이를 만들어 붙인다. 2) 닥종이 위에 자신이 원하는 색상을 선택하여 붓으로 닥종이의 질감을 따라 색상을 칠한다. 3) 색상이 칠해진 닥종이에 한가지의 다른 색상을 선택하여 강조하고 싶은 부분이나 질감을 표현한다.
4. 효과	1) 자연 친화적인 재료를 통해 경직된 심리상태를 유연하게 이끌어 준다. 2) 닥종이의 질감을 이용하여 미술작업을 쉽게 진행할 수 있으며 그림그리기에 대한 부담감이 없다. 3) 닥종이가 갖고 있는 종이의 장점으로 작품의 완성도를 극대화 시킬 수 있다. 4) 결을 따라 물감을 칠하는 동안 신체적, 심리적 이완을 촉진시킨다. 5) 신체적, 심리적 이완을 이끌어줌으로서 집중력을 높일 수 있다.
5. 작품	

* 닥종이를 이용한 미술작업-2 (만다라)

1. 재료	닥종이, 동양화 물감, 화선지, 붓, 풀
2. 재료의 특성	1) 닥종이: 종이에서 느껴지는 질감은 거칠지만 자연 친화적인 소재로 흥미유발을 준다. 2) 화선지: 닥종이와 반대로 느껴지는 부드러운 질감으로 신체적, 심리적 이완에 도움을 준다.
3. 순서	1) 화선지와 닥종이를 준비한 후 손을 이용하여 닥종이를 적당한 크기로 자유롭게 잘라본다. 2) 자유롭게 잘라진 닥종이를 준비해둔 화선지 위에 원의 형태로 붙인다. 3) 물감을 이용하여 떠오르는 심상을 표현한다.
4. 효과	1) 자연 친화적인 재료를 통해 경직된 심리상태를 유연하게 이끌어 준다. 2) 닥종이의 질감을 이용하여 미술작업을 쉽게 진행할 수 있으며 그림그리기에 대한 부담감이 없다. 3) 닥종이가 갖고 있는 종이의 장점으로 작품의 완성도를 극대화 시킬수 있다. 4) 신체적, 심리적 이완을 이끌어줌으로서 집중력을 높일수 있다.
5. 작품	  

* 비밀 문자

1. 재료	화선지, 먹, 켄트지
2. 재료의 특성	*화선지 - 우리고유의 종이로서 얇고 부드럽다. 물감이 잘 번진다. *먹물 - 흰 종이와 대비되어 선명한 느낌을 주고, 농담의 조절에 따른 깊이감을 표현할 수 있다. 때론 한번의 붓질만으로도 쉽게 성취감을 맛볼 수 있다.
3. 순서	1) 켄트지를 바닥에 대고 먹의 농담을 조절해 붓을 누르듯 쓰고 싶은 글자를 만든다. 2) 먹과 물감을 같이 사용해 천천히 글씨를 디자인 해본다. 3) 글씨를 디자인한 후 캔트지에 다른 한지를 올리고 마음에 있는 글자를 적어 먹과 물감이 캔트지로 묻어나오는 효과를 살펴본다. 4) 다른 한지에도 써서 여러 개의 글씨들을 각각 써본다. 5) 밑에 받쳐있던 켄트지 위에 총 글씨의 조합이 배어나와 만들어진 색색의 형상을 보며 지금의 심리상태와 선택한 글씨에 대해 이야기 해본다.
4. 효과	1) 완성된 낱장의 글자들을 따로 수집해 붓의 방향과 농담, 그리고 글의 뜻과 이의 어울림을 살피며 감정과 생각들을 차분하게 정리해보는 시간을 갖을 수 있도록 돕는다. 2) 먹의 번짐을 부분적으로 물감을 채색해 문자를 새롭게 디자인 해 봄으로서 자신만의 의미가 담긴 글자를 창조해 낼 수 있고 창의력을 기를 수 있다. 3) 얇은 한지에 색들이 캔트지로 묻어나오면서 우연적 형상이 창조되는데, 이를 통해 흥미와 성취감을 줄 수 있다.
5. 작품 (1)	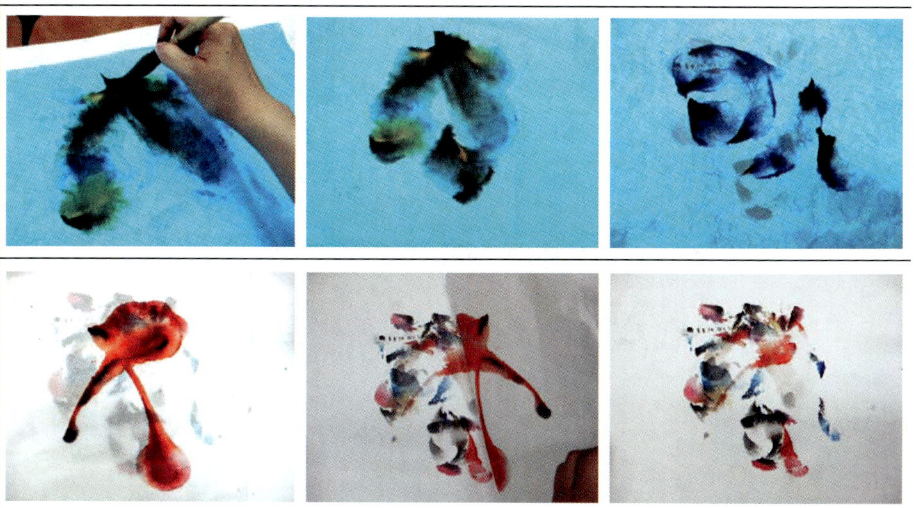

5. 작품 (2)	 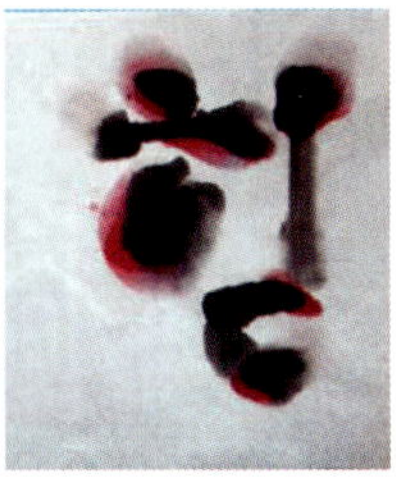

* 문자도로 감정표현	
1. 재료	한지, 먹물, 붓
2. 재료의 특성	*한지-우리고유의 종이로서 얇고 부드럽다. 물감이 잘 번진다. *먹물-흰 종이와 대비되어 선명한 느낌을 주고, 농담의 조절에 따른 깊이감을 표현할 수 있다. 때론 한 번의 붓질만으로도 쉽게 성취감을 맛볼 수 있다.
3. 순서	1) 지금 떠오르는 내면의 감정을 생각해 본다. 2) 그 감정을 먹과 붓을 이용하여 글자로 써 본다. 3) 글자 주위를 글자에서 연상되거나 알맞은 이미지(글자의 형상화)로 꾸며준다.
4. 효과	1) 그림에 대한 두려움이나 부담이 있는 내담자에게 글씨를 통해 흥미를 유발하고 접근하기 쉽게 한다. 2) 쉽게 글씨로서 본인의 내면을 표현해 보고 그 이미지를 형상화하는 과정을 통해 자신의 생각과 감정을 효과적으로 표현할 수 있다. 3) 붓글씨를 통해 집중력을 강화할 수 있다.
5. 작품 (1)	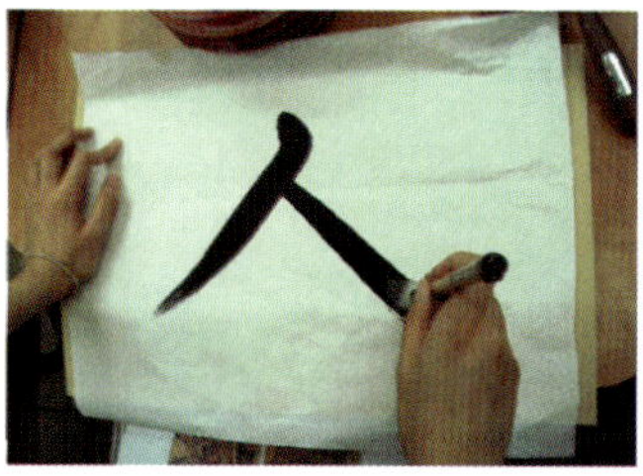   
5. 작품 (2)	

* 도화지에 비친 내 마음

1. 재료	도화지, 한지, 동양화 물감, 평 붓
2. 재료의 특성	*한지 - 우리고유의 종이로서 부드럽고 편안한 느낌을 준다. 물감이 잘 번진다. *동양화 물감 - 수채화 물감과 느낌은 비슷하지만 한지에 더욱 잘 스며든다.
3. 순서	1) 도화지위에 한지를 깔고 동양화 물감으로 마음껏 발산하여 본다. 2) 도화지에 물감이 잘 묻어날 수 있도록 평 붓으로 고루 눌러준다. 3) 도화지에 나온 색의 이미지와 한지의 느낌을 서로 나눠본다.
4. 효과	1) 한지위에 마음껏 칠하므로 내면의 발산효과가 있다. 2) 도화지에 나온 이미지를 내담자가 투사함으로 내담자의 심리를 평가할 수 있다.
5. 작품	  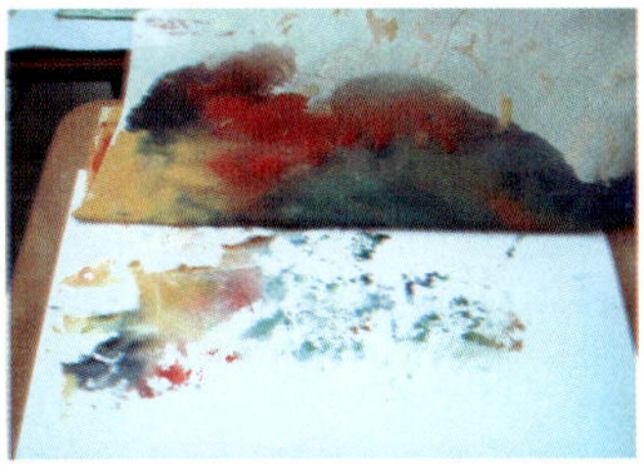

* 한지를 이용한 옷 꾸미기

1. 재료	한지, 먹
2. 재료의 특성	*한지 - 우리고유의 종이로서 부드럽고 편안한 느낌을 준다. 찢어 사용하기에 유용하다. 물감이 잘 번진다. *먹물 - 흰 종이와 대비되어 선명한 느낌을 주고, 농담의 조절에 따른 깊이감을 표현할 수 있다. 때론 한 번의 붓질만으로도 쉽게 성취감을 맛볼 수 있다.
3. 순서	1) 한지에 연필로 가족이나 본인, 또는 지금 가장 생각나는 사람을 그린다. 2) 얼굴, 손 등의 피부를 동양화 물감을 사용하여 칠한다. 3) 색 한지, 무늬한지를 손으로 찢어 붙여서 옷을 꾸민다.
4. 효과	1) 치매 노인 분들께 과거의 기억을 되살릴 수 있는 소재이다. 2) 그려진 사람의 옷을 한지로 꾸미면서 그 사람과의 관계에 대해 생각해보게 되며 애정이나 관심도를 표출할 수 있다. 3) 색, 무늬 한지라는 새로운 소재로 흥미를 유발할 수 있다.
5. 작품	

* 먹의 농담 느끼기

1. 재료	먹물, 물감, 동양화 붓, 화선지
2. 재료의 특성	*먹물: 흰 종이와 대비되어 선명한 느낌을 주고, 농담의 조절에 따른 깊이감을 표현할 수 있다. *화선지: 물과 먹물이 잘 어우러져 번지는 효과를 극대화 할 수 있다. *동양화 붓: 물과 먹물의 표현을 좀 더 풍성하고 다양한 느낌으로 표현할 수 있다. 한 번의 붓질만으로도 쉽게 성취감을 맛볼 수 있다.
3. 순서	1. 동양화 붓에 물과 먹물의 농담을 느끼면서 한곳에 점을 찍어 그것이 원하는 데로 번질 때까지 붓을 누른다. 2. 각각 다르게 물과 먹물을 섞어가면서 여러 개의 점을 찍으며 먹물과 붓과 화선지가 어우러져 나오는 효과를 명상을 하듯 지켜본다. 3. 물감을 사용하여 농담을 느껴보는 작업도 위와 같은 방법으로 해 본다.
4. 효과	1. 먹물과 물이 어우러지면서 나타나는 번지는 느낌이 정서와 신체적 이완을 도와준다. 2. 작업이 간단한 방법으로 진행되므로 작업에 대한 부담감이 없다. 3. 먹의 농담과 색상의 변화에 따른 다양한 효과가 흥미를 유발한다. 4. 내적 활기를 일깨울 수 있다.
5. 작품	 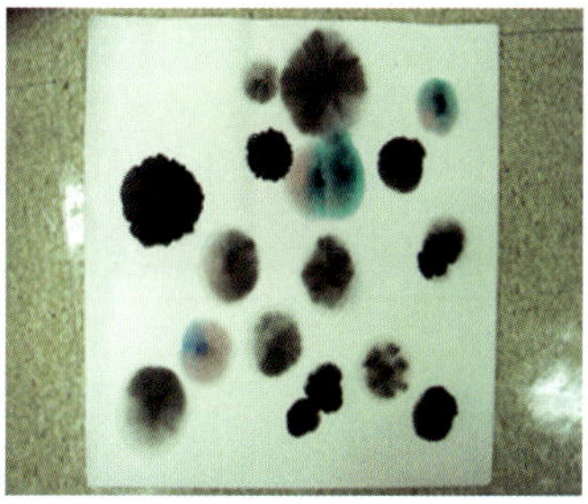

* 여러 가지 한지 구성하기

1. 재료	각종 다양한 한지, 풀, 먹물, 동양화 붓
2. 재료의 특성	*한지: 우리고유의 종이로서 부드럽고 편안한 느낌을 준다. 찢어 사용하기에 유용하다. 물감이 잘 번진다. *먹물: 흰 종이와 대비되어 선명한 느낌을 주고, 농담의 조절에 따른 깊이감을 표현할 수 있다.
3. 순서	1. 여러 가지 한지를 손으로 찢거나 내담자의 느낌데로 자유롭게 구성해 본다. 2. 한지로 구성한 작품의 여백이나 부분 부분에 먹물과 붓으로 드로잉을 더한다.
4. 효과	1) 각각 다른 색상과 질감의 표현이 한국 고유의 정서적인 면을 표현가능하게 함으로 서구적인 구성이나 표현과는 또 다른 감성을 느낄 수 있다. 2) 한지자체의 색감과 질감이 아름다워 미술에 거부감이 있는 내담자에게도 자신의 감정을 표현하기 쉽다. 3) 한지를 찢음으로서 감정이 발산되고, 자유로움을 느낄 수 있다. 4) 한지나 먹 재료가 주는 특유의 특성이 내담자로 하여금 안정을 가져다준다.
5. 작품	  

* 먹선 드로잉

1. 재료	먹물, 동양화 붓, 화선지
2. 재료의 특성	*먹물: 흰 종이와 대비되어 선명한 느낌을 주고, 농담의 조절에 따른 깊이감을 표현할 수 있다. *화선지: 물과 먹물이 잘 어우러져 번지는 효과를 극대화 할 수 있다. *동양화 붓: 물과 먹물의 표현을 좀 더 풍성하고 다양한 느낌으로 표현할 수 있다. 한 번의 붓질만으로도 쉽게 성취감을 맛볼수 있다.
3. 순서	1) 여러 장의 화선지를 준비한다. 2) 형식과 방법에 구애받지 않고 즉흥적으로 먹 선을 이용한 드로잉을 한다. 3) 연상되는 것을 여러 장에 걸쳐서 이어서 작업한다.
4. 효과	1) 내담자의 감정 상태에 따른 흐름을 읽어 볼 수 있다. 2) 여러 장 이어서 작업을 하면서 감정이 몰입되고 집중력을 높인다. 3) 붓의 결과 농담을 시원하게 느끼면서 마음이 함께 시원해지거나 혹은 정화되는 것을 느낄 수 있다. 4) 팔이나 손목의 스냅을 이용하면서 강약의 힘 조절을 해 볼 수 있다.(소근육 운동의 효과가 있다)
5. 작품	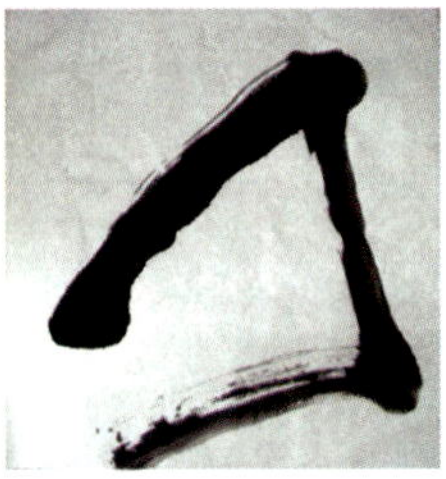   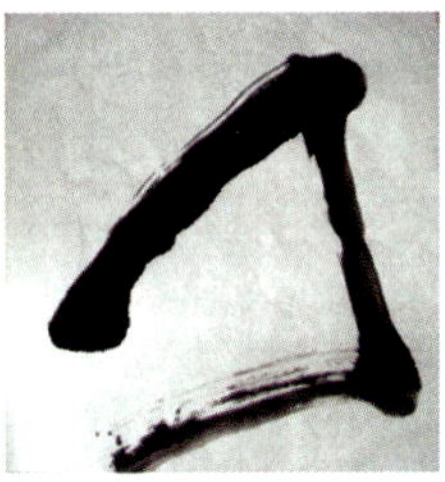  

* 먹과 한지를 이용한 구성하기

1. 재료	먹물, 한지, 붓, 물
2. 재료의 특성	*먹물 - 물감에 비해 잘 번지며 그 향이 은은하다. 발산,통제 모두 유용하다. *한지 - 찢어 사용하기에 유용하다. 물감이 잘 번진다. 도화지보다 부드러워 편안함을 주며 색이 은은하게 발색된다.
3. 순서	1) 한지위에 붓에 먹을 묻혀 점을 찍어나간다. (점이 잘 번질 수 있도록 물을 섞는다.) 2) 물을 이용해 먹물의 농도를 조절하여 옅은 점, 진한 점을 다양하게 찍어나간다. 3) 조금 마른 뒤에 한지를 동그랗게 구겨서 여백에 붙여본다.
4. 효과	1) 먹의 번짐을 통한 우연적 효과를 통해 긴장이 해소되며 정서적 이완을 경험할 수 있다. 2) 새로운 매체를 이용하여 미술치료에 흥미를 유발한다. 3) 먹의 농도조절과 한지의 구성을 통해 인지능력과 집중력을 높일 수 있다.
5. 작품	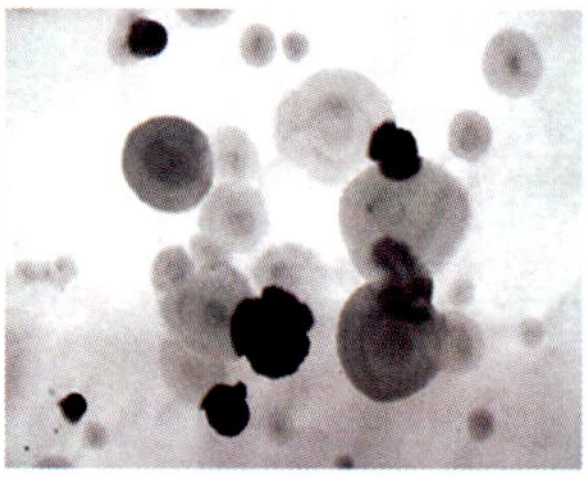  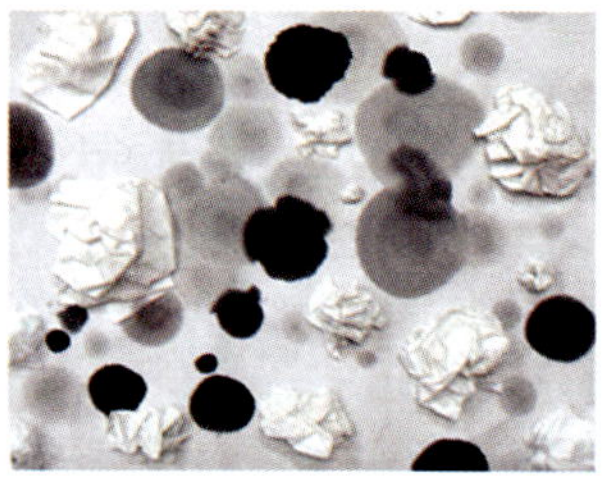

* 한지를 이용한 판화

1. 재료	울퉁불퉁한 닥지, 화선지, 먹물, 동양화 물감, 넓은 붓, 붓
2. 재료의 특성	*닥지: 표면이 매우 두껍고 울퉁불퉁하며 재질감을 강하게 느낄 수 있다. *먹물: 흰 종이와 대비되어 선명한 느낌을 주고, 농담의 조절에 따른 깊이감을 표현할 수 있다.
3. 순서	1) 울퉁불퉁한 닥지 위에 넓은 붓에 먹물을 묻혀 넓게 골고루 칠한다. 2) 검은 바탕 위에 동양화 물감으로 원하는 이미지를 자유롭게 표현한다. 3) 다 칠한 후 화선지를 위에 올려 색이 잘 스며들도록 손으로 누른다. 4) 화선지를 띄어내어 작품을 감상한다.
4. 효과	1) 울퉁불퉁한 닥지의 엠보싱을 이용해 그 위에 색을 칠했을 때 볼록 튀어나온 부분만 칠해짐으로서 판화적인 느낌을 줄 수 있다. 2) 닥지를 만지고 누르면서 촉각을 활성화 시킬 수 있다. 3) 재료의 신선함이 흥미를 유발한다. 4) 작품성과 완성도가 높아, 자신감을 향상시킬 수 있다.
5. 작품	 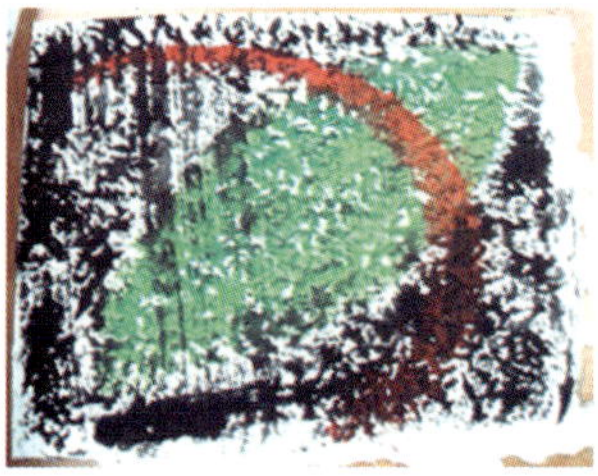  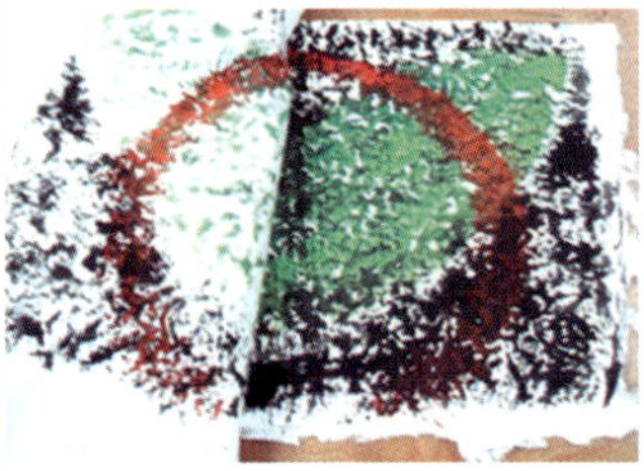 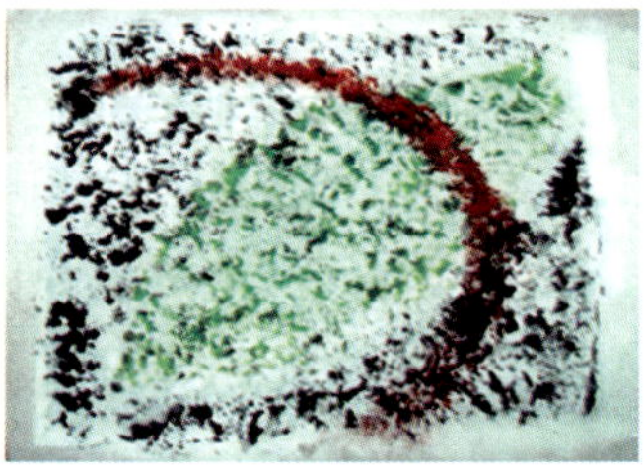

* 화선지를 이용한 작업	
1. 재료	화선지, 먹물, 동양화 물감, 동양화 붓
2. 재료의 특성	*화선지: 물과 먹물이 잘 어우러져 번지는 효과를 극대화 할 수 있다. *동양화 붓: 물과 먹물의 표현을 좀 더 풍성하고 다양한 느낌으로 표현할 수 있다. 한 번의 붓질만으로 쉽게 성취감을 맛볼 수 있다. *동양화 물감: 수채화 물감과 느낌은 비슷하지만 한지에 더욱 잘 스며든다. *먹물: 흰 종이와 대비되어 선명한 느낌을 주고, 농담의 조절에 따른 깊이감을 표현할 수 있다.
3. 순서	1) 화선지를 길게 자른 후 반을 접는다. 2) 반을 접은 화선지 위에 붓으로 점을 찍으며 자유롭게 원하는 이미지를 표현한다. 3) 점을 찍은 후 점 사이를 선으로 긋거나 그 안에 분할된 면을 물감으로 색칠하여 꾸민다. 4) 접었던 종이를 펼쳐 작품의 두 가지 느낌을 대조해본다.
4. 효과	1) 점을 찍으면서 이미지를 표현함으로서 흥미를 유발하고 상상력을 자극한다. 2) 먹의 농담에 따라 점의 강약이 달라지며 풍부한 느낌을 줄 수 있다. 3) 점과 선과 면을 모두 사용하며 이미지를 구성함으로 창의적, 미적감각을 향상시킬 수 있다. 4) 먹과 물감이 접혀진 뒷장에 스며들면서 한 번의 작업으로 두개의 이미지가 나와 데깔코마니와 같은 효과를 주며, 성취감을 높일 수 있다.
5. 작품	  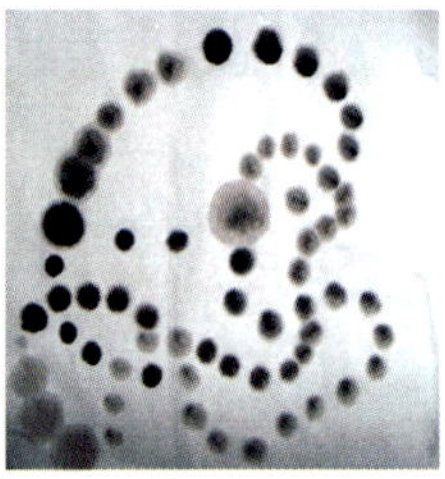  

5. 작품	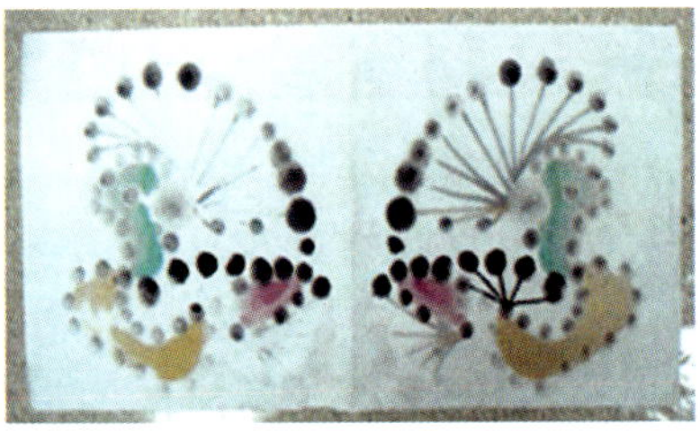

* 점토를 이용한 기법

1. 재료	찰흙
2. 재료의 특성	*찰흙: 부드럽고 유동적이며 말랑말랑하다. 형태변형이 자유롭다.
3. 순서	*형상화 작업: 찰흙을 뭉치고, 밀고, 두드리기 등 다양한 작업을 이용하여 자신의 느낌이나 생각을 표현해본다. *찰흙 만다라: 찰흙을 판판하게 펴서 원 모양을 만든 후 그 위에 무늬를 내어본다. *찰흙 HTP: 찰흙으로 집, 나무, 사람을 만들어 본다.
4. 효과	1) 찰흙이 주는 부드러움이 감정을 이완시키며 정서적 안정감을 줄 수 있다. 2) 찰흙을 다양하게 주무르며 탐색하는 과정을 통해 촉각을 활성화시킬 수 있다. 3) 그림에 대한 부담이 있는 내담자에게 흥미를 줄 수 있다. 4) 찰흙을 통해 만다라나 그림 진단 등을 입체적으로 해봄으로서 색다른 느낌을 줄 수 있다.
5. 작품 (1), (2)	 
5. 작품 (3), (4)	 

* 종이죽과 한지 작업

1. 재료	종이죽, 종이컵, (한지, 돌등 다양한 재료)
2. 재료의 특성	*종이죽: 1) 점토나 지점토보다 수분이 많아 쉽게 갈라지거나 마르지 않기 때문에, 촉촉하고 쾌적하다. 2) 점토나 지점토에 비해 접착성이 떨어지고 힘이 약해서 반죽하기는 쉽지만, 주먹크기 이상의 형상을 만들 때에는 잘 무너지기 때문에 부조 형식에 알맞다. *한지: 결이 있는 종이재질이 종이죽과 잘 어울려 새로운 질감을 표현할 수 있다.
3. 순서	1) 포장된 종이죽을 뜯어 주물러 반죽하는 과정을 통해 종이죽의 촉감을 느껴본다. 2) 손이 따르는 방향으로 자유롭게 만든다. 3) 한지를 응용해 만든다.
4. 효과	1) 종이죽이 가볍고 부드러워 적은 힘으로도 쉽게 주무를 수 있다. 2) 종이죽을 주무르면서 긴장이 완화되고 감정을 이완할 수 있다. 3) 종이죽과 한지를 찢고 구기며 스트레스가 발산되고 감정이 분출된다. 4) 종이죽과 한지, 혼합매체를 자유롭게 사용하여 작품을 만드는 과정을 통해 창의력을 기른다.
5. 작품 (1)	 
5. 작품 (2)	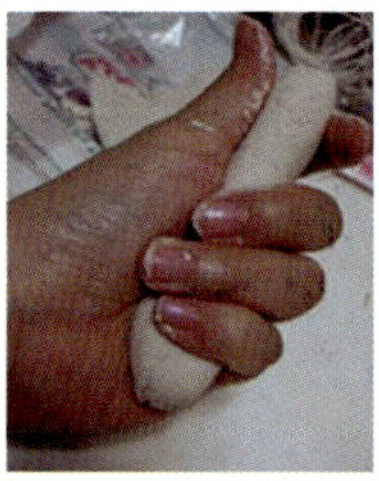 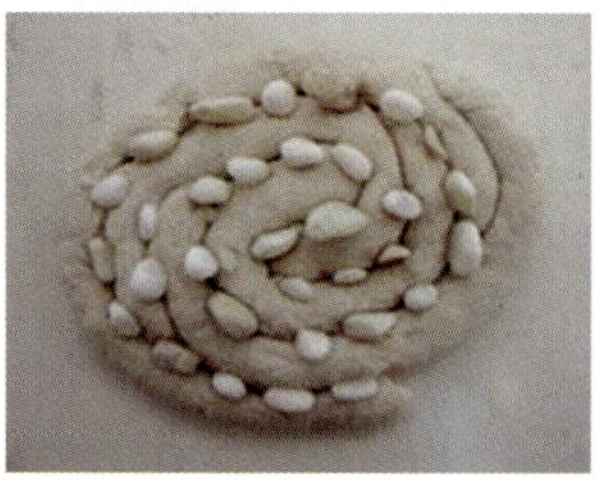 

	 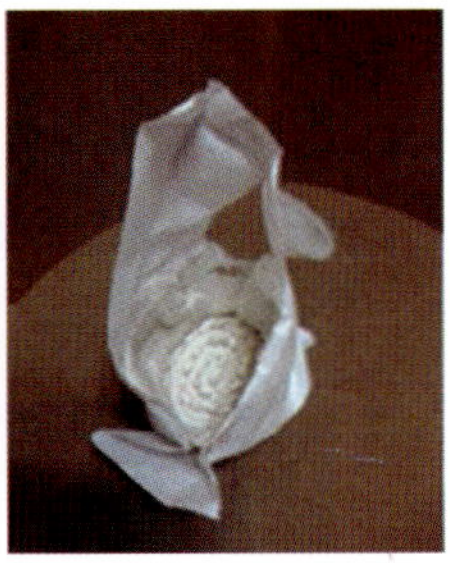

* 노끈과 돌맹이를 응용한 작업

1. 재료	한지, 롤링종이, 돌맹이 등 다양한 재료
2. 재료의 특성	*롤링 종이끈: 단단하게 엮인 종이 끝이 풀리면서 구겨진 종이의 부드러운 느낌이 편하게 다가온다. *돌맹이: 자연물의 친밀함을 느낄 수 있고, 비슷하지만 고정되지 않는 색깔과 모양이 변화를 주고 자연스럽다. 단단하고 차다.
3. 순서	1) 다양한 재료를 만져보며, 그 재료가 가진 본연의 특징을 천천히 느껴본다. 2) 재료를 혼합해 응용하거나 재질에 따라 따로 구분해 자유롭게 형상을 창조해 본다. 3) 감정에 따라 풀어 정리하거나 보관한다.
4. 효과	1) 다양한 재료를 통해 촉각을 자극하며, 감각을 활성화할 수 있다. 2) 형식이나 방법이 제시되지 않고 재료를 느끼는 대로 응용해 봄으로서 창의력과 상상력 발달에 도움을 줄 수 있다. 3) 만들고 배치하고 정리하는 과정을 통해 공간감각을 기르며, 주위집중력을 높일 수 있다.
5. 작품 (1)	 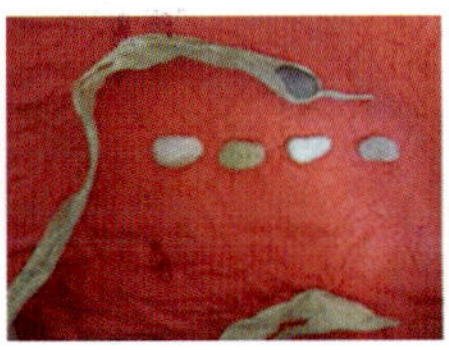  
5. 작품 (2)	 

* 내 안의 아름다움 만들기

1. 재료	종이죽, 각종 악세서리(스팽글, 색 철사, 리본 테이프, 구슬, 단추 등)
2. 재료의 특성	*종이죽: 점토보다 부드럽고 물기가 많아 촉촉하다. 잘 무너지기 때문에 부조형식에 알맞다. *각종 악세서리(스팽글, 색 철사, 리본 테이프, 구슬, 단추 등): 다양한 재료가 흥미유발을 일으킨다.
3. 순서	1) 종이죽을 반죽하여 내 마음을 형상화한 그릇을 만든다. 2) 그릇 속에 각종 악세서리를 사용하여 내 마음을 최대한 아름답게 꾸며준다. 3) 만두 빚듯이 겉으로 부터 시작해서 안이 보이지 않도록 덮어준다. 4) 덮은 후 종이죽을 동그랗게 다듬어 자신의 얼굴을 꾸며준다.
4. 효과	1) 자신의 내면과 외면을 다양한 재료를 통해 꾸며봄으로서 자신감을 강화할 수 있다. 2) 그릇 속을 아름답게 꾸며주는 과정을 통해 나의 장점과 내면의 아름다움을 인지하게 한다. 3) 미술작업에 대한 부담을 감소하고 흥미를 유발할 수 있다. 4) 다양한 자극을 통해 감각을 활성화 할 수 있다.
5. 작품	  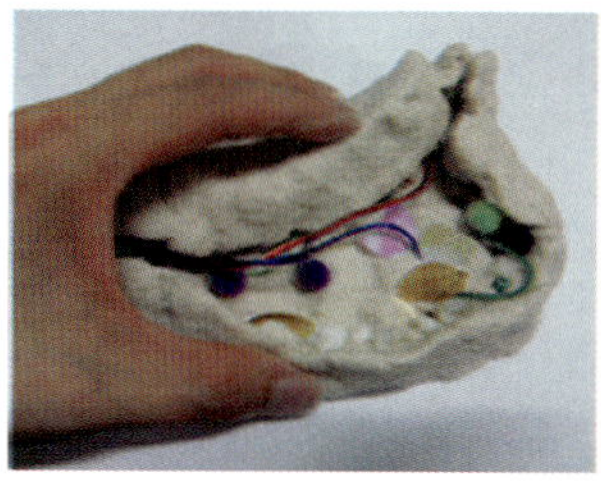
5. 작품	 

* 소망 조형물 만들기

1. 재료	찰흙, 가는 철사, 모루, 종이
2. 재료의 특성	*찰흙: 부드럽고 변형이 쉬워 누구든지 원하는 모양으로 만드는 것이 쉽고 딱딱하게 마르기 전에는 다른 재료와 탈부착이 가능하다. *가는 철사: 두꺼운 철사는 쉽게 구부리기 어렵고 통제가 어려운 내담자에게는 위험할 수 있으나 가는 철사는 쉽게 구부러지고 변형이 쉽다. 선적인 재료로서 무거운 재료에서 오는 느낌과는 다른 섬세한 느낌을 표현하기 좋다. *모루: 쉽게 구부러지고 변형이 자유롭다. 여러 가지 색상의 모루가 있으므로 단조로운 작품에 색상을 가미할 수 있고 표면의 느낌을 살려 부피감과 부드러운 질감 표현을 줄 수 있다.
3. 순서	1) 찰흙으로 자신만의 개성을 살려 조형물을 만든다. 2) 철사와 모루를 이용하여 구부리거나 꼬아서 자유롭게 표현해본다. 3) 만든 철사와 모루를 찰흙으로 만든 조형물에 꽂아본다. 4) 완성된 작품에 자신의 소망을 적은 종이를 붙이며 작품을 하면서 느낀 점과 자신의 소망에 대해 이야기 해본다.
4. 효과	1) 찰흙으로 입체 조형물을 만들고, 철사와 모루를 이용해 작업을 하는 2차적인 작업을 통해 다양한 재료들의 질감을 짧은 시간에 체험해 볼 수 있고, 감각을 활성화할 수 있다. 2) 완성을 하고 난 후 자신의 소망을 적어 붙여 보는 과정을 통해 삶의 의지를 높이고 자기 인식과 고찰의 기회를 가질 수 있다. 3) 스트레스 감소와 심리적 이완을 한다.
5. 작품	  
5. 작품	  

* 지점토를 이용한 입체작업

1. 재료	지점토, 작은 돌, 전선줄, 투명 구슬, 기타
2. 재료의 특성	1) 지점토: 촉촉하고 부드러운 느낌으로 형태변형이 쉽다. 2) 전선줄: 전선줄 피복이 매끄럽고 자유롭게 감거나 구부리기 쉽다. 3) 작은 돌: 자연물의 친밀함을 느낄 수 있고, 비슷하지만 고정되지 않는 색깔과 모양이 변화를 주고 자연스럽다. 단단하고 차다.
3. 순서	1) 지점토와 전설 줄, 작은 돌이나 투명한 구슬 등을 준비한다. 2) 준비한 지점토를 자신이 원하는 형태로 자유롭게 만든다. 3) 만들어 놓은 지점토 위에 자유롭게 잘라놓은 전선줄을 원하는 위치에 꽂는다. 4) 작은 돌과 투명 구슬 등을 지점토 위에 뿌린다.
4. 효과	1) 특별한 틀이나 형태에 얽매이지 않으므로 자유로운 표현이 가능하다. 2) 변형이나 표현이 쉽고 잘못된 형태나 그림이 나와도 고치기 쉽다. 3) 평면의 그림이 아니라 입체적 표현이 가능하여 다양한 각도에서 작품을 볼 수 있다. 4) 다양한 재료를 통해 촉각을 자극함으로 감각이 활성화될 수 있다.
5. 작품	 
5. 작품	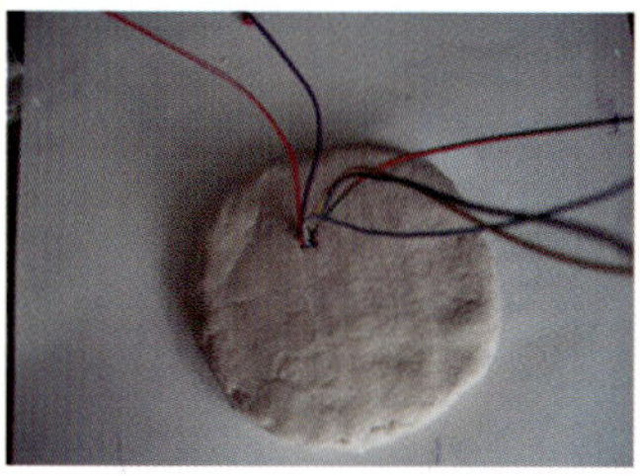 

* 지점토를 이용한 입체작업 2

1. 재료	지점토, 작은 돌, 전선줄, 투명 구슬, 기타
2. 재료의 특성	1) 지점토: 촉촉하고 부드러운 느낌으로 형태변형이 쉽다. 2) 전선줄: 전선줄 피복이 매끄럽고 자유롭게 감거나 구부리기 쉽다. 3) 작은돌: 자연물의 친밀함을 느낄 수 있고, 비슷하지만 고정되지 않는 색깔과 모양이 변화를 주고 자연스럽다. 단단하고 차다.
3. 순서	1) 준비한 지점토를 자신이 원하는 형태로 자유롭게 만든다. 2) 전선줄을 이용하여 자신이 원하는 형태로 모양을 만든다. 3) 전선 줄 사이사이에 투명 구슬과 작은 돌을 이용하여 원하는 위치에 구성해 본다.
4. 효과	1) 특별한 틀이나 형태에 얽매이지 않으므로 자유로운 표현이 가능하다. 2) 작은 돌을 구성하는 과정을 통해 집중력을 향상시킬 수 있다. 3) 점토를 통해 스트레스 감소와 심리적 이완을 한다. 4) 작업한 시간에 비해 작품의 완성도가 높게 나타나 자존감을 높일 수 있다.
5. 작품	 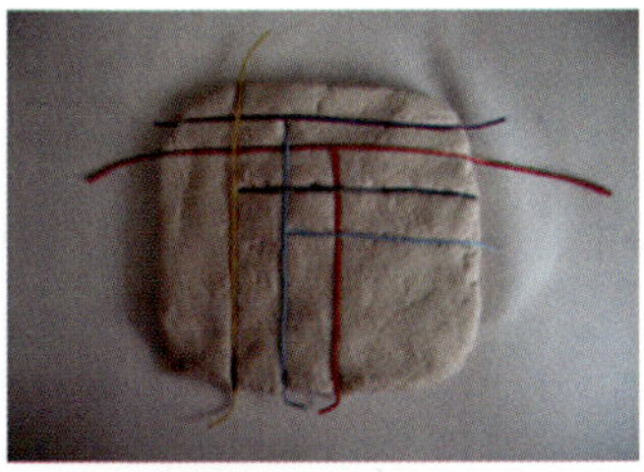
5. 작품	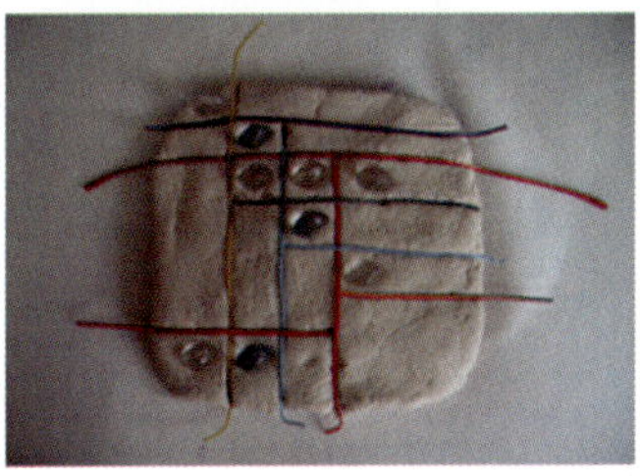 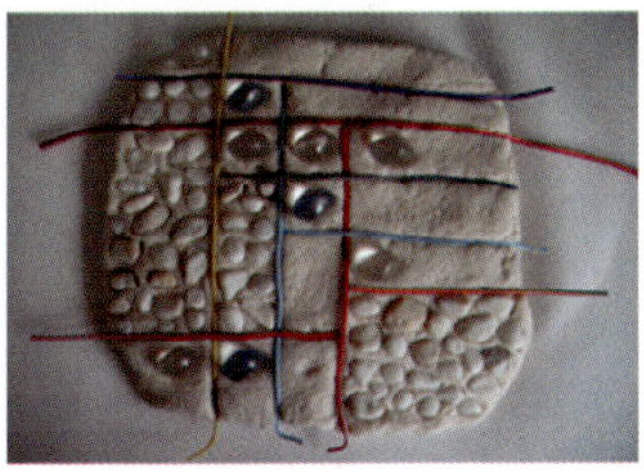

IX. 심리학 이론에 근거한 미술치료 프로그램

1. 정신분석학

1) 정신분석학의 주요 개념

정신분석 모형은 발달의 경향, 성장단계에서의 주요 발달과업, 정상인 및 비정상인의 사회적 역할, 욕구 및 그에 대한 불만족 그리고 그로 인해 야기되는 성격발달의 결함의 근원 등을 이해하는 개념적 도구로 사용한다. 프로이드(Freud)는 무의식의 역할에 대해 초점을 맞추었고, 인간의 기본적인 성격구조를 이해하고 수정하기 위한 치료절차를 발달시켜, 후의 정신 역동적인 체계를 구축할 수 있는 기초를 세웠다. 프로이드는 인간의 정신에 대하여 다음의 세 가지 이론을 내세웠다.

1) 지형학적 이론

지구가 토양의 성분에 따라 다양한 지층을 형성하고 있는 것처럼 지형적 구성에 비유하여 인간의 마음을 그 지각한 내용을 인식하고 있는 수준에 따라 무의식의 층, 전의식의 층, 의식의 층이 있는 것으로 가정하였다. 무의식은 우리가 인식하지 못하는 가장 심층적이고 접근하기 어려운 것이며, 의식은 현재 인식의 범위 내에 있는 것들로서 현재 자신의 마음이라 한다.

(1) 의식 : 어떤 주어진 순간에 인식하는 모든 것을 포함한다. 인간의 사고, 지각, 감정, 기억 등과 같은 정신생활의 작은 부분만이 의식의 영역에 있다.

(2) 전의식 : 특정한 순간에는 의식하지 못하나 상황에 따라서 또는 아주 적은 노력으로 인식되어질 수 있는 모든 경험을 포함한다. 전의식은 의식과 무의식 사이에서 교량 역할을 한다.

(3) 무의식 : 인간의 정신기제 가장 심층적이고 주요한 위치에 있는 것으로, 의식적인 자아가 용납할 수 없는 억압된 감정들로 이루어져 있다. 무의식은 의식의 영역에 철저하게 떠오를 수 없으면서도 인간 행동의 대부분을 지배한다. 무의식 속에 잠재되어 있는 내용들은 대체로 왜곡된 형태나 상징화된 형태로 나타나는데 신경증이나 정신병 장애자에게서 흔히 관찰할 수 있다.

2) 구조적 이론

쾌락의 원리에 따라 끊임없이 욕망을 발산하는 이드와, 사회적 규범을 철저히 지키고 이상적인 자기모습을 추구하고, 달성하라는 명령을 내리는 초자아와, 이드와 초자아의 요구를 조절하여 현실적으로 수용되는 자신의 모습을 형성하려는 자아로 구성되어 있다.

(1) 원초아(Id) : 원초아는 성격 최초 체계이다. 원초아는 에너지의 최초의 원천이며 본능이 있는 곳이다. 인간이 선천적으로 지니고 있는 원시적이고 동물적인 욕망을 지칭하는 말로서 충동적이고, 자기중심적이며, 비합리적으로 움직이는 쾌락의 원리에 지배를 받는다. 원초아는 대부분 인식되지 않으며 무의식적이다.

(2) 자아(Ego) : 자아는 현실이라는 외부 세계와 접촉한다. 자아는 성격을 지배하고 통제하며 조절하는 실행자이다. 자아는 외부의 세계를 현실적으로 판단하고 현실 세계와 자기 자신의 관계를 평가하는 이성을 중심으로 후천적으로 발달한다. 또 자아는 원초아로부터 심적 에너지를 차입하여 원초아와 초자아의 관계를 조절하고, 현실의 요구를 조절해 나

가는 현실의 원리에 의해서 지배된다.

(3) 초자아(Superego) : 초자아는 한 개인이 사회화 과정을 통해서 발전시킨 사회규범이나 행동규준을 내면화한 것이다. 초자아는 현실이 아니라 이상을 나타내며, 쾌락보다는 완벽을 추구한다. 초자아는 성장과정에서 부모나 사회 교육기관 또는 또래집단 등을 통해서 습득되고 형성되는 양심과 그 사회의 전통적 가치나 이상을 나타낸다. 초자아는 원초아의 충동을 억제하도록 하며, 자아가 현실적 목표 대신 도덕적 목표와 완전을 추구하도록 하며, 도덕적 원리에 의해 지배된다.

3) 역동적 이론

인간 마음의 힘의 요소들이 상이한 인식의 수준에서 상호관계하는 역학관계를 설명하고자 하는 비유로서, 이드에 의한 욕망과 소원이 숨겨지는 무의식, 무의식적 동기유발에 대한 초자아의 견제, 자아의 현실검증의 의식 및 무의식적 동기유발과 동기조절이 충돌하였을 때 일시 피난하는 곳인 전의식 등의 정신적 힘(에너지)이 끊임없이 상호작용하는 역동적인 상태에 있다.

프로이드의 인간의 정신에 대한 이론의 핵심은 금지되어 억압된 원본능의 소원, 충동, 생각이 무의식의 저장소에서 끊임없이 방출될 기회만 노리다가 표현될 때는 불유쾌한 생각을 자각하고 싶지 않기 때문에 위장된 형태로 표현된다는 것이다. 이때, 자아는 현실 인지와 현실 조작, 만족 지연, 성격의 내적 통일이라고 하는 모든 고도의 정신기능을 담당한다. 근원적으로 충동적인 이드는 자아의 노력에 의해 처음으로 만족을 얻을 수 있다.

자아는 여러 복합기제는 물론 단일기제에 대해서도 서로 모순된 과제를 완수할 수 없다. 여러 기제 가운데서 승화는 욕구의 위험과 잠재적 파괴력을 바람직한 방향으로 활용하는 가장 효과적인 수단 중 하나이다. 그것은 욕구의 움직임의 에너지를 그 본래의 목표로부터 다른 곳으로 방향을 돌려서, 성취하는 방향으로 옮겨 놓은 과정이다. 이것은 자아에 있어서 상당히 가치를 지니고 있으며 대부분 그것은 사회적으로 생산적인 것이다. 승화에 의한 쾌락은 보다 영구적이며 상당히 강렬한 것이지만 극단적인 일은 없다. 승화는 흥미가 집중해 있는 대상의 변화, 목표의 변화, 목표가 달성되는 곳의 에너지의 특성의 변화가 기대된다. 분출하여 치료해야하는 욕망을 미술을 통하여 해소하고, 넘치는 에너지를 그림을 그림으로써 예술적으로 승화할 수 있는 것이다.

4) 성격 발달

프로이드의 성격 발달이론의 특징 중 하나는 개인의 성격 유형이란 유아기의 여러 가지 경험에 의해서 형성되며, 특히 생후 5년 사이에 기본 골격이 형성된다는 결정론적 입장을 취한다는 것이다. 또 다른 특징은 성적 에너지가 출생 시에 나타나며 이는 일련의 심리성욕 단계를 거쳐서 발달해 간다는 것이다. 프로이드는 인간이 성장하면서 리비도(Libido)의 에너지가 집중적으로 투입되는 신체 부위에 따라 성격발달 단계를 구분하였다.

(1) 구강기(Oral state) : 리비도의 에너지가 대부분 입, 입술, 혀 등에 투입되기 때문에 입의 활동에서 쾌락을 추구하는 시기이다. 이 시기의 중요한 과제는 의존, 독립, 신뢰 등의 태도를 형성하는 것이다.

(2) 항문기(Anal state) : 리비도의 에너지가 항문에 집중되며 배설에 의해 쾌락을 추구하는 시기이다. 이 시기의 아동은 현실의 원리에 의해 살아가기 위해서 욕구 충족을 지연하는 것을 배우게 된다. 부모의 배변 훈련은 이후 성격발달에 지대한 영향을 미친다.

(3) 남근기(Phallic state) : 이 시기의 남아는 오이디푸스 콤플렉스, 거세불안 등의 갈등을 겪으며 여아는 엘렉트라 콤플렉스, 음경선망 등의 갈등을 겪으면서 동성부모와의 동일시를 통해 성역할을 배우고 양심이 발달하게 된다.

5) 이상 심리에 대한 이해

(1) 불안(Anxiety)

불안은 무엇을 하기 위해 동기를 유발하며, 절박한 위험을 경고하는 긴장 상태이다. 즉, 원초아와 자아, 초자아 간의 갈등으로 인해 적절한 대책을 세우지 않으면 자아가 전복될 위험에 있음을 자아에게 경고하는 것이다.

① 현실적 불안 : 외부 환경에 실제로 존재하는 객관적인 위험으로서 공포와 같은 개념이다.

② 신경증적 불안 : 원초아의 충동이 의식화되어 이때 발생하는 정서적 반응을 자아가 통제할 수 없을 때 생기는 불안이나 염려다.

③ 도덕적 불안 : 자아가 초자아로부터 벌을 받을 위험이 있을 때 나타나는 정서적 반응이다.

(2) 자아방어기제

원초아 속에 포함되어 있는 사회적으로 용납될 수 없는 욕구나 충동 등의 사실적 표현과 이에 맞선 초자아의 압력 때문에 발생하는 불안으로부터 자아를 보호하기 위한 자기 기만적이며 현실 자각을 왜곡시키는 일종의 대항 전략이다.

① 억압 : 가장 중요한 방어기제 중의 하나이며, 위협적이거나 고통스러운 생각, 갈등, 감정들을 의식하지 못하도록 한다. 이것은 무의식 중에 나타나기도 하는데 꿈이나 농담 또는 말의 실수 등을 통하여 드러난다.

② 투사 : 받아들일 수 없는 자신의 욕망이나 충동들을 다른 사람이나 사물의 탓으로 돌리는 것이다. 예컨대 남편이 아내를 사랑하지 않는다는 것을 인정하기가 싫기 때문에 아내가 자신을 사랑하지 않는다고 말하는 것이다.

③ 치환 : 충동이나 욕구를 불러일으킨 원래의 대상이나 사람에게 충동을 해소하는 것이 위협이 있다고 느낄 때, 위협이 적은 다른 대상이나 사람에게로 에너지를 향하게 하는 것이다.

④ 퇴행 : 좌절을 경험하게 되면 발달 초기의 보다 만족스럽고 안전했던 시기로 되돌아가고자 하는 것이다.

⑤ 승화 : 성적, 공격적 에너지를 다른 경로, 즉 사회적으로 허용되고 때로는 칭찬까지도 받는 경로로 전환하는 것이다. 프로이드 학파에서는 위대한 예술작품들을 성적 또는 공격적 에너지를 창조적으로 전환시킨 결과라고 말한다.

⑥ 동일시 : 타인의 행동을 모방함으로써 긴장을 해소하고 타인의 특성을 받아들여 자신의 일부로 만드는 것이다. 이렇게 하여 자기 가치감을 높이고 자기 실패감으로부터 자신을 보호하기도 한다.

⑦ 합리화 : 그럴 듯한 변명을 함으로써 긴장을 해소하는 것이다. 즉. 행동을 정당화하고 실망에 따른 충격을 줄이도록 타당한 이유들을 조작한다.

2) 정신분석적 상담의 목표

- 문제의 원인인 내면화된 갈등이 억압된 자료를 표출한다.
- 숨겨져 있던 생각과 감정이 그 행동에 연관된 의미에 대한 통찰력을 기른다.
- 치료과정을 정서적이고 인지적으로 이끌어 전이가 일어나면 그것을 치료자가 파악하

여 전이에 대한 환자가 통찰력을 기르도록 도와준다.

- 통찰을 통하여 학습한 것을 치료 장면에서는 물론 일상생활에서 시행착오를 겪으면서도 지속적인 훈습을 통하여 재학습하도록 도와준다.

3) 정신분석적 치료 기법

1) 해석

해석은 자유연상이나 꿈, 저항, 전이 등을 분석하고 그 속에 담긴 행동상의 의미를 내담자에게 지적하고 설명하는 기본적 절차이다. 해석을 통하여 내담자는 의식하지 못했던 자료를 분명히 이해할 수 있게 된다.

2) 자유연상

자유연상은 통찰을 촉진하기 위하여 내담자의 마음속에 저절로 떠오르는 것이면 무엇이든 말하게 하는 것으로 자유연상을 통해 과거를 회상하고 충격적인 상황 속에서 느꼈던 여러 가지 감정을 발산하게 된다. 치료사는 연상의 계열이나 흐름을 살펴서 무의식 속에 억압되어 있는 자료를 차자아내고 그것을 설명해줌으로써 무의식의 심리과정을 점차 이해할 수 있도록 도와준다.

자유연상은 정신분석적 치료 기법의 본질과 핵심이며, 무의식의 소망, 환상, 동기 등을 해방하는 데에 사용되는 기본 도구의 하나이다.

3) 꿈의 해석

잠자는 동안은 방어가 허술해져서 억압된 감정들이 꿈으로 표면화된다. 꿈에는 잠재된 내용과 표현적 내용의 두 차원이 있는데 치료사의 역할을 꿈의 표현적 내용들에 나타난 상징들을 연구함으로써 잠재적인 내용들을 밝혀내는 것이다.

4) 저항의 해석

상담의 진전을 방해하고 치료사에게 협조하지 않으려는 내담자의 무의식적 행동을 저항이라고 한다. 내담자가 저항하는 이유는 자신의 억압된 충동이나 감정을 알아차렸을 때 느끼게 되는 불안으로부터 자아를 보호하기 위해서다. 치료사는 내담자가 보이는 가장 큰 저항에 주의를 환기시킨 다음, 내담자가 수용할 수 있도록 배려하면서 해석을 해야 한다.

5) 전이의 해석

내담자가 과거의 중요한 인물에 대해 느꼈던 감정을 치료사에게 옮기는 것을 전이라고 하는데 치료사는 치료과정에서 내담자가 심리내적으로 의미를 가지는 과거의 관계 표상이 반복되게 하는 계기를 만들어준다. 전이에 대한 해석으로 전이 감정이 해소되면 내담자는 과거의 영향으로부터 벗어나게 되며, 보다 정서적으로 성숙한 인간이 될 수 있다.

6) 통찰

통찰이란 자신의 행동의 원인과 문제해결의 길이 여러 갈래의 길이 있음을 이해하고 지금까지의 노력이 모두 긍정적 성격을 지니고 있음을 받아들이는 것이다.

4) 정신분석적 미술치료

정신분석적 미술치료는 프로이드를 중심으로 정신분석가들이 사용하는 자유연상법이나 꿈의 해석, 저항과 전이의 분석과 해석 등을 기법으로 사용하는 것이다. 특히 자유연상의 경우나 꿈의 내용을 전달하는데 있어서 그림이나 창조적 매체를 통해서 표현하게 하는 것이다

정신분석적 미술치료는 내담자가 표현한 작품의 소재를 분석하여 미술을 상징적 언어의 형태로 보고 자유롭게 자신을 표현하게 한다. 즉 상징과 전이를 매우 중시하여 융의 집단무의식 개념과 대상관계이론도 치료이론에 통합하고 있다.

여러 정신 분석가들이 미술을 무의식의 표출 수단으로 활용하였지만 치료법으로 확립한 사람은 나움버그(Naumburg)였다. 그녀는 억압된 것을 이미지를 통하여 표출하는 것이 치료적일 뿐만 아니라 정화가 되면서 동시에 의사소통이 효과가 있음을 알아냈다. 나움버그는 미술을 치료의 주된 매체로서의 역할을 강조하였다. 그리하여 자신의 방법을 '역동적 미술치료' 라고 명명하여 자신의 이론이 근본적으로 프로이드 학파의 정신 역동론에 기초하고 있음을 의미하였다.

또한 그녀는 상징을 지나치게 단순하게, 또는 너무 경직되게 해석하여도 안 된다는 견해를 가졌는데 이는 프로이드의 꿈 분석에 관한 가르침과 일치된 입장이었다.

5) 정신분석학 이론에 근거한 미술치료 기법

1) 추억의 앨범 만들기

이 기법은 정신분석학 이론 중 성격발달이론을 근거로 하고 있다. 프로이드 학파는 인간의 성격형성, 특히 개인적, 사회적 발달의 세 가지 양상(애정과 신뢰, 부정적 감정의 취급, 성욕에 대한 적극적인 수용의 발달)은 생후 5년간에 결정된다는 결정론적 입장에 있다. 따라서 어린 시절의 기억을 회상하고 그것을 표현함으로 내담자의 과거를 회상하게 하는 것은 성격발달의 결함의 근원을 이해하고 자신을 통찰하는데 도움을 준다. 또한 초기 아동기 사건들의 역할과 그것이 내담자의 현재의 문제에 미치는 영향에 대한 역동적 이해의 틀을 제공한다.

(1) 목표 및 기대효과 : 과거 회상을 통해 현재 자신의 모습 통찰한다.

(2) 재료 : 흰 도화지 여러 장 (10*15cm,), 4절 캔트지, 색연필 혹은 크레파스, 풀, 가위

(3) 방법

① 최초로 기억나는 가장 어렸을 때, 5~6살 때, 초등학교 때 등 유아기에서 아동기를 거쳐 청소년기까지 자신의 어린 시절의 기억에 남는 사건들(가장 기뻤던 일, 슬펐던 일 등 아무거나)을 떠올려본다.

② 가장 기억에 남는 상황들을 4장의 사각 종이에 자유롭게 표현해본다.

③ 4개의 그림을 캔트지에 시간 순으로 붙이고, 각 사진의 제목을 붙여 본다.

④ 각각의 그림을 그린 이유, 그림 속의 상황과 감정 등 그림에 대해 나누어본다.

그림 IX-1.

2) 어린 시절 살던 동네 그리기

프로이드의 정신분석학 이론 중 성격발달이론을 근거로 과거 특히 어린 시절의 기억을 회상하게 함으로써 내담자의 무의식에 있는 과거의 경험에 대한 억압된 감정을 알아볼 수 있는 기법이다.

(1) 목표 및 기대효과 : 과거 회상을 통해 현재 자신의 모습 통찰한다.

(2) 재료 : 크레파스 등의 채색 도구, 도화지

(3) 방법

① 어린 시절 살던 동네를 떠올려본다.

② 가장 기억에 남는 장소를 중심으로 어린 시절 살던 동네를 그림으로 그린다.

③ 각각의 장소에 대한 내담자의 기억과 느낌 등에 대하여 이야기를 하면서 과거의 경험이 현재 나의 삶과 어떤 연관이 있는지에 대해 알아본다.

그림 IX-2.

3) 실그림 연상하여 그리기

우연히 표현된 상징물을 이용한 자유연상을 통하여 무의식의 감정들을 의식화하여 통찰함으로써 현재 내담자가 가지고 있는 문제에 대하여 바라볼 수 있게 도와주는 기법이다.

(1) 목표 및 기대효과 : 우연하게 생긴 형상을 보고 연상하여 무의식을 드러낸다.

(2) 재료 : 실, 물감, 화지, 그리기 도구 및 여러 가지 콜라주 도구

(3) 방법

① 실에 물감을 묻인 뒤 화 지위에 적당히 올려놓는다.

② 다른 종이를 실 위에 덮고 화지 사이의 실을 잡아당긴다.

③ 화지에 생긴 무늬를 보고 연상할 수 있도록 한다.

④ 연상한 것을 그리기 도구뿐만 아니라 여러 가지 콜라주 재료를 이용하여 자유롭게 표현할 수 있도록 한다.

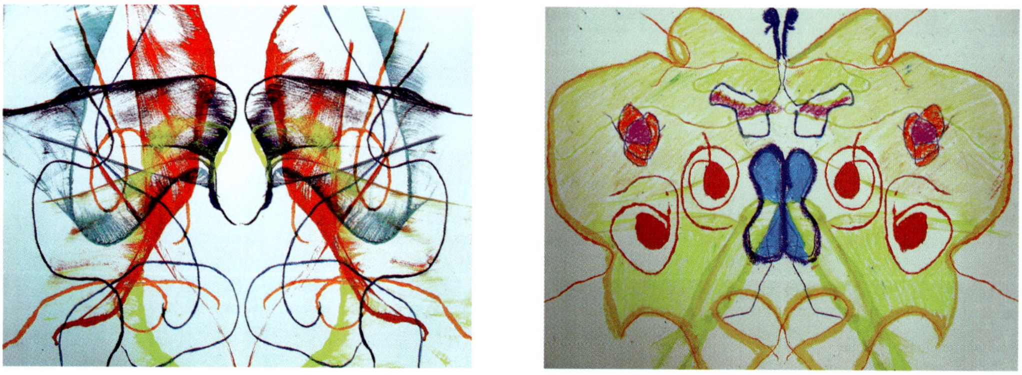

그림 IX-3.

4) 난화 – 왼손으로 그리기

자유로운 선을 그린 후 그것을 이미지화하여 그림의 형체를 표현하고 이야기를 만드는 난화의 기법을 변형한 기법이다. 눈을 감고 평소 잘 사용하지 않는 왼손(우세손이 왼손인 경우는 오른손)을 이용하여 자유로운 선을 그림으로써 내담자의 의식이 개입되는 것을 감소시킬 수 있다.

(1) 목표 및 기대효과 :

(2) 재료 : 종이, 연필이나 색연필, 사인펜 등

(3) 방법

① 눈을 감고 왼손(우세손이 왼손인 경우는 오른손)을 이용하여 종이 위에 자유로운 선을 그린다.

② 눈을 뜨고 겹치고 만나지는 선의 모양을 통해 이미지를 찾아 구체적으로 형태를 표현한다.

③ 연상된 이미지와 관련된 기억을 떠올려보고 현재의 나의 모습과 어떤 연관이 있는지에 대하여 이야기 해본다.

그림 Ⅸ-4.

5) 물감 뿌리고 모양을 찾아보자

자유연상을 통한 무의식의 탐색을 위하여 난화기법을 응용한 것이다. 붓으로 물감을 뿌리는 활동이 내담자의 긴장의 이완하는 데에 도움이 되어 보다 심리적으로 편안한 가운데 자유연상을 할 수 있도록 개발한 기법이다.

(1) 목표 및 기대효과 : 우연히 만들어진 형태나 상징을 이용한 자유연상을 통해 자신을 통찰한다. 또한 그림 속의 상징이나 형태를 찾으면서 집중력을 강화하고 이야기의 구성 능력 향상에 도움을 준다.

(2) 재료 : 물감, 붓 등의 수채 도구

(3) 방법

① 도화지 위에 다양하게 물감을 뿌린다.

② 뿌려진 물감을 다양한 방향에서 보면서 상징이나 형태를 찾아본다.

그림 Ⅸ-5.

③ 찾아진 형태를 구체화하여 그려본다.

④ 구체화된 형태를 이용하여 이야기를 구성해보고 현재의 자신의 문제와 연관시켜봄으로써 자신에 대한 탐색을 하도록 한다.

6) 손, 발 연상하여 꾸미기

자유연상을 통해 무의식을 의식화하여 심상을 표출해 보도록 한다.

(1) 목표 및 기대효과 : 자신의 손과 발을 통해 연상되는 것을 표현해 보도록 하여 자신의 내면의 욕구를 알게 한다.

(2) 재료 : 흰색 도화지, 검은색 도화지, 색연필, 크레파스, 사인펜, 가위, 풀

(3) 방법

① 흰색 도화지 위에 내담자의 손과 발을 올려놓고 형태를 본떠서 그린다.

② 손과 발을 색채도구를 이용하여 꾸며준다.

③ 꾸민 손과 발의 모양을 가위로 오린 다음 검은색 도화지 위에 붙인다.

④ 자신의 손과 발을 보며 연상되는 것들을 이야기해본다.

그림 IX-6.

7) 물감 밀어 연상하기

자유연상을 통한 무의식의 탐색을 위한 기법으로 붓을 사용하는 대신 물감을 종이로 밀어서 생기는 우연의 효과를 이용하므로 내담자의 방어를 줄이고 보다 심리적으로 편안한 가운데 자유연상을 할 수 있다.

(1) 목표 및 기대효과 : 우연히 만들어진 형태나 상징을 이용한 자유연상을 통해 자신을

통찰한다.

(2) 재료 : 물감, 잡지, 도화지, 두꺼운 도화지, 풀, 가위

(3) 방법

① 물감을 도화지의 시작부분에 짠다.

② 두꺼운 도화지 조각을 이용해 도화지에 짜놓은 물감을 밀어낸다.

③ 밀린 물감을 보고 무엇이 연상되는지 의견을 나눈다.

④ 연상된 것과 연관된 이미지를 잡지에서 찾아내 콜라주 작업을 한다.

그림 Ⅸ-7.

8) 거울에 비춰지는 나의 내면

저항과 전이의 분석과 해석 기법으로 사용된다. 그 중에서 자유연상기법을 통하여 자신의 내면적 사상과 생각을 형상화한다. 내담자의 내면의 모습을 거울에 비춰지는 외형적 형상을 통하여 표출하도록 한다.

(1) 목표 및 기대효과 : 자유연상을 통해 자신의 내면을 바라보고 자신의 감정이나 욕구를 표현한다.

(2) 재료 : 거울 모양으로 만든 점토판, 점토

(3) 방법

① 자신의 내면의 모습을 눈을 감고 떠올려본다.

② 거울 모양의 점토판에 '거울에 비춰지는 나의 내면'을 점토를 사용하여 표현한다.

③ 작품으로 표현된 자신의 내면의 상태에 대하여 이야기를 나눈다. 저항과 전이의 분석과 해석 기법으로 사용된다. 그 중에서 자유연상기법을 통하여 자신의 내면적 사상과 생각을 형상화한다. 거울이라는 비춰지는 인간의 사용도구를 통하여 내면의 나의 모습을 외형적 형상을 통하여 거울에 비춰지는 나의 모습을 표출하도록 한다.

그림 IX-8.

2. 분석심리학

1) 분석심리학의 주요 개념

분석심리학에서는 인간의 마음에 대하여 고정불변하는 여러 개의 요소로 구성되어 이루어져 일정 기능을 발휘한다는 해부생리학적인 의미의 구조와 기능(structure and function)의 설명을 지지하지 않는다. 이러한 기계론적인 설명은 정신의 영역을 현재 인간의 인식 가능한 개념의 울타리에 한정시킴으로써 그 무한한 가능성을 박탈할 위험이 있기 때문이다.

이러한 주관적이며 경험적인 방법에 의한 심리학설에 있어서 그 내용을 설명하기 위해서는 개념의 설정과 전제를 명확히 하는 수밖에 없다. 따라서 분석심리학의 마음에 대한 설명을 하기 위해서는 일정한 말로 표현을 하게 되는데, 중요한 것은 그 '용어'가아니고 그 용어의 내용, 즉 '뜻'이다. 심리학설을 설명하는데 용어 자체가 의미를 갖는 것이 아니며 이는 비록 그 용어가 현재 다른 분야나 사회에서 받아들여지고 있는 '뜻'과 개인이 받아들이는 '뜻'이 있으나 그 명확한 '뜻'의 설정이 그 학문의 이해에 토대가 된다는 것이다.

1) 무의식의 내용과 기능

무의식의 정의, 존재 여부는 심리학설에 따라 여러 가지로 견해의 차이를 보인다.

프로이드는 히스테리 환자의 전환증상을 대화 치료로 해결되는 경험을 통해서 무의식의 내용이 되어 버린 체험군이 여러 가지 과정을 거쳐 신체에 발현. 무의식화 한 체험내용은 대개 현실과 맞지 않기 때문에 억압된 것이며, 그것은 성적인 욕망과 관계되는 것이라고 생각. 무의식의 존재에 대한 증거로 말실수, 망각, 공상, 꿈, 정신장애의 증상에서 찾았다. 그에 비하여 융은 프로이드가 강조한 성적인 행동에서 오는 것뿐만 아니라 다른 도덕적인 갈등이나 그 밖의 많은 것이 무의식을 구성하고 있다고 보았다. 무의식을 "우리가 가지고 있으면서도 아직 모르고 있는 우리의 정신의 모든 것(미지의 정신계)"이라 정의한 것이다.

(1) 개인적 무의식

개인적 무의식이란 개인생활에서의 체험 내용 가운데서 무수 이유에서든 잊어버린 것으로 현실세계의 도덕관이나 가치관 때문에 현실에 어울리지 않아 억압된 여러 가지 내용이 포함된다. 그러나 이것은 반드시 성적인 것에만 국한되지 않은 그것을 포함한 모든 그 밖의 심리적 경향, 희구, 생각들, 고의로 눌러버린 괴로운 생각이나 감정, 의식에 도달하기에는 자극의 강도가 미약한 역하지각 등이 있으며. 개인의 특수한 생활체험과 관련되고 개인의 성격상의 특성을 이루는 것으로 볼 수 있다.

(2) 집단적 무의식

집단적 무의식이란 개인적인 특성과는 관계없이 사람이면 누구에게서나 발견되는 보편적인 내용으로 지리적 차이, 문화나 인종의 차이와 관련 없이 존재하는 인간의 원초적인 행동 유형으로 인류 일반의 특성을 부여하는 요소들이 포함된다. 인간에게 주어진 여러 가지의 근원적 유형(원형)들에 의하여 구성되고, 신화를 산출하는 그릇이며 우리 마음속의 종교적 원천이라 할 수 있다.

(3) 의식과 무의식의 관계

무의식은 의식에 결여된 것을 보충하는 역할을 하며 그럼으로써 그 개체의 정신적인 통합을 꾀한다. 의식이 너무 일방적으로 지적이면 무의식은 정적인 특징을 띠며, 의식이 지나치게 외향적이면 무의식은 내향적인 경향을 띤다. 그러나 이렇게 정신을 의식과 무의식으로 이분하는 것은 인위적인 것이며 정신세계의 설명을 위한 편의적인 것이라고 봄이 옳을 것이다.

2) 그림자

그림자는 '나'의 어두운 면(무의식적 측면)이다. 무의식 속에는 나도 모르는 또 하나의 내가 있어 나도 모르게 나로 하여금 실수를 하게 해서 내가 지향하고 내가 주장하는 것과는 전혀 다른 모순된 행동을 하고 있으나 자신은 전혀 그러한 모순을 감행하는지 모르고 자기는 늘 정당하다고 믿는 경우가 많다.

(1) 그림자의 속성

그림자는 의식의 바로 뒷면에 위치하는 여러 가지 심리적 내용으로 의식화 될 기회를 잃었기 때문에 미분화된 채로 남아있는 원시적인 심리적 경향, 심리적 특징이다. 그렇기에 이는 외계에 투사되거나 자아가 의식하는 경우 자아가 자기의 일부분으로 받아들이기 꺼리게 되지만 그림자는 악하고 부정적이고 열등한 것이 아니라 무의식 속에 버려져 있었을 뿐이므로 따라서 의식이 되면 그 내용들은 곧 창조적이며 긍정적인 역할을 하게 된다. 즉, 그림자의 존재는 그림자가 외계에 투사됨으로써 알 기회를 갖게 된다.

또한 그림자는 프로이드의 죽음의 본능과 유사하다 보는 이들도 있는데, 이는 상당히 비관적인 개념으로 타나토스가 생의 본능을 파괴하려든다고 생각한다. 그러나 이에 비해 그림자 원형은 타나토스와 같은 개념이 아니며 선의 기능에 대응한 악의 기능만이 있는 것이 아니라 선의 기능 또는 창조적 기능으로 바뀔 수 있는 요소로 파악할 수 있다.

(2) 그림자의 의미

분석심리학에서 그림자는 인간 정신의 분화의 산물이며 인격발전의 필연적인 소산의 의미이다. 의식이 미분화된 유아기의 그림자는 상대적으로 희미하며 자아의 의식성이 뚜렷해질수록 그림자가 확실해지고 청소년기에는 나와 너를 구별하고 선과 악을 구별하기 시작하는 시기로 자아의 도덕적인 순수성에의 지향과 병행하여 짙어지게 된다. 그림자가 외계에 투사됨으로써 인격의 전체성을 실현하기 어려워지므로 외계에 투사된 그림자를 다시금 자아에게 되돌려 나의 일부로 받아들이는 작업이 필요하다.

3) 페르조나

Persona는 원래 고대 그리스의 연극에서 배우들이 쓰던 가면으로 인간이 집단 속에서 살아가는데 있어서 여러 개의 탈을 썼다가 벗었다가 하면서 살고 있다는 것을 뜻한다. 엄밀히 말해서 '페르조나'는 참다운 것이 아니며, 개인과 사회가 '어떤 사람이 무엇으로 보이는 것'에 대하여 서로 타협하여 얻은 결과라 할 수 있다. 한 사람이 어떤 이름을 받아들이고 칭호를 얻고 지위라든가 또 이것저것을 남에게 내보인다는 것은 어떤 의미에서는 현실이기는 하나 그 사람의 개성에 비추어 보아서는 2차적인 현실, 그 사람보다는 다른 사람이 더 많이 참여한 타협형성에 불과한 것이다. 따라서 페르조나에 입각한 태도는 주위의 일반적 기대에 맞추어 주는 태도이며 외계와의 적응에서 편의상 생긴 기능 콤플렉스라고도 할 수 있다.

집단과의 관계를 유지하는 동안 자아는 차츰 자기도 모르게 집단 정신에 동화되어 그것이 진정한 자기의 개성인 것으로 착각하게 되고 점차 집단이 요구하는 역할에 충실히 맞추어 주는 사람이 되어 심해지면 내적인 정신세계와의 관계를 상실하여 자기자신을 돌보지 못하고 존재를 잃게되는 현상이다. 그러나 이렇게 동일시되는 현상과 더불어 페르조나를 완전히 부정하는 일도 있어서는 안 될 것이다. 페르조나를 부정하거나 상실하게 된다면 사회에 부적응하게 되는 현상이 발생할 것이다. 즉, 페르조나는 가상이지만 없애야 할 것이라기보다 구별되어야 할 것으로 정의할 수 있다.

4) 아니마와 아니무스

남성과는 그렇게 다른 심리를 지니고 있는 여성은 남성이 전혀 눈뜨지 못한 것에 대하여 여러 가지 사실들을 가리켜 주는 원천이다. 여성은 남성에게 영감(Inspiration)을 의미한다. 남성을 훨씬 능가하는 여성의 예감능력(Ahnungsverm gen)은 남성에게 유익한 경고를 주며 개인적인 것에 관심을 둔 여성의 감정은 남성에게 그가 지니고 있는 별로 개인적으로 관계되지 않은 감정으로는 찾기 힘든 길들을 가리켜 줄 수 있다.

이는 의식의 외적 인격으로서의 남성과 여성은 각기 다른 내적 인격의 특성을 갖추어 이것이 전인격에 보충되어 하나의 개체를 형성 아니마와 아니무스는 외적 인격으로 생긴 것이 아닌 본래 체험하게 준비된 원형에 해당하므로 동양의 음양설이나 기독교의 신지학파와 유사하지만 이론적인 이해라기보다는 경험적인 관념이므로 경험적으로 이해하기를 강조하고 있다.

(1) 아니마

아니마는 남성의 무의식 속에 있는 여성적 요소(남성의 무의식적 여성성)로서 일반적으로 의식화하기 쉽지 않은 내용이다. 융은 자기의 내부에 있는 아니마와의 사적인 대화를 통하여 마음 속에 있는 아니마 성향의 배경을 알 수 있었다고 하였으며, 잘 분화된 아니마는 창조적 감흥을 불러일으킬 수 있다.

(2) 아니무스

아니무스는 여성의 무의식 속에 있는 남성적 요소(여성의 무의식적 남성성)로서 아니무스에 사로잡힌 여성 여성다움을 잃어버릴 수도 있다고 한다. 아니무스는 복수의 성격을 띠고 있으며 굽히지 않는 당당한 이성적인 판단을 수반한다.

5) 개성화(Individuation)

융의 중심적인 발달개념은 '개성화(Individuation)'이다. 개인의 인생은 미분화된 전체성의 상태에서 서서히 분화를 시작한다. 즉 각각의 체계는 다른 모든 체계들에서 분화되어 갈 뿐만 아니라, 더욱 중요한 점으로서 각각의 체계는 그 자체 안에서도 분화해 간다. 개성화란 한 사람이 온전하고 나누어 질 수 없으며, 다른 사람들이나 집단정신과는 구분되는 진정한 자신이 되는 것을 말한다. 개성을 우리의 가장 내적이며 궁극적인 비길 데 없는 유일한 것으로 이해하는 한, 개성화란 본래의 자기(Self)가 되는 것이다.

개성화(Individuation)와 개인주의(Individualism)는 아주 다른 의미를 가지고 있으므로 혼동해서는 안 된다. 개인주의는 집단적 고려나 의무에 대하여 고의적으로 자기의 개인적 특수성을 강조하거나 내세우는 것이다. 대개의 경우 이런 사람은 무의식적으로 더욱 강하게 집단에 의지하고 있다. 개성화는 개체의 특수성을 충분히 고려한 바탕위에서 집단적 규범보다 나은 충족을 가능하게 하는 것이다.

2) 분석심리학적 미술치료

융 학파는 미술이 추구하는 낭만적 작업이 임상적 정보 자료원도 아니며 그리고 원형적 형상화를 알고자 하는 흥미위주의 지적 탐구도 아닌 내적 및 외적 실체에 대한 잠재적 통찰을 불러일으키는 합성물로서 또한 그 상징으로서 심상을 다루고 있다. 여기서 융의 이론

중 프로이드가 통합시켰던 대상관계이론은 자아가 객체로서 대상이 되어주고, 동시에 주체로서 대상을 필요로 하면서 독립된 개체로서 대상과 자신에 대한 이미지를 확립하여 내재화하는 과정을 대상관계라고 하며 이러한 이론이 대상관계이론이다.

본질적으로 인간은 사회적 존재로서 대상을 필요로 하며 인간의 대상이 되는 것은 자기 내부에도 있고 자기 외부에도 있다. 그런데, 이것이 대상으로 인식되는 경로는 자아의 경험에 의한다. 자아가 외부의 대상을 지각하고 그것을 확정하여 내면화한 개념이 대상표상으로서 이것은 '너'에 대한 개념을 가지게 한다. 자아가 자신에 대하여 지각하고 확정하여 내면화하여 자아 안에 설립된 개념은 자기표상으로서 이것은 '나'에 대한 개념을 형성한다. 이러한 표상들이 경험에 의하여 확립되므로 표상은 실제의 현실을 그대로 담을 수도 있지만, 경험의 주관성으로 인하여 왜곡될 수도 있기 때문에 경험의 방법과 내용이 중요하다.

대상관계는 자아가 확립한 나와 너의 개념에 따라 개인 상호간의 거래 즉, 자신과 타인과의 관계를 형성하는 대인관계의 기본적 기전이 된다. 그러므로 개인에게 있어서 대상관계의 내용과 질은 바로 개인 인격의 품성을 이루고, 대상관계의 왜곡은 개인의 대인관계의 생활 즉, 사회적 기능에 근본적으로 영향을 미쳐 왜곡의 정도에 따라 다양한 증상이나 사회적 역기능을 나타낸다.

미술은 내적 대상관계와 그에 연합된 방어기제와 발달상의 문제를 비춰주는 거울, 혹은 담고 있는 그릇 혹은 조직체이다. 미술치료관계는 대상세계를 탐색하고 경험하는 안전한 틀을 제공한다. 표현된 미술형태의 양식과 방법은 그것을 표현한 사람이 형성하는 관계의 한계성이 다양한 수준에서 드러난다. 원시적 정신상태에서 미술치료사는 에너지 체계가 하나의 분화된 수준에서 다른 수준으로 옮겨 가는 것을 도와주는 창의적 경험을 제공한다. 다시 말하면, 거울기법과 보충기법을 통하여 잃어버린 연결고리를 찾아내어 갖추어진 형태로 완성하게 한다.

3) 분석심리학 이론에 근거한 미술치료 기법

3-1. 페르조나, 그림자, 아니마/아니무스에 대한 인식과 수용

다른 사람들이나 집단정신과는 구분되는 진정한 자신이 되는 것을 개성화라고 한다. 개성화란 본래의 자기(Self)가 되는 것인데 이를 위하여 자신의 페르조나와 그림자, 그리고 아니마와 아니무스에 대한 인식과 통합이 필수적이다.

다음에 소개되는 미술치료 프로그램은 이러한 분석심리학적 이론에 근거하여 자아의 통합을 위한 것이다.

1) 나의 날개

융의 원형적 상징을 이용한 분석심리학이론에 근거한 기법이다. 날개는 초월의 상징이다. 날개가 달린 생물이나 사람은 당신의 의식을 더욱 '높은', 즉 더욱 영적이거나 초연한 전망으로, 그리고 '더욱 높은 수준의 의식으로, 또는 억압된 상황으로부터 해방으로 오라'는 정신의 메시지로 나타난다.

(1) 목표 및 기대효과 : 집단 무의식에 있는 원형을 시각적으로 표현하고 수용함으로써 개성화 과정을 돕는다.

(2) 재료 : 철사, 글루건, 한지(자유롭게 재료를 사용하도록), 낚싯줄, 가위, 펜치

(3) 방법

① 인간에게 날개가 있다면 무엇이 달라질까에 대해 이야기를 나눠본다.

② 나만의 날개에 대해 상상해본다.

③ 철사와 한지 등의 재료를 이용하여 자신만의 날개를 만들어본다.

④ 완성된 날개의 가운데서 4분의 1지점에 낚싯줄로 팔걸이를 만든다.

⑤ 날개를 착용한 느낌과 자신의 날개의 특징에 대해 이야기한다.

그림 IX-9.

2) 드러낼 수 있는 생각과 드러낼 수 없는 생각

자아가 참자기를 찾아갈 때 가장 먼저 만나게 되는 자신의 사회적 가면 즉 페르조나와

그림자를 의식화하여 수용하게 하는 기법이다.

(1) 목표 및 기대효과 : 자신의 페르조나와 그림자를 표현함으로써 개인 내부에 숨겨진 부분을 찾고, 개인의 이해와 성장 및 변화를 증진시킨다.

(2) 재료 : 옆모습의 사람이 그려진 화지(2장), 그리기 도구

(3) 방법

① 옆모습의 사람 얼굴이 그려진 화지를 (2장을 붙인 것) 제시한다.

② ①에서 제시한 화지 한 장에 사람들과 이야기하고 나눌 수 있는 생각을 적거나 그림으로 표현한다.

③ 나머지 화지 한 장에는 사람들과 이야기할 수 없고 나눌 수 없는 생각을 적거나 그림으로 표현하도록 한다.

④ 작업 후에 자신의 페르조나나 그림자에 관한 생각이나 작업 전후의 느낌의 차이 등에 관하여 이야기 한다.

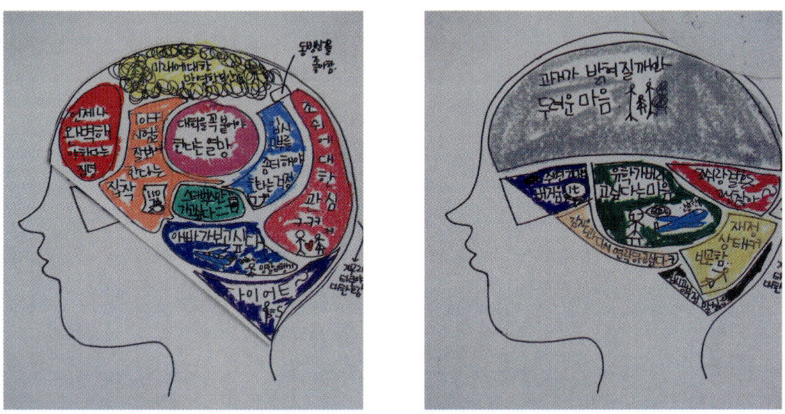

그림 IX-10.

3) 천의 가면

'페르조나'는 융의 분석심리학 이론 중 개인이 사회적인 역할을 수행하기 위한 가면이다. 내가 가지고 있는 가면이 나의 자아를 지원해왔으나 진정한 나를 바라보는데 어떠한 역할을 하는지 살핀다.

(1) 목표 및 기대효과 : 자신의 다양한 모습을 통해서 진정한 자아를 바라보고 자신에 대해 이해하는 시간을 갖는다.

(2) 재료 : 달걀, 종이죽 또는 석고붕대, 채색도구, 양면테이프, 작은 상자 또는 하드보드지

(3) 방법

① 자신이 수행하고 있는 역할에 대해 생각해 본다.

② 몇 가지의 역할을 하는지 헤아려 본 뒤, 그 수에 맞게 달걀을 고른다.

③ 테이프 위에 일렬로 고정시킨 달걀 위에 종이죽을 반만 바른다.

④ 적당히 마른 뒤 떼어내고 자신의 역할에 맞는 가면의 모습으로 채색을 한다.

⑤ 완성한 뒤 적당한 사이즈의 상자 혹은 하드보드지에 넣은 후 자신의 페르조나에 대한 이야기를 나눈다.

그림 IX-11.

4) 나의 가면(나약한 모습/강인한 모습)

'페르조나'는 융의 분석심리학 이론 중 개인이 사회적인 역할을 수행하기 위한 가면이다. 가면의 목적은 남에게 뚜렷한 인상을 주려는 것이며, 그리고 반드시 그렇지는 않지만 이따금 그 사람의 본성을 감추기도 한다. 이러한 페르조나에 대한 인식과 수용을 위한 기법이다.

(1) 목표 및 기대효과 : 자신의 사회적 가면인 페르조나에 대한 인식을 통해 자아의 통합을 돕는다

(2) 재료 : 가면 틀, 크레파스, 색연필, 싸인펜, 꾸미기 재료

(3) 방법

① 사회적 역할 가운데 가장 강인하고 자신 있는 나의 모습과 이와 상반되는 나약하고 자신 없는 나의 모습을 생각해 본다.

② 다양한 가면 틀 중에서 마음에 드는 틀을 사용하여 두 개의 상반되는 가면을 만든다.

③ 가면을 만들고 난 후, 직접 가면을 써보고 가면의 모습에 맞게 행동해 본다.

④ 가면을 썼을 때의 행동과 가면을 쓰지 않았을 때의 어떤 차이점이 느껴지는지 등에 관하여 이야기를 나눈다.

그림 IX-12.

5) 내 마음 속의 천사와 악마

융의 분석심리학에서 그림자는 우리가 수치스러워서 무의식에 억압한 것이다. 이것이 외부로 투사되면 희생양을 찾으려고 한다. 그러나 내 안의 그림자를 인식하고 수용하게 되면 창조적인 기능을 하게 된다. 따라서 '내가 싫어하는 사람'의 모습을 통해 타인에게 투사된 자신의 그림자를 발견하게 하는 기법이다.

(1) 목표 및 기대효과 : 자신 안의 그림자를 시각적 표현을 통하여 의식화하고 수용함으로써 참 자기를 찾아가도록 한다.

(2) 재료 : 도화지, 오일파스, 색연필

(3) 방법

① 도화지를 반으로 접어서 한쪽에 자신의 모습을 그린다.

② 자신의 모습 주변에 자신의 장점을 그려 넣는다.

③ 다른 한쪽에 '내가 싫어하는 사람'의 모습을 그린 다음, 주변에 어떤 모습이 나의 마음에 들지 않는지를 상징적으로 그려 넣는다.

④ 완성된 그림을 통해 내가 싫어하는 사람의 모습 중 실제 자신의 그림자가 있는지에 관하여 이야기를 나눈다.

그림 IX-13.

6) 창문으로 들여다보는 내 마음

자신의 그림자를 인식하고 수용하기 위해 창문을 자신의 외부 세계와 내면을 연결시켜주는 하나의 매개체 즉, 자신의 내면을 드러내는 시작점이 되는 통로로서 활용하였다.

(1) 목표 및 기대효과 : 자신 안의 그림자를 시각적 표현을 통하여 의식화하고 수용함으로써 참 자기를 찾아가도록 한다.

(2) 재료 : 검은 도화지, 풀, 가위, 스카치테이프, 잡지, 색지 등

(3) 방법

① 자신이 가지고 있는 감추고 싶은 모습 떠올린다.

② 검은 도화지에 자신의 마음의 창문을 그린다.

④ 창문을 통해 보여진 자신의 그림자에 관하여 이야기를 나눈다.

그림 IX-14.

7) 내 안에 있는 여성(또는 남성) 그리기

융의 집단적 무의식 중 남성 안의 여성성(아니마)과 여성 안의 남성성(아니무스)에 대한 이론에 근거하여 자신의 안에 있는 아니마 또는 아니무스를 의식화하여 수용하게 하는 기법으로 아니마 아니무스를 투사하여 타인의 부도덕성과 위선을 비난하지 않고 자신의 일부로 받아들임으로써 개성화과정을 돕는다.

(1) 목표 및 기대효과 : 자신 안의 아니마 또는 아니무스를 시각적 표현을 통하여 의식화하고 수용함으로써 참 자기를 찾아가도록 한다.

(2) 재료 : 도화지, 채색 도구

(3) 방법

① 내담자가 생각하고 있는 여성상과 남성상에 대하여 이야기를 나눈다.

② 채색 도구를 이용하여 도화지에 자신이 가지고 있는 여성성과 남성성의 반씩 표현한 자화상을 상징적으로 그린다.

③ 조화롭지 않은 부분에 대하여 이야기를 나눈다.

그림 IX-15.

8) 단어 연상 그림

개인이 어떤 단어에 대해 마음에 떠오르는 어떤 단어로 반응하는 투사기법을 이용하여 내담자가 각 단어에 즉각적으로 반응하는 단어를 통해 내담자들이 가진 콤플렉스를 밝히는데 사용될 수 있다. 또한 원래의 이미지에서 다른 이미지나 생각, 감정들을 일어나는 대로 자유롭게 연상하여 미술활동을 통해 나타냄으로써 자아를 탐색하도록 돕고, 이해력과 통찰력, 성장을 증진한다.

(1) 목표 및 기대효과 : 즉흥적이고 적극적인 상상을 통해 내면을 탐색하고, 자아성장을 증진한다.

(2) 재료 : 칸을 나눈 도화지(8절 혹은 4절), 색칠도구(마커, 크레파스, 색연필 등)

(3) 방법

① 치료사가 어떠한 한 대상의 이미지를 그려주고 시작한다.

② 그 대상을 보고 떠오르는 단어에 대한 이미지를 옆에 그리고 계속 반복해서 연상하여 그린다.

③ 다 그린 이미지들에 대해 순서대로 그 그림이 연상된 이유 등을 설명한다.

그림 IX-16.

9) 꿈속에서-스크래치 기법으로

융에 의하면 무의식은 본능의 덩어리가 아니라 삶의 의미에 대한 비밀을 포함하며 우리가 수용적이기만 하다면 꿈으로 나타난다고 보았다. 또한 꿈의 상징들을 해석하는 데에 있어서 '적극적 상상'을 통해 그러한 상징들이 무엇을 의미하는지에 대하여 발견하는 것을 돕고자 했다. 따라서 꿈을 시각적으로 표현하도록 하였으며 꿈은 깨어났을 때 어둠 속에서 드러나는 밑바탕의 색깔처럼 분명하기도 하고 흐릿하기도 한 특성 때문에 스크래치의 기법을 사용하였다.

(1) 목표 및 기대효과 : 꿈을 시각적으로 표현함으로써 적극적 상상을 통한 상징의 의미를 발견하도록 돕는다.

(2) 재료 : 화지, 오일 크레파스, 칼이나 송곳 등 뾰족한 도구

(3) 방법

① 최근에 꾼 꿈을 기억해본다.

② 화지에 여러 색깔의 오일 파스텔을 겹쳐서 칠한 다음 뾰족한 도구로 긁어내는 스크래치 기법을 이용하여 꿈을 시각적으로 표현한다.

③ 꿈에서 본 상징들이 자신에게 어떠한 의미가 있는지 등에 관하여 적극적 상상을 통해 알아본다.

그림 IX-17.

3-2. 만다라

융은 만다라를 처음으로 심리치료 분야에 적용하였는데, 자신이 직접 그린 만다라 작업을 통해 내적인 조화를 얻게 되었으며 자신의 내담자의 그림에서 나타나는 원상이 심리상태나 과정을 그대로 드러내고 있다는 것을 알게 되었다.

기존에 색채도구를 이용한 만다라나 곡물 등 자연물을 이용한 만다라 외에 다양한 재료와 기법으로 만다라를 제작하여 보았다.

만다라의 목표 및 기대효과는 자신의 내면의 통찰을 통해 조화롭고 통합된 참자기가 되는 것이다.

1) 시트지 혹은 색종이를 이용한 만다라

(1) 재료 : 다양한 크기의 도화지, 시트지 혹은 색종이, 가위, 풀, 연필, 콤파스, 자

(2) 방법

① 잠시 눈을 감고 명상을 한 후 사신이 원하는 크기의 동그라미를 그린다.

② 시트지 혹은 색종이를 적당한 모양과 크기로 잘라서 동그라미 안을 꾸민다.

③ 완성된 만다라를 보고 제목을 붙인 다음, 색깔, 형태, 숫자 등의 상징으로 이야기를 꾸미고 자신의 내적 상태에 대해 깨달은 것에 대하여 이야기를 나눈다.

그림 IX-18.

2) 종이 조형물을 이용한 만다라

(1) 재료 : 다양한 색깔의 도화지 혹은 색상지, 가위, 커다란 동그라미가 그려진 전지, 목공풀

(2) 방법

① 잠시 눈을 감고 명상을 한 후 자신이 원하는 색깔의 도화지 혹은 색상지를 다양한 크기로 오린다.

② 오린 종이를 둥글게 말아 쥐었다가 놓아서 자연스럽게 둘둘 말린 모양이 만들어지도록 한다.

그림 IX-19.

③ 전지에 그려진 동그라미 안에 목공풀을 바르고 종이 조형물을 늘어놓아서 만다라를 완성한다.

④ 만다라를 통해 발견한 자신의 모습에 관하여 이야기를 나눈다.

3) 스탠실을 이용한 만다라

(1) 재료 : 종이2장, 연필, 칼, 스펀지, 물감

(2) 방법

① 잠시 눈을 감고 명상을 한 후, 두 장의 종이 중 한 장에 그려진 원을 중심으로 스케치한다.

② 스케치가 완성되면 표현하고 싶은 부분을 빼고 칼로 오려낸다.

③ 오려낸 종이를 나머지 종이 위에 얹고 스펀지로 물감을 찍어 만다라를 완성한다.

④ 만다라를 통해 발견한 자신의 모습에 관하여 이야기를 나눈다.

그림 IX-20.

4) 사탕을 이용한 만다라

(1) 재료 : 다양한 색깔과 모양의 사탕

(2) 방법

① 잠시 눈을 감고 명상을 한 후, 자신이 좋아하는 색깔에 대하여 이야기를 나눈다.

② 먼저 자신이 좋아하는 색깔의 사탕을 중심에 놓고, 각기 다른 색깔의 사탕을 가지고

만다라를 제작하도록 한다.

③ 만다라를 통해 발견한 자신의 모습에 관하여 이야기를 나눈다.

그림 IX-21.

3. 아들러의 개인심리학

1) 개인심리학 이론의 주요 개념

개인심리학이라 명명된 알프레드 아들러(Adler)의 성격이론은 인간을 전체적으로 보는 관점을 갖고 있다. 개인심리학의 첫 번째 전제는 인간이 통일된, 자아 일치된 유기체라는 것이다. 두 번째 전제는 인간은 역동적으로 완성을 추구하며, 개인적으로 중요한 인생목표를 향해 전진한다는 것이다. 세 번째 전제는 개인이 창조적인 힘을 가지고 자기 삶을 결정할 수 있다는 것이다. 네 번째 전제는 모든 사람은 협동하고 상호작용하는 사회적 관계를 맺을 수 있는 선천적 능력을 타고 난다고 보았다. 다섯 번째는 개인이 자신을 어떻게 주관적으로 지각하느냐에 따라 행동이 결정된다고 보았다.

1) 열등감과 보상

인간은 특정 신체기관이 다른 신체기관에 비해서 더 약한 상태로 태어날 수 있는데 이때 그 신체기관이 병에 걸리기가 쉽다. 그래서 사람들은 이러한 신체적 열등성을 극복하려고 훈련과 연습을 통한 보상적 노력을 하게 된다. 이러한 노력은 한 개인에 있어 괄목할 성공을 가져다주기도 하는데, 이러한 시도가 성공적으로 이루어지지 못했을 경우 병적 열등감에 머물게 된다.

이러한 보상과정은 심리학적인 면에도 적용될 수 있다고 하였는데, 즉 개인은 신체의 열등감뿐 아니라 심리적인 또는 사회적인 무능감으로부터 생기는 주관적인 열등의식도 보상하고자 한다. 아들러는 '인간이 된다는 것은 자신이 열등하게 느끼는 것을 의미한다'(To be a human being means to feel oneself inferior)고 주장하였다. 열등감과 우월감 혹은 자기완성은 동전의 양면이다. 아들러가 지적한 것처럼 열등감을 어떻게 극복하느냐가 자기완성을 위해 중요하다. 자기가 열등하거나 남보다 떨어진 측면을 보상하기 위해 그러한 측면을 똑바로 보고 그것을 극복하기 위해 노력하는 자세가 중요하다.

2) 우월성의 추구

여기서 열등감에 대한 보상의 노력은 결국 우월성의 추구라는 개념으로 연결된다. 아들러는 인간이 추구하는 궁극적인 목적을 바로 우월성의 추구라고 보았는데, 이는 단지 열등감을 극복한다는 소극적인 입장에서 한 단계 넘어서서 보다 적극적으로 향상과 완성으로 나아가는 것이라고 하였다. 아들러는 성공에의 목표가 개인을 완숙으로 나가게 밀어주고 장애물을 극복하게 한다고 주장한다. 아들러는 우월성의 본질에 대하여 다음의 몇 가지로 정리하였다.

① 인간의 기본 동기이다.
② 모두가 공통적으로 가지고 있다.
③ 우월의 목표가 부정적인 경향이나 긍정적인 경향을 취할 수 있다.
④ 완성을 위한 노력은 상당한 정력과 노력을 요구한다.
⑤ 우월에 대한 추구는 개인과 사회 두 가지수준에서 일어나는데 개인으로서 완성을 위해서 노력하고, 사회의 일원으로서 우리의 문화를 완성하기 위해 노력한다는 것이다.

아들러는 이러한 목표를 달성하기 위한 개인의 노력을 생활양식이란 개념에서 다룬다.

3) 생활양식

생활양식이란 삶에 대한 개인의 기본적 지향이나 성격을 말하며, 성격을 움직이는 체계적 원리로서 부분에 명령을 내리는 전체의 역할을 한다. 개인의 독특성, 즉 삶의 목적, 자아개념, 가치, 태도 등을 포함하는 것으로 삶의 목적을 달성하는 독특한 방법들이다. 이러한 생활양식은 우리의 독특한 열등감을 극복하기 위한 노력을 나타내며, 4-5세 경에 그 틀이 형성되어 그 후에는 거의 변화하지 않는다. 따라서 우리의 모든 심리적 과정의 의미는 개인의 생활양식의 내용을 보아야만 비로소 알 수 있다. 아들러는 생활양식의 진정한 형태는 생활과제에 접근하고 이를 해결하는 태도에 따라 구별된다고 하였다.

아들러는 생활양식을 사회적 관심과 활동수준이라는 두 가지 차원을 중심으로 다음과 같은 네 가지 유형으로 구분하였다.

(1) 지배형 : 사회적 관심이 거의 없으면서 활동수준이 높아 공격적이고 주장적인 형
(2) 획득형 : 기생적인 방법으로 외부세계와 관계를 맺으며, 다른 사람에게 의존하여 욕구를 충족하는 형
(3) 회피형 : 사회적 관심도 적고 활동도 적다. 이들의 목표는 인생의 모든 문제를 회피함으로써 한치의 실패 가능성도 모면하려는 것이다.
(4) 사회형 : 심리적으로 건강한 사람의 표본이 된다. 활동수준과 사회적 관심이 높아 자신의 욕구는 물론 다른 사람의 복지를 위해서 협력하려는 의지를 가진다.

4) 생활과제

아들러는 인간은 최소한 세 가지의 주요 생활과제를 해결해야 한다고 하였다. 일, 사랑, 우정이 그것이다.

Moask은 우리가 삶의 다섯 가지 과제를 직면하고 숙달해야만 하는데 이는 타인과의 관계(우정), 기여(일), 친밀의 달성(사랑과 가족관계), 자신과 잘 지내기(자기수용), 그리고 영적영역의 발달(가치관, 의미, 삶의 목표, 세상이나 우주와의 관계 등)이다.

5) 출생순위와 형제관계

아들러식 상담자들은 대부분의 인간적 문제를 본질적으로 사회적인 관점에서 보기 때문에 가족 내 관계를 중시한다. 가족자리란 가족집단의 사회심리적인 형태를 그리는데 사용되는 용어이다. 즉 가족들의 성격유형, 정서적 거리, 나이차이, 출생순위, 상호지배 및 복종관계, 가족의 크기 등은 가족자리를 결정해주는 요소가 되며 개인의 성격발달에 영향을 미친다. 특히 출생순위는 중요한 의미를 가지며 각 출생순위에 수반되는 상황에 대한 지각이 중요하다. 일반적으로 어떤 특정한 출생순위에 태어난 아이들은 일반적인 특징들을 가

지고 있다.

(1) 첫째 : 맏이는 잠시 동안 부모의 사랑을 독차지 하지만 동생이 태어나면서 사랑을 빼앗기게 되고 그것을 되찾으려고 노력하나 실패한다. 그 결과 그는 스스로 고립해서 적응해 나가며 다른 사람의 애정이나 인정을 얻고자 하는 욕구에 초연해 혼자 생존해가는 전략을 습득해 간다. 때문에 일반적으로 다른 성인들과 좋은 관계를 맺으며 타인의 기대에 쉽게 순응하고 사회적인 책임을 잘 감당하는 특징을 보인다.

(2) 둘째 : 둘째아이는 날 때부터 형이나 누나라는 경쟁자를 가지고 있으므로 그들의 장점을 능가하기 위한 자극과 도전을 받는다. 이러한 이유로 첫째보다 훨씬 빠른 발전을 보이기도 한다. 그 결과 아주 경쟁심이 강하고 대단한 야망을 가진 성격이 되기 쉽다. 그의 생활양식은 자신이 형보다 낫다는 것을 증명하기 위해 노력하는 것이다.

(3) 막내 : 막내는 동생에게 자리를 빼앗기는 자리를 경험하지 않고 귀염둥이로 자라게 될 수도 있지만 때로는 전혀 관심을 받지 못할 수도 있다. 또한 자기보다 크고 힘 이 세고 특권이 있는 형들에게 둘러싸여 독립심의 부족과 함께 강한 열등감을 경험하기 쉽고 다른 사람이 자기대신 자기의 생활을 만들어 주기를 바라는 경향이 있다.

(4) 독자(녀) : 외동아이는 경쟁할 형제가 없으므로 응석받이가 되기 쉬우며 이러한 생활양식으로 인해 의존심과 자기중심성이 현저하게 나타난다. 나누어 가지거나 다른 아동과 협동하는 것을 배우지는 못하나 어른들을 어떻게 다루어야 하는지는 배운다. 항상 무대의 중앙에 있기를 원하며, 그 위치가 도전을 받으면 그것을 불공평하다고 느낀다.

(5) 중간아이: 삶이란 불공평한 것이라고 확신할 수 있으며 속았다는 느낌을 받을 수 있다. 중간 아이는 '불쌍한 나' 라는 태도를 가질 수 있으며 문제아가 될 수도 있다.

6) 가상적 목표론

개인의 행동을 이끄는 마음속의 중심 목표를 가상적 목표라고 한다. 아들러는 우리의 궁극적인 목표는 현실에서 검증되거나 확인될 수 없는 가상의 목표라고 하였다. 가상적 목표는 미래에 실재할 것이라기보다는 주관적으로 또는 정신적으로 현재의 행동에 영향을 주는 이상으로 지금, 여기에 존재하며, 어떤 상황에서 개인이 추구하는 안전한 상태의 자기상을 말한다. 인간의 모든 심리현상은 이 가상적 목적을 이해함으로써 설명될 수 있다. 이는 결국 우월성의 추구 및 생활양식의 지침이 된다.

2) 개인심리학의 치료 목표 및 과정

아들러 학파의 치료 목표는 열등감과 잘못된 생활양식에 따른 발달과정에 대한 이해를 통해, 내담자가 자신과 타인, 삶에 대한 잘못된 신념을 확인하고, 그것을 변화시켜서 새로운 생활양식을 구성하게 하고 사회라는 세계에 완전히 참여할 수 있도록 돕는 것이다.

치료 과정으로는 관계형성, 역동탐색, 자기이해와 통찰, 재정립의 단계를 거친다.

치료자는 내담자를 수동적 수용자로 보지 않고 동등한 인간관계에서 능동적으로 본다. 이 협동관계를 통해서 내담자는 행동에 대한 책임이 자신에게 있다는 것을 알게 된다. 최초의 신뢰감이 형성되지 않으면 생활양식을 변화시키는 고된 작업이 성공하기 힘들다. 치료자는 내담자를 환자로 보지 않고 단지 좌절해 있는 상태로 보기 때문에 변화가 가능하며 내담자를 격려 할 수 있다.

3) 개인심리학 이론의 미술치료적 접근

아들러는 인간은 열등감과 보상의 상호관계를 통하여 자신의 삶에 있어서 창조자, 삶의 예술가가 된다고 하였다. 이러한 아들러의 관점에서 예술 활동은 인간의 나약함을 보상하는 기능을 지니고 있다고 할 수 있다(정여주, 2003). 이미 그는 1930년대에 그림으로 연상하는 그림치료방법을 소개하였으며, Garlock, Ratcliffe 등 많은 미술치료사들이 아들러 이론에 근거한 다양한 미술 치료 프로그램을 개발하여 사용하고 있다. 집단미술치료를 통해 집단원들과 자신의 그림에 대한 이야기를 통해, 각자 가지고 있는 고통스런 감정들을 나누는 방식, 가족화 그리기를 통한 가족 구성원의 역동탐색, 초기의 기억을 그림으로 표현하는 방법 등은 개인 심리학적 미술치료에서 많이 사용되는 미술치료기법이다.

4) 개인심리학 이론에 근거한 미술치료 기법

1) 가족 색 그래프(우리 가족을 색 그래프로 나타내기)

심리치료 과정 중 2단계, 역동탐색에 해당하는 것으로 각 가족 구성원을 색깔 그래프로 나타낸다. 이를 통해 내담자의 가족 내 위치, 가족의 성향, 생활양식 등을 알 수 있다.

어떤 좌표(성격 중 화냄)를 지정해 주고 이 부분에서 가족이 어떠한지를 구체적인 그래프로 나타내는 것이 아니라, 각 가족 구성원을 표현 할 수 있는 그래프를 색깔과 높이로, 비이성적, 즉흥적으로 나타내는 것이다.

(1) 목표 및 기대효과 : 가족관계와 가족 구성원들의 성향에 대해 알아보고 내담자의 통찰을 돕는다.

(2) 재료 : 화선지 반절, 붓(평붓), 한국화 또는 수채화 물감

(3) 방법

① 화선지의 하단 부분에 수평선을 긋고 일정한 간격으로 가족 구성원을 적는다.

② 그래프의 세로 방향은 가족의 성향을 알아볼 수 있는 지표(예를 들어, 공격성, 분노, 내담자에 대한 이해도 등)로 정한 다음 각 가족 구성원에 대한 느낌을 물감을 사용하여 밑에서 위로 긋는다.

③ 그려진 그래프의 내용에 대하여 이야기를 나눈다.

④ 내담자의 삶에 작용하는 동기 중 가족으로부터 오는 영향이 있는지를 나눔으로서 내담자의 통찰을 돕는다.

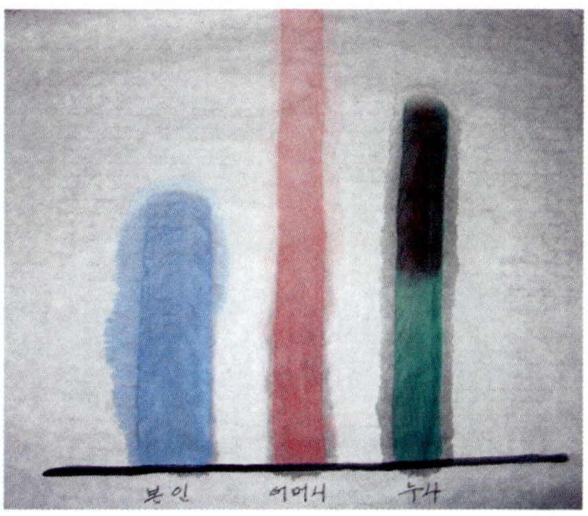

그림 IX-22.

2) 타인 속의 나-집단미술치료

아들러 학파의 관점에서 보면, 사회적 관심이 발달하면 열등감이나 소외감은 줄어들며, 사람은 공감이나 상호존중을 통해 사회적 관심을 드러낸다. 즉 집단미술치료를 통한 집단원들의 공감과 이해, 격려와 지지는 사회적 상호작용에 많은 도움을 줄 수 있으며, 타인이 보는 자신의 무습을 발견하고 지이에 대한 인식을 사회 속에서 확장하며 격려와 지지를 얻

음으로 자신감을 향상시킬 수 있게 된다. 또한 타인에 대한 이미지를 시각적으로 표현함으로서 다른 사람에 대한 관심을 증대하고 사회적 상호작용에 참여할 수 있게 한다.

(1) 목표 및 기대효과 : 사회의 구성원으로서의 개인의 정체성을 도모하고 사회적 상호작용을 발달시킨다.

(2) 재료 : 도화지(8절), 색칠 도구(마크, 크레파스, 색연필)

(3) 방법

① 자신을 표현하는 그림을 색이나 형태를 사용하여 상징적으로 그린다.

② 서로를 바라보며 서로에 대해 느껴지는 느낌이나 상대방을 표현하는 그림을 그린다.

③ 자신을 제외한 나머지 인원수만큼 각각 그린다.

④ 다 그린 후 각자 그림의 대상에게 주고 자신이 '나'를 상징하는 그림 주변에 타인이 그려준 자신의 그림을 배치하여 비교해본다.

⑤ 서로를 그려준 그림에 대한 느낌에 대해 나누고 타인을 그려준 그림의 의도에 대해 나눈다.

그림 IX-23.

3) 가족 모빌 만들기

아들러 학파의 심리상담 치료에서는 인간 문제를 본질적으로 사회적인 것으로 보기 때문에 인간이 태어나서 처음 접하게 되는 사회인 가족 내에서의 관계를 중요시한다. 따라서 가족 내에서 받은 긍정적 영향력과 부정적 영향력을 알아봄으로써 자신이 개인적이고, 일관성을 가진 하나의 독특한 실체라는 것을 알 수 있도록 도와주는 기법이다.

(1) 목표 및 기대효과 : 가족 내에서 영향력을 받은 사람에 대하여 알아보고 가족의 관계를 이해함과 동시에 자신이 하나의 독립적 인격체라는 것을 인식한다.

(2) 재료 : 도화지, 가위, 색 클립, 나무젓가락, 털실(또는 낚싯줄), 오일파스, 색연필

(3) 방법

① 도화지에 여러 개의 동그라미를 그리고 그 안에 각각 가족들의 얼굴을 그린다.

② 얼굴을 그린 동그라미를 오린다.

③ 가족 구성원을 생각하면서 나에게 좋은 영향을 준 사람에게 노랑색 클립을 나쁜 영향을 준 사람에게 파랑색 클립을 꽂는다.

④ 나무젓가락과 실을 이용하여 그리고 나를 중심으로 한 모빌을 만든다.

⑤ 각 구성원에게 좋은 영향과 나쁜 영향을 받은 것들을 치료사와 내담자가 피드백을 나눈다.

그림 IX-24.

4) 출생순위 바꾸기

출생순위는 중요한 의미를 가지며 각 출생순위에 수반되는 상황에 대한 지각이 중요하다. 일반적으로 어떤 특정한 출생순위에 태어난 아이들은 일반적인 특징들을 가지고 있는 이론에 근거한 기법이다. 자신의 출생순위를 다른 형제의 출생순위와 바꾸어서 이에 따르

는 상호관계의 역동에 대한 느낌을 알아보고 가족 및 자신에 대한 이해를 높인다.

(1) 목표 및 기대효과 : 출생순위를 바꿔봄으로써 가족관계에서 출생순위에 따르는 역할과 갈등에 대하여 인식하고, 자신의 현재 모습에 대한 이해를 돕는다.

(2) 재료 : 도화지, 그리기 도구, 잡지나 신문, 가위, 풀

① 현재의 형제관계 및 출생순위에 대하여 이야기를 나눈다.

② 현재의 출생순위가 아니라면 어떠했을 지를 그림으로 그리거나 콜라주 기법으로 표현해본다.

③ 출생순위를 바꾸었을 때와 현재의 출생순위에 대한 생각과 느낌을 이야기해본다.

그림 IX-25.

5) 열등감 극복하기

인간은 신체적 열등감뿐만 아니라 심리적, 사회적인 무능감으로부터 생기는 주관적인 열등의식을 보상하고자 한다는 이론에 근거한 기법이다. 아들러는 열등감과 보상의 상호 관계를 통하여 자신의 삶에 있어서 창조적 삶의 예술가가 된다고 하였다.

(1) 목표 및 기대효과 : 자신이 생각하는 열등감을 객관적으로 바라보고 극복함으로써 자존감을 향상시킨다.

(2) 재료 : 도화지 2장, 사인펜, 색연필, 가위, 풀, 색종이

(3) 방법

① 한 장의 도화지를 반으로 접는다.

② 도화지의 반에는 열등감을 가지고 있는 자신의 모습을, 다른 반에는 자신감을 가지고 있는 자신의 모습을 그린다.

③ 자신의 모습을 채색하고 오려놓는다.

④ 또 다른 도화지를 반으로 접어 자신의 모습을 오린 종이를 붙이고 색종이와 채색도구를 이용하여 자신의 모습에 대한 감정을 표현해 본다.

⑤ 작품이 완성되면 자신의 열등감 중에서 이미 약점이 아닌 것을 찾아보거나, 열등감을 극복할 수 있는 방법 또는 자신감 있는 부분을 더욱 발전 시키는 방법 등에 관하여 이야기를 나눈다.

그림 Ⅸ-26.

6) 유리구슬로 본 나의 생애

아들러에 의하면, 초기기억은 그 사람의 생활양식을 이해하는데 많은 정보를 제공한다. 초기기억을 탐색하는 것은 매우 간단하면서도 개인에 대해 많은 정보를 제공한다. 초기기억의 원래 의미는 '8세 이전의 경험에 대한 기억으로서 일생에 단 한번 경험한 일에 대한 기억'이라고 하지만 집단 활동에서는 그러한 조건을 반드시 만족시키지 않아도 된다. 그 대신 '머리에 떠올릴 수 있는 기억 중 가장 어릴 때의 것으로서 자주 떠오르거나 생생한 기억' 정도로 규정해도 무방하다. 또한 그 기억이 나는 경험 들이 실제 있었던 일이든 실제는 없었지만 그렇게 경험했다고 생각하는 일이든 상관없다. 중요한 것은 그러한 일이 있었다고 믿고 있다면 그것은 초기기억이 될 수 있다. 이 기법은 개인의 초기기억을 탐색하여 개인을 이해하는 데에 도움을 주는 기법이다.

(1) 목표 및 기대효과 : 자기인식과 수용의 기회를 갖는다. 한 개인의 초기기억을 탐색하면서 중요한 기억들에 대해 자기노출을 하도록 한다.

(2) 재료 : 도화지, 색도화지, 그리기 도구

(3) 방법

① 치료사는 "여기에 맑고 신비한 빛을 내는 구슬이 하나 있습니다."라고 말하며 유리구

슬 그림을 제시하고 명상을 유도한다. "온 정신을 집중해서 이 구슬을 바라보고 있으면 당신이 지금까지 살아온 생애에서 일어난 매우 중요한 사건들을 볼 수 있습니다. 아주 추웠던 사건들도 보이고, 또 정말 따뜻했던 일들도 보이지요? 그럼 유리구슬에서 비추어지는 기억 속의 경험이 어떤 상황이었고, 누가 등장하며 그 이야기의 결말은 어떻게 되나요?"라는 질문을 한다.

② 원 안에 자신의 떠올린 초기기억을 그림으로 표현한다.

③ 그림으로 표현된 그러한 기억들이 현재 나의 삶의 방식에 어떤 영향을 미치고 있는지에 대해 생각해 보도록 한다.

그림 IX-27.

7) 내가 유명해진다면

인간은 목표를 향해서 존재하고 자기 선택적 목표를 향한 총체적 존재라는 개인심리학의 이론에 근거한 기법이다. 콜라주 기법을 이용하여 자신의 목표를 확립할 수 있도록 의식화시키는 것을 도와준다.

(1) 목표 및 기대효과 : 자신의 목표를 스스로 세워 보고 좀더 현실적이며 구체화시킬 수 있도록 한다.

(2) 재료 : 자신의 사진, 도화지, 잡지, 신문, 인쇄물, 풀 가위, 크레파스

(3) 방법

① 어른이 되어 유명해진다면 어떤 모습일지 상상해본다.

② 신문이나 잡지 또는 인쇄물의 사진을 오려서 자신의 꿈을 꾸며본다.

③ 완성 후에 자신의 꿈과 목표에 대한 구체적인 계획을 이야기해본다.

그림 Ⅸ-28.

8) 집단 얼굴 콜라주

아들러식 심리치료의 핵심인 사회적 관심을 갖도록 하는 기법이다. 집단 프로그램으로서 집단 구성원 사이에서 사회성과 협동심을 기르고 사회적 관심을 발달시키는 것을 목표로 한다. 또한 상호관계 속에서 현재의 심리상태도 파악할 수 있다.

(1) 목표 및 기대효과 : 집단 속에서 자신의 개인적 관심을 사회적 관심으로 발달시킨다. 또한, 집단 속에서 자신의 존재에 대한 인식 및 심리를 파악한다.

(2) 재료 : 자신의 사진, 여러 가지 색상의 도화지나 색상지, 풀 가위, 크레파스

(3) 방법

① 도화지나 색상지를 길게 자른 다음 집단원이 함께 엮어서 기본 바탕이 되는 화지를 만든다.

② 각자의 얼굴 사진을 ①의 도화지에 붙인 다음 움직이는 자신의 몸을 그려본다.

그림 Ⅸ-29.

③ 완성된 자신의 모습을 오려낸 후 ①에서 준비한 바탕지의 원하는 위치에 붙인다.
④ 말풍선을 만들어 하고 싶은 말을 써 넣는다
⑤ 전체 그림이 완성되면 콜라주 작업을 통해 나타나는 자신의 모습과 타인들의 모습을 알아보고 서로의 생각과 느낌을 이야기한다.

4. 행동주의

1) 행동주의 이론의 주요 개념

행동치료는 실험적 연구에서 밝혀진 학습의 원리를 심리치료에 응용한 것으로 개인의 인지적 영역을 강조하며 내담자의 행동이나 사고를 변화를 시켜나가는 것을 돕는 다양한 기법들을 제공해 준다. 행동치료는 1970년대 주류로 떠오르기 시작했으며 일반적 방법론과 학습이론의 핵심을 가지고 있다.

초기 행동치료는 인간의 본성을 행동의 자극, 반응의 모형에 기초한 것으로 보는 극단적인 환경론적 입장에서 보았다. 그러나 반두라(Bandura)는 이런 기계론적이고 결정론적인 입장에 반대하여 인간이 환경의 영향에 종속되는 수동적인 존재라는 견해는 실제로 환경에 영향을 미치는 인간의 능력을 고려하지 않은 것이라고 비판했다. 현대의 행동치료는 체계적이고 구조화된 심리상담 치료적 접근을 의미하는 인간행동의 과학적 견해에 기초하며 내담자의 감정의 통제와 사고방식의 수정도 중요시하는 폭넓은 행동주의자들도 많아지고 있다.

2) 행동주의 심리학의 치료기법

행동주의 심리학에 근거한 치료는 수동적 유기체로부터 무릎반사나 타액분비 등의 반응적 행동을 이끌어 내는 고전적 조건 형성, 어떤 결과를 얻기 위해 환경을 조작(정적강화, 부적강화)하는 조작적 조건 형성, 개인의 행동과 환경간의 상호작용에 중요성을 두며 인간행동의 많은 부분들은 사회적 상황에서 보고 배운 것들이고 인간은 그들이 접하는 주변세계와 타인과 상호작용을 하며 한 인간의 자극에 반응하는 행동은 다른 사람에게 자극이 된다는 사회학습이론, 인지, 정서, 행동이 서로 영향을 주고, 상호 인과관계를 가진다는 가정을 기초로 하여 내담자가 가진 비합리적인 사고 혹은 행동을 보다 합리적으로 바꾸기 위한 설득과 주장으로 구성된, 잘못된 지각과 해석을 수정하기 위해 구체적인 과제가 제시되기도 하는 인지행동치료의 네 가지 분야로 나뉜다.

행동주의 심리치료의 특징은 과학적 원리와 절차에 근거를 두며, 내담자의 현재를 중시하고, 치료자로부터 구체적인 행동을 하도록 요구받는다. 학습을 치료의 핵심으로 간주하는 점에서 교육적인 측면이 강하며 치료에서 배운 것을 일상생활에서 적용 할 수 있도록 한다는 특징이 있다.

다른 심리학과 비교했을 때 행동주의만의 특징은 변화시킬 구체적 목표에 대한 강조라 할 수 있다. 행동주의 심리치료의 일반적인 목표는 학습의 새로운 조건을 창출시키는 것이며 내담자가 가진 구체적인 부적응 행동을 소거시키고 보다 효과적이고 바람직한 행동을 새롭게 학습시키는 것이 주된 목표라고 할 수 있다. 현대의 행동치료는 내담자의 역할을 강조하며 그들의 권리를 보호하고 보장하는 것을 강조한다. 치료 목표는 구체적이고 이해가 쉬워야 하며 내담자와 치료자가 동의할 때까지 다듬어지며 상담과정 중에라도 필요할 때마다 목표를 수정한다.

3) 행동주의 심리학 이론에 근거한 미술치료 기법.

행동주의에 입각한 미술치료는 발달장애 아동이나 문제성 행동을 지닌 성인이 대상이 될 때 유용하다. 미술치료 기법과 행동치료의 원리를 결합한 것으로 목표를 정한 후, 첫 단계부터 목표수준까지 내담자에게 그 단계를 반복 실행하도록 하여 목표 행동에 도달, 목표 행동의 제거에 중점을 둔다.

1) 반대로 선 긋기

강박증이 있는 내담자에게 의도적인 행동(지시된 방향의 반대 방향으로 선긋기)을 요구하여 규칙을 깨뜨려 보고 내담자에게 그 단계를 반복 실행하도록 하여 강박 행동을 줄이고자 하는 인지행동치료의 기법이다.

(1) 목표 및 기대효과 : 선을 지시된 것과 반대 방향으로 그어 봄으로써 규칙을 깨뜨려 보고 내담자가 스스로 상박증을 줄이기 위한 노력을 실생활에 적용하도록 한다. 또

한 쉽게 그릴 수 있어서 그림에 거부감이 있는 내담자에게도 완성할 시 내담자는 성취감을 맛볼 수 있다.

(2) 재료 : 화선지 반절, 굵은 붓(또는 평붓), 노랑, 파랑 ,연두, 하늘, 등 밝고 편하며 자극적이지 않은 색의 물감, 먹물, 수성 사인펜

(3) 방법

① 화선지에 수성 사인펜을 사용하여 정확하게 오른쪽 방향의 화살표를 5개 정도 그린다.

② 화살표 위에 한국화 물감(먹)과 붓(또은 평붓)을 사용하여 반대 방향으로 굵은 선을 긋는다.

③ 완성 후 반대방향으로 선을 그릴 때의 느낌과 앞으로 실생활에서의 행동지침을 나눈다.

그림 IX-30.

2) 빨대 모자이크 액자 만들기

반복적인 학습과 모방의 원리를 응용한 프로그램으로 목표하는 행동을 학습할 수 있도록 기대에 부응하는 행동에 대해 강화를 함으로써 점차 치료자가 제시한 것을 보고 스스로 따라할 수 행동을 형성하는 기법이다.

(1) 목표 및 기대효과 : 수준별 반복 학습을 통하여 행동을 학습한다. 또한 감각을 활성화시키고 대근육 및 소근육의 운동력을 높인다.

(2) 재료 : 지점토, 색 빨대, 클립, 물감, 붓, 물통, 가위

(3) 방법

① 치료사가 내담자에게 미리 만들어 놓은 빨대 모자이크 액자를 제시한다.

② 내담자는 치료사가 제시한 것을 보고 그대로 따라서 빨대 모자이크를 구성한다.

③ 간단한 도형에서 점차 복잡한 도형을 제시하거나 내담자가 좋아하는 사물의 형태를 구성하여 따라할 수 있도록 한다.

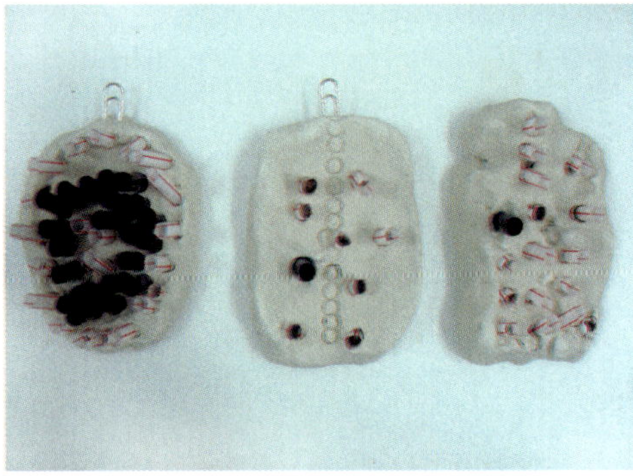

그림 IX-31.

3) 성취 나무

과제 속에서 해야 할 구체적 행동에 대하여 명확한 시행을 하도록 강화를 주고, 과제를 이행하는 것에 대해 관찰하고 측정하는 등 수반 계약을 이행하도록 하여 목표 행동에 도달하도록 하는 기법이다.

(1) 목표 및 기대효과 : 수준별 반복 시행을 통해 행동을 학습한다. 내담자 스스로 목표를 설정하고 성취감을 느낀다.

(2) 재료 : 도화지, 연필, 사인펜, 색연필, 크레파스, 물감, 잡지, 색종이, 가위, 풀, 면봉

(3) 방법

① 내담자에게 도화지에 나무를 그리고, 그 도화지를 원하는 모양과 수만큼 칸을 나누고, 각 칸마다 다양한 매체와 기법을 사용하여 나무를 꾸미는 과정에 대하여 설명한다.

② 나무 그림의 조각을 내담자 스스로가 정한 기법과 매체를 사용할 뿐 아니라 얼마의 기간 동안 얼마만큼의 조각을 완성할 것인지도 정한다.

③ 스스로 정한 목표에 따라 나무 그림을 완성한다.

④ 나무 그림을 완성해 나가면서 내담자가 정한 목표 수준에 도달했는지에 대하여 이야기를 나누고 목표가 성취되었을 때 긍정적인 강화를 주도록 한다.

그림 IX-32.

4) 어울리는 그림 완성하기

발달장애 아동을 주 대상으로 사용할 수 있는 기법이다. 단순한 도형의 부분을 보고 전체의 모양을 완성하는 작업을 반복해서 시행함으로써 형태 및 색깔에 대한 인지를 높일 수 있다. 도형의 모양은 단순한 것으로 시작하여 내담자의 수행 능력에 따라 점차 복잡한 도형을 완성하는 것을 목표로 한다.

(1) 목표 및 기대효과 : 도형의 반쪽이 그려진 그림을 제시하여 나머지 생략된 반쪽을 그릴 수 있도록 한다. 그림을 완성해가는 과정을 통해 완전한 형태에 대한 지각을 돕는다.

(2) 재료 : 도형의 반쪽이 그려진 도화지, 연필, 크레파스, 지우개

(3) 방법

① 동그라미, 세모, 네모와 같은 단순한 형태의 그림을 절반만 그려 제시한다.

② 주어진 그림의 반쪽을 잘 보고 생략된 부분을 완성한다.

③ 색채가 주어진 도형을 이용하면 같은 색에 대한 인지를 도울 수 있다.

그림 Ⅸ-33.

5) 모델 그림과 똑같이 배열하고 그리기

모델이 되는 그림을 모방하여 그리도록 함으로써 관찰 및 모방 학습을 통하여 공간개념과 시지각의 발달을 돕도록 개발되었다. 명화에 나오는 요소들을 내담자가 구별할 수 있도록 하는 것을 통해 관찰력을 기를 뿐 아니라 명화를 모방하여 그림으로써 작품의 완성도를 높이고 성취감을 향상시킬 수 있다.

(1) 목표 및 기대효과 : 관찰을 통하여 왼쪽, 오른쪽, 위, 아래, 높이, 폭 등의 공간개념을 발달시킨다. 가위로 오리는 활동을 통해 소근육 발달을 돕는다.

(2) 재료 : 모델 그림(예 : 고흐의 '고흐의 방'), 모델 그림 요소들과 모델 그림요소와 유사하나 모델 그림에 있지 않은 것이 함께 그려진 종이, 가위, 도화지, 풀, 크레파스

그림 Ⅸ-34.

등의 그리기 재료

(3) 방법

① 모델 그림에 대해서 설명을 한 다음 그림을 잘 관찰 할 수 있도록 한다.

② 모델 그림에 있는 물건과 같은 모양의 것들을 오린 다음 모델 그림과 같은 위치에 오도록 도화지에 붙인다.

③ 그림의 나머지 부분은 내담자가 원하는 대로 마음껏 꾸미도록 한다.

6) 마음껏 붙인 후 순서에 맞추어 떼어내기

모델이 되는 그림을 모방하여 그리도록 함으로써 관찰 및 모방 학습을 통하여 공간개념과 시지각의 발달을 돕도록 개발되었다.

(1) 목표 및 기대효과 : 떼어내는 과정을 통해서 순서의 개념을 발달시키고 집중력을 키울 수 있다. 색의 조화를 경험한다.

(2) 재료 : OHP 필름지, 칼라 테이프, 가위, 아크릴 물감, 여러 종류의 색지

(3) 방법

① OHP 필름지 위에 칼라 테이프를 서로 겹쳐지도록 하여 붙인다.

② 아크릴 물감으로 ①의 필름지를 칠한다.

③ 물감이 마르면 필름지의 테이프를 위에 있는 것부터 순서대로 떼어낸다.

그림 IX-35.

7) 내가 좋아하는 게임

모델링을 통한 학습, 즉 관찰을 통해 인간의 행동이 학습된다고 한 반두라의 사회적 인지이론에 근거한 기법이다. 현대사회에서는 컴퓨터나 TV와 같은 매체는 현대인에게 중요

한 모델을 제공한다. 청소년뿐 아니라 아동의 경우도 컴퓨터 게임에 중독되는 경우가 많아지고 있고 게임의 폭력성이 아동 및 청소년의 정서에 유해한 환경이 되고 있고 이들은 쉽게 게임의 폭력성을 모방하고 학습하는 경향이 있다. 그러므로 이들이 어떤 게임에 노출되어 있으며 어떠한 영향력을 끼치고 있는 알아보고 자신들이 하는 게임의 폭력성을 객관적으로 분별할 수 있게 하기 위하여 개발된 기법이다.

(1) 목표 및 기대효과 : 내담자가 즐겨하는 게임의 영향력에 대하여 객관적으로 인식함으로써 게임을 통한 부정적 모델링 학습의 피해를 감소시킨다. 건전한 게임을 선택하고 게임 시간을 조절할 수 있는 통제력을 향상시킨다.

(2) 재료 : 컴퓨터 모니터 모양으로 테두리를 그린 용지, 연필, 지우개, 크레파스, 색연필, 사인펜

(3) 방법

① 내담자가 즐겨보는 게임 프로그램 중에 공격적인 것 또는 무섭거나 혐오스러웠던 프로그램에 대하여 이야기를 나눈다.

② 컴퓨터 모니터 모양으로 테두리를 그린 용지에 게임 프로그램 중에서 가장 인상적이었던 것을 골라 기억에 남는 장면을 그린다.

③ 다 그린 후 그려진 장면에 대하여 그런 프로그램을 보고난 후에 어떤 느낌이나 생각이 들었는지 등에 관하여 이야기를 나누거나 그린 장면을 보면서 내담자와 역할 놀이를 해본다.

④ 게임 프로그램의 영향으로 자신도 모르게 학습된 것이 있는지 이야기해 보고 건전하게 게임을 할 수 있는 방법에 대한 의견을 제시해보게 한다.

그림 IX-36.

5. 게슈탈트 심리치료

1) 게슈탈트 심리치료 이론의 주요 개념

1960년대에 들어서면서 정신분석학이 퇴조되기 시작하면서 그 자리에 유럽의 실존주의 정신의학이 대신하게 되었다. 그러나 실존주의 정신의학이 너무 복잡하고 사변적이어서 외면당하게 된데 비해 반대로 게슈탈트 치료는 점점 많은 관심을 갖게 되었다.

게슈탈트 심리치료는 여러 분야의 이론을 기초로 독자적인 관점에서 통합하여 하나의 새로운 정체성을 확립한 것이기 때문에 다른 치료들 보다 개방적이다. 즉 게슈탈트 치료는 다른 치료 이론이나 생각, 혹은 치료기법과 접촉을 통해서 발전해 왔고 또 현재도 그와 같이 진행되고 있다.

게슈탈트 심리치료의 기본 입장은 개인이 스스로 자신을 보호할 수 있다고 생각한다.

따라서 치료는 내담자의 이러한 자립능력을 일깨워 주고 그 능력을 다시 회복할 수 있도록 도와주는 방향으로 진행된다. 또한 내담자 스스로 자신의 내적 힘을 동원하여 자립하는 것을 강조하며, 내담자의 증상을 제거하기보다는 성장하는 데 관심을 기울인다. 이는 개인을 고정적인 대상으로 보기보다는 환경과의 관계 속에서 스스로 성장 변화해 나가는 생명체로 보는 게슈탈트 치료의 기본 철학에 기초하고 있기 때문이다. 사물을 판단할 때 자신을 편견에 의한 개념이 아니라 있는 그대로 보는 실존적 상황에 서 있는 자세를 갖도록 도와주는 것이다.

1) 게슈탈트

게슈탈트란 '전체', '형태'의 뜻을 지님. 개체에 의해 지각된 자신의 행동동기를 말한다. 유기체가 자신의 장(환경)을 하나의 전체로 지각하는 현상으로, 유기체의 사고, 지각, 욕구, 행동, 신체감각, 환경을 하나의 관점으로 바라보는 현상을 말한다. 그러므로 심리치료에서의 건강한 사람이란 분명하고 강한 게슈탈트를 형성할 수 있는 사람일 말한다.

게슈탈트 형성은 전경과 배경이 계속적으로 교체되며 나타난다. 만일 하나의 전경을 해소하게 되면 또 다른 게슈탈트가 형성되어 전경으로 떠오른다. 전경과 배경이 교차하는 가운데, 인위적으로 무엇인가에 의해 이러한 활동이 차단되면, 전경이 해결되지 못하며, 그로 인하여 배경이 또 다른 전경으로 부각되는 과정에 문제가 생긴다.

2) 미해결 과제

개인이 게슈탈트를 형성하지 못했거나, 또는 게슈탈트를 형성하긴 했으나 이의 해소를 방해받았을 때 그 게슈탈트는 배경으로 사라지지 못한다. 그렇다고 전경으로 떠오르지도 못하고 중간층에 남아있게 된다. 이렇게 미해결된 과제는 계속 이를 해결하기 위해서 전경으로 떠오르려 하기 때문에 다른 게슈탈트가 형성되는 것을 방해한다.

게슈탈트 심리치료는 미해결 과제를 완결 짓는 일을 중요한 목표로 삼고 있다. 이러한 미해결된 과제를 해결할 수 있는 방법은 '지금 여기'(here and now)를 알아차리는 것이다. 미해결된 과제는 끊임없이 전경으로 떠오르려고 노력하기 때문에 항상 그 모습을 드러내고 있으므로, 개인은 그것을 회피하지 말고 다만 알아차리기만 하면 된다는 것이다.

2) 게슈탈트 심리치료의 목표

1) 체험 확장

체험영역이 확장되면 개인은 자신의 좁고 제한된 틀을 벗어나서 사고, 감정, 행동이 자유로워지며, 그 결과 자신감이 생기고 새로운 영역 탐구에 용기가 생긴다.

2) 통합

분리되고 소외된 성격의 부분을 다시 접촉하고 체험하게 함으로써 이들을 자기의 성격의 일부로 통합시키도록 해 준다. 통합은 자기와 세계에 대한 새로운 인식을 가져다준다. 경험을 통하여 자기에 대한 새로운 개념을 형성하는 것이 게슈탈트 심리치료의 중요한 목표이다.

3) 자립

내담자 자신이 겪고 있는 내적 자원들을 알아차리게 그것을 사용하여 자기 스스로 자립할 수 있다는 것을 깨닫게 도와주는 것이다.

4) 책임자각

모든 것은 개인의 선택으로 보고 있다. 의존하려는 자세를 버리고 자립함으로써 자신의 행동을 스스로 선택하고 책임질 수 있는 것이라고 보았다.

5) 성장

내담자 성격의 어떤 병적인 부분을 제거하거나 교정하는 것이 아니라 내담자의 자생력을 격려하여 내담자 스스로 혼란을 극복하여 새로운 성장을 향해 나아가도록 도와주는데 있다고 했다.

6) 실존적 삶

비이써에 의하면 게슈탈트 치료의 목표는 내담자가 스스로 자신을 되찾도록 도와주는데 있다고 했다. 치료자는 개조자의 역할을 거부하고 내담자로 하여금 스스로 자기 자신이 되도록 격려해야한다. 이는 내담자가 어떤 이상적인 사람이 되려는 시도를 포기하고 자기 자신이 될 때 비로소 변화와 성장이 일어 날 수 있기 때문이라는 것이다.

3) 게슈탈트 심리치료 이론에 근거한 미술치료 기법

게슈탈트 미술치료는 미술치료의 다른 접근들과 마찬가지로 심리학 및 심리치료 분야와 관련해서 발전해 왔다. 게슈탈트 미술치료가 기반을 두는 두 흐름이 있는데, 하나는 게슈탈트 심리학으로 지각 · 학습 실험실 연구로부터 발달한 것이며, 다른 하나는 게슈탈트 치료로 심리치료 실제에 적용하면서 발달한 것이다.

게슈탈트 심리학자들은 학문적으로 공고한 위치에 있지만, 그 개념들을 치료 분야에 활용하지는 않았다. 한편 게슈탈트 치료자들은 게슈탈트 심리학 이론에 기반 하여 그 개념들을 치료 분야에 활용했다. 미술치료의 게슈탈트 접근은 게슈탈트 미술경험을 통해 이 두 영역을 결합시키고 통합하고자 하는 것이다(Judith A Rubin, 2001).

게슈탈트 미술치료에서는 미술표현에 '대해' 이야기하기보다는 '그것으로부터' 이야기하기를 요구한다. 예를 들어 "그림에 빨간 동그라미가 많다."고 말하는 대신 작품의 요소들을 자기화하여 "나는 빨간 동그라미들이며, 붐비고 행복하며 열정적이고 쾌활하게 느낀다."라고 말하도록 하는 것이다(Cathy A. Malchiodie, 2000).

이와 같이 게슈탈트 미술치료는 지금, 여기로부터 정의된 이미지에 대한 자신의 의미를 표현하고 발전시키는 것을 강조한다.

3-1. 감각, 감정 및 욕구 자각

게슈탈트 심리치료 이론 중에서 알아차림에 근거한 것으로 감각이나 자신의 감정 및 욕구 등 자신에 대한 인식을 증진시킴으로써 게슈탈트 형성을 원활하게 할 수 있도록 하고 환경과의 접촉을 통해 게슈탈트를 해소할 수 있도록 돕는 기법이다.

1) 감정 조각보 만들기

(1) 목표 및 기대효과 : 다양한 천조각의 질감이 주는 느낌을 자신의 감정과 연관시킴으로써 감정에 대한 자각을 돕는다. 조각보의 특징을 통해 한 가지 감정이 아닌 여러 가지 감정을 가진 하나의 통합된 존재로서의 나를 쉽게 인식시킬 수 있다.

(2) 재료 : 도화지, 다양한 질감의 헝겊이나 다양한 질감이 표현된 사진들, 풀, 가위

(3) 방법

① 자신의 현재 상태를 표현하는 질감의 헝겊 또는 사진을 선택한다.

② 선택한 헝겊이나 사진을 자유로운 크기와 형태로 자른다.

③ 잘라 놓은 재료들을 도화지에 자유롭게 구성하여 붙여서 조각보를 만든다.

④ 완성된 작품을 보면서 자신의 감정과 조각보를 구성하고 있는 헝겊이나 사진의 질감과의 연관성에 대하여 이야기를 나눈다.

그림 IX-37.

2) 풀을 섞은 물감으로 감정 표현하기

(1) 목표 및 기대효과 : 내면의 감정에 대한 솔직한 태도를 표현할 수 있도록 한다. 자신의 감정을 받아들일 수 있도록 돕는다.

(2) 재료 : 도화지, 수채화 물감, 풀, 일회용 접시, 이쑤시개, 면봉

(3) 방법

① 문득 떠올려지는 행복했거나 속상했던 순간의 감정들을 세 가지 정도 생각해본다.

② 각각의 감정에 해당하는 색깔의 물감을 일회용 접시에 짠 다음 풀을 섞는다.

③ 도화지에 ②의 물감을 손으로 바르며 촉감을 느껴보고 이쑤시개나 면봉으로 감정을 표현하는 선을 그려본다.

④ 감정들을 어떻게 표현했는지, 작업할 때 느낌이 어땠는지 등에 관하여 이야기를 나눈다.

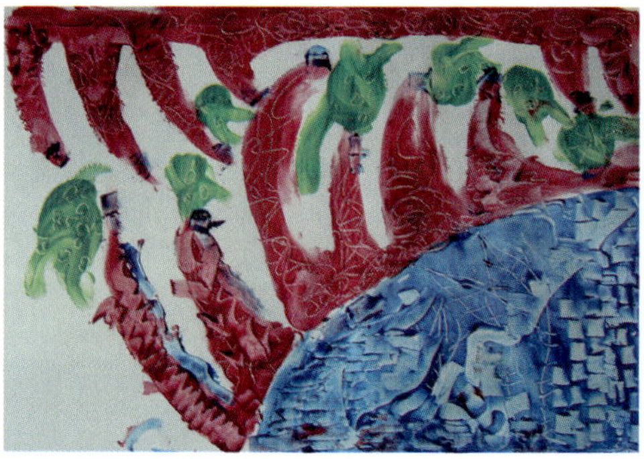

그림 IX-38.

3) 감정과 욕구 표출

(1) 목표 및 기대효과 : 자신의 욕구와 감정을 충분히 경험하고 자각할 수 있다.

(2) 재료 : 흰색의 도화지, 다양한 색상지 또는 색종이, 가위, 풀, 크레파스, 색연필, 사인펜, 매직

(3) 방법

① 자신의 감정을 나타내는 색도화지를 고른다.

② 색상지를 일정한 크기로 자른 후 흰색의 도화지 위에 나열해본다.

③ 자신이 느끼는 감정의 정도에 따라서 색상지의 크기에 변화를 주어 다시 자른 후 흰색 도화지 위에 붙인다.

④ 자신의 감정을 해당하는 색상지 위에 그림으로 표현해본다.

그림 IX-39.

4) 악마와 천사

(1) 목표 및 기대효과 : 현재의 욕구나 자신의 장단점을 구체적으로 인식할 수 있다.

(2) 재료 : 검은 종이, 흰 종이, 오일 크레파스 또는 크레파스

(3) 방법

① 검은 종이 위에 현재 자신이 가지고 있는 단점이나 부정적인 감정을 그림이나 글로 표현한다.

② 흰 종이 위에 현재 자신의 장점이나 긍정적인 감정을 그림이나 글로 표현한다.

③ 검은 종이와 흰 종이에 표현된 자신의 마음을 번갈아 가며 이야기한다.

그림 IX-40.

5) 감정카드

(1) 목표 및 기대효과 : 다양한 감정을 이해하고 자신의 감정을 표현한다.

(2) 재료 : 미리 준비한 둥근 모양의 카드(4장 이상), 연필, 지우개

(3) 방법

① 한 장의 카드에 하나의 감정에 대한 느낌을 그림으로 표현한다(예 : 기쁨, 슬픔, 화남, 무서움 등).

② 감정이 그려진 카드의 뒷면에 그러한 감정이 언제 느껴졌는지에 대하여 그림으로 표현 상황을 표현해본다.

③ 자신이 경험했던 상황과 그 당시의 느낌에 대하여 이야기를 나눈다.

그림 IX-41.

6) 자신과 가장 닮은 물건

이 프로그램은 사진을 활용한 것이다. 내담자가 찍은 사진은 무의식에서 나온다고 볼 수 있고, 사진에는 의식과 무의식이 공존할 수 있다고 할 수 있다. 왜냐하면 사람들은 사진을 의도적으로 찍지만 대상에 대한 선택은 무의식적으로 일어나기 때문이다. 따라서 사진은 무의식을 의식적인 면으로 구체화할 수 있는 객관적인 매체가 될 수 있다.

(1) 목표 및 기대효과 : 자신을 둘러싸고 있는 환경에 대한 인식과 더불어 자신의 감정에 대한 자각을 돕는다.

(2) 재료 : 자신과 비슷하다고 느껴지는 사물을 내담자가 직접 찍어 온 사진, 찰흙

(3) 방법

① 내담자 자신과 비슷하다고 느껴지는 사물을 찾아 사진을 찍어 오도록 한다.

② 내담자가 찍어 온 사진에 대하여 자신의 어떤 점이 사진의 사물과 비슷하게 생각되었는지에 관하여 이야기를 나눈다.

③ 찰흙을 이용하여 자신의 감정을 표현할 수 있는 상징물을 만든다.

④ 사진의 사물과 자신이 만든 상징물을 보면서 공통점과 차이점, 작품을 만들 때와 완성 후의 느낌 등에 관하여 이야기를 나눈다.

내담자가 찍은 사진

찰흙으로 만든 상징물

그림 IX-42.

7) 감정 인물화

(1) 목표 및 기대효과 : 현재 자신의 감정과 자신에 대한 인식을 증진시킨다.

(2) 재료 : 도화지, 두꺼운 도화지, 오일 파스텔, 가위, 연필, 지우개

(3) 방법

① 두꺼운 도화지에 자신의 전신상을 그린 후 가위로 테두리를 오린다.

② 가위로 오린 인물화를 도화지에 대고 오일 파스텔을 이용하여 테두리를 번지듯이 칠

그림 IX-43.

한다. 이 때 같은 작업을 반복하여 한 장의 도화지에 두 개의 인물상이 나란히 서 있는 모습이 되도록 한다.

③ 테두리만 그려져 있는 인물화에 연필을 사용하여 '기쁨에 찬 표정과 의상', '슬픔에 힘들어하는 표정과 의상'을 각각 꾸며준다.

④ 완성된 각각의 인물화에 대하여 구체적인 감정을 표현하도록 이야기를 나눈다.

8) 내가 원하는 나(또는 내가 좋아하는 사람)

(1) 목표 및 기대효과 : 자신이 원하는 모습이나 좋아하는 사람의 모습을 만들어 봄으로써 자신이 스스로를 어떻게 인식하고 있는지에 대하여 알 수 있다. 또한 자신의 내적 상황을 작품에 투영함으로써 자신의 욕구와 감정을 자각할 수 있다.

(2) 재료 : 신문지 또는 이면지, 투명 테이프, 모조전지, 색한지, 아크릴물감, 풀, 유성매직

(3) 방법

① 신문지나 이면지를 구기거나 접어서 자신이 원하는 얼굴의 크기와 모양이 만들어질 때까지 뭉친 다음 투명 테이프로 고정한다.

② 만들어진 얼굴 모양을 모조전지로 감싼 다음 아크릴물감을 이용해서 원하는 피부색으로 칠해준다.

③ 유성매직으로 얼굴을 꾸며주고, 색한지 등을 이용하여 머리카락이나 장신구 등을 만들어 붙인다.

④ 작품이 완성되면 자신의 작업할 때의 느낌과 완성 후의 느낌 등에 대하여 이야기한다.

그림 IX-44.

9) 이상한 나라 꾸미기

(1) 목표 및 기대효과 : 자신이 상상하는 이상한 나라의 모습을 통해 자신의 내적 욕구를 자각한다.

(2) 재료 : 마블링 물감, 도화지 여러 장, 가위, 풀, 크레파스, 대야, 나무젓가락

(3) 방법

① 대야에 물을 담고 마블링 물감을 떨어뜨린 후 나무젓가락으로 저어준다.

② 도화지를 대야에 살짝 담갔다가 꺼낸 다음 말린다.

③ 말린 종이를 다양한 모양으로 오려서 도화지에 붙인 후 자신만의 이상한 나라를 꾸민다.

④ 자신이 꾸민 나라에서는 어떠한 일들이 일어날지, 그곳에 가면 기분이 어떨지 등에 대하여 이야기를 나누면서 자신의 욕구에 대해 자각한다.

그림 IX-45.

3-2. 신체 자각

게슈탈트 심리치료에서는 감정이나 욕구에 대한 자각뿐만 아니라 신체 자각의 중요성도 강조하고 있다. 특히 자신의 외모의 강점과 약점 등 신체에 대한 직접적인 표현함으로써 자신의 현재 심리 상태를 직면하고 이해하도록 도와주는 기법이다.

1) 바디 페인팅

(1) 목표 및 기대효과 : 신체 부분에 바디페인팅 물감을 칠하면서 자신의 신체에 대하여 관찰하고, 또 장점을 찾아본다. 신체에 대한 자신감을 갖게 한다.

(2) 재료 : 바디페인팅 물감, 붓, 물티슈

(3) 방법

① 눈을 감고 자신의 신체에 대하여 생각해본다.

② 물감이 묻이지 않은 붓으로 자신의 콤플렉스 부분이라고 생각되는 신체 분위를 부드럽게 쓸어보며 붓의 감촉을 느껴본다.

③ 바디페인팅 물감으로 신체를 꾸며주고 느낀 점에 대하여 이야기를 나눈다.

그림 IX-46.

2) 석고 붕대로 상대방 신체 본뜨기

(1) 목표 및 기대효과 : 타인이 본떠준 자신의 신체(손)를 보면서 자신의 신체를 객관적으로 자각한다. 자신을 바라보는 타인의 시선에 대하여 느낄 수 있으며 타인의 감정을 이해할 수 있다.

(2) 재료 : 석고 붕대, 물통, 가위

그림 IX-47.

(3) 방법

① 석고 붕대를 다양한 크기로 미리 잘라 놓는다.

② 두 명이 마주앉아 상대방의 손을 만져보며 관찰한다.

③ 미리 잘라놓은 석고 붕대를 물에 적셔서 상대방을 손에 올려놓은 다음 잘 문지른다.

④ 손을 본뜬 석고 붕대가 마르면 잘 떼어낸 다음 서로의 느낌에 대하여 이야기를 나눈다.

3) 쌀을 이용하여 자기 얼굴 그려보기

(1) 목표 및 기대효과 : 지금 현재에 접촉하여 매순간 변화하는 자신을 자각한다. 자신의 얼굴 표정을 통해 내면의 문제를 인식하게 한다.

(2) 재료 : 쌀, 커다란 한지

(3) 방법

① 면적이 넓은 한지를 준비한다.

② 한지 위에 쌀을 뿌린 다음 원하는 표정의 얼굴을 만들어 본다.

③ 얼굴의 표정이나 모양을 바꾸면서 현재 자신의 모습에 집중해본다.

그림 IX-48.

3-3. 미해결 과제의 현재화

게슈탈트 심리치료에서는 미해결 과제가 많아질수록 개체는 자신의 유기체적인 욕구를 효과적으로 해소하는 데에 실패하여 심리적, 신체적 장애를 일으킨다고 본다. 따라서 게슈탈트 심리치료의 목표는 개인적인 자각을 증진하고 내담사가 지금-여기에(here and now)의 삶을 살아가도록 하는 것이다.

미해결 과제의 현재화는 이러한 이론에 근거하여 과거의 사건을 마치 지금 여기에서 일어나는 사건인 것처럼 재경험을 하게 함으로써 자신의 미해결된 감정들을 회피하지 않고 직면하여 이를 해소시킬 수 있도록 하는 기법이다.

1) 명화 속 주인공 되기

프로그램에 사용되는 명화는 서양화를 사용할 수도 있으나 자신에 대한 깊은 통찰 및 마음의 긴장을 완화하도록 하기에는 공간적 여백이 있는 동양화를 사용하는 것도 좋다.

(1) 목표 및 기대효과 : 명화 속의 주인공과 자신을 일치시켜서 현재 내담자가 직면하기 두려워하거나 회피하고 있는 심리적 문제를 자각하게 돕는다.

(2) 재료 : 명화 복사본(예 : 고사관수도), 내담자 사진, 가위, 풀, 색도화지

(3) 방법

① 고사관수도의 주인공 얼굴 부분에 내담자의 얼굴 사진을 오려서 붙인다(콜라주 기법).

② 합성된 작품의 배경을 꾸민다.

③ 그림 속의 주인공은 어떤 생각을 하는지, 그림에서처럼 쉬고 싶다면 어떠한 문제 때문인지, 지금 현재 어떻게 대처하고 싶은지 등에 관하여 이야기를 나눈다.

그림 IX-49.

2) 타임 캡슐

(1) 목표 및 기대효과 : 내담자로 하여금 과거의 사건을 지금 여기에서 일어난 사건인 것

처럼 재경험을 하게 함으로써 자신의 생각이나 감정, 욕구, 행동 등을 수정 보완할 수 있게 한다.

(2) 재료 : 유리병이나 페트병, 종이, 다양한 미술도구

(3) 방법

① 후회가 되거나 되돌리고 싶은 과거의 사건을 기억해서 그 때의 느낌과 대처 방법 등에 관하여 이야기를 나눈다.

② 다시 과거의 그 상황으로 돌아갔을 때, 현재에는 어떻게 대처할지를 그림으로 그린다.

③ 완성된 그림을 유리병이나 페트병에 넣어 보관하도록 한다.

그림 IX-50.

3) 지금이라면

(1) 목표 및 기대효과 : 내담자로 하여금 과거의 사건을 지금 여기에서 일어난 사건인 것처럼 재경험을 하게 함으로써 자신의 생각이나 감정, 욕구, 행동 등을 수정 보완할 수 있게 한다.

(2) 재료 : 잡지, 가위, 풀, 도화지, 색연필, 오일 크레파스

(3) 방법

① 과거의 자신의 모습 중 가장 기억에 남는 모습을 생각한 다음 잡지에서 그 모습을 상징하는 사진을 골라 가위로 오린다.

② 오려놓은 사진들을 도화지에 자유롭게 붙이고 오일 크레파스나 색연필을 이용하여 꾸며준다.

③ 완성된 작품을 보면서 지금 그곳에 있다면 어떤 일을 하고 싶은지 등에 관하여 이야기를 나눈다.

그림 IX-51.

3-4. 빈 의자 기법

게슈탈트 심리치료의 주요한 기법 중 하나인 빈 의자 기법은 말 그대로 빈 의자에 자신의 내적인 모습, 혹은 타인이 있다고 가정하고 이야기를 하는 것이다. 빈 의자 기법은 보통 치료사와 내담자, 두 사람이 하는 것이 일반적이지만, 개인적으로 어떤 대상을 상대로 어려움을 겪을 때 혼자서도 할 수 있는 방법이다. 그 대상은 실제 주위의 인물이거나 혹은 꿈에 등장하는 죽은 사람이거나 사물, 악령이 될 수도 있다.

1) 누군가와 대화하기

(1) 목표 및 기대효과 : 감정을 표출하는 과정을 통해 자신의 감정을 정화, 통찰 감정을 표출해 봄으로써 다른 사람의 격려와 지지 속에서 자아존중감 향상해 본다.

(2) 재료 : 도화지, 대화하고 싶은 사람의 사진, 가위, 풀, 채색도구(파스텔, 사인펜, 매직, 펜)

(3) 방법

① 도화지를 반 접어 입체적으로 만들어서 치료사가 제시해 준다.

② 내담자는 의자에 앉힐 사람을 생각하면서 의자를 만든다.

③ ①의 입체적인 도화지에 의자를 붙이고 대화하고 싶은 사람의 사진을 붙인다.

④ 상황을 생각하며 주변을 꾸며주고 의자에 앉힌 사람에게 내담자가 하고 싶은 말을 하게 한다.

⑤ 의자에 앉힌 사람에게 하고 싶은 이야기를 하기 전과 후에 어떤 변화가 있는지 등에 관하여 치료사와 내담자가 이야기를 나눈다.

그림 IX-52.

2) 호일 거울 만들기

(1) 목표 및 기대효과 : 거울에 비친 자신과 대화함으로써 타인 대신 내담자 자신을 빈 의자에 앉혀서 자신과 이야기하게 하는 것과 같은 효과를 얻는다. 자신에 관련된 사건을 객관화시키고 내담자의 감정이나 욕구를 인식하게 한다.

(2) 재료 : 쿠킹호일, 색지, 유성매직이나 유성물감

(3) 방법

① 쿠킹호일과 색지를 이용하여 손거울을 만든다.

② 완성된 손거울에 자신의 얼굴을 비춰본다.

그림 IX-53.

③ 유성매직이나 유성물감을 사용하여 자신의 얼굴을 쿠킹호일 거울에 그린다.

④ 거울에 그려진 자신에게 하고 싶었던 이야기를 하게 한 다음 치료사와 피드백을 나눈다.

3-5. 꿈 작업 기법

게슈탈트 심리치료 기법에서 꿈을 분석하는 것은 딜레마로 고통을 받고 있는 사람뿐 아니라 보통의 건강한 사람에게도 도움이 된다. 대부분의 사람들은 깨어 있는 시간 중 많은 부분을 미래의 일을 걱정하거나 혹은 과거의 기쁜 일과 실패한 것을 기억함으로써 여기-지금에서 벗어난다. 게슈탈트 학자들은 꿈속에 숨겨진 존재적 메시지가 있으므로, 일단 발견하면 인간의 마음속의 빈곳을 채울 수가 있다고 믿는다. 꿈 작업은 생활상의 문제를 풀 수 있고 자각을 더욱 발전시킬 수 있는 많은 가능성을 지니고 있다. 꿈의 작업을 아동에게도 사용할 수 있다. 꿈의 통합에서 치료사의 임무는 내담자가 현재 존재에서 회피하려고 하는 것에 집중하여서 내담자가 고통스러운 상황을 행동으로 나타내도록 돕고, 내담자의 성격을 다시 통합시키는 것이다.

1) 꿈 작업(꿈을 형태와 색으로 표현하기)

(1) 목표 및 기대효과 : 자발적으로 표현된 꿈에 대한 시각적 심상을 통해 내담자의 문제를 의식화시킨다. 꿈을 재연시켜 내담자가 지금 현재에 집중하도록 문제를 해결하도록 돕는다.

(2) 재료 : 도화지, 한지, 풀, 물감, 붓

(3) 방법

① 눈을 감고 가장 최근에 꾸었던 꿈을 기억해본다.

그림 IX-54.

② 도화지에 한지를 붙인 후 말린다.
③ 구체적인 형태로 꿈을 그리는 것이 아니라 물감이 번지는 효과를 통해 꿈의 이미지를 표현한다.
④ 나타난 형태와 색을 보고 꿈의 느낌과 비교하여 이야기한다.

2) 꿈 그리기(꿈의 구체적인 장면 그리기)

(1) 목표 및 기대효과 : 꿈을 구체적으로 재연시켜 내담자가 지금 현재에 집중하도록 문제를 해결하도록 돕는다.
(2) 재료 : 도화지, 파스텔, 싸인펜
(3) 방법
① 눈을 감고 가장 최근에 꾸었던 꿈 가운데 인상 깊었던 장면을 기억해본다.
② 꿈의 몽환적인 분위기를 극대화하기 위하여 파스텔을 이용해 꿈은 구체적으로 그린다.
③ 완성 후 꿈에 대한 내용을 내담자의 문제와 연관시켜서 이야기한다.

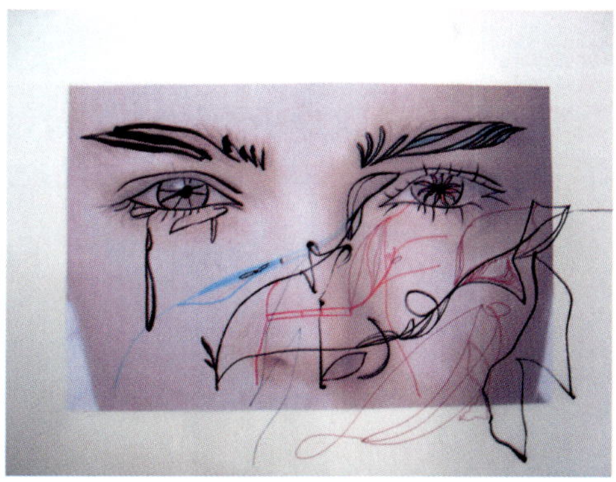

그림 Ⅸ-55.

6. 긍정심리학

1) 긍정심리학 이론의 주요 개념

1) 긍정심리학의 특징

긍정심리학은 개인의 삶의 질을 증진시키는 중요한 요인으로 그들의 강점과 자원을 계발하는 것의 효과에 관심을 둔 과학적인 접근이다(이희경, 이동귀, 2007).

이전에는 심리학이 주로 방어, 결함, 심리적 질병 혹은 정신 병리적인 측면에 치우친 연구에 집중되어 있었다. 따라서 심리적 적응과 인지, 정서에 관한 연구는 주로 정신 병리적인 우울, 불안이나 스트레스 등을 다루는 "문제" 중심이 대부분이었다. 하지만 20세기 후반에 들어오면서 심리학자들은 긍정심리학(Positive Psychology)을 표방하면서 과거의 결정론적인 부정적인 입장을 지양하고 인간의 동기와 정서의 긍정적인 측면을 연구할 것을 강조하고 있다(정선녀, 2006).

2000년대에 들어오면서 긍정심리학을 주창한 Seligman과 Csikszentmihalyi는 긍정적인 주관적 경험, 긍정적인 개인 특성, 긍정적인 제도에 관한 과학은 삶의 질을 향상시키고, 삶이 황폐하고 무의미한 순간에 생기는 병리들을 예방한다고 하였다. 또한 "심리학은 단지, 질병, 약점, 손상된 것에 관한 것에 관한 것만이 아니라, 장점과 미덕에 관한 학문이기도 하다. 심리학에서 치료의 의미는 잘못된 것을 고치는 것만이 아니라, 긍정적인 측면을 계발하는 것이기도 하다. 심리학은 단지 질병이나 건강에 관한 것만이 아니라 일하는 것, 교육하는 것 깨닫고 사랑하고 성장하며 즐겁게 조는 것이기도 하다."라고 하였다.

이러한 긍정심리학의 주요 변인들과 다양한 준거 변인들 간의 관계에 대한 연구들은 주로 긍정적 상태 및 긍정적 믿음을 지니는 것과 삶의 다양한 영역, 즉 성취, 발당, 친밀한 관계, 집단 과정, 대처, 일, 건강과의 관련성을 조사하는 것이다(이희경, 이동귀, 2007). 예를 들면, 긍정심리학적 개인의 특질 중 하나는 희망(Hope)이다. 희망이 높은 사람들은 유연한 긍정적 사고를 가지며, 신체적 고통을 더 잘 인내하고, 스트레스 반응에서도 더 빠른 회복을 보인다(최유희 재인용, 2008).

긍정적 성격 특성들이 보다 나은 삶의 질과 관련된다는 연구들이 보고 됨에 따라 긍정심리학에서는 인간의 강점 및 미덕에 관한 체계를 수립하였다. 여기에는 크게 6가지의 미덕(지혜와 지식, 용기, 인간성, 정의, 절제 및 초월성)과 24개의 강점(창의성, 호기심, 열린 마음, 학습에 대한 애정, 타인에게 현명한 조망의 제공, 진실성, 용감함, 인내심, 열의 친절, 사랑, 사회적 지능, 공정함, 리더십, 협동심, 용서, 겸손, 신중함, 자기조절, 아름다움과 뛰어남에 대한 이해, 감사, 희망, 유머, 종교적인 신념)이 포함되어 있다.

긍정심리학에 바탕을 둔 훈련기법으로는 세 가지 은총 기법, 희망 상자, 예외의 경우, 개인적인 소규모 실험들 등이 있다.

긍정심리학의 진가는 개인이 역경이나 정적이 경험에 좌절하지 않고 그 속에서도 자신의 성장 동기, 강점, 자원을 발견할 수 있는 용기와 이를 통해 자신이 어느 방향으로 변화하고 싶은가를 발견하고 적극 추진하는 과정에 있다(이희경, 이동귀, 2007).

2) 긍정심리학적 상담의 기본적 입장

(1) 인간중심 이론과의 연관성

로저스는 인간은 긍정적으로 성장하고자 하는 자기실현 경향성을 지니고 있다고 하였고, 매슬로우는 욕구 위계 이론에서 결핍 동기와 성장 동기를 구분하면서 인간은 결핍 동기가 채워지면 성장하고자 하는 동기를 추구하게 된다고 가정하였는데 이러한 관점에서는 내담자의 결함이나 문제를 교정하는 것보다 내담자이 적응적 능력, 강점, 자원을 계발하는 것이 중요하다. 인간중심 상담에서는 그 목표가 내담자로 하여금 타인이나 사회적 기준에 맞추어 적응하는 것이 아니라 자기 내면의 목소리를 듣고 자신이 만족할 수 있는 삶을 영위하도록 하는 데 있다. 따라서 중요한 것은 '내담자들이 어디에 있었는가보다는 어디로 가기를 원하는가'이다(이희경, 2007).

(2) 아들러의 개인심리학과의 연관성

아들러는 인간은 어떤 요소로 나누어질 수 없는 총체적인 존재로서 존중되어야 하며, 인간은 누구나 어느 면에서는 열등감을 느끼고 있지만 이를 극복하는 것이 창조력과 자기완성을 이루어 가는 중요한 원천으로 보고 개인의 능동적인 의지나 노력을 중요시하였다. 이러한 입장은 인간의 강점, 고유성, 자원을 강조하는 긍정심리학적 입장과 일맥상통한다. 또한 아들러가 인간이 이기적인 관심만 추구하는 것을 넘어서 타인이나 사회에 기여할 수 있는 이타적인 측면을 중요시 한 것도 긍정심리학과 맥을 같이 한다.

(3) 게슈탈트 심리치료와의 연관성

게슈탈트 상담에서 자각을 통한 게슈탈트의 완성은 내담자 자신이 지향하는 삶으로의 이행을 돕는다. 따라서 내담자는 스스로 자신의 내면에 대해 주의를 집중하여 접촉하고 그 상태에 머무름으로써 자각을 높이고, 상담자는 내담자가 자신의 삶에 대한 책임감을 회피하지 않도록 지지하고 '지금 여기에서 무엇을 자각하고 있는가에 대해 주의를 집중하도록 도와야 한다. 자신의 현재 욕구에 대한 자각을 통해 현실 문제들을 능동적이고 창조적으로 해결해 갈 수 돕는 이러한 과정은 긍정심리학에서 강조하는 몰입이나 마음집중과 연관이 있다.

2) 긍정심리학적 상담 목표

기존 심리학의 병리적인 부분의 초점을 지양하고 내담자의 삶의 가장 좋은 특성을 개발하는 것을 목표로 한다. 즉, 내담자의 강점과 자원, 긍정적인 측면의 개발이다.

치료자와 내담자의 신뢰 있는 관계를 통해 이전에 잘 안된 부분에 초점을 두기 보다는 과거에 성공했던 '예외적인 경험' 을 기억하고 이를 활용한다.

내담자의 결함이나 문제를 교정하는 것 보다 내담자의 적응적 능력, 강점, 자원의 개발을 강조하고 내담자는 '자가 치료자' (Self Healer)로서 치료자와의 상담과 치료를 통해 그들 삶이 어디로 가고자 하는지, 어떤 목표를 가지고 있는지 스스로 알아 간다.

인간은 인지(생각하는 능력)에 의한 학습이 가능한 동물이다. 현재의 상황이 절망적이고 고통의 연속이라 할지라도 인간의 능력개발에는 끝이 없기에 강점과 자원을 찾아서 개발, 이를 계속해서 학습시킨다면 내담자 스스로 문제를 해결해 나갈 수 있는 내적인 힘을 갖게 된다.

그리고 문제 해결 뒤의 자아실현을 위해 내담자가 삶의 가치와 목표를 찾게 하는 것이 중요하다. 우울증이 해결되었다고 해서 행복이 찾아오는 것은 아니다. 문제 해결 뒤의 '내가 존재하는 이유', '내 삶의 목적'을 발견하고 자신의 자원과 강점을 도구삼아 자아실현을 위해 더 나아갈 때 진정한 가치 있는 삶을 살게 될 것이다. 이것이 긍정심리학의 목표이다.

3) 긍정심리학 이론에 근거한 미술치료 기법

긍정심리학에서는 타인과의 관계 속에서 소외감이나 단절감을 느끼거나 사회생활에 있어서 좌절감을 경험했을 때 누군가로부터 사랑을 받은 경험이 있다는 것을 기억하는 것은 개인이 역경이나 부정적이 경험에 좌절하지 않고 그 속에서도 자신의 성장 동기, 강점, 자원을 발견하고 자신도 누군가 타인을 사랑할 수 있는 촉진적인 기회를 제공한다고 본다. 감사의 마음을 표현하는 것 또한 더 많은 감사의 조건들을 발견할 수 있는 기회를 제공하여 인간이 긍정적이 방향으로 성장하는 데에 도움을 준다.

긍정심리학의 진가는 개인이 역경이나 정적이 경험에 좌절하지 않고 그 속에서도 자신의 성장 동기, 강점, 자원을 발견할 수 있는 용기와 이를 통해 자신이 어느 방향으로 변화하고 싶은가를 발견하고 적극 추진하는 과정에 있는데 이러한 이론적 배경에 바탕을 둔 세 가지 은총 기법, 희망 상자, 예외의 경우, 개인적인 소규모 실험들 등의 훈련기법을 미술치료적으로 활용할 수 있다.

1) 사랑과 감사의 마음

가족은 인간이 태어나면서 가장 먼저 경험하게 되는 사회이다. 가족과의 원만하고 친밀한 관계는 '내가 사랑을 받을 만한 존재'라는 긍정적인 자아상을 갖게 할 뿐만 아니라 타인에 대한 신뢰를 경험하고 나아가 대인관계에 있어서 원만한 관계를 유지하는 데에 기반이 된다. 이러한 긍정심리학에 근거하여 아주 작은 것일지라도 자신이 받은 사랑을 확인하고, 자신이 소중한 존재라는 것을 자각하도록 도와주는 기법이다.

(1) 목표 및 기대효과 : 가족에 대한 사랑과 감사의 마음을 확인하고 가족 구성원에 대한 이해를 높이고 정서적인 안정감을 갖게 한다. 사랑과 감사의 강점을 발견함으로써 자신의 존재 가치에 대한 인식을 높이고 타인과의 신뢰관계를 회복한다.

(2) 재료 : 종이찰흙이나 흰색의 클레이 점토, 고무찰흙, 신문지

(3) 방법

① 가족에 대하여 생각해본다. 아주 작은 것이라도 사랑을 받았던 경험이나 사랑을 표현하고 싶은 마음을 떠올려 본다.

② 가족 구성원 전체이거나 혹은 한 사람이거나 그 대상에게 전하는 사랑과 감사의 마음

을 종이찰흙과 고무찰흙을 이용하여 만든다.

③ 작품이 완성되면 누구를 생각하며 만들었는지, 만들 때 느낌과 만들고 난 후의 느낌은 어떤지 등에 대하여 이야기를 나눈다.

그림 IX-56.

2) 나의 장점 찾기

인간에겐 누구나 양면성 즉, 긍정적인 면과 부정적인 면이 공존한다. 우리 안에 있는 부정적인 측면을 완전히 교정하거나 제거하는 것은 불가능하다. 따라서 이왕이면 긍정적인 면을 강조, 발견하고 개발하여 스스로 성장할 수 있도록 하며 자아실현을 이루게 한다는 이론에 근거한 기법이다.

(1) 목표 및 기대효과 : 나의 장점과 더불어 단점을 알아보고 자신의 장점만을 치료자나 다른 내담자들과 나눔으로써 더욱 강화를 시킨다.

(2) 재료 : 도화지, 크레파스(색 연필), 수채화 물감, 붓

(3) 방법

① 도화지 가운데 밝은 색 크레파스로 원을 먼저 그린다.

② 원 밖에 어두운 수채화 물감을 이용하여 자신의 단점을 쓰거나 그린다.

③ 원 안에 밝은 색 크레파스로 자신의 장점을 쓰거나 그린다.

④ 검정색 수채화 물감으로 도화지 전체를 칠한다.

⑤ 크레파스로 쓰거나 칠하여 밝기 보이게 되는 자신의 '장점' 만에 대하여 이야기를 나눈다.

그림 IX-57.

3) 가장 가보고 싶은 곳 그리기

긍정심리학에서는 내담자들이 과거에 어디에 있었는가 보다는 앞으로 '어디로 가기를 원하는가'를 더 강조한다. 내담자가 도달하고 싶은 심리적 목적지를 표현해보게 함으로써 자신의 내부에 잠재해 있는 성장 경향성을 발견하도록 하는 기법이다.

(1) 목표 및 기대효과 : 내담자의 내부에 잠재되어 있는 자기 성장 및 원하는 자아상을 발견하게 한다.

(2) 재료 : 도화지, 크레파스(색 연필), 수채화 물감, 붓

(3) 방법

① 내담자에게 '나는 지금 어디로 가고 싶은가'에 대하여 생각하게 한다.

② 크레파스나 수채도구를 이용하여 가고 싶은 곳을 그린다.

③ 그림을 그린 후 그곳에 가고 싶은 이유, 그곳에 간다면 어떤 기분일지, 그곳에서 하고 싶은 일 등에 대하여 이야기를 나눈다.

④ 가장 가보고 싶은 곳이란 심리적 목적지를 의미하지만 내담자의 연령 등을 고려하여 가고 싶은 곳은 물리적 장소로 대체할 수 있다.

그림 IX-58.

X. 임상미술치료의 실제

1. 아동 미술치료

1. 아동기의 발달특성

아동기는 조직적인 학습생활로 들어가는 6세부터 사춘기 전인 12~13세 경까지를 말하며 우리나라의 학제구성상 초등학교에 다니는 시기를 말한다.

이 시기의 아동들은 신체적, 사회적, 인지적, 정서적인 면을 아우르는 전인적인 발달특성을 보인다. 자기의 일을 스스로 처리하는 경험을 통해 자신만의 문화와 생활습관을 형성하기도 하고, 생활의 중심이 가정에서 학교로 옮겨짐에 따라 교사나 친구와의 관계가 형성되며, 책과 대중매체의 영향을 받으면서 발달을 이룬다.

특히 아동기는 사회인으로서의 기초를 이루는 시기이므로 올바른 도덕적 판단의 기초를 마련해야 하며 양심도 발달시켜야 한다.

S. Freud는 이 시기를 삼재기(latency period)라고 했는데, 그것은 리비도가 구강기에

머물다가 항문기, 남근기를 거치고 나서 잠재한다고 보았기 때문이다. 따라서 이시기의 아동들의 관심은 지적인 호기심, 운동 그리고 친구와의 우정으로 전환되기도 한다.

1) 신체적 발달

아동기의 신체발달은 영유아기나 청소년기에 비해서 발달속도가 규칙적이지만 느리게 성장하며, 각 부위의 비율이 달라지는 특징이 있다. 환경적인 요인과 유전적인 요인으로 인한 개인적인 차이를 보이지만 신장과 몸무게가 매년 꾸준한 증가세를 보이며 얼굴면적이 전체의 10%로 줄고 머리는 성인의 95%정도로 발달한다.

이 시기는 운동기능 발달을 위한 이상적인 시기이며 자신의 몸을 이용하는 운동에 흥미를 갖고 운동유형에 따라서는 성인 수준의 기능까지도 습득이 가능하다.

특히, 손과 손가락을 사용하는 소 근육 운동 기능의 증가로 말미암아 아동은 놀랄 정도로 여러 가지 취미활동을 할 수 있게 되고, 아동의 독립심도 증가하는데, 초등학교에 입학할 무렵이면 대부분의 아동은 도움 없이 옷을 입고 벗을 수 있으며, 신발 끈을 매고 식사시간에 수저를 잘 사용할 수 있게 된다. 7세경에는 손놀림이 더 안정되고, 글씨를 쓰는데 연필을 선호하며 쓰는 속도도 빨라지며 글자나 숫자를 거꾸로 쓰는 일도 드물어지고, 8~10세경에는 양손을 따로 따로 쓸 수 있다. 10~12세경에는 손놀림이 성인의 수준에 가까워지게 된다.

2) 사회성 발달

사회성 발달은 연령이 증가하면서 자신과 타인을 이해해 가고 효과적인 사회적 상호작용 능력을 갖추어 가는 것을 말한다. 8세경의 아동은 심리적 특성을 서술하고 추상적인 자기개념을 갖게 되며 타인을 서술하기 위해 심리적 용어를 사용할 때 개인의 지속적인 성격특성보다는 최근 보인 행동에 대한 특성을 보다 잘 기술하게 된다.

초등학교에 다니는 아동들은 또래 간 상호작용과 놀이 활동을 통해서 다양한 역할을 경험하면서 사회성이 발달한다. 놀이를 하는 동안 또래 간 갈등이 야기될 수도 있고 이러한 경우 계속 놀이를 하기 위해서 자신의 입장과 친구의 입장을 조정하는 것을 학습한다. 그러나 왕따 같이 또래로부터 따돌림을 당한 아동들에게서 우울증이나 불안장애와 같은 내면화된 문제가 두드러지게 나타나기도 하는데 따돌림을 받게 되면 아동들은 낯선 상황에 대해 접근하려고도 하지 않고 회피하는 특성이 나타난다. 또 위축된 아동들은 공포반응을 많이 발달시켜 불안장애로 연결 될 가능성이 크다.

3) 인지적 발달

피아제의 인지 이론에 의하면 7세~12세의 아동은 구체적 조작기에 해당하는 시기이다. 급격한 사고의 진전을 보이는 시기이며 아동은 지적 조작을 할 수 있게 되어 보다 논리적으로 사고하게 된다. 이 시기 아동은 사람들이 서로 다른 견해를 가질 수 있음을 이해함으로 자아 중심성을 탈피하고 자신의 행동을 결정하기 시작한다. 또한 감각기관을 통해 사물이나 현상을 식별하는 지각이 성장하고 이전에는 탐지하지 못했던 사물의 외형, 사물의 기능과 용도의 새로운 측면, 이들 사이의 관계 등 지각 정보의 의미에 대한 인식이 발달되며 기억력의 발달을 가져온다.

지능은 출생 후부터 약 10세까지는 직선적으로 급격하게 발달하고 그 이후는 차츰 완만한 속도로 발달하여 약 20세를 전후로 정점에 달하고 그 후는 정체 현상을 보인다. 안정적이고 적절한 자극을 제공해 주는 가정환경에서 성장한 아동들은 시간 경과에 따라 지능지수가 안정성을 보이거나 혹은 증가하는 경우가 많으나 빈곤계층과 같이 소외되고 열악한 환경에서 성장한 아동의 지능지수에서는 누적적인 결손을 보이기도 한다.

4) 정서적 발달

정서적인 발달은 타고난 기질 보다는 자라는 환경의 영향을 많이 받는다. 정서적으로 안정되어 있으며 차분하고 긍정적인 감정을 보이며 새로운 경험에 아주 개방적이고 습관도 규칙적이며 예측 가능한 특성을 보이는 아동을 '순하다.'라고 말하며 순한 아동으로 구분한다.

한편 까다로운 기질의 아동은 적극적이고 민감하며 불규칙하다. 이들은 일상에서의 사소한 변화들에도 매우 강하게 반응하고 새로운 상황에 대한 적응력도 떨어지며 부정적 기분, 자극에 대한 강렬한 반응, 불규칙한 수면 등의 특성을 가지고 있다. 또한 둔한 아동들이 있는데 이들은 활발하지 못하고 성미기 까다롭고 새로운 상황에 느리게 반응한다. 지나치다

싶을 만큼 둔하거나 느리게 반응하는 것이 특징이며, 낯선 것에 대해 반응하긴 하되 비교적 부드럽게 반응한다.

아동이 보이는 정서적 발달의 차이는 성장하는 과정에서 경험하는 애착의 형성이 이루어지는 방법에 따라 달라진다. 예를 들어 병적이고 학대가 심한 환경에서 성장한 경우에 많이 발견되는 혼란 애착은 위로와 안정이 필요할 때 양육자에게 안기려고 하다가도 화를 내거나 회피하는 것과 같은 모순되는 행동을 나타내며 감정표현도 하지 않거나 매우 느린 특성을 보인다.

정서발달에 문제를 갖고 있는 아동은 주의력결핍 과잉행동장애, 우울증, 자폐증 및 반응성 애착장애등을 보이기도 한다.

2. 아동과 미술치료

1) 아동미술치료의 필요성

아이들은 초등학교에 다니기 시작하면서 또래 집단에서의 관계 형성 및 과도한 학습 등으로 인해 어른 못지않은 심리적 어려움을 겪게 된다. 게다가 아이들은 사고력과 언어 표현 능력이 미숙하기 때문에 상담만으로 문제를 해결한다는 게 사실 어렵다.

그러나 그림은 언어를 대신해 그 아이의 감정과 생각을 고스란히 드러나게 할 수 있다. 그림이 아이를 둘러싼 세상에 대한 인식과 반영뿐만 아니라 아이의 사고, 감정, 환상, 갈등, 염려 등을 이해할 수 있는 강력한 도구를 제공하기 때문이다. 또한 여러 종류의 미술재료를 만지면서 얻어지는 감각적 경험들은 그 자체로 치유 효과를 줄 수 있다.

특히 미술 치료는 내면의 성숙을 돕는 치유의 힘을 지니고 있어서 정신적으로 상처를 입은 아이들을 치유하는 데 효과적이다. 학대받거나 거부된 아이, 지적 · 정서적 장애를 지닌 아이, 신체적 장애를 겪는 아이를 돕는 데 탁월한 효과를 보인다. 따라서 자신의 생각과 느낌을 언어로 표현하는데 어려움을 겪는 아동들의 경우에는 미술 치료라는 창조적인 방법을 통해 긍정적인 상호작용을 할 수 있도록 도울 수 있다.

2) 아동 미술치료의 효과

① 진단

아동은 과거나 현재의 사건과 관계되는 생각이나 감정, 심지어는 미래에 대한 생각까지도 미술로 표현할 수 있다. 따라서 치료사는 아동의 미술작품을 통해 직접적으로는 관찰하기 어려울 수 있는 내담자의 자기 행동에 대한 인식을 알아볼 수 있고, 아동이 말로 표현하지 못한 문제에 대한 정보를 알 수 있다.

또한 아동의 마음을 다치지 않고 아동이 방어기제를 허물어뜨리지 않으면서 무의식 세계를 알아볼 수 있게 해 준다. 아동은 미술활동을 통해 순간순간의 진실을 그대로 드러낸다. 가령 아동이 극도로 자신을 방어하고 있을 때는 그림을 전혀 그리지 않거나 선만 그어댄다든지, 혹은 똑같은 것만 계속 그리는 것 등을 보아 알 수 있다. 따라서 치료사는 아동이 지니고 있는 대인관계나 개인 내적 문제를 개념화하고 진단하는 평가도구로 사용할 수 있고 미술작품을 통해 아동의 내적 변화를 파악할 수 있다.

아동의 미술을 진단이나 평가의 도구로 사용하기 위해 효과적인 그림기법은 집-나무-사람검사(HTP), 나무그리기, 동적 가족화(KFD), 학교생활화(KSD)등이 있다.

〈사례: 집-나무-사람검사〉

김동수(가명 M/10)

집 옆에 그린 문은 현실에서 도망치고 싶은 마음을 나타내며 지붕을 강조하여 표현한 것은 강한 의식과 그에 따른 죄의식을 나타낸다. 머리가 큰 인물은 고도의 열망을 의미하고 손의 생략은 도벽과 같은 손에 대한 갈등을 나타내는 경우가 많이 있다.

〈사례: 동적 가족화〉

박미희(가명 F/10)

동적가족화는 가족간의 관계를 알아보는데 용이하다. 맨 앞에 앉은 나, 동생, 아빠가 택시타고 놀러가는 모습을 그렸다. 이혼으로 엄마가 그림 속에 생략되었고, 눈을 과장되게 강조하여 의심과 불안을 표현하였다. 가족간의 거리는 심리적 거리를 의미한다.

〈사례: 나무그림〉

이철수(가명 M/11)

편부가정의 이 아동은 태양을 강조하고 일방적인 햇살선을 표현하여 아버지에게 애정을 요구하고 있다. 작게 표현된 나무는 낮은 자존감을 의미하며 나무 옆에 물을 그려 넣어 보호받고 싶어하는 욕구를 표현하고 있다.

〈사례: 학교생활화〉

최영수(가명 M/10)

친구들과 선생님과 재미있게 축구하는 모습을 그렸는데, 나이에 비해 표현력이 크게 부족함을 알 수 있다. 친구의 이름을 구체적으로 적어 넣어 친한 친구를 한 눈에 알아 볼 수 있다. 학교생활 중에서 친구들과 함께하는 축구시간을 가장 좋아한다.

② 해소

미술활동은 아동으로 하여금 사회적으로 수용되며 해롭지 않은 방식으로 분노, 적대감 등을 해소시킬 수 있는 정화의 기능을 가지고 있다. 공격적인 아동 중에는 자기의 부정적인 감정을 사회적으로 허락되는 방법으로 해소하는 방법을 잘 몰라서 신체적으로 공격적인 행동을 할 수도 있다. 치료사는 미술 기법을 사용하여 아동이 자신의 감정과 욕구를 표현할 수 있도록 격려함으로써 아동이 가지고 있는 부정적인 감정을 사회적으로 수용되는 방법으로 해소할 수 있도록 도와준다.

내면의 문제를 해소하는 데 효과적인 미술치료 기법에는 화가 나는 사건을 회상하면서 점토를 세게 두드리거나 던지고 폭발하는 화산을 만들기, 자신을 괴롭히는 사람을 그린 후 그 위에 줄을 긋는 작업, 자신의 감정을 적은 신문지를 갈기갈기 찢고 끈으로 꼭꼭 싸매기, 물풀과 물감을 섞은 색풀을 이용해 손으로 원하는 데로 섞고 문지르기 등을 통해 감정을 표출하고, 해소시킬 수 있다.

〈사례: 감정 쓴 신문지 찢기〉

류현범(가명 M/12)

큰 신문지에 자신이 느끼는 감정을 자기 맘대로 쓰거나 그린 후 마음이 후련해 질 때까지 찢고, 이를 꼭꼭 모아 테이프로 감싸고 끈으로 묶는 작업이다. 자신의 부정적인 감정을 해소하고 이를 정리하는 작업을 통해 화난 감정을 해소하였다.

〈사례: 물풀로 그리기〉

최희영(가명 M/13)

큰 종이에 물감을 섞은 물풀로 그리고 싶은 그림이나 작업을 맘껏 하게 한다. 손을 이용해 그림으로써 규칙이나 형식에 얽매이지 않고 감정을 마음껏 표현할 수 있고 이 과정에서 부정적인 감정을 정리하였다.

③ 성장

미술은 아동으로 하여금 그들의 정신과 감각을 사용하도록 한다. 아동은 미술활동에 앞서 먼저 생각해야 하며 환경에 대한 지식을 활용하고 여러 감각을 통합시켜 그림이나 조각 등 여러 가지 미술작품을 만들어간다. 그렇기 때문에 미술활동은 아동이 인지적 능력의 향상은 물론이고, 아동의 자신감을 고양시키고, 개인적인 만족감, 가치감, 성취감을 느끼게 한다.

아동은 다양한 매체를 선택하고, 자기 주도적으로 자유롭고 창의적인 작품을 만들어 보면서 성장한다. 미술재료의 사용은 기술 습득을 강조하고 재능개발을 장려한 것이다. 이것은 그 자체가 저절로 완전한 성과로써 자신감을 높여준다.

미술치료에서 창조적 과정의 출현은 내담자, 특히 아동에게 응집적이고 강력한 자기의 표현이나 발달을 가능케 한다. 마지막으로 문제해결과 대안점을 찾아내는 것을 통해서 미술은 갈등 해소를 촉진한다. 아동은 그 자신의 창조적인 활동 과정과 완성된 작품을 통해 갈등을 자유롭게 표현하게 되고 성취감을 맛보는 경험을 통해 해결과 숙달을 경험하게 된다.

3. 아동기의 문제 행동과 미술치료

1) 학습부진

① 정의

학습부진아란 지적능력, 학습능력, 적성은 정상 수준이어서 충분한 학업 성취의 가능성은 가지고 있으나 이에 상응하는 학업성취를 하지 못하는 학생으로 학습생활에 흥미를 상실한 학생을 말한다.

학습부진아 중에 미소한 뇌손상이나 신경 능력의 불규칙한 발달, 정서나 행동 장애를 가진 아동도 포함 되나 저지능, 학습지진아, 정신박약아, 문자 미 해독자 등 잠재적인 능력의 부족으로 정규 학습의 적용이 불가능한 학생들은 제외된다.

학습 부진아는 정서적 문제(우울증, 불안증, 강박증)나 사회 환경적 요인(가정불화, 빈곤, 결손가정, 스트레스) 때문에 학업 성취도가 떨어지는 경우가 대부분이며 일단 이러한 환경적 정서적 요인들이 제거되거나 치료적 개입을 통해 교정되면 정상적인 학습능력과 학업성취도를 보인다.

학습장애와 크게 다른 점은 학습장애를 보이는 아동들은 특수 영역에서 다른 아동들을 따라가지 못하는 문제점을 보이는 반면 학습부진 아동은 전반적인 학업 성취도가 떨어진다는 점에서 차이를 보인다.

② 원인

학습부진은 학습장애와는 달리 아이가 학습에 적응하지 못하는 이유가 뚜렷이 드러난다. 예를 들면 부모가 아이에게 조기교육을 강행했거나 두세살 정도의 어린나이에 학습지나 과외를 강요하거나 학원을 보내는 경우에 종종 발생하며, 이와는 반대로 부모가 아이의 성장과정에 지나치게 무관심할 경우에도 생긴다. 최근에 맞벌이 부부의 증가와 자녀교육에 대한 지나친 관심이 오히려 학습부진과 같은 부작용을 낳는 경우가 많다. 또한 부모의 이혼이나 잦은 다툼 등 가정의 불화와 결손가정이나 경제적 어려움으로 인해 아이의 정서가 불안정한 것도 원인이 된다. 학습부진의 대부분의 원인은 후천적인 환경에서 찾아 볼 수 있다.

③ 사례: 김진수(가명 M/10)

이 아동은 지적 능력은 정상 수준이나 공부에 대한 의욕이 적고 노력을 하지 않아 학업 성취가 다른 아동에 비해 현저히 낮은 아동이다. 자기의 생각을 언어로 표현하기를 어려워하며, 입안에서 우물거리는 경우가 많이 있다. 떨어지는 학습부분에 대해 보충해 주면 그 때는 일시적으로 이해하는 듯하지만 단기간에 잊어버리며 보충 학습을 하지 않으면 학업 성취도가 매우 낮은 경향을 보인다.

가정환경을 살펴보면 부모와 형, 여동생이 있으며 일용직으로 일하는 아버지와 식당에서 주방 일을 돕고 있는 어머니의 적은 수입으로 인해 경제적으로 어려움을 겪고 있다. 학교에서 급식비를 보조 받고 있으며 옷차림이 눈에 띄게 초라하고 낮은 학업성취로 인해 아이들로부터 놀림을 받아 다툼이 일어나는 경우가 많다.

〈집-나무-사람 검사〉

집, 나무, 사람을 그려야 함에도 불구하고 나무를 그리지 않았다. 필압이 약하고 세부적인 부분의 생략이 많다. 특히 집에 창문이 없고 문도 집의 크기에 비해 작고 오른쪽으로 치우져 있는 것을 볼 수 있다.

사람그림에서 목의 생략은 상황에 대한 통제력의 부족으로 보인다. 이 그림은 전반적으로 에너지가 부족하게 보인다.

〈만다라〉

주어진 만다라 도안에 색을 칠하면서 자신의 내면의 세계를 드러내고 집중력을 기르고자 하였다. 이 아동은 다른 아동에 비해 단시간에 활동을 끝냈다. 크레파스를 주었음에도 불구하고 색을 거의 한가지로 칠하여 만다라가 단조롭고 어떠한 규칙도 찾을 수 없다.

2) 과잉행동장애(ADHD)

① 정의

초등학교 아동들에게 가장 흔하게 나타나는 질환 가운데 하나로 약 3~4%의 아동이 이 질환을 앓고 있는 것으로 보고 되고 있다. 충동적 행동, 무절제, 과다 행동이 나타나면서 소근육 협응이 안되고 학습장애를 보이면서 정서적으로도 불안정한 모습을 보인다. 집중시간이 짧아 한 가지 일에 몰두하지 못하며 가벼운 자극에도 쉽게 산만해지는 특징을 지니는데, 수업시간에 돌아다니거나 주위의 친구들을 쉴 새없이 괴롭히고 말을 거는 등의 행동으로 학교생활에 적응하지 못하는 특징이 있다. 부모에게 전달해야 할 가정 통신문을 가방에 넣거나 교실 책상서랍에 두고 잊어 버리는 등의 행동으로 학습준비물을 제대로 챙기지 못하거나 전달사항이 전해지지 않아 학교생활에 어려움을 겪기도 한다.

② 원인

ADHD의 원인에 대해 많은 연구가 있어 왔는데, 현재까지의 연구결과는 생물학, 유전, 신경학적인 요인이 주요 원인이라는 것이 주된 결론이다.

가. 유전

유전이 가장 많이 ADHD의 원인으로 여겨진다. ADHD 아동들이 한 명 혹은 그 이상의 ADHD를 가진 친척을 가지고 있다는 것은 드문 일이 아니다. 따라서 이 장애는 가족을 따라 전해지는데 아주 많은 숫자의 ADHD 아동들의 아버지는 자신들 또한 어렸을 적에 이 장애의 특징을 가지고 있었다고 말하며, 이보다 적기는 하지만 여전히 많은 수의 어머니들 또한 아동 시절에 ADHD의 특징을 가지고 있었다고 보고한다.

부모와 자녀와의 유전 관계에 대한 연구들은 일란성 쌍생아인 경우 공동 유병율이 51%, 이란성 쌍생아인 경우 33%인 연구 보고가 있고(Goodman & Stoven, 1989), 대체적으로 유전적인 요소가 30~50% 정도의 영향을 준다고 한다(Barkely, 1990).

나. 태아기의 발달과 출생 요인

많은 연구자들은 어떤 아동들에게 있어서는 주의력 결핍 장애가 출생 이전이나 출생 전후의 스트레스의 결과이며, 이러한 스트레스는 뇌의 기능에 이상을 가져온다고 생각하고 있다. 임신 기간 중의 감염이나 외상 혹은 다른 합병증, 조산이나 분만 과정의 합병증등이 태아에게 잠재적인 문제를 야기할 수 있다.

다. 임신 중 산모의 음주

임신 기간 중에 술을 마시는 여성들은 과잉 행동과 주의 결핍의 특징을 지닌 아동을 가질 위험이 더 높다.

라. 뇌 구조, 각성, 신경 화학적 기능의 이상들

비록 약 5%의 ADHD 아동만이 신경학적인 손상에 대한 확실한 증거가 있지만, 주의, 각성, 활동의 조절과 통제와 관련된 뇌 영역의 기능에 어떤 문제가 있다는 증거가 점점 늘어나고 있다. 도파민, 노어에피네프린, 세로토닌 등은 뇌의 활동에 중요한 역할을 하는 신경 전달 물질들의 예이다. 이들은 각각의 도파민, 노어에피네프린, 세로토닌 화학 시스템을 구성하여 우리의 감각, 사고, 지각, 기분, 주의, 행동을 조절한다. 이들 중에 어떤 하나라도 제대로 기능을 하지 못하면 개인의 행동에 광범한 영향을 미친다.

마. 납중독

납중독이 ADHD 아동의 아주 소수만을 설명하는 것 같기는 하지만 혈중에 있는 납의 증가와 과잉 행동 사이에는 관계가 있다는 것이 많은 연구에서 밝혀져 왔다. 아동들은 납이 포함된 도료를 먹거나 자동차 배기 가스에서 나오는 납에 노출됨으로 해서 납의 혈중 농도가 증가하는 것으로 여겨지고 있다.

바. 가족 요인

과잉행동을 보이는 아동과 정상 아동을 가진 가족의 양육 방식과 훈육 방법을 조사한 연구에서 아동과 부모간의 상호 작용을 통해서 부모가 그들의 자녀로 하여금 ADHD를 발전시키도록 한다는 증거는 발견되지 않았다. 그러나 대부분의 사람들은 구조, 일과(routine), 훈육, 질서가 부족한 가정에 사는 아동들이 부주의, 충동성, 과잉 행동과 같은 증상들을 보이는 파괴적인 행동 장애를 발전시킬 가능성이 많다는데 동의한다. 무질서한 가족간의 상호 작용을 하는 가정에서 자란 아동은 자주 조직 기술과 자기 통제에 있어서 어려움을 가지며, 그리고 그들의 행동에 대한 의무를 받아들이는데 실패하는 경향이 있다.

③ 사례: 한진우(가명 M/10)

부주의한 행동으로 주변 친구의 물건을 손상시키는 일이 종종 있으며 이로 인해 다툼이 종종 발생한다. 그러나 모든 문제를 남의 탓으로 미루고 절대 자신의 책임을 인정하려 들지 않으며 자신에게 불리한 경우 이를 모면하기 위해 거짓말과 욕설을 자주 한다. 설혹 자신의 잘못을 인정하게 되는 경우에도 다시 그런 행동을 반복한다. 남의 시선을 끌고 싶어하며 교실 수업 중 자신이 아는 문제가 있으면 책상위로 올라가거나 '저요, 저요' 하며 큰 소리로 자기에게 기회가 올 때까지 계속 소리를 지르곤 해서 친구들의 원성을 사는 일이 자주 있다.

〈집-나무-사람 검사〉

집그림에서 크기에 비해 작은 창문을 그렸고 나무의 뿌리는 도화지의 가장자리에 그려져 있다. 이는 불안정한 마음을 나타낸 것 같다. 그리고 지면을 통해 뿌리가 보이도록 그렸다. 나무모양이 열쇠구멍 같이 생겼는데 이는 반항적인 아동들이 그리기 쉬운 나무그림이다. 사람그림은 머리가 몸통에 비해 크게 그려져 있다.

〈가족생활화〉

가족의 생활하는 모습을 그린 그림이다. 그림을 보면 가족들이 각자 무엇인가를 하고 있는 모습이다. 엄마는 부엌에서 요리를 하고 아빠는 TV를 보고 있다. 누나는 그림속에서 빠져 있는데 평소 이 아동은 자신보다 월등히 똑똑한 누나에 대해 좋지 않은 감정을 가지고 있다. 가족관계는 부모와 동생으로 구성되어 있으며 아동의 행동에 대해 제어하지 않는 엄마로 인해 자기 맘대로인 경우가 많다.

3) 거짓말하기

① 형태

거짓말에는 위급한 상황 거짓말, 농담- 장난 거짓말, 곤경상황에서의 거짓말, 과시욕 거짓말, 이타적 거짓말, 편리성 거짓말, 예의범절형 거짓말, 눈물 흘리기, 꾀병, 위장, 가장, 작은 속임수 등이 있다.

② 원인

일반적으로 애정 결핍, 상상과 실제 사실의 혼동, 시간과 공간 개념의 부족, 자기중심적 사고 어른의 부적절한 본보기, 어른들의 이해심과 인내심 부족, 발달지체, 자기과시, 신뢰감 결여, 자기 보호, 체벌에 대한 두려움, 타인의 부적절한 요구와 이해심 부족, 관심 환기, 양육자의 잦은 교체 등을 들 수 있다.

아동은 사실과 상상을 구별하지 못해서, 또는 인정을 받지 못하거나 처벌을 받으리라는 두려움 때문에 종종 거짓말을 하는데 이것은 정상적인 발달과정에서 나타나는 현상이다. 그러나 아동이 습관적으로 거짓말을 하는 것은 부적절감, 불확실성을 느끼거나 부모나 주변 사람들로부터 인정을 받고자하기 때문이며 거짓말은 책임감이나 어른의 처벌을 피하기 위하여 학습된 행동일 수 있다.

아동은 자신감이 없는 경우에도 거짓말을 하게 되는데 거짓말을 통해 되고 싶은 자신의 모습을 만들어 가기도 한다.

아동에게 너무 많은 것을 기대할 때 거짓말을 하게 되는 경우도 있다. 주변 사람들의 과잉 기대를 저버리지 않기 위해 거짓말을 하게 되고 그 거짓말을 들통나지 않게 하기 위해 거짓말을 되풀이하는 경우도 많이 있다.

③ 사례 - 이진철(가명 M/10)

고등학교에 다니는 형과 막노동을 하는 아버지와 계모와 살고 있는 이 아동은 숙제를 거의 해 오지 않으며 수시로 거짓말을 해서 담임 교사를 당황스럽게 하였다. 폭력적이고 강압적인 엄마로 인해 자존감이 낮고, 선생님의 관심을 끌려고 노력하며 자신에게 관심을 가져주는 사람에게 집착하는 경향을 보인다. 친구들의 관심을 끌기 위해 '우리 집에 **가 있다'는 식으로 거짓말을 하며 계속된 거짓말로 인해 친한 친구가 없고, 주로 혼자 노는 시간이 많다.

〈집-나무-사람 검사〉

나무의 크기에 비해 눈에 띠게 많은 열매를 그려 마음 속 욕망을 표현하였고, 엄마와 함께 어린 나무에 물을 주는 그림을 그려 관심을 받고 싶은 속마음을 드러내기도 하였다. 강조된 굴뚝과 연기에는 가정의 온기를 기대하는 마음이 숨어있다.

〈만다라〉

총 12회기의 미술치료에 참가하여 9회기에 그린 만다라 그림으로 단순한 색채사용과 경계를 모호하게 그리던 초기 그림에 비해 다양한 색을 사용하였고 채색과정에서 일정한 규칙이 드러나게 표현하였다. 정서적인 면이 어느 정도 안정되어가는 변화를 드러낸 그림이다.

4) 학대받는 아동

① 정의

아동학대는 범위에 따라 협의적 정의와 광의적 정의로 구분된다. 협의적 정의란 아동에게 가해진 상처를 기준으로 신체적 학대를 정의하는 것을 의미하고, 광의적 정의는 신체적 학대 이외에 성학대, 정서적 학대, 방임까지를 포함한다. Gil(1970)에 의하면 아동학대는 "아동의 평등한 권리와 자유를 박탈하거나 아동의 적절한 발달을 저해하는 행위나 방임으로 개인, 제도, 사회의 행위나 태만"으로 정의하고 있다.

② 유형

보건복지부에 의하면 아동학대의 유형을 신체적 학대, 정서적 학대, 성학대, 방임으로 구분하였다.

신체적 학대는 보호자를 포함한 성인이 아동에게 우발적인 사고가 아닌 상황에서 신체적 손상을 입히거나 또는 신체 손상을 입도록 한 모든 행위를 말한다.(보건복지부, 2002)

정서적학대란 보호자나 양육자가 아동에게 언어적, 정서적 위협, 감금이나 억제 기타 가학적인 행위를 하는 것을 말하며 언어적, 정신적, 심리적 학대라고도 한다.

성학대는 성인의 성적 만족을 위해 아동의 신체에 접촉하는 행위를 말하며 아동과 성인 사이의 부적절한 성적인 행동들을 모두 포함하며 성기나 기타의 신체적 접촉을 포함하여 강간, 성적행위, 성기노출, 자위행위, 성적 유희 등 성인의 성적 충족을 목적으로 아동에게 가해진 신체적 접촉이나 상호작용을 말한다.(보건복지부, 2002)

③ 사례: 유민아(가명 F/10)

밝고 붙임성이 좋은 아동이지만 표정이 어둡고 부모의 방치로 인해 매우 남루한 의복이 눈에 띈다. 도박을 즐기고 가정을 등한시 하며 폭력적인 아버지와 이를 참지 못한 어머니의 계속된 가출로 인해 부모의 사랑을 받지 못하고 성장하였다. 남동생이 있으나 양육을 거부하는 부모로 인해 출생 직후부터 고모 집에서 길러졌던 까닭에 동생의 얼굴도 모르고 지내왔다. 결국 초등학교 2학년 때 부모가 이혼하고 아버지의 손에 맡겨졌으나 양육을 거부하는 아버지로 인해 학교 화단이나 남의 가게 구석에서 잠자는 등 어려움을 겪었고 보다 못한 담임 교사가 아버지의 양육권 포기 각서를 받고 보육원으로 보내게 되었다. 그러나 1년 후 이 사실을 알게 된 조모가 보육원을 수소문하여 아동을 찾게 되고, 남동생을 데려와 처음으로 남동생과 조모와 아버지와 함께 살게 되었다. 종교를 갖게 된 아버지의 태도 변화로 인해 안정을 찾아가고 있으며 현재 전에 다니던 초등학교에 전학해 와 3학년에 다니고 있다.

〈집-나무-사람 검사〉

나무의 굵기가 일정하고 옹이를 지나치게 많이 그려 넣었다. 아동이 많은 상처를 받아 경직되어 있고 아직 외부 환경과 잘 적응하지 못하고 있는 것으로 보여진다. 집에는 격자가 붙은 창문을 그렸는데 역시 외부세계에서 도피하고 싶고 멀리하려는 것을 볼 수 있다.

〈자유화〉

전체적으로 구조가 불안정하게 그려져 있다.

집의 지붕과 벽면이 그리다 만듯한 느낌을 주고 나무들이 집을 향해 비대칭적으로 향해있는 모습을 볼 수 있다 이 아동은 가족에 대해 관심을 가지고 있으나 안정된 상태는 아니고 아직은 다른 사람들과의 관계가 불편함을 엿볼 수 있다.

5) 위축

① 정의

다른 아동과 상호작용 할 기회가 있는데도 불구하고 또래집단에 잘 어울리지 못하여 스스로 사회적 관계나 상호작용을 회피하며 움츠러드는 아동을 의미한다. 이런 아동은 대인관계를 맺는 것에 관심이 없어 보이거나 심지어는 게임이나 놀이에도 관심이 없는 것처럼 행동하며 단체 활동을 할 때에도 소극적인 태도로 눈에 띄지 않게 행동한다. 이 유형은 무감동해 보이고 쉽게 지쳐 보이며 발달이 지연되거나 우울해 보일 수 있으며 운동 탐색이 부족하고 사회적 시도에 대한 반응이 부족할 수 있다.

② 원인

위축행동의 원인으로는 역할 모델이나 갈등 해결 방법의 결여로 무엇이 적절한 행동인지 모르는 경우, 지식은 있으나 부적절한 강화로 연습의 결여된 경우, 바람직한 행동을 저해하는 분노, 공포, 혹은 불안과 같은 감정적 반응으로 나타나는 경우, 공격성에 관한 부적절한 믿음과 원인을 갖고 있거나 신체적 생리적 문제에 의한 발달지체 등이 있다.

부모의 양육 태도가 아동의 행동 위축을 일으키는 원인이 되기도 하는데, 지나치게 강압적인 부모나 완벽주의 성향을 지닌 부모에 의해 양육된 아동에게서 종종 이런 행동이 나타난다.

③ 사례: 안희철(가명 M/11)

얼굴이 희고 체구가 눈에 띄게 작으며 웃는 얼굴을 보이지 않았다. 학교 생활을 하면서 혼자 보내는 시간이 대부분이며 친구들이 어울려 노는 쉬는 시간이나 점심시간에도 책을 읽으며 시간을 보내는 경우가 일반적이다. 학업 성취도가 매우 높아 지필시험 결과 반에서 수위를 다툰다. 또래의 남학생들이 일반적으로 즐겨 하는 축구나 운동장에서 이루어지는 운동경기에 관심이 없고 어울리지를 못한다.

편식이 심하며 음식 먹는 속도가 늦어 점심시간을 넘기는 경우가 종종 있다. 직장에 다니는 엄마를 대신해 할머니의 손에서 자랐으며 부모는 편식의 원인을 할머니에게 돌리고 있었다.

할인마트에 다니는 엄마와 실직상태에 있는 아버지와 두 살 어린 여동생이 있으며 아버지의 기대에 미치지 못하는 경우 자주 매를 맞는 것으로 보였다. 수업시간에는 알고 있는 내용을 스스로 발표하지 못하며 지목을 당하여도 목소리가 지나치게 작아 다른 사람이 들을 수 없는 경우가 대부분이다. 활발하고 씩씩한 여동생과는 상반된 모습을 보여 부모의 걱정을 끼치고 있으며 아버지의 강압적인 태도가 원인으로 보인다.

〈집-나무-사람 검사〉

도화지의 오른쪽 위쪽에 크게 그려진 태양이 눈에 띄는데, 강압적인 아버지를 의미한 것으로 볼 수 있으며 조각난 태양을 그려 애착관계가 형성되지 않은 아버지와의 관계를 표현하였다. 그림이 전체적으로 매우 작고 소극적인 표현으로 이루어져 있다.

〈자유화〉

길을 건너고 있는 사람들과 도로를 달리는 차 속의 사람들을 표현하였다. 도화지의 전체를 꽉 채운 그림이 답답한 마음을 표현하였으며 기대치 높고 강압적인 아버지의 태도로 인해 위축된 모습을 사방으로 그려진 길에서 이리저리 왔다갔다 하는 자신의 모습으로 나타내었다.

6) 공격성

① 정의

다른 사람이나 사물에 대해 파괴나 상해를 목적으로 의도적으로 행하여 지는 행동, 또는 거칠게 표현되는 정서반응 혹은 성향으로 일반적으로 허용될 수 있는 정도를 넘은 과잉행동으로 정의할 수 있다.

② 원인

공격성의 원인은 본능적으로 인간이 태어나면서부터 공격성을 가지고 있다는 본능설과 욕구 불만 때문에 공격행동이 일어난다는 동인설, 그리고 공격성은 관찰, 모방을 통해서 학습되고 강화를 받을 수록 더욱 자주 일어난다는 사회학습설에서 찾아볼 수 있다.

아동에게 흔하게 나타나는 공격적인 행동은 주위사람을 물거나 때리고 이것이 원인이 되어 자주 싸우는 것이다.

보통의 경우 만 1세 부터 3세 사이에 공격적으로 무는 행동이 시작 되는데 유아기에 시작된 무는 행동이 제거되지 못해 초등학교 시기까지 연장되는 경우가 있다. 무는 것은 아이가 자신의 힘을 시험하거나 관심을 얻는 방법이 될 수 있다. 어떤 아이들은 슬픔, 불안, 또는 질투를 느끼기 때문에 무는 경우도 있는데 지나치거나 엄격한 훈육, 또는 신체적 폭력에 노출되었던 결과로 물기도 한다.

공격성을 보이는 아동은 정상적인 아동은 게의치 않을 정도의 갈등에도 쉽게 흥분하고 화를 표현하는 경우가 많은데, 이러한 태도는 어릴 때부터 형성된 경우가 대부분이다. 처음 공격적인 태도를 보인 아동에게 적절한 처치를 하지 못하면 이것이 습관화 되어 초등학교 이후 교우관계의 형성에도 어려움을 겪게 된다.

③ 사례 – 한수철(가명 M/10)

친구와 어울려 놀 때도 자신의 의견이 받아들여지지 않으면 갑자기 화를 내거나 주먹을 먼저 휘두르고 큰 소리로 욕설을 퍼붓는 등의 지나치게 폭력적이고 공격적인 모습으로 인해 친구들의 따돌림을 당하는 경우가 종종 있다. 자기가 원하는 놀이가 있을 때는 주위 친구들에게 함께 동참하기를 강요하고 자기의 화를 참지 못해 교실 문을 발로 차거나 요란한 소리를 내며 닫기도 하여 상담교사와 여러번 상담을 하였으나 행동의 수정이 일어나지 않아 주위의 걱정을 사고 있다.

부모의 이혼으로 엄마와 살고 있으며 형제가 없고 늘 짜증스런 표정을 짓고 있으며 선생님의 말에 습관적으로 '왜요?'라며 퉁명스럽게 대답하는 경향이 있다.

〈나무그림〉

큰 나무 줄기에 작은 가지를 많이 그려 넣었으며 사과와 포도를 같이 그렸다. 나무에 큰 옹이 작은 옹이를 그려 넣음으로 이 아동은 상처를 받은 경험이 있음을 보여준다. 나무를 열쇠구멍의 모양으로 그렸는데, 이것은 성격이 경직되어 있고 강한 적의를 가지고 폭발적으로 행동하는 경향이 있는 사람이 그리기 쉬운 나무이다.

〈나의 단점그리기〉

나의 단점에 대하여 그림을 그리고 이야기하면서 자신에 대한 올바른 인식을 하고자 하였다. 아동 스스로가 자신은 욕을 잘한다고 이야기를 하였고 다른 친구를 때리는 것은 자신의 말을 듣지 않았기 때문이라 하였다.

7) 도벽

① 개념

훔치는 행동인 도벽은 초등학교에서 중학교 과정에서 나타나는 일과성 비행 중 흔히 볼 수 있는 것이다. 아이들의 도벽은 흔히 호기심에서 시작되는데 의지와 감각적인 욕구 사이의 갈등에서 의지가 약해진 경우 습관화되기 쉽다. 청소년들에게 보여지는 도벽 역시 갑자기 나타난 현상이 아니고 습관화되고 누적된 욕구불만의 표시로 나타난다. 즉 정서적 불안정과 인격 발달의 미성숙 등 심리적 원인이 행동으로 옮겨진 현상이며 그들이 사회에 적응하기 위해하는 일종의 왜곡된 자기 표현 양식이다.

이런 도벽 행위는 일단 발생하면 반복되고 습관화되며 특히 청소년 비행 중 가장 일반적이고 흔히 있을 수 있는 행위로서 우발적이고 기회적이며 또 다른 비행과 복합되어 나타날

수 있다는 점이 문제이다

② 원인

도벽의 원인은 필요한 물품의 획득과 일차적인 욕구 충족에 의해서, 잘못된 가치관과 소유 개념에 의해서, 애정이나 이해의 결핍에 대한 대리 충족으로서의, 부모나 친구, 어른들에 대한 분개나 공격적 욕구에 의해서, 친구의 유혹이나 음성적 또래 집단 참가에 의한 것에서 찾아 볼 수 있다.

③ 사례: 장민식(가명 M/10)

7세 때 부모가 이혼하면서 2년간 보육원에서 자라게 된 아동이다. 아버지가 재혼을 하면서 다시 아동을 데리고 왔는데, 가족과 같이 살게 된지 약 6개월 정도가 경과하였는데, 방과 후 학교 담벼락 아래 숨어서 담배를 피우다 발각되었는데, 학교 앞 슈퍼에서 훔친 것으로 확인 되었다.

보육원에서 가끔 담배를 피웠다고 했는데, 먹고 싶은 것이나 학용품 등 필요한 것이 있으면 부모에게 이야기하지 않고 학교 앞 가게를 돌며 훔쳐서 해결하였다. 친한 친구가 없으며, 학교 생활 중에는 눈에 띄지 않고 혼자서 소리없이 다니는 경우가 대부분이다.

부모는 아동에게 관심을 주려 하지만 아동의 계속된 일탈 행동으로 인해 매우 힘들어 하고 있으며 아동 역시 쉽게 마음을 열지 않아 갈등상태를 지속하고 있다.

〈집-나무-사람 검사〉

창문이 없는 집을 그려 환경과의 접촉을 꺼리는 마음과 답답한 심리상태를 표현하였으며 굴뚝을 통해 가정의 온기를 그리워 하는 속마음을 드러냈다. 나무에 열린 4개의 과일은 모두 아래를 향해 위태롭게 열려 있어 자신의 힘든 심리상태를 엿보게 한다.

〈자유화〉

선물을 전해 주는 산타를 그렸고 집 주위에는 온통 내리는 눈으로 덮혀 있다. 어려운 환경에서 느끼는 힘든 마음을 표현하였고, 다른 장식 없이 선물만이 주렁주렁 열린 나무를 그려 주위사람들로부터 받고 싶은 관심을 드러냈다.

2. 특수아동과 미술치료

1. 정신지체의 정의를 통해 본 특수교육의 동향

미국정신지체협회(American Association on Mental Retardation, AAMR) 산하 기관인 용어 및 분류 위원회(Committee on Terminology and Classification, T & C Committee)에서는 2002년도 판(제10판) 「정신지체: 정의, 분류, 지원 체계(Mental Retardation: Definition, Classification, and Systems of Supports(10th ed.)」를 출판하면서 지금까지 정신지체라고 불리는 기능상태에 대한 정의와 분류에 관하여 실제적이며, 새로운 정보를 제공하려는 지속적인 노력을 기울여 왔었음을 입증해 주었다. 이 문헌을 통해 미국정신지체협회는 1992년도 판(제9판) 「정신지체: 정의, 분류, 지원 체계(Mental Retardation: Definition, Classification, and Systems of Supports)」(9th ed.; Luckasson et al.)가 출판된 후 10년 동안 정신지체 분야에서 제기된 바 있었던 다양한 의견들에 대하여 공식적으로 언급하게 되었고 그 특징들도 기술하였으며 이를 체계적으로 조직하고 그 의미를 확장할 수 있었다. 제10판 편람에서는 정신지체를 기능적이고 맥락적 측면에서 개념화하여 기술하려는 논리적인 노력들이 담겨 있음을 알 수 있다.

2002년도 미국정신지체협회에서 내린 정신지체의 정의는 다음과 같다.

정신지체는 지적 기능과 개념적, 사회적, 실제적 적응기술로서 표현되는 적응행동 모두에서 유의미한 한계를 가진 장애로 특징 지워진다. 이 장애는 18세 이전에 나타난 경우로 한정한다.

최근까지 미국정신지체협회가 제시하여 왔던 정신지체의 정의들과 마찬가지로, 이 정의에도 지적 기능에서 유의미한 한계를 지니며, 이것이 적응행동에서의 한계와 동시에 발생하기도 하고 관련되기도 하여 발생하며, 발달기 동안 나타난다는 세 가지 총괄적인 요소가 포함되어 있다.

1992년 정의에는, 정신지체의 정의를 적용함에 있어 중요한 가정들이 포함되어 있다. 2002년 정의에서는 다음과 같은 5가지 가정들이 명시되어 있다.

가정 1 : "개인이 현재 나타내고 있는 기능상의 제약에 대한 판단기준에는 당사자의 동년배 집단과 당사자의 문화가 포함된 지역사회 환경 맥락이 반드시 고려되어져야 한다."

이 말의 의미는 개인이 가지고 있는 기능을 측정하여야 할 경우에는 개인의 능력에 따라 분리된 장소나 고립된 장소를 택하기보다는 개인이 속한 지역사회 환경에서 실시하여야 함을 의미한다. 지역사회 환경이란 대체로 가정, 이웃, 학교, 직장, 보통 동년배와 생활하고, 놀고, 일하고, 상호작용 하는 그 밖의 환경 등을 말한다. 동년배의 개념에는 동일한 문화와 언어적 배경을 가진 사람들이 포함된다.

가정 2 : "타당한 사정평가를 위해서는 개인의 의사소통 능력, 감각능력, 운동능력, 행동특성에서의 차이뿐만 아니라 문화 및 언어적 차이까지도 고려되어져야 한다."

이 말의 의미는 타당한 사정평가를 위해서는 개인의 다양성하고 독특한 반응양식을 고려하여야 한다는 것이다. 타당한 사정평가를 위해서는 집에서 사용하는 구어, 비 음성 의사소통, 사정평가의 결과에 영향을 미칠 수 있는 습관 등과 같은 개인의 문화 혹은 민족성을 고려해야 한다.

가정 3 : "개인이 보이고 있는 특정 능력에서의 한계는 그것이 전부가 아니라 다른 강점도 함께 가지고 있을 수 있다."

이 말의 의미는 정신지체학생은 복합적인 능력을 가진 사람들로서 제한된 능력을 가진 것도 있지만 타고난 재능도 가지고 있다. 다른 모든 사람들과 마찬가지로, 정신지체학생들도 어떤 영역은 다른 영역에 비해 훨씬 잘하는 경우가 있다. 정신지체학생들은 나름대로의 능력과 강점을 가질 수 있어, 이러한 것들이 정신지체로서의 한계에서 벗어나도록 한다. 이들이 가지고 있다는 능력과 강점에는 사회적 또는 신체적 능력에서의 강점, 몇몇 적응기술 영역 상에서의 강점, 적응기술 영역에서의 전반적인 한계를 보임에도 불구하고 특정 영역에서 보이는 강점 등이 포함될 수 있다.

가정 4 : "개인에게서 나타나는 능력의 한계들을 기술하는 주된 목적은 당사자에게 필요한 지원이 무엇인지 그 윤곽을 파악하기 위함이다."

이 말의 의미는 개인의 능력의 한계를 분석하는 것만으로는 아무 소용이 없다는 것이다. 한계에 대한 상세한 기술은 그 기능상의 한계를 극복시키는데 필요한 지원방법을 개발에 목적을 두어야 한다. 누군가를 정신지체라고 명명하는 것은 곧 그에게 필요한 지원방법을 마련하게 되는 이점을 가져올 수 있어야 한다.

가정 5 : "정신지체 현상을 나타내는 개인이라 하더라도 그들에게 일정기간동안 지속적으로, 적절하게 개별화된 지원을 제공할 경우, 그들 대부분의 생활 기능은 향상될 수 있다."

이 말의 의미는 정신지체학생이라 할지라도 그들에게 적합한 개별화된 도움을 제공하면 그들의 기능은 향상된다는 것이다. 기능의 향상이 잘 나타나지 않는다면, 제공된 지원방법은 새로운 지원방법을 마련하는데 필요한 재평가 근거로 활용될 수 있다. 드문 경우이긴 하지만, 적절한 지원을 한다하더라도 단지 기능의 현상유지 혹은 퇴화가 멈추거나 퇴화 속도가 늦추어지는 효과 정도만이 나타날 수도 있다. 무엇보다 중요한 점은 정신지체학생들의 기능은 결코 향상될 수 없다는 오래된 고정관념은 잘못된 점이라는 것이다. 극히 예외적인 경우를 제외하고는, 정신지체학생에게 적절한 지원을 할 경우 그들에게서 기능의 향상은 반드시 나타날 수 있다.

그림 X-1은 이 편람에서 사용되고 있는 이론적 모형으로서, 이 모형에는 개인의 기능, 지원, 정신지체에 대한 다원적 입장을 구성하고 있는 다섯 가지 차원간의 관계가 나타나 있다. 다섯 가지 차원들이란 1992년도 판의 토대가 되었던 체계인 네 가지 차원과 매우 유사하다. 1992년 체계는 지적 기능 및 적응기술, 심리적 및 정서적 측면, 건강 및 신체적 측면, 환경적 측면과 같은 네 가지 차원이 포함되어 있다. 이와는 대조적으로 2002년 체

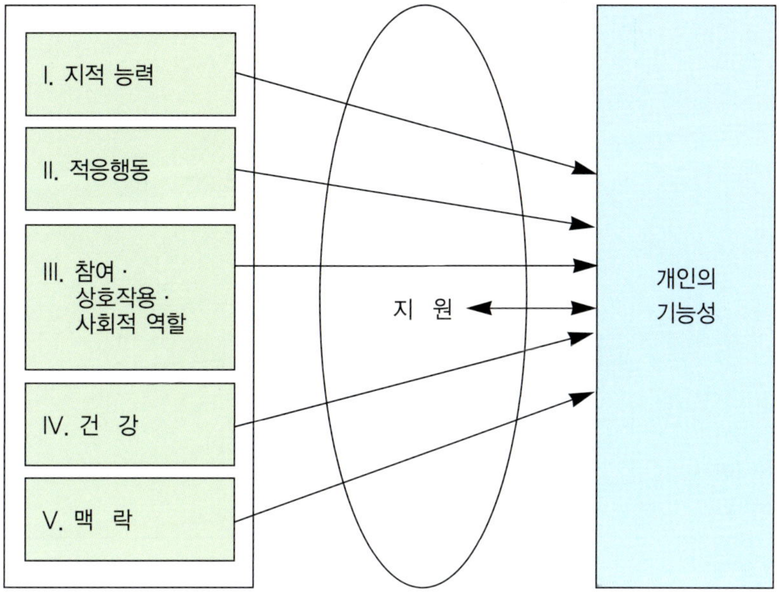

그림 X-1. 정신지체의 이론적 모형

계에는 지적 능력, 적응행동, 참여 · 상호작용 · 사회적 역할, 건강, 그리고 환경적 맥락이라는 다섯 가지 차원이 포함되어 있다. 이 가운데 다섯 번째 차원은 장애에 관한 「기능, 장애, 건강에 관한 국제 분류(International Classification of Functioning, Disability, and Health(ICF)」(WHO, 2001)와 일관성을 갖기 위해 추가된 것이다. 두 체계를 상호비교 해 보면 다음과 같다.

2002년 체계의 이론적 모형(그림 X-1 참조)은 1992년 체계와 마찬가지로 정신지체의 상태와 개인의 기능을 이해하기 위해 계속적으로 핵심 요소(사람, 환경, 지원)에 대한 생태학적 방법을 적용하고 있다. 그러나 2002년 모형은 정신지체에 대한 다차원적 측면에서의 이해와 지원의 중재적 역할이 개인의 기능향상에 어떠한 기능을 하는지를 이해시키려는 목적 하에 만들어진 것이기에 1992년 모형(Luckasson et al., p.10)과는 사뭇 다른 모습을 보여주고 있다. 그림 X-2에서 보는 바와 같이, 개인 기능에 미치는 다차원적 영향은 각 개인에게 유용하도록 하기 위하여 중재과정을 통해 제공된다. 또한, 그림 X-2는 지원 요구와 기능이 서로 상호적으로 영향을 미치고 있음을 보여준다.

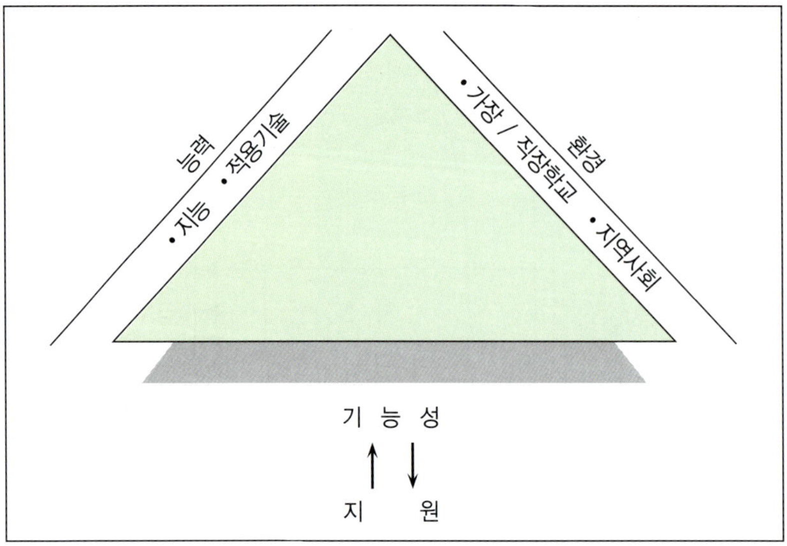

그림 X-2. 정신지체 정의의 일반적 구조

2. 장애학생의 일반적 문제

1980년대 이후 학계에서는 장애영역으로 구분하기보다는 장애영역 간 공통된 특성으로 영역을 구분하고 지도하려는 경향이 있다. Deshler와 그의 동료들(1982)도 정신지체학생을 포함한 학습에 곤란을 가지고 있는 사람들을 총칭하여 학습 곤란학생(learning difficulties) 또는 학습문제학생(learning problems)이라는 용어를 사용하고 있다. 따라서 본고에서도 정신지체학생이라는 표현보다는 학습문제학생이라는 표현을 주로 사용하였다.

학습문제학생들이 보이는 일반적인 문제를 교과 학습에서의 문제, 사회성의 문제, 학습 동기의 문제, 수행에서의 문제로 규정한 바 있다. 물론 모든 학습문제학생들이 위의 4가지 문제 전부를 보이는 것은 아니다. 단지 그들에게서 나타나는 보편적인 문제를 설명하고 있을 뿐이다.

1. 교과학습에서의 문제

학교 교육에서는 일반적으로 한 학년씩 진급하거나 상급 학교에 진학하게 되면 대부분의 학생이 전 학년도 또는 이전의 교육과정 목표에서 요구하고 있는 내용교과의 기본적인 기능(예: 학습 기능, 부과되는 과제의 완성도, 자료의 조직력, 시험에 응하는 능력, 작문 또는 독후감 작성 능력)을 숙지한 것으로 가정하고 다음 학년의 과정을 지도하게 된다. 그러나 주지하고 있는 바와 같이 많은 수의 학생들은 이러한 기본적인 기능을 숙지하지 못한 채 다음 과정으로 이전한다(KU-Institute of Research in Learning Disabilities, 1988).

2. 사회성의 문제

학습문제학생들이 나타내는 두 번째의 문제점은 사회성의 문제(Alley & Deshler, 1979; Schumaker, Hazel, Sherman, & Sheldon, 1982)이다. 학습문제학생들의 대부분은 사회적으로 기대하는 적절한 행동을 하지 못하거나 부적절하게 함으로 인하여 교사와의 상호작용(예: 도움 요청하기, 문제점 이야기하기)뿐만 아니라 또래와의 상호작용(예: 가까운 친구관계)에서도 소외되고 만다.

3. 학습 동기의 문제

학습문제학생들이 나타내는 세 번째의 문제점은 학습 동기화의 문제이다(Deshler op. cit, 1982). 그들에게는 교과 학습을 시도하려고 하거나 완성해보려는 의욕이 거의 없다고 할 수 있다. 왜냐하면 그들은 학습에서의 많은 실패 경험으로 인하여 주어진 학습과제를 성취해보겠다고 하는 성공 지향적인 동기화보다는 또 실패하면 안 되는데 하는 생각을 가지고 학습에 임하는 실패 회피적인 동기화로 고착되어 버리기 때문이다. 그들은 목표가 설정되어 있는 학습과제의 목표에 도달하는 방법을 모를 뿐만 아니라, 목표를 분석한 후 이에 도달하기 위한 단계를 설정할 줄도 모른다. 결국 그들은 학습수행을 위한 실행 계획을 세울 수 없어 학습목표에 도달할 수 없다.

4. 수행조절에서의 문제

학습문제학생들이 나타내는 네 번째의 문제점은 수행조절(executive control)에서의 문제이다. 여기서 말하는 수행조절이란 초인지(meta-cognition)의 개념으로서, 과제를 수행하는데 필요한 효과적인 방법을 선택하고, 이를 적용하고, 적용 결과를 예측하면서 수행전략을 조절하려는 자기-조절적 기능(self-regulative function)을 수립하는 과정을 의미한다. 대부분의 학습문제학생들은 새로운 교과에서나 일상생활에서 요구되는 기능을 선택하거나 이를 일반하하는 데에 상딩한 어려움을 경험하는 것으로 나타났다. 그들에게 어떠한 과제가 부과되면, 그들은 주어진 과제가 무엇인지를 구별하고, 이에 따른 적절한 해결책을 모색하며, 과제를 완수하는데 필요한 계획을 세우는 일련의 과정을 처리하는데 상당한 어려움을 나타낸다.

위에서 제시된 학습문제학생의 일반적인 문제점 중에서 특히 교과 학습에서의 문제점은 특히 심각하다고 할 수 있다.

그 동안 교사들은 그들에게 꾸준한 중재 교육 모형을 제공하여 그들의 학습능력을 향상시켜보려는 시도를 하지 않았던 것은 아니다. 그럼에도 불구하고 별다른 교육 효과를 기대할 수 없었다. 그렇다면 왜 이러한 중재교육이 별다른 성과를 볼 수 없었는지 그 실패요인을 검토해 볼 필요성이 있다.

3. 장애학생을 위한 중재교육의 실패요인

학습문제학생은 일반적으로 정상아에 비해 약간 낮은 지능을 보이는 경우가 많다. 그렇다고 해서 그들이 정신지체아(mental retardation)이거나 특정 학습장애아(specific learning disabilities)도 아니다. 그럼에도 불구하고 그들의 학습 결손은 지속적으로 누적되어 왔고 급기야 그들의 동료들과 일반 학급에서 일제 수업을 통하여 학습을 하는 것이 거의 불가능할 정도가 되어 버려다. 결국 그들은 특수 학급과 같은 제한된 수업 환경에서, 제한된 교과 내용을 가지고 수업을 받을 수밖에 없는 형편이 되어 버렸다.

학습문제학생을 위한 중재 교육 모형은 다음과 같은 점을 고려하여야 한다. 첫째, 그들의 학습 기능의 기초를 닦아 줄 수 있도록 체계적으로 조직하여 제공함으로써 성취감과 흥미를 느낄 수 있어야 하고 둘째, 학습문제학생의 지속적인 학습 실패로 인하여 생성된 부정적인 정의적 특성을 제거시킬 수 있도록 고려되어야 한다. 그럼에도 불구하고 현재의 중재 교육 모형에는 이러한 점들을 충분히 고려하고 있지 못하기 때문에 그들에게 별다른 도움을 주고 있지 못하다(한국교육개발원, 1985).

이러한 중재교육의 실패원인을 지적한 대표적인 연구자로 Deshler와 Schmaker(1987)를 들 수 있다. 그들은 학습문제학생의 중재 교육 실패 요인으로 첫째, 학습문제학생의 교과 학습을 수월하게 할 수 있을 정도의 지도 능력을 가진 교사의 부족(교사 변인)과 둘째, 학습문제학생의 학습 동기와 동료와의 협력 학습 가능성의 부재(학생 변인)를 들고 있다. 이를 교사 변인과 학생 변인으로 구분하여 구체적으로 살펴보면 다음과 같다.

1. 교사 변인

첫째, 교사들이 학습문제학생들에게 기본적인 학습 기능을 지도하는데 필요한 교수능력을 충분히 가지고 있지 못한 경우가 많다.

기본적인 학습 기능(필기 능력, 요점 정리, 독자적인 학습전략)은 학생들이 교과 내용을 익히는 과정에서 요구되는 가장 필수적인 요소이다. 그러나 교사들은 이러한 기본적인 학습 기능을 이미 이전 학년에서 터득한 것으로 가정할 수밖에 없기 때문에, 이러한 가정이 잘못된 것임을 알면서도 상급과정을 지도하게 됨으로 인하여 많은 학생들이 기본적인 학습 기능을 숙지할 수 있는 기회를 다시 한 번 갖지 못한 채 상급 과정의 강의나 교과서 및 학습 과제를 제공받게 되어 어떠한 정보도 얻을 수 없게 된다.

둘째, 교사들은 학습문제학생에게 기본적인 학습 기능을 지도하는데 있어서 그들이 필요로 하는 만큼의 시간을 투입하지 못한다.

왜냐하면 전술한 바와 같이 교사들은 학생들이 이전 학년의 기본적인 학습 기능을 충분히 숙지하였다고 가정하기 때문에 이전의 과정이 반복적으로 소개된다고 할지라도 빠른 시간 안에 소개하고 지나치기 때문에 학습처리에서의 시간적 제한을 받는 학습문제학생들은 이를 충분히 익혀 새로운 과제에 활용하거나 일반화할 수 없게 된다. 또 다른 이유는 새로운 학습 기능을 지도함에 있어서도 학생들이 이해하는데 필요한 시간만큼 투자하지 않기 때문에 이러한 기능을 충분히 익히지 못한 상태에서 다음 학습 과정으로 옮겨가게 되므로 인하여 이러한 기능을 오랫동안 파지 할 수 없고, 새로운 장면에 전이시킬 수도 없게 된다.

셋째, 교사들은 학습문제학생에게 교과 학습을 지도하는데 있어서 요구되는 보존력이 높은 교수 방법을 숙지하고 있지 못하다.

보존력이 높은 교수 방법이란 학습자로 하여금 교과 내용을 잘 이해할 수 있고, 기억할 수 있도록 하기 위한 조직화된 교수 기법을 말한다.

넷째, 교사들은 학습문제학생을 지도하는 과정에서 자신이 담당한 과목이나 관심이 있는 교과목에만 특별한 관심을 두어 지도하기에 다른 교과 영역이나 관심을 두지 않았던 교과목에 대한 지도방법을 익히기 위하여 동료 교사들과의 교류기회를 갖지 못한다.

이러한 교사들은 학생들에게 새로운 개념이나 기능을 지도함에 있어서 다른 동료 교사들과의 협조를 구하지 못한 채 처리하기 때문에 보다 정확한 지도방법을 마련하는 것이 불가능하여 학습자의 충분한 이해를 이끌어 낼 수 없다.

위에서 논의된 교사 변인을 종합해 볼 때, 교사는 학습문제학생들이 교과 학습의 내용을 완전히 숙지할 수 있도록 충분한 시간을 할애하되, 다양하고 체계적인 수업 전략에 기초한 수업이 될 수 있도록 하여야 하며, 동료 교사와의 지속적인 정보 교환을 통하여 보다 정확하고 종합적인 방법을 마련하여야 할 것이다.

2. 학생 변인

학습문제학생들의 대부분은 교과 학습에 임하거나, 과제를 완성하거나, 새로운 기능을 배우는데 필요한 노력을 자발적으로 기울이는 동기가 결핍되어 있다. 왜냐하면 그들은 계속되는 학습실패 경험의 누적으로 인하여 성취동기를 거의 맛보지 못하였기 때문이라고 할 수 있다. 더욱이 많은 학습문제학생들은 자신의 학습 과정에 직접적으로 참여하는 방법조차 모르고 있기에, 그들의 교사나 학부모들은 그들에게 지금하고 있는 일이 무엇이며, 이를 통하여 무엇을 배워야 하는지 일일이 설명해 주어야 하는 경우가 대부분이다(Serna, 1989). 결국, 이러한 동기 결핍은 결정적인 중재 교육의 실패 요인으로 작용한다고 볼 수 있다. 따라서 학습문제학생을 위한 교수 계획을 수립할 때에는 학습자의 동기 상태를 충분히 고려하여야 한다.

4. 특수아동을 위한 미술치료의 목적

특수아동 미술치료의 목적은 그림을 그리게 하는데 있지 않고, 미술활동자체가 자기표현의 매체이며 치료적 매체로 쓰이는 것에 초점을 두는데 있다. 그리하여 미술활동이 인지, 감각, 신경, 행동에 끼치는 영향과 효과 뿐 만 아니라, 정서적, 사회적 기능이 개선되는 것을 목표로 두고 있다(정여주, 2003). 미술치료에서는 미술작품이 목적이 되지 않으며 미적인 기준을 가지고 그림 작품을 바라보거나 어떤 특정한 방향으로 작업을 하도록 유도하지 않는다(Rubin, 1984). 즉 아동이 미술활동을 통해서 자기세계를 음미해가는 과정을 치료사가 도와주자는 것이다. 따라서 치료자는 아동들의 표현을 그대로 받아들이도록 노력해야하며 지나친 해석은 하지 않는 것이 좋다. 그러나 미술활동이 끝난 후에는 그림을 분석하고 그들의 마음의 흐름에 공감을 가지면서 그들 개인의 특수문제 특성 및 발달적 특성을 고려한 내적 세계를 파악하는 것이 중요하다. 그림 속에서 스트로크, 리듬과 조화, 색채, 주제와 주인공 등의 요소를 고려 할 수 있다.

특수아동의 미술치료적 접근은 크게 두 가지로 나누어 볼 수 있다. 첫 번째로 특수아동이 가진 신체적 · 정신적 결함에 대한 심리적인 갈등에서 오는 문제를 해결하기 위한 정신요법적인 미술치료와 두 번째로 미술활동이 특수아동에게 가져다주는 학습적인 효과를 기대하는 교육적 미술치료를 들 수 있다. 특수학급이나 학교에서 행해지는 특수아동을 대상으로 하는 미술치료는 기술적 습득과 미적체험이라는 교육적 의미와 장애아동이 갖고 있는 신체적, 심리적 문제를 해결하는 치료적 의미를 동시에 담고 있으므로 치료와 교육의 중간단계인 치료교육적 단계인 경우가 많다.

5. 특수아동 장애 유형별 미술치료의 적용

1) 정신지체(intellectual disabilities/mental retardation)

(1) 정신지체 아동의 특징

정신지체는 지적기능과 개념적, 사회적, 실제적 적응기술로써 표현되는 적응행동의 양 영역에서 심각한 제한성을 가진 장애로 특징지어지고, 18세 이전에 시작된다(AAIDD, 2007). 우리나라 특수교육진흥법상에는 '지능검사결과 지능지수가 75이하이며 적응행동에 결함을 지닌자'라고 규정되어 있다. 정리하여 보면 정신지체 아동이란 18세 이전에 지적기능과 적응행동에서 일정 기준이상 떨어지는 아동을 의미한다.

정신지체아동은 인지능력과 학업성취가 또래아동보다 현저하게 뒤쳐진다. 주의력 및 기억력에서 제한성을 보이며 학습속도가 느리다. 반복되는 실패로 인해 '학습된 무기력'이 생기기도 한다. 잦은 실패의 경험으로 목표를 낮게 설정하는 경우가 많고 성공경험이 부족하다 보니 의지력이 저하되어 있고 손상된 자아개념을 갖고 있다.

대부분의 정신지체 아동들은 정상적인 언어발달 단계를 따르지만 비 장애아동에 비해 발달속도가 지체된다. 말을 이해하는 수용언어와 표현하는 표현 언어 모두에서 지체를 보일 수 있다. 정신지체아동들은 또래들에게 잘 수용되지 못하고 거부되어 고립되는 경우가 많다. 친구가 거의 없으며, 학교생활에서 소외되는 경향이 있는데 이는 의사소통과 사회적 기술을 배울 수 있는 능력이 부족하기 때문이다.

정신지체아동의 치료 및 교육은 가능한 조기에 시작하여 발달의 위축을 방지하고 장애상태를 경감시켜 주도록 해야 하는데, 외부자극을 반아들이는 능력이 제한되어 있어 치료가 늦어지면 타고난 제한된 능력마저도 개발되지 못하기 때문이다.

정신지체아동의 미술적 특성을 살펴보면 Lowenfeld의 6단계인 난화기(2~4세), 전도식기(4~7세), 도식기(7~9세), 또래집단기(9~12세), 의사실기(12~14세), 결정기(14~17세)를 적용해서 대체적으로 전도식기와 도식기에 머물러 있다고 보고 있다. 자유화 발달단계와 인물화의 표현특성, 자유화의 소재 선호도에 관한 분석결과 성장단계는 비슷하나 일반아동에 비해 1~2단계 느리며, 인물화 표현에 있어서는 지나친 과대 표현, 과소 표현, 탈락적 표현, 기형적 표현이 일반아동에 비해 현저하였고, 부분적 형태의 특징에서 묘사의 정확도에 큰 차이를 나타내고 부정확한 묘사가 많이 표현되었다.

(2) 정신지체 아동의 미술치료

정신지체아동들은 지적 장애와 적응행동에 결함을 가지고 있으므로 기본적인 기능 배양에 역점을 둔다. 정신지체 아동의 경우에는 다양한 심리적 문제뿐만 아니라 시지각 발달에도 장애가 있으므로 특히 미술치료에서는 먼저 아동의 시지각의 특성과 정신지체아의 미술표현의 특성을 이해하고 지도에 임하는 것이 중요하다. 미술치료 프로그램에 있어서 인지적, 발달적, 행동적 접근을 적용함이 바람직하다(김연주, 2006).

미술활동에 있어서 정상아동과 비교 할 때 발달의 속도가 느리고 그 수준이 낮지만 기본 발달패턴은 크게 다르지 않다고 보아야 할 것이다. 따라서 기초적이고 지속적인 지도전략을 필요로 한다. 아울러 짧은 시간에 중요한 기능과 개념에 초점을 맞추어 실패감을 맛보지 않게 하는 것이 중요하다. 또한 피드백을 통하여 아동을 격려하고 긍정적으로 강화해야 한다. 정신지체아동은 속도가 느리나 단계는 그대로 거치기 때문에 발달단계에 따라 치료 할 수 있고, 무엇보다 성취감을 느낄 수 있는 쉬운 표현부터 시작하여 긍정적인 자아개념을 갖도록 도와야 한다. 또한 여러 가지 미술재료를 이용하여 촉각훈련 및 소근육 강화를 꾀할 수 있고, 미술활동을 통한 표현력증진과 언어발달도 도울 수 있다. 정신지체아동들은 천천히 학습한다는 사실을 인식해야 한다. 반복적이고 지속적인 미술치료 접근이 필요하다.

2) 자폐성 장애(Autistic Disorder)

(1) 자폐성 장애아동의 특징

자폐(Autism)는 사회적 상호작용와 언어적 · 비언어적 의사소통에 있어서의 비정상적 발달을 보이면서 활동과 관심영역에 제한성을 보이며 교육적 성취에 부정적인 영향을 미친다. 이러한 특성이 생후 3세 이전에 나타나는 장애로 알려져 있다. 자폐를 진단하기 위해 가장 많이 사용하고 있는 진단기준은 1994년에 미국정신의학협회에서 출간한 진단자료집(DSM-Ⅳ)에서 제시한 기준으로서 다음의 특징을 포함한다. (1) 사회적 상호작용의 질적 결함 (2) 의사소통의 질적 결함 (3) 제한적이고 반복적인 상동 행동적 특성을 보이는 행동 (4) 사회적 상호작용, 사회적 의사소통을 위한 언어, 상징놀이나 상상놀이 중 1가지 이상의 영역에서의 발달지체나 비정상적인 기능이 3세 이전에 나타난다. 자폐성 장애 아동은 사회적관계의 어려움을 겪고 있고, 언어 및 의사소통, 지적기능의 결함을 갖고 있다. 감각자극에 대하여 비정상적인 반응을 보이며, 비정상적인 행동유형을 나타낸다.

(2) 자폐성 장애아동의 미술치료

자폐아들의 미술특성은 자신이 관심을 갖고 집착하는 부분에 대해서는 굉장히 세부적인 묘사를 한다는 것이며 싸인펜과 같은 선적 표현이 가능하고 세밀한 묘사를 할 수 있는 재료를 선호한다. 또한 특정한 미술 재료나 도구에 집착을 보이는데 흰 도화지에 집착을 보이는 경우가 많으며, 그림을 그릴 때 창작보다는 모방을 많이 하여 잡지나 TV에서 관심을 가졌던 장면이나 사진을 외워 그리는 경우가 많다. 그래서 자폐아동들의 그림은 대부분 비슷한 패턴이 많으며 주로 그리는 주제 또한 비슷한 경향을 보인다. 도심이나 번화가를 주로 그리지만 사람은 잘 그리지 않으며 빽빽히 그리는 경우가 많다.

다른 장애보다 자폐아동들에게 특히 미술치료가 많은 도움이 되는 것은 다양한 재료를 접해 봄으로서 변화에 대처하고 적응할 수 있는 훈련, 즉 미술치료로 인해 사회와 건강한 결합을 맺는데 그 의의가 있다. 자폐 아동의 주된 장애가 사회적 발달에 있어서의 일탈적인 결함에 따른 사회적 관계를 형성하지 못하거나 기능적인 상호관계를 보이지 못하는 것이라는 사실에 근거하여 미술치료도 기능적인 사회행동과 의사소통의 증진을 위한 방향으로 나아갈 수 있다.

자폐아동은 언어 결핍 또한 큰 문제인데 언어화가 결핍된 아동에게는 묽은 점토가 유용하며 특히 대상관계 애착관계가 부족할 때 더욱 유용하게 활용된다. 정서적인 불안정과 억제되어 있던 내면을 해소시키는 작업으로는 핑거 페인팅이 효과적이다.

잡지나 사진을 이용한 꼴라쥬 작업은 자폐아동의 내면을 읽는데 효과적이며 그림을 그리기를 부담스러워 하는 아동에게는 더없이 좋은 방법이다. 전지 그림이나 돌려 그리기 등은 소집단 프로그램으로 자폐아동이 타인과의 상호작용을 통해 사회성을 발달시키는 프로그램으로 효과적이다.

미술치료는 자폐아동의 장애에 따른 여러 프로그램을 조금씩 시행함으로써 아동에게 변화에 대한 저항감과 두려움을 줄이면서 치료를 할 수 있어 효과적인 치료가 될 수 있을 것이다.

자폐아동을 위한 미술치료는 다음을 고려하여 기본방향을 설정하여야 한다.

첫째, 일반아동과 달리 사회적 상호작용이 결여된 자폐아동을 위해 미술치료 중 치료사-아동, 아동간의 행동모방을 유도하는데 중점을 둔다.

둘째, 제한된 관심과 상동행동으로 일상생활에 대한 자발적인 동기가 부족한 자폐아동의 자발성 촉진을 위하여 동기부여 활동을 계획한다.

셋째, 인지수준이 낮은 자폐아동에게는 근육운동, 지각적 촉각적 경험이 중요하다. 이를 위하여 점토, 밀가루, 신문지, 색종이, 가위의 사용 등을 통해 필요한 경험을 제공하도록 한다.

3) 뇌성마비(Cerebral Paralysis)

(1) 뇌성마비아동의 특징

뇌성마비는 가장 일반적인 지체장애 유형으로서 우리나라 지체장애 학생들이 나타내는 장애 중 가장 높은 비중을 차지하고 있다. 뇌성마비는 출생 시, 출생 중, 출생 후의 뇌 손상, 질병, 사고 등으로 인해 신체 여러 부위의 마비나 운동 능력의 장애를 갖게 된 경우를 지칭한다. 뇌성마비의 정의에서 말하는 중요한 진단 근거 중 하나는 비진행성이라는 것이다. 운동기능의 특성에 따라 경직형, 불수의 운동형, 운동 실조형, 강직형 등으로 구분 할 수 있고, 장애 부위에 따라 사지마비, 편마비, 하반신마비, 삼지마비 등으로 분류될 수 있다. 뇌성마비 아동들을 언어장애로 인한 의사소통상의 어려움을 가질 수 있으며 운동기능장애로 인해 자세유지, 위생관리 및 이동 등에서 다양한 어려움을 가진다.

(2) 뇌성마비아동의 미술치료

미술치료 프로그램은 내면을 표출시키고 신체적 발달을 촉진시킨다. 작품을 만들 때 눈, 손 협응을 통해 대근육과 소근육들의 조절 능력이 발달하게 되고 시각과 촉각을 발달시킬 수 있는 장점이 있기 때문에 정서적인 안정감은 물론 읽기, 쓰기와 같은 소근육운동능력, 언어능력, 인지능력, 지각능력 등을 포함한 전반적인 능력을 증진시키는 좋은 도구가 될 수 있다.

정상적 사고가 가능한 뇌성마비 아동에게 많이 보이는 심한 열등감은 심리적이고 감정적인 원인이 많은데 질병 자체가 주는 원인이 아니라 장애 때문에 자신의 사회적 박탈을 인식하기 때문이다. 이것은 부모의 태도여하에 따라 신체적인 면 보다 정신적인 면에 문제가 더 많을 수도 있다. 이러한 정신적 문제의 수준은 그들의 감정을 표출하는 미술표현과 밀접한 관계가 있는데, 정서적인 성장을 위해서 솔직한 자기표현을 할 수 있게 하여 내적인 긴장과 갈등을 표현하게 해줄 수 있다.

뇌성마비 아동의 지각상의 장애는 시지각, 청지각, 촉지각, 근육운동 지각, 형태지각 장애 등을 들 수 있는데 이러한 각 지각들은 상호 밀접한 관련을 갖는 기능들이다. 이중에서 가장 일반적인 장애는 시지각 장애이며 Cruickshank 등의 연구사들이 실시한 연구 결과 정상아동에 비해 시지각 능력의 미발달 또는 장애가 있다고 나타났다. 뇌성마비 아동은 정상아동에 비해 선이나 도형을 지각하는 능력, 도형을 변별하는 능력, 전체와 부분과의 관계를 추상하여 공간에서 동일한 도형으로 표현하는 능력 등이 부족하다. 그러므로 미술이라는 매체를 이용해 도형이나 사물 등을 인지, 변별할 수 있는 기회를 제공하고, 시각적으로 지각되는 대상을 운동이라는 수단을 통해 재생시킬 수 있다.

또한 뇌성마비 아동은 뇌손상으로 인해 근육이 비정상적으로 작용하며 근육 상호간에 협조가 이루어지지 않아 대근육과 소근육 운동이 제대로 발달하지 못하고 불수의적인 움직임으로 인한 눈, 손의 협응이 잘 이루어지지 않는다. 운동기능 중에서 소근육 기능은 지각능력 또는 모방 기능, 적응력과 창조적이고 정서적인 표현의 기술 및 일상생활에서의 독립성과 밀접한 관계가 있고 식사, 착 탈의, 배변, 세면 등의 일상생활과도 깊은 관계가 있다. 소근육 발달에 장애가 있는 뇌성마비 아동은 음식물을 흘리고 옷을 제대로 여미지 못하는 등 일상생활에서 어려움을 겪게 되고, 색칠하기, 가위오리기, 글자쓰기 등의 기초학습 능력을 갖추고 있지 못하기 때문에 그에 따른 문제가 생기게 된다.

3. 암과 미술치료

1. 암의 이해

현대의학의 급속한 발전에도 불구하고 암은 아직도 인간에게 건강과 생명을 위협하는 주요인의 질환으로 인식되고 있다. 암은 세포조직의 과잉성장으로 인해 발생하는 악성종양으로 성별이나 연령에 관계없이 신체 어느 부분이나 발생하여 죽음에 이르게 하는 불치의 병으로 간주되고 있다.

암은 나이와 성별에 구분 없이 발생하며 신체의 모든 기관에서 발병하고 있다. 환경적 요인으로는 외부의 어떤 유해한 환경에 노출되어 발생되는 것으로 장기간의 잠복기를 거쳐서 나타나게 된다. 바이러스에 의한 요인도 암의 발생에 밀접한 관계가 있어서 B형 간염 바이러스를 보균한 간 경화 환자의 경우 간암으로 진전되는 비율이 다른 사람에 비해 250배가 높은 것으로 알려져 있다. 또한 인체의 면역기능이 약화되거나 지장을 초래하면 암이 발생할 수 있다. 한편 암 유전자는 암을 발생시킬 수 있는 가능성을 갖고 인체나 동물의 세포내에 있다가 바이러스, 방사선 조사, 화학물질 등의 요소에 의해 활성화되면 암을 일으키는 역할을 하는 것으로 알려져 있다(홍창의, 1993).

암은 발생학적으로 잘못된 유전정보를 받아들인 결과 본래의 기능을 수행할 수 없게 된 세포가 기원이 되어 발생을 하며, 그러한 세포들이 유해한 물질과 접촉하거나 외적인 원인에 의해서 상처를 받거나 혹은 단순히 세포의 증식 과정상에서 우연하게 미완성인 세포가 생겨나는 데에서 부정확한 정보를 갖게 된다고 말하고 있다. 암세포의 발생은 분열 증식이 이루어지면서 급격하게 주변 조직을 침해하기 시작하게 되는데, 건강한 세포는 서로 연락을 하면서 세포가 불필요하게 증식하게 증식되는 것을 방지할 수 있지만 암세포는 주변 세포와의 의사소통의 기능이 손상되어 있기 때문에 증식작업을 하게 된다. 한편 인간의 신체는 그들 이상 세포를 파괴할 수가 있도록 되어 있지만 그 파괴 작용의 기능이 제구실을 못할 때에는 증식된 이상세포의 집합체 즉 종양이 정상적인 세포의 활동을 방해한다. 그리고 악성암의 경우에는 암세포가 처음에는 집합체로 부터 분리되어 신체의 다른 부분으로 전이된 후 새로운 종양이 생성되게 된다.

2. 암의 치료방법

대표적인 암 치료방법에는 수술로 암 세포를 제거하는 수술요법, 화학물질로 암세포를 죽이거나 억제시키는 화학요법, 방사선을 이용하여 종양을 위축시키거나 소실시키는 방사선 요법, 인체 내의 자연 치유력인 면역력을 키워 암을 스스로 치유하게 하는 면역요법 등이 있다.

1) 외과적 수술

암이 발생한 부위를 제거하는 수술은 암치료법 중 최선의 방법이다. 암에 대한 수술은 3가지 목적으로 시행된다. 첫째, 완치를 기대하는 근치수술로 암이 국소 및 부근 임파선까지만 전이되었을 때 가능하다. 둘째, 환자의 증상을 개선시켜 편안한 생활을 하게 하여 생명연장을 기대하는 고식적인 수술이다. 셋째, 화학요법 등 다른 치료방법의 효과를 높이기 위해 큰 암세포 덩어리를 제거해주는 암세포 감소수술이다. 최근에는 수술에 의한 성과가 향상되어 수술에 의해서 사망하는 일은 거의 없게 되었다. 5년 생존율도 더욱 향상되어 조기 위암에서는 90%, 유방암와 자궁암의 임파적 전이가 없는 암에서는 80%가 5년 생존하고, 수술대상이 되는 암은 위, 췌장, 대장, 직장, 등의 소화기암, 폐암, 유암, 신장암, 등이고 그밖에도 갑상선, 후두, 상악, 식도암, 골육종 등이 있다(김정진, 1999).

2) 화학요법

화학요법에 의한 치료목적은 암세포의 증식을 저하시키고 암의 침윤과 전이를 저지하며, 최종적으로는 암세포를 사멸시키는 데 있다. 항암제는 암의 증식에 가장 관계가 깊은 핵산, 단백대사와 각종 효소 작용을 저해하고 암세포를붕괴 시킨다. 화학요법의 대상으로는 백혈병, 적혈병, 골수종 등 조혈기종양, 세망육종, 임파육종, 호지킨병 등 임파절 종양이다. 이중 백혈병은 현재 화학요법만으로 치료되는데 상당한 효과를 거두고 있다. 만성 백혈병이 5년 생존율을 보여주고 있다. 임파종이 한 임파절군에 국한되어 있을 경우 방사선요법의 대상이지만 병소가 두 곳 이상의 임파종이 있는 환자는 화학요법의 대상이 된다(김동집, 1999).

3) 면역요법

면역치료법은 최근 10년 사이에 발견된 것으로 우리 몸이 가지고 있는 암에 대한 면역기능을 높여 암을 치료하는 방법이다. 생체에는 이물질을 배척하는 주체성이 있고, 암세포도 이물질이기 때문에 생체는 이를 물리치려고 하며 우선적인 방어선이 임파구이다(김노규, 1999).

4) 방사선요법

방사선치료는 항상 조사되는 부위에 대하여만 치료효과가 큰 것으로 넓은 의미에서 근치절제술 같은 수술요법이나 수술에 준한 효과를 기대하기 위하여 7~8주간의 장기분할 치료를 시행한다. 방사선 조사는 조사된 정상 조직과 암조직에 동일한 방사선 장애를 유발시키거나 정상조직은 방사선 조사 후 3~4시간 후면 완전회복이 되지만, 암 조직은 회복이 불충분하다. 이를 이용하여 통상 하루에 150~200rad씩 주 5회(월~금)에 걸쳐 장기간 분할 치료하여, 정상조직은 회복을 촉진시켜 방사선 장애를 극소화하는 반면, 암 조직의 파괴는 선택적으로 가능해지므로 치료율을 높일 수 있다. 방사선 치료 기간은 완치 목적시에 암 종류에 따라 차이가 있으나 인후암, 자궁암, 유방암 등 고형암은 7~8주가 소요되며, 임파종 계통은 4~5주가 소요된다. 그러나 암 발견 당시 상당히 진행되었거나 원격전이를 동반하여 기대되는 생존기간이 6개월 전후일 경우에는 근치 목적이 아닌 고식적 효과만을 목적으로, 치료 기간을 최소로 단축하면서 최대의 효과를 기대함을 원칙으로 하기 때문에 통상 2~3주간의 단기 치료를 시행한다(박찬일, 1999).

4. 암환자의 특성

1. 심리적 특성

1) Kubler-Ross 암환자의 심리반응

Kubler-Ross는 암환자의 심리반응을 조사한 결과 암이라는 진단으로 최초의 충격을 경험한 후 암환자는 부정, 분노, 우울, 타협, 수용의 단계로 심리적변화를 5단계로 나누었다.

(1) 제 1 단계 : 부정과 고립(denial and isolation)

암이라는 통지를 받을 때 환자의 첫 반응은 일시적인 충격을 받으며, 시간이 흐르면서 서서히 충격에서 벗어난다. 무감각에 가까운 충격이 서서히 가라앉고 본정신이 돌아오면 그의 일반적인 응답은 "아니야, 그럴 수가 없어!"라는 것이다. 암이라는 사실을 믿기를 거부함으로써 현실과 분리되기도 하는 데, 거부는 뜻밖의 충격적 소식을 받은 뒤 완충작용을 하며, 환자로 하여금 자신을 가다듬게 만들고, 시간이 흐르면서 좀 덜 강경한 방어 수단으로 대체하는 여유를 준다. 거부 또는 부정은 일시적인 방어수단이며 시간이 지나면 부분적 순응(partial acceptance)으로 대체된다.

(2) 제 2 단계 : 분노(anger)

처음 부인하던 상황이 점점 사라져 간 뒤에 환자는 지적으로나 정서적으로엄청난 사실에 부딪히게 된다. 죽음을 인정하게 되며, 그 다음의 단계로 접어든다. 부인의 제1단계를 더 이상 유지할 수 없게 되면, 분노와 사나움, 시샘과 원망의 감정으로 대체된다. "왜 나야?" 라는 감정으로 환자들은 자신들이 죽음에 이르는 동안 다른 사람들은 건강하게 살아남은 것을 분개한다. 이 분노의 단계는 가족들이나 주위 사람들이 극복하기 아주 어려울 때인데 그 이유는 환자가 분노의 감정을 자기 자신에게나 사랑하는 사람, 가족 등에게 전가 시키며 모든 일에 불평을 하게 되기 때문이다. 이때 신은 원망의 대상이 된다.

(3) 제 3 단계 : 타협(compromise)

분노를 극복하고 나면 세번째 단계에 돌입하게 된다. 이 단계에서는 실제적인 현실을 파악하고 이에 직면하게 된다. 이 타협의 단계는 짧다. 첫 단계로 슬픈 현실을 도저히 마주대할 수 없고, 둘째 단계에서 사람들과 하나님에게 노골적으로 분노를 표시하고 나면, 환자는 타협을 시도하는 것이다. 의식적이건 무의식적이건 인간은 생명의 연장에 대한 대가를 약속한다. 그래서 불가피한 기정사실을 어떻게든 연기하려 하는 것이다. 과거의 경험으로 미루어 착실한 행동을 해 보이고 특별한 헌신을 하기로 맹세함으로써 그 보상을 받을 수 있다고 생각한다. 대부분 그들의 협상 대상은 하나님이다.

(4) 제 4 단계 : 우울(depression)

상황을 완전히 조절하지 못한다는 냉혹한 인식은 인간으로 하여금 우울하게만든다. 사람들이 더 이상 자신의 딜레마를 부인할 수 없게 되면 그의 분노는 많은 에너지를 상실하게 되고, 흥정은 어디에서도 이루어지지 않으며, 결국에는 슬픈 사실만 남게 된다. 이제 인간 상실의 중요한 현실로 빠져들고, 생의 의미를 숙고하게 되며, 지난날의 손실과 하지 못한 일, 잘못 결정했던 일들을 슬퍼한다. 우울은 죽음을 앞둔 환자가 이 세상을 영영 하직하는 준비로 미리 겪어야하는 예비적 비탄인 반동적 우울과 이미 일어난 과거의 상실에서 말미암은 것이 아닌 다가오는 미래의 상실에서 초래되는 예비적 우울로 나누어 질 수 있다.

(5) 제 5 단계 : 수용(acceptance)

환자가 겪는 정서의 마지막 단계인 수용의 단계로 자기 '운명'을 두고 분노하거나 우울해하지 않는 단계로 들어간다. 이것은 단념하는 것이 아니다. 그렇다고 체념이나 절망에서 오는 '자포자기'가 아니다. 죽음의 조건들을 받아들이는 것이지 그것을 이겨낸 것이 아니다. 죽음의 시간은 임박해져서 이제는 담담할 뿐이다. 더 이상의 공포나 분노가 없고, 거기에는 닥쳐올 것에 대한 평화와 희망만이 있을 뿐이다. 행복하지도 불행하지도 안은 감정을 공백기에 가깝다.

이때에는 환자에 못지않게 가족이 도움과 이해와 격려가 필요한 시기이기도하다.

2) 우울(depression)

우울은 정상적인 기분변화로부터 병적인 상태에 이르기까지 연속선상에 있는 것으로 기분이 저조하거나 울적한 정서상태, 근심, 침울함, 실패감, 무력감 및 무가치감을 나타내는 정서장애를 말한다(Swanson, 1982). 또한 우울은 정신과 영역에서 가장 흔한 증상의 하나이며 건강인에서도 정서장애 가운데 가장 흔한 증상으로 정도의 차이는 있으나 누구나 흔히 가지고 있는 정서반응이기도한다. 암환자들은 죽음에 대한 불안, 신체적 고통과 변화, 성기능이나 매력의 상실, 가정생활의 위기와 파괴, 자기 몸을 스스로의 의지대로 통제불능, 물리적이나 경제적 의존, 많은 치료비로 인한 압박, 사회적 관계의 단절 등으로 심리적인 우울을 갖게 된다(이화숙, 1998).

Levin 등(1978)은 우울에 관한 연구에서 암환자의 50%가 우울을 경험하며, 이 우울은 불안 및 생존율과 관계가 있어 2년 이상 생존한 환자에게는 우울의 정도가 낮았다고 한다. Craig와 Abeloff(1974)는 천여명의 암환자를 대상으로 조사한 결과 이들 중 50% 이상이 우울한 것으로 보고하였다.

Peck 등(1977)은 방사선치료를 받는 환자를 대상으로 이들 중 74%가 우울정서를 보였다. Forester 등(1978)은 방사선치료를 받는 암환자들 중 자신이 암에 걸렸음을 부정하고 있는 환자가 덜 우울했으며 치료경과도 더 양호했음을 보고했다. 국내연구에서 하혜경(1982)은 질병 상황의 통고여부가 환자의 심리상태에 끼치는 영향을 조사한 결과 통고군이 초기에는 비통고군 보다 우울 점수가 낮았으나 통고 받은 시기가 오래될수록 불안과 우울 증상이 높아지는 것으로 보고하였다.

이인숙(2002)은 유방절제환자의 가족지지 정도와 우울 정도가 삶의 질에 미치는 영향에 대한 조사에서 가족지지가 낮을수록 우울이 높은 것으로 보고하였다. 이화숙(1998)은 암환자의 심리정서적 특성을 확인한 조사에서 질병상태가중증일 때가 경증보다 더 우울했고, 경제적 지원을 원하는 암환자가 더 우울한것으로 보고하였다. 김윤원(1995)은 방사선치료 중인 암환자의 우울에 대한 연구에서 40%의 환자가 우울증이 있는 것으로 보고하였다. 따라서 암환자는 보편적 정서상태로 보여지는 우울은 환자의 고통을 증가시킬 뿐만 아니라 치료에도 영향을 미치므로 환자의 부정적 정서상태를 이해하고 우울 정도를 파악하여 이를 예방 또는 감소시킬 수 있도록 중재해야 한다.

2. 사회적 특성

1) 경제적 특성

질병으로 인해 파생되는 경제적 문제로는 직접적으로는 환자의 치료비와 요양비, 간접적으로는 환자 가족의 생활비와 자녀 양육비 등이 질병 치료의 필수적인 요인이므로 경제적인 문제는 환자와 그 가족들에게 가장 현실적이고 중요한 문제로 대두될 수 있다. 아무리 의료기술이 발달하고 첨단장비가 있다고 하더라도 그것을 사용할 수 있는 경제적인 능력이 없다면 아무런 도움이 되지 못하는 무용지물이 될 것이며 오히려 눈앞에 치료방법이 있는데도 치료할 수 없다는 현실 앞에 더 우울해하고 좌절하며 상심하게 되어 또 다른 심리적 고통을 갖게 될 것이다(이제숙, 1999). 특별히 암환자가 암 진단 후 질병의 치료로 직업을 계속 갖지 못하는 경우에는 치료에 따른 경제적인 부담이 가중되기 때문에 경제적 도움을 위한 의료사회사업적 개입이 더욱 필요하게 될 것이다.

2) 사회적 지지

사회적 지지는 사회적 관계망, 사회적 통합과 유사한 단어로 이용되기도 한다. 사회적 지지는 다차원적인 개념으로 감정적이고 정서적인 관계에 함께 참여하는 정도, 경제적이고 실질적인 보조나 정보의 제공 등 기능적인 개념들로설명할 수 있다. 이에 반해 사회적 관계망은 구성된 관계의 구조로 정의할 수 있으며 관계의 깊이, 동질성, 범위 등을 포함한다(Birren, 1991).

인간은 환경 속에서 타인과 관계를 맺고 상호지지를 주고받으면서 살아간다. 이것은 인간이 타인과의 사회적 상호작용을 통해서만이 충족될 수 있는 기본적인 욕구들을 가지기 때문이다. Maslow(1971)는 인간의 기본적인 욕구를 열거하고 욕구의 계층과 충족의 순서를 설명하고 욕구계층의 세 번째 단계에서 사회적 욕구를 두고 있는데, 이것은 관심, 사랑, 인정, 용납, 이해, 도움 등을 받고자 하는 요구이다. 이와 같이 인간의 사회적 욕구를 충족시키기 위하여 타인과의 상호작용을 하게되고 또 이를 통해 지지를 얻게 된다.

Cobb(1976)은 사회적 지지란 대상자로 하여금 자신이 돌봄과 사랑을 받고 있다고 믿게 하고 긍지를 갖도록 하며, 의사소통과 상호책임을 갖는 조직망속의 일원이라는 것을 믿게 하는 정보라고 정의하였다. Lin 등(1979)은 타인, 집단, 지역사회에 의한 사회적 결속을 통하여 개인이 얻을 수 있는 지지를 사회적 지지라 정의하였으며, House(1981)는 정서적 관심, 유효한 원조(물품, 서비스), 환경에 대한 정보 및 평가 중에서 하나 혹은 그 이상을 포함하는 대인적 관계라고 정의하였다. 또한 Kahn(1979)은 다른 사람을 향한 긍정적 정서의 표현, 다른 사람의 행동, 지각이나 표현된 견해에 대한 긍정 또는 시인, 다른 사람에게 상징적 또는 물질적 조력의 제공중의 하나 혹은 그 이상을 포함하는 대인적 관계로써 정의하였다.

일반적으로 다른 사람과의 상호작용을 통하여 충족되는 기본적인 사회적 욕구도 그 지지의 요인은 가장 가까운 부모, 형제, 자녀, 배우자, 친구 등에 의해 주어지는 사랑, 존중감, 안정감, 친밀감, 정보제공의 정신적 지지에서부터 경제적 지원 등 실질적 지지까지를 포함한다. 가족은 환자에게 가장 중요한 사회적 관계(social context)이며, 환자의 첫 방어선(patient's first of defence)이라 하였고, 환자의 적응능력은 사회적 지지체제(social support system)나 사회적 지지단위(social support unit) 안에서 얻어지는 가용자원에 의해서 결정됨을 알 수 있다.

Thiots(1982)는 사회적 지지의 근원으로 배우자, 친척, 친구, 동료 및 성직자, 교사, 상담자, 사회사업가를, Cobb(1976)은 가족구성원, 직장의 동료, 지역사회, 돕는 전문직의 구성원들을, Norbeck(1981)은 배우자, 가족, 친척, 친구, 직장동료 혹은 학교동료, 이웃, 의료제공자, 상담자 또는 치료자, 목사, 성직자, 승려 기타 등을 포함시켰다. 일반적으로 사회적 지지의 수행근원이 가족과 전문직을 가진 전문가라는 점을 공통되게 지적하고 있다. 이러한 사회적 지지는 여러 병리적 상태로 인해 위기에 처한 의학적 계획에 대한 이행을 증가시킬 수 있다.

Kaplan(1977)등은 개인의 기본적 사회요구를 충족시키는 의미 있는 사람으로부터의 정서, 동정, 이해, 수용 및 존중과 같은 사회정서적 도움과 충고, 정보, 가족의 도움, 또는 일의 책임, 재정적 조력 등의 기구적 원조를 말하였으며, Cobb(1976)은 정서적지지, 존중지지, 관계요구의 충족이라 하였다. Dean과 Lin(1977)은 사회적 지지체 중의 특히 가족의 특성을 다음과 같이 확인하면서이러한 속성을 사회적 지지의 기능으로 ① 상호책임감, 돌봄, 관심에 대한 강조, ② 강한 상호확인, ③ 일보다는 유일한 개인으로시 인간을 강조, ④ 대면 상호작용과 의사소통, ⑤ 친밀, ⑥ 가까운 관계 및 유대, ⑦ 지지, 정서안정, 반응의 제공 등이다.

이상에서 여러 학자들의 문헌을 통해 요약해 보면 사회적 지지는 사회적 유대, 의미있는 사회적 접촉, 사회 조직망의 소속 등의 복합적인 개념을 내포하고 있고, 정서적, 지적, 물질적, 기술적인 조력으로서 환자를 도우려는 의도를 가진 의료인과 가족으로부터 얻을 수 있는 치료에 필요한 정보제공의 지적인 지지와 물질적, 경제적인 지지, 관심, 칭찬, 존중, 긍정적인 태도 등 정서적 지지를 말한다.

3) 가족지지

인간은 태어나면서부터 가족의 구성원이 된다. 또한 인간은 일차 집단인 개인이 가족을 떠난 생활은 생각할 수 없다. 가족은 개인의 일상생활과 밀접하게 연결된 사회집단을 구성하는 단위가 되며, 가장 견고한 제도이다(한국가족학연구회, 1993).

가족구성원간에는 헌신적인 간호, 경제적인 도움, 인간성 회복으로 위로하고희망적인 지지를 보내며, 신체적, 정서적인 휴식을 제공하며(장희숙, 1995) 가족 구성원간에는 서로 사랑하고, 신뢰하며, 격려하고, 위로하면서 심리적, 정서적인 만족을 얻는 사회적 지지체계로서 가족의 역할이 중요하다.

암환자에게 있어서도 가족의 지지는 암으로부터 회복하는 큰 영향을 미치게된다. 즉 암

환자가 힘들어할수록 신체적 간호에 가족을 참여시켜 그들이 환자에게 최선을 다해서 의미 있는 일을 하고 있다고 느낄 때 마음속에 있는 우울은 어느 정도 해소되고 그때 환자도 가족의 사랑을 다시 확인하게 된다(류보선, 1999). 암환자와 같은 만성질환자는 가족에게 지속적인 건강관리와 지지가 요구된다.

가족지지에 대한 연구를 살펴보면, Birren(1991)은 만성질환으로 투병하는 노인에게 있어서 가족으로부터의 지지정도가 가장 중요한 역할을 하며, 배우자, 자식, 형제, 이웃 등이 지지적 역할을 하게되고, 가족이나 친구와의 지지적 관계는 급성의 위기상황에서 보다는 만성의 지속적인 스트레스 상황에서 더 효과적인 완충작용을 하는 것으로 보고하였다. Cobb(1976)는 인생의 종말에 가까워 질수록 사회적 지지의 대부분은 가족구성원으로부터 얻어진다고 주장하여 암환자에 대한 가족적 지지의 중요성이 강조되고 있다. Thoits(1982)는 사회적 지지의 근원이 되는 조직망에는 배우자, 가족, 친지, 동료, 성직자, 교사, 심리상담가, 사회사업가, 건강관리요원 그리고 공식적, 비공식적인 사회시설과 기구 등이 있다고 하였으며 특히 다른 어떤 근원보다도 가족, 특히 배우자로부터 제공된 지지가 가장 영향력이 크고 배우자의 지지가 장기 질환관리에 필요한 구성요소라고 하였다.

한편, 방사선치료를 받는 암환자에 대한 가족지지의 연구에서 정주희(2003)는 가족지지가 환자의 삶의 질에 관련이 있으며 가족지지가 의료인지지, 기타사회적지지 보다 높게 나타났으며, 장백희(1988)는 암환자에 대한 사회적 지지가 높을수록 환자의 치료에 대한 역할행위 이행정도가 높은 것으로 보고되었으며 특히 의료인 지지보다 가족지지가 높게 나타나 암환자에게 가족적 지지가 크게 위로와 격려가 되고 있음을 보여주고 있다.

3. 암 환자에서의 삶의 질

흔히 암 환자에서 치료 접근은 주로 수술적 제거, 방사선 요법, 항암화학요법과 같은 암에 대한 치료 자체에 집중되어 있다. 그러나 실제 환자들은 질병의 치료 뿐 아니라 치료 후 변화될 수 있는 생활에 더 관심을 보인다.

만약 치료 경과가 좋아서 완치가 되었다고 하더라도 치료 과정 중에 발생한 독성이나 합병증이 계속된다면 새로운 증상 때문에 또 다른 생활의 불편함이 생길 수 있다.

예를 들어 직장암 환자의 경우 수술 후 장루 때문에 생긴 신체적 변화에 대해 자신감이 없어져 사회적인 활동이 위축될 수 있다.

또한 장루가 없다고 해도 잦은 배변 습관 때문에 멀리 여행을 가거나 여러 사람이 모여 같이 하는 일에는 참석하기를 꺼려할 수 있다.

이와 같이 암 자체는 완치가 되었다고 하더라도 신체적 증상이나 사회적 기능 상실로 인해 환자들은 치료 후에도 불만족을 갖게 될 수 있다.

최근 의학이 발전함에 따라 오랫동안 생존하는 암 환자의 수가 증가하게 되면서 과거처럼 치료의 관심도 치료 가능성에서 머물지 않고 가능한 합병증을 최소화하면서 정상적인 생활을 할 수 있도록 "어떻게" 치료하느냐로 바뀌고 있다.

이것은 수술적 치료가 가능한 조기 암 환자 뿐 아니라 병의 완치를 기대할 수 없는 진행성 암 환자일 때 더욱 더 그러하다.

진행암 환자의 경우 남은 삶의 기간에 한계가 있기 때문에 이 기간 동안 최대한 삶의 질을 향상시키는데 더욱 초점을 두고 치료 목표를 결정하게 된다.

따라서 최근에는 새로운 약제의 치료 성적을 평가하는 임상 시험에서도 반응률이나 생존기간이 향상뿐 아니라 삶의 질에 대한 평가가 치료 목표로 포함되고 있는 실정이다.

두경부 종양을 대상으로 한 한 연구에서는 두경부 종양을 진단받고 5년 동안 삶의 질을 평가했더니 어떤 증상은 치료가 끝난 이후에도 좋아지지 않을 뿐 아니라 오히려 치료 전에 비해 나빠지는 경우도 있기 때문에 종양 중심의 치료가 성공적이었다고 하더라도 환자들은 만족하지 않았다고 보고하였다.

또한 치료 방법에 따라 어떻게 삶의 질 지수가 변화하는지를 비교한 연구가 자주 보고되고 있는데 이에 의하면 어떤 치료 방법을 선택했느냐에 따라 삶의 질에 영향을 미칠 수 있는 증상의 변화가 다양하게 나타날 수 있으므로 치료를 결정할 때에는 결과 뿐 아니라 삶의 질을 고려해서 결정하는 것이 좋겠다.

대부분의 경우 치료방법 결정에 영향을 미치는 주요 인자는 결과, 환자의 전신 상태, 그리고 담당의사의 선호도가 포함되며, 삶의 질이 고려되는 경우는 흔하지 않다.

호주와 뉴질랜드에서 종양을 치료하는 전문의를 대상으로 한 설문조사 결과 대부분의 전문의들이 치료과정 동안 환자의 삶의 질에 관해서 평가하는 경우는 매우 적다고 하였다.

하지만 삶의 질에 대한 평가가 중요하다고 하는 데에 대해서는 모두 동의하고 있었다.

특히 최근에는 암 환자의 발병 빈도가 증가하고 평균 생존기간이 증가하고 있기 때문에 치료 결정과 반응, 추적 검사의 원칙에는 삶의 질에 대한 평가가 포함되어야 할 것이다.

5. 암환자에게 미술치료의 치료적 특성

앞에서도 살펴본 바와 같이 암 진단을 받고 투병생활을 하고 있는 대부분의 암환자들은 불치의 병에 대한 두려움, 불안, 우울, 심리적인 충격 및 절망감과 같은 다양한 정서변화를 경험하게 되며 전체적인 삶의 질에 영향을 받게 된다.

암환자들이 미술치료를 왜하며 무엇을 제공해야 할 것인가에 대해서는 많은 논의가 있고, 제한점도 있지만 미술치료가 암환자들의 마음의 건강 유지, 증진이나 회복에 도움을 줄 수 있는 이유는 다음과 같은 특성들이 있기 때문이다.

1) 마음속의 이미지를 표현한다.

현대 심리학의 아버지로 여겨지는 프로이드는 꿈과 감정, 사고가 무의식적으로 시각적인 형태로 나타난다고 하였다. 프로이드는 또한 인간의 시각적 개념은 언어적 표현능력보다 앞서기 때문에 미술이 무의식에 보다 접근해 있다고 하였다.

미술과 꿈의 시각적 상징에 관심이 많았던 칼 융 또한 치료에서 이미지의 중요성을 강조하였다. 그는 문제 혹은 기분을 구체화하거나 꿈을 그림 이미지로 재현함으로써 그 속에 내재된 감정을 경험하고 보다 깊고 분명하게 이해할 수 있었다고 한다(Cathy A. Malchiodi, 1998).

2) 창조된 형태가 영구히 보존된다.

미술활동은 개인이 적극적으로 참여하는 활동이며, 형태가 있는 작품을 창조하는 몇 안 되는 치료 중 하나일 것이다.

미술에서 찾을 수 있는 영구적인 가치는 생각과 개념이 다른 이미지들과 비교되고 나중에 다시 되돌아볼 수 있는 구체적인 방식으로 기록되기 때문에 명백한 효과가 있다.

3) 미술 창조는 삶을 향상시킨다.

미술은 우리의 공포, 두려움과 같은 힘겨운 감정을 표현하는데 도움을 주기도하거니와 황폐화된 영혼과 정신을 어루만져 주기도 한다. 즉 무의미함과 약물중독, 학대, 역기능적인 관계, 권태로 가득 찬 세상에 의미를 부여하도록 하는 실존적 목적을 지니고 정신적 상실감과 존재론적 의미에서의 공허감과 같은 느낌을 극복하게 함으로써 우리의 삶에 개인적인 만족과 완전성을 가져다주고 일상생활의 한계를 뛰어넘도록 도와준다(Cathy A Malchiodi, 1998). 궁극적으로 볼 때 미술활동은 활기를 띠게 하고 활력과 즐거움을 주는 것으로서 새로운 관점과 새로운 방법과 새로운 생각을 탐구하여 창조적으로 문제를 해결하고 직관을 갖게 되며 자아실현을 이루고 좀 더 융통성 있는 태도를 갖게 한다.

4) 감정적 해방

미술치료는 감정을 해소하기에 효과적이다. 그림을 그리고 조각을 하고, 그 외의 여러 형태의 미술작업은 괴롭고 고통스러운 감정으로부터 안도감을 주는 정화를 가능하게 한다. 또한 미술작품을 제작하면 기분을 환기시키고 이완시키는 생리학적인 반응을 일으켜 두려움이나 감정적 스트레스를 완화할 수 있다. 어떤 이들은 미술 표현을 통해서 내적 안정과 평안을 찾기 위한 명상처럼 미술을 경험한다고 한다.

5) 깨달음(인식)의 방식이 된다.

그림을 그리면서 우리는 우리의 믿음을 탐구하기 시작한다. 창조적 잠재성과 즐거움의 근원을 확인하거나 우울과 고통의 원인을 찾을 수도 있다.

필연적으로 미술은 미술이 가진 모든 차원에서 우리의 개인적 감정, 경험, 가치 그리고 믿음을 이야기하게 함으로써 새로운 시각에서 우리 자신을 이해하고 인식하도록 돕는다.

6. 암환자 미술치료의 세계적 동향

최근 WHO는 과거 말기 환자에 국한 되어 왔던 호스피스·완화의료 개념이 암 환자의 통증 및 증상관리를 포함한 신체적·사회적 환자의 삶의 질 향상을 위한 전인적 개념으로 확대되어 제시되고 있다(보건복지부, 2005).

미술치료는 암환자들의 질병에 관한 무의식적인 생각이나, 삶에 대한 통찰, 자기인식을 증가 시키며 감정적 반응을 표현 할 수 있는 방법을 제공한다.

동시에, 환자들의 가족들은 미술치료를 통해서 암의 진단으로 인한 정서적 충격과 치료 과정에 대한 신체적, 정신적 부담의 높은 스트레스를 완화시킬 수 있다(Fugate, 2005).

또한 Nancy(2006)는 미술치료는 암의 증상을 완화하기 위해 이용할 수 있는 보완대체 요법 중 하나라고 말하고 있다.

최근에는 암으로 진단받은 아동이나 성인의 증상이 미술치료를 통해서 완화될 수 있다는 연구가 증가하고 있다. 미술은 감정에 관한 마음을 드러내는 방법의 역할을 하기 때문에, 의료 전문가들에게 환자들에 대한 정보를 제공한다.

그림은 치료에 대하여 환자가 표현하지 않은 갈등을 드러내는데 매우 효과적이다. 환자는 항암치료가 암을 제거하는 데 효과적이라고 말할 수 있지만, 무의식의 수준에서는 치료가 독약이라고 느끼고 있을 것이다. 질병과 의학적 치료에 대해 인식되지 않은 신념이나, 감정, 지각은 환자를 위한 적합한 치료프로그램을 발전시키는데 중요하다(Malchiodi, 1998).

1970년대 암 치료 분야에서 시각화와 미술의 사용에 관해 최초로 연구한 칼 시몬튼(Carl Simonton) 박사는 환자들이 정신적 이미지와 긴장이완을 통해 이득을 얻을 수 있으며, 유도된 이미지의 정기적인 사용이 면역체계를 자극하고 환자들이 의학적 치료에서 적극적인 참가자임을 느낄 수 있게 도와준다고 하였다.

미국의 암센터 가운데 Memorial Sloan-Kettering Cancer Center는 1894년에 설립된 종합 암센터로서 암환자의 고통완화를 위해서 정신의학적 서비스를 환자와 가족들에게 제공한다. 또한 Stanford Comprehensive Cancer Ce-nter는 '건강과 치유를 위한 표현예술과 심상'이라는 프로그램의 미술치료를 진행하고 있으며 Massachusetts General Hospital Cancer Center는 'Art & Healing'이라는 프로그램의 미술치료를 암환자와 가족들을 위해 시행하고 있다.

유럽에서는 전인의학센터인 스위스의 Lucas병원과 독일의 Bio-Med병원 등에서 전인치료를 위하여 암환자들을 대상으로 미술치료를 시행하고 있다.

7. 실제 적용

* 습식화

김이순(가명)
(F/59)
악성 흑색종
eye(+)

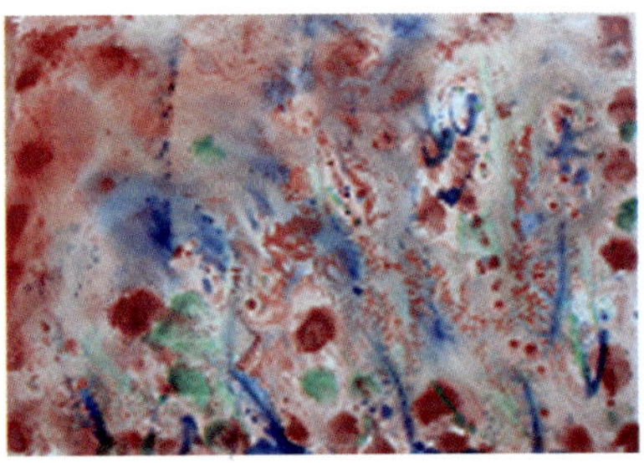

언제나처럼 긍정적인 태도로 임하셨다. 좋아하는 색들을 사용해서 자연을 그리셨다. 처음부터 집중하시고 한동안 말없이 열심히 그리시다가 하얀 종이가 가득차고 생명력이 넘치는 그림이 되었을 때 쯤 이야기를 다시 시작하셨다. 숲에 나무가 우거진것, 산길 등을 그리고 싶으셨는데 마음대로 잘 안나타난것 같다고 하시면서 그래도 우연의 효과로 나타나는 것들이 즐겁고 재미있다고 하심.

* 다리 건너기(그림으로 표현)

오명숙(가명)
(F/48):
대장암
eye(+)

내장산의 오목교를 그림. 날씨는 화창하지만 구름이 약간 있는 모습임.
"그리고 싶은 것 그려도 되죠?"라고 하시더니 여자얼굴을 그림. 본인이냐고 하였더니 아니라고 하였다. 한참 후에 "어머니인것 같아요"라고 하시며 본인을 간호하다가 어머님이 허리를 다치셨다고 하시며 원래는 엄마를 좋아하지 않았는데 이번일로 조금 좋아하게 된 것 같다고 하심. 어머님에 대한 미안한 마음과 고마운 마음이 표현된 것 같다고 하심.

* 꼴라쥬

이민우(가명) (M/59): **폐암** eye(±)		조용히 잡지를 넘기시면서 몇 개의 그림들을 오리셨다. 그것들을 붙이시더니 가야겠다고 하심. 그림에 대해 설명을 부탁드렸더니 "그냥 의식주를 표현한 거예요. 인간에게 필요한거 잖아요."하셨다. 잠시 앉아 계시다가 "딸이 시집을 가야하는데 혼수를 못해주고 내가 이렇게 있으니....."하시며 눈물을 뚝뚝 흘리시다가 가야겠다며 일찍 자리를 뜸

* 자연 만다라

김경민(가명) (F/57) 유방암 eye(+)		시작부터 매우 긍정적이고 밝은 모습임. 눈을 질끈 감고 명상을 하며 여러 번 몸을 움직임. 동그란 형태의 틀을 만들고 가장자리에 팥으로 장식. 교회가는 자신의 모습을 표현. 설문지 작성시에도 자신의 작품에 대해 발표하는 시간에도 하느님, 교회 얘기를 많이 함.

8. 재활과 미술치료

저마다 추구하는 삶의 질에 대한 생각은 많은 차이를 가지고 있을 것이다. 하지만, 견디기 어려운 신체적 통증과 죽음에 대한 불안을 안고 가야하는 이들에게 있어서의 삶의 질이란 어떤 의미를 가지고 있을까. 삶을 위협하는 질병의 진단과 함께 받아야 할 불안과 스트레스는 의료적 치료를 어렵게 할 수 있고, 또한 이의 부작용이 혼합되어 나타나게도 한다. 질병을 치료하고 건강한 삶을 찾아가는 방법은 좀 더 넓은 범위를 포함하고 있다. 단순히 병이 없거나 허약하지 않은 성격에서 신체적 정신적 활력을 나타내는 적극적인 성격을 가지며, 육체적 · 정신적 건강의 좁은 범위의 개념에서 사회건강, 환경건강, 영적 건강의 개념을 포함하는 것으로 발전하고 있다. 이는 재활의학의 역할 확대를 의미한다고 보여 진다.

재활의학은 장애를 가진 사람을 주어진 조건하에서 신체적, 정신적, 사회적 능력뿐 아니라 취미, 직업, 교육 등 잠재적 능력을 최대한 발달시켜줌으로써 정상에 가까운 생활을 영위할 수 있게 하는 분야이다. 재활의학은 다른 분야의 의학에 비해 그 역사가 길지는 않지만 근래 인간 평균 수명의 연장과 복지사회를 추구하는 추세에 부응하여 괄목할 만한 발전을 이룩하였다고 할 수 있다. 의학의 발달과 더불어 예전에는 고치기 어려운 질병이나 심한 외상으로부터 생명을 구할 수 있는 기회가 많아지게 되고, 따라서 상대적으로 장애를 갖게 되는 사람이 증가하게 됨은 어쩔 수 없는 추세이다. 이런 관점에서 장애의 극복을 목표로 하는 재활의학이 중요한 역할을 감당하게 되었다. 특히 질병 및 외상을 극복하고 난 이후에 남는 장애에 대한 대책은 남은 여생에 대한 '삶의 질'이란 근본적인 문제와 관련되어 재활의학의 필요성이 절실하다고 하겠다. 재활의학은 환자에 대한 접근방법도 지난 시대의 질병-의사 중심의 시각을 벗어나 인간중심의 시각으로 다루는 다영역 접근방식을 원칙으로 하고 있다. 재활의학은 환자의 장해를 극복하기 위한 의학적인 접근이 중심 되는 학문이므로 기능을 중심으로 하는 의학이 되었다. 즉 환자의 질병 이후 나타난 기능의 장해(impairment)를 평가하고 그 장해로 인해서 남게 되는 장애(disability)를 정의하고 환자가 그 장애를 극복하여 불구 없이 지내느냐 혹은 불구로 남느냐를 평가하는 것이다.

환자에 대해 포괄적으로 치료하는 것을 목표로 하는 재활의학은 환자를 전체성을 가진 인간으로 보고, 그 신체적인 병변 부위에만 치중하는 치료가 아니라 정신적 사회적 환경적인 부분까지 관찰하여 조화를 이루게 하는 치료인 대체의학의 정의와도 일맥상통 한다고 볼 수 있다. 이는 재활의학의 한 부분으로서 대체의학이 활발히 활용되어질 수 있음을 의미한다고도 볼 수 있다. 이에 재활의학 분야에서 활용되어질 수 있는 대체의학의 많은 요법 중에서도 심신의학 중의 하나인 미술치료의 역할을 살펴보고, 미술치료가 재활의학 분야에서 어떤 역할을 할 수 있는지 살펴보고자 한다.

1. 재활의 개념

세계보건기구(WHO)에서는 재활이란 각종 질병 및 사고로 인하여 장애가 생긴 사람으로 하여금 주어진 조건하에서 최대한의 신체적(physical), 정신적(emotional), 사회적(social) 능력과 취미, 직업, 교육 등의 잠재적 능력을 발날시켜 가능한 한 정상에 가까운 생활을 할 수 있게 해주는 분야로 정의하고 있다. 이처럼 환자를 치료하는데 있어서 단지 진단하고 투약하는 것으로 책임을 다하는 것이 아니라 환자의 질환뿐 아니라 장애와 더불어 심리적, 사회적 그리고 직업적인 면까지도 고려하여 환자의 문제를 해결해 주어야 한다는 측면이 점차 중요하게 여겨지고 있다.

재활의학은 산업이 고도로 발달하고 교통수단이 복잡하고 인구가 고령화된 선진국형 사회에서 주로 발달되어 있는 의학이다. 재활의학의 철학은 "구조된 생명을 살 가치가 있는 생명으로 만들어준다"는 것이다. 한 개인이 정상적인 기능의 일부를 상실하였을 때, 육체적 정신적 사회적 영적 측면에서 그가 이룰 수 있는 최고도의 수준에 이르도록 치료하고, 관리하고, 훈련하고, 교육함으로써 그 개인이 다시 사회와 생산대열에 참여하여 보람된 생을 영위하도록 만들어 주는 의학이 재활이라 할 수 있다.

재활의학에 대한 이념은 고대 동서의학에서부터 존재하였으나 학문적으로 체계화되기 시작한 것은 최근의 일이다. 재활의학의 아버지라 불리는 러스크 박사(Howard Rusk)는 재활 치료의 목적은 환자의 건강 및 생명을 최선의 상태로 회복하고 이를 유지하는데 있다고 말하면서 재활의학을 치료의학, 예방의학에 이은 제3의 의학(The Third Phase of Medicine)이라 지칭하였다. 1차 의학이란 예방의학으로 꾸준한 운동 및 예방접종 그리고 환경오염의 개선 등을 통해 질병이 안 생기게 막자는 것이다. 질병이 생기면 2차 의학에서 그 원인을 찾고 그에 따는 치료를 하게 된다. 이를 치료의학이라고 하는데 대부분 임상과, 즉 내과, 외과, 산부인과, 소아과 등이 이에 해당된다. 질병을 잘 치료한다 해도 어쩔 수 없이 합병증이 생기는 경우가 있다. 이렇게 생긴 합병증을 3차 의학인 재활의학에서 다루게 된다.

각종 질병 및 사고로 인하여 장애가 생긴 사람으로 하여금 주어진 조건 하에서 최대한의 신체적, 정신적, 사회적 능력과 잠재적 능력을 발달시켜 가능한 한 정상에 가까운 또는 남에게 도움을 받지 않는 생활을 할 수 있게 해주는 분야로 정의될 수 있으며 뇌졸중, 척수손상 환자뿐만 아니라 각종 통증으로 인하여 보행 및 일상생활 동작에 지장을 받는 모든 환자가 재활치료의 대상이다.

환자에게 가장 적합한 재활 프로그램을 세우기 위해서는 정확한 진단과 더불어 환자의 현재 기능과 앞으로의 기능의 잠재성을 알기위한 정확한 평가(evaluation)가 필수적이다. 재활의학에서의 평가는 다른 의학 분야에서의 일반적인 병력 청취 및 진찰을 포함할 뿐 아니라 보다 포괄적이고 특수한 면을 갖고 있어야 한다. 첫째, 기능의 평가이어야 한다. 환자의 질환이나 외상을 토대로 그로 인하여 초래된 장해(障害, impairment)를 평가하고, 그 장해로 인해서 남게 되는 장애(障碍, disability)를 정의하고, 환자가 그 장애를 극복하여 불구(不具, handicap) 없이 지내느냐 혹은 불구로 남느냐를 평가함으로써 환자의 기능을 최대로 회복시켜 가능한 한 환자가 외상 또는 발병 전의 생활을 영위하며 기능적인 삶을 살 수 있도록 한다. 둘째, 포괄적 평가이어야 한다. 환자의 남아있는 기능을 이용하여 그 능력을 최대한으로 발휘할 수 있도록 하기 위해 환자의 질병 이외의 가족, 직업, 사회 환경, 경제 상태 등을 포괄적으로 알아야 한다. 셋째, 여러 분야 협동의 평가이어야 한다. 의사 뿐 아니라 환자의 가족, 재활간호사, 물리치료사, 작업치료사, 언어치료사, 심리치료사, 오락치료사, 의수족과 보조기 제작기사, 임상 사회사업사, 직업자문요원, 특수교사, 영양사, 종교자문요원 등이 협동으로 각 분야별 평가를 통하여 환자의 상태를 평가하고 목표를 설정하여야 한다.

재활프로그램은 각 장애인의 특수 욕구에 가장 적절한 내용과 방법에 의해 재활서비스를 보장함을 목적으로 하며, 인간중심주의 재활의 보장 측면, 재활의 실질적 기회균등의 보장 측면, 재활의 수월성(excellence in rehabilitation) 추구 측면과 같은 측면에서 그 의의를 찾아볼 수 있다. 또한, 재활프로그램은 각 장애인의 잠재능력을 최대한 현실 능력으로 바꾸어 주는데 그 의의를 가지고 있으며, 이를 위해서 각 개인을 정확히 진단해서 그것에 기초하여 적절한 목표와 치료활동이 전개되어야 한다.

선진국치고 재활의학이 발달하지 않은 나라가 없고, 재활의학이 발달한 나라치고 선진국이 아닌 나라가 없다. 따라서 한 나라의 재활의학의 수준이 곧 그 나라의 선진도의 척도라고 해도 과언이 아니다. 선진국이란 고도의 산업화, 복잡한 교통수단, 인구의 고령화를 이룬 사회를 말한다. 사회 전반에 걸쳐 고도로 산업화 되어 있고, 교통수단도 복잡하지만 발달되어 있고, 고령화된 인구가 상대적으로 많은 나라들이 선진국의 모습이다. 우리나라도 사회는 산업화 되어 가고, 교통시설과 수단은 나날이 복잡해지고 있으며, 고령인구도 증가일로에 있기 때문에 바야흐로 선국형으로 변모해 가고 있다고 할 수 있다. 이러한 사실은 우리나라가 과거 어느 때 보다도 재활 의학적 서비스를 필요로 하는 시대에 처해 있다고 할 수 있으며, 앞으로는 더욱 더 필요로 할 전망이다.

2. 재활의 조건

만성 질환이나 장애자들을 성공적으로 재활시키는 데는 다음 조건이 있다.

첫째, 의료인들의 팀웍이 좋고 치료기술이 최신의 것이어야 한다. 세월이 많이 지났어도 아직도 완치할 수 있는 치료를 찾아 헤매는 장애자를 보았다. 현대의학의 한계도 잘 이해시켜야 할 것으로 생각된다. 조기 기동이 원칙이며 장기 침상 생활은 생활의욕(motivation)을 저하시킨다. 계획성 있는 치료로서 한 가지 치료가 끝나면 다음 치료로 넘어가서 치료가 그 절정에 이르렀다고 생각되면 퇴원을 주선해야 한다. 척수마비자라도 2~3개월이면 모든 치료는 끝나야 할 것으로 생각한다.

둘째, 환자의 투지와 생활의욕이다. 재활치료는 일종의 교육이고 훈련이다. 그러므로 의욕이 없는 환자에게는 치료가 불가능하며 의욕이 충만해 있는 환자에게는 그 능률이 기적을 낳는다.

셋째, 가족의 태도이다. 가족은 가장 가까운 사회이므로 장애자가 된 환자를 이해해주고 격려해주는 데 누구보다도 책임이 크다.

넷째, 경제적 여건이다. 만성질환환자나 장애자에게도 많은 혜택을 기대하는 바이다.

다섯째, 사회의 신체장애자에 대한 태도이다. 신체장애자와 만성병자의 구출은 본인과 그 가족을 위해서는 물론이며 국가사회의 발전을 위해서도 바람직하다.

3. 재활 미술치료의 역할

미술치료는 기존의 접근 방법의 범위를 넓혀가고 있으며, 그 의학적 기반을 체계적으로 확립해 가고 있는 중이다. 그 역할을 담당하고 있는 분야가 재활의학 안에서의 미술치료이다. 재활의학 분야에서 활용되어질 수 있는 대체의학의 많은 요법 중에서도 심신의학 중의 하나인 미술치료의 역할은 점차 커지고 있다.

마음과 신체가 밀접하게 연관돼 있다고 보고 정신적인 안정을 통해 몸을 고치는 치료법을 통틀어 심신의학이라고 한다. 20세기 중반, 스트레스성 질병에 관한 연구가 활발해지면서 등장한 분야이다. 질병은 사람의 몸을 아프게 한다. 마음은 몸의 구석구석과 연결되어 있다. 스트레스를 받으면 내분비계 통로, 자율신경계 통로를 통해 말단 장기에 그 내용을 전달하게 된다. 통증은 사람의 정신을 약하게 만들고 감정에 상처를 주게 된다. 질환의 치료가 정신을 낫게 한다는 차원을 넘어서 그 치료의 목적에 이르는 과정에 있어서 사람들의 정신과 감정을 먼저 회복시키고, 스트레스와 질병에 대한 공포를 감소 시켜 생리학적인 신체의 변화를 유발해 치료 효과를 극대화 시키는 것에서 미술 치료의 의미를 찾을 수 있다.

환자가 통증을 호소할 때 치료와는 전혀 무관한 가짜 약(Placebo)을 통증 치료의 특효약이라고 투여하면 실제 통증이 없어지는 경우가 30~50% 정도다. 치료가 될 것이라 생각하는 마음이 뇌에 전달되고 이후 엔돌핀이 생성되고 통증이 억제되는 것이다. 결국 마음은 뇌와 연결돼 있는 것이다. 마음은 입자일 때는 일정한 공간을 차지하지만 그것이 파동으로 변하면 일정한 공간을 떠나 멀리 전파할 수 있다. 이처럼 마음이 에너지로 작용한다는 많은 증거가 있다.

우리의 생각과 감정은 신경계 및 순환계를 통하여 신체에 영향을 미친다. 뇌는 신경자극을 몸 구석구석에 보내 행동하도록 하며 골수, 흉선, 비장과 림프절 등에 있는 신경말단을 자극하여 면역력에 영향을 준다. 그리고는 내분기계, 뼈, 근육, 모든 내부 장기들, 심지어 정맥과 동맥 혈관 벽에까지 영향을 미친다. 몸 전체가 뇌에 연결된 그물망처럼 곳곳으로 연결되어 있는 것이다. 뇌 또한 그 자신이 다양한 화학물질을 만들어 혈액을 통해 전신으로 보내어 각종 장기의 행동과 활동성을 결정한다. 몸에 있는 세포들은 위성접시와 같은 기능을 가진 수용체를 가지고 뇌에서 보내는 메시지를 받아들이고 즉각 반응한다. 뇌는 신체조직으로 메시지를 보낼 뿐만 아니라 신체 장기 자체에서 내는 물질을 받아들이는 수용체를 통해 몸에서 보내오는 소리에 반응한다. 마음은 몸의 구석구석과 연결돼 있다. 나쁜 마음 즉, 슬픔, 분노, 불안, 공포는 DNA, 분자, 세포, 조직, 장기 등과 밀접하다는 얘기다. 스트레스를 받으면 내분비계 통로, 자율신경계 통로를 통해 말단 장기에 그 내용을 전달하게 된다.

심신의학은 현대 의학에서도 잘 확립된 현상이다. 마음과 신체가 둘이 아니라는 관점에서 본다면 심신의학은 정통의학과 불가분의 관계에 있다고 할 수 있다. 사람들이 적극적으로 원하여 많은 심신의학 치료들이 사용되어지고 있다. 이들 치료의 정밀하고도 과학적인 연구가 필요하며 특히 잘 계획된 임의적 대조군을 이용한 임상 연구가 절실하다. 많은 임상연구들이 심신의학 프로그램 사용으로 환자 및 일반인의 삶의 질 향상, 불안감 감소, 통증 정도의 감소 효과를 밝힌 바 있다. 따라서 전통적인 치료에 이들 치료의 접목이 환자들을 위한 좋은 치료방법일 것이다.

Melmed는 그의 책에서 심신의학의 근본 요소를 다음과 같이 정리하고 있다. 정신신체증(psychosomatioc disorder)은 뇌, 특히 정서 상태와 생물학적 그리고 생리적인 신체활동의 상호작용으로 나타나는 것임을 알아야 하고, 이들의 효율적인 치료를 위해서는 교육을 받은 위에 대화할 것을 요구하고 있다. 첫째, 우선 기질성 질환을 제외해야 한다. 둘째, 환자들은 자신들의 정서적 측면의 문제점을 간과하고 간접적으로 신체증상만을 주로 호소한다는 것을 인지해야 한다. 셋째, 개인 또는 사회적 변화 및 상황들이 신체적, 정신적 문제를 야기하는 요소임을 알아야 한다. 예로 퇴직, 실직, 사회의 무관심, 낮은 교육수준 등이다. 넷째, 내적통제와 자신감은 서로 밀접한 관계가 있으므로 치료자는 환자 자신의 통제력 회복을 강조하여야 한다. 즉, 질병 자체를 잘 이해하고 환자의 잘못된 믿음을 고쳐야 한다. 다섯째, 감정상태(우울증, 공황장애 등)에 대한 진단이 필요하다. 여섯째, 환자들이 자신의 정신적 문제를 나타내고 싶어 하지 않을 경우 굳이 환자들에게 진단명을 강조할 필요는 없으며 스트레스를 만든 요인들에 대한 집중적 분석과 치료가 더 중요하다. 일곱째, 환자들이 참여하여 같이 만든 교육적인 치료 계획을 제공한다. 여덟째, 심신의학은 비용이 효과적이다.

심신의학치료법의 하나인 미술치료는 예방적 효과뿐만 아니라 치료에 대해 자신이 컨트롤 할 수 있는 능력을 길러준다. 또한 심신이완 등을 통해 스트레스를 완화시키므로 정서상태 및 신체상태가 함께 개선되어짐을 볼 수 있다. 마음 상태와 면역의 상관관계는 치료효과에서 차이가 난다. 그 예로, 환자의 마음이 안정될 경우 호흡수의 감소, 피부 전도력 감소, 뇌파상에 알파리듬 증가, 대뇌와 후뇌의 혈류증가, 다양한 호르몬 분비의 변화 등에 관한 많은 연구가 있다. 또한 감정을 잘 표현하는 환자의 경우 세포의 분열도 늦고, 림프구수도 훨씬 많았다는 보고도 있다. 예술 창작 활동을 통해 환자의 감정을 표현하고, 심리적 안정을 취하는 것은 면역성 강화에 도움을 준다.

창작 활동을 통해 표현함으로써 감정의 해소에 도움을 줄 수 있다. 또한 미술치료는 이 같은 정서적 치료 효과뿐만 아니라, 신체적인 활동을 동반한 균형 있는 작업으로서 환자의 신체와 마음이 조화롭게 작용하도록 하여 화학요법, 혈액투석 등과 같은 장기적 치료를 받는 환자의 의학적 치료를 보조하는 역할과 더불어, 치료 효과의 상승도 기대할 수 있게 한다. 암이나 당뇨 같은 만성 질환과 더불어 외상성 뇌손상이나 뇌졸중 등의 재활환자의 수가 증가하고 있다. 이 경우, 환자가 장기간 어려운 투병 생활을 견뎌야 한다. 이것은 환자와 환자 가족에게 있어 질환 자체, 금전적 문제뿐만 아니라 정신적인 고통까지 수반하는 총체적 질환이라고 할 수 있다. 단순히 수동적으로 치료를 기다리는 것은 환자를 더욱 힘들고 지치게 한다. 환자가 치료에 적극적으로 가담하고, 의지를 보이는 것이 치료 효과에 있어서도 중요한 부분이다. 이것은 환자의 의지와 정신력에 달린 부분이 크다. 만성 질환자의 미술 치료는 이런 감정적인 부분을 잘 조율하게 하여 환자의 의지와 활동력을 회복하여 좋은 치료효과를 기대하도록 할 수 있다.

4. 재활환자를 위한 미술치료의 목표

재활의 어원은 라틴어인 "habilitas" 즉, '할 수 있다'는 의미의 용어로서 재활은 신체 및 정신의 부분적 기능장애를 가지고 있는 사람에게 그가 가진 능력을 최대한으로 개발시켜 사회에서 신체적, 정신적, 사회적, 교육적, 직업적으로 가장 정상에 가깝게 생활할 수 있도록 도와주는 역동적 과정을 말한다. 재활에 있어서 가장 중요한 의미는 어떠한 원인의 장애라고 하더라도 기본적으로 환자로 하여금 가장 최선의 삶을 살 수 있도록 돕는 것이다. 이는 신체의 기능적인 향상과 함께 심리적인 의미에서 현실적응 및 통합을 의미한다.

장애인에게 있어서 그들의 신체적 장애는 개인에게 커다란 심리적 충격일 뿐 아니라 이러한 심리적 혼란은 가족이나 사회까지 파급되며, 특히 재활과정에서 장애인은 정서적으로 혼돈되고 심한 의욕상실이 나타나기 때문에 심리적 측면을 충분히 고려하는 것이 재활 성과를 높일 수 있는 중요한 요인이다. 이러한 심리적 문제는 장애의 원인과 정도에 따라 다르게 나타난다.

심리적 충격과 불안의 방향과 표현도 다르고 따라서 해결해야 할 문제도 다르다. 그러나 대체로 신체장애와 기능손상은 자아개념과 자아존중에 위협을 야기 시키며, 이를 지각한 환자는 방어기전을 사용하게 된다. 그러나 방어기전을 장기간 사용하면 사회적 부적응과 함께 병적인 심리상태를 초래하여 우울, 학습된 무력감, 약물의존성 및 그 밖의 행위반응을 일으킬 수 있다. 따라서 포괄적 의미에서 재활의 의미는 장애인 자신과 그 가정 및 주위 사람들과 심리적인 문제 즉, 재활의 과정 중에 가지는 욕구, 정서, 관심, 가치관, 태도 등 심리적 요인의 변화에 대해 접근하여 장애인 자신에 대한 심리적 향상과 협조를 도모하여 장애인 스스로 자신의 장애를 현실적으로 극복하고 자신의 상황에 적당한 사회적 기능을 충분히 다하도록 함을 의미한다.

재활환자들에게 미술치료의 목표는 좀 더 현실적인 것이어야 한다. 과거 사고에 대한 기억으로부터의 탈출, 현실적인 장애에 대한 적응, 미래에 대한 설계, 등 구체적인 목표로부터 출발하여야 한다. 더불어 이러한 입장은 정신과 환자들이나 소아, 치매 환자들에게 있어서의 미술치료와는 달리 좀 더 현실적인 문제에 목표를 두고 단계적인 접근이 요구된다.

재활을 위한 미술치료의 목적은 환자 개개인의 장애와 문제에 따라 달라질 수 있으나, 기본적으로 장애인들에게 자아에 대한 개념을 올바르게 회복시키는 데서 시작한다. 이러한 기본 목적이외에도 환자의 특성에 따라 기술치료는 세부적으로 인지능력 회복, 근육운동 향상, 재활동기 상승, 집중력 훈련을 목적으로 하기도 한다. 그러나 보다 근본적인 의미에서 대부분의 장애인들은 미술치료를 통해 창의적 표현활동을 하면서 자신의 내면에 있는 어려움과 문제점들을 외부적으로 표출할 수 있는 기회를 마련하게 된다. 더불어 재활로서의 미술치료는 장애인에게 나타나기 쉬운 사회적 관계 형성을 시도할 수 있는 기회를 제공한다.

그러한 취지에서 미술치료사는 치료 대상에 대한 정보 뿐 아니라 현실의 심리적, 육체적 상태를 파악하여 목표와 계획을 세우고, 매시간 융통성 있는 자세로 의식의 흐름을 파악하고 환자의 시각적 표현에 대탄 지지자로서 적절한 보조를 맞추어야 한다. 방법적으로 본다면, 미술치료자는 미술적 재료와 형태와 색상을 매개로 하여 미술표현작업 과정중 환자가 적극적으로 자신의 생각을 표현하도록 환자의 경직된 의식이 역동적으로 변화되도록 유도하는 것이 궁극적인 목표이다.

기본적으로 재활병원에 입원한 환자들의 장애의 원인은 크게 두 가지로 나누어진다. 첫 번째는 선천적인 장애로 입원한 환자들과 둘째는 사고 후 장애를 입게 된 환자들이다. 전자의 경우에는 주변인물에 대한 의존감이나 기대가 높은 반면 원망이 혼재된 양가감정이 동시에 존재한다. 이러한 경우 가족이나 주변사람들과의 관계에 있어서의 문제를 가질 성향이 높다. 후자인 후천적 사고에 의한 장애를 갖게 된 환자의 경우에는 예전의 자신의 모습을 기억하기 때문에 자신이 가지고 있는 장애에 대한 현실적인 적응이 가장 큰 문제이다. 자신이 지금 무엇을 해야 한다는 과도한 의무감 때문에 무엇을 해야 한다고 생각하지만, 실제로는 아무 것도 하지 못하면서 심리적인 압박감을 가지고 허둥거리는 경우도 있고, 반대로 아무 것도 할 수 없다는 좌절감에 빠져 무기력한 상태에서 시간만을 보내는 경우도 있다. 따라서 이러한 좌절에 대한 극복과 함께 자신에 대한 올바른 자기 판단이 시급하고 그러한 자기 이해의 한 방법으로 미술치료는 환자들에게 직접적인 노출 없이 자신을 바라볼 수 있도록 하는 좋은 기회이다.

재활환자의 경우 불안하고 우울한 경향이 많으며, 낮은 자아감과 자존감을 가지고 있다. 이들에게는 스트레스를 완충시켜 줄 사회적인 지지와 사용가능한 지지자원에 대한 인식이 필요하며, 무엇보다도 스트레스를 해소시키고 능동적이고 적극적인 스트레스 대처방법을 사용하도록 해야 한다. 이러한 심리특성과 상태를 고려할 때 미술치료는 여러 가지 면에서 효과적인 치료방법이라고 할 수 있다.

미술활동을 통한 치료는 언어적인 접근에 비해 방어나 통제가 적고 상징적인 이미지에 의해 감정이나 사고를 표현하는 것을 가능하게 한다. 또한 시각적 이미지에 의한 표현은 의식의 깊숙한 곳을 자극하여 자기개방을 더 쉽고 자연스럽게 해줄 뿐 아니라 미술활동을 함으로서, 긴장을 해소시키고 창조적이고 활동적인 에너지를 발산하게 된다. 또한 스트레스에 대한 부정적인 인지평가와 소극적, 신비적 대처방법을 변화시키기 위해 미술치료의 인지적인 접근은 효과적인 방법이다. 미술치료에서의 인지적 접근은 인지기능을 구명하고, 평가하여, 발달시키는데 있어 미술이라는 도구를 사용하는 것이라 할 수 있다. 인지적 기능들은 언어적인 것 뿐 아니라 시각적인 것으로도 명백히 나타날 수 있다. 인지적 접근은 정서 뿐 아니라 생각도 탐색하게 하여 긴장을 완화시키고 자신감을 가지게 한다.

재활을 위한 미술치료는 장애의 종류와 정도에 따라 인지능력, 근육운동, 동기 상승, 집중력, 성취능력의 개선을 목적으로 한다. 창의적 표현활동을 통하여 자신의 내면에 있는 어려움과 문제점들을 제시할 수 있게 된다. 뿐만 아니라 재활로서의 미술치료는 장애인에게 나타나기 쉬운 사회통합의 어려움에 대한 재동화를 시도할 수 있는 기회를 줄 수 있어야 한다. 미술치료의 과정은 치료형태와 치료대상자에 따라 다르므로 통일된 과정이 있는 것은 아니다. 치료대상자의 능동적 작업을 우선으로 하며, 그러한 능력을 끌어내기 위해서 치료계획을 세워야 한다. 치료대상자에 대한 정보 뿐 아니라 현재의 심리적, 육체적 상태를 파악하여 목표와 계획을 세우고, 매시간 융통성 있는 자세로 의식의 흐름을 파악하고 환자의 시각적 표현에 대한 지지자로서 적절한 보조를 맞추어야 한다.

선천적으로 장애를 가지고 있는 환자의 경우 가족이나 주변인에 대한 의존감이 높은 동시에 원망의 양가감정을 가지고 있을 수 있다는 문제를 가지고 있으며 후천적인 사고에 의해 장애를 가진 환자의 경우에는 예전의 자신의 모습을 기억하며 현실에 적응하지 못하는 문제를 가지고 있는 경우가 다수이다. 이러한 문제를 가지고 있는 재활환자들을 위한 미술치료사로서의 역할은 그들의 남아있는 기능을 활성화시킬 수 있도록 도와주어 아무것도 할 수 없다는 심리적인 압박감과 좌절감에서 벗어나도록 하며, 자신에 대한 올바른 판단을 통한 자기 이해를 도와주는 것이다.

미술치료 프로그램을 통한 미술 작업은 방어나 통제를 줄이고 상징적인 이미지에 의해 감정이나 사고를 표현하는 것을 가능하게 한다. 그리고 시각적 이미지에 의한 표현은 의식의 깊숙한 부분을 자극하여 자기개방을 더 풍부하게 해주며, 언어를 통해 교류하는 것이 불가능한 경우 개인 간을 연결하는 매개체가 된다(권기덕 등, 1993). 또한 구체적인 유형의 자료가 남기 때문에 내담자 자신이 객관적으로 자신을 관찰할 기회가 되며, 자신에 대한 이해를 높여 주고, 과거의 경험을 재구성하는 기회도 갖게 해준다.

5. 재활환자를 위한 영역별 미술치료

1) 재활환자의 심리 영역

재활환자들의 우울은 특히 뇌손상의 경우, 좌측 전두엽 부위에 손상이 있을 때 많이 보고되어 왔다. 특히 미술치료는 언어적인 접근 방법을 가진 치료 방법에 비해 방어나 통제가 적고 상징적인 이미지에 의해 감정이나 사고를 표현하는 것을 가능하게 하여, 긴장을 해소시키고 창조적이고 활동적인 에너지를 발산할 수 있게 하는 장점이 있다. Weinberg은 뇌손상 및 뇌졸중 환자들을 대상으로 컴퓨터 미술 치료 프로그램을 이용하여 환자들의 분노와 좌절을 표현하게 하였고, 이 프로그램이 환자들의 동기 및 자존감의 증진을 가져옴을 보고하였다. Garner는 뇌손상환자의 인지 기능에 대한 미술치료의 효과에 대해 신경심리학적 미술 치료 모델 (Neuropsychological art therapy model, NAT model)을 가지고 설명하였다. 이 모델에서 Garner는 인지와 환경의 상호작용(cognitive-field interaction)을 기반으로, 환경적 요인들과 환자의 인지적, 심리적, 신경학적 작용에 대한 통합적인 이해를 강조하였고, 사회적 지지와 환경이 치료의 성공 여부로 중요한 인자라고 주장하였다. 김정자는 집단미술치료가 뇌졸중환자가 자신의 신체를 재발견하고 장애를 수용하면서, 뇌졸중으로 인한 우울, 불안, 무기력 등의 부정적인 정서가 긍정적인 정서로 안정되고, 대인관계의 단절을 극복하고 재활의 동기와 힘을 가지는데 도움이 된다는 보고를 하였다.

2) 재활환자의 인지 영역

재활환자의 행동 및 기억 장애는 전두엽 부위 또는 측두엽 부위의 손상에서 주로 보고되어 왔으며, 시지각 장애와 관련해서는 두정엽 및 후두엽 부위의 손상에서 주로 보고되어 왔다. David은 세 명의 뇌손상 환자를 대상으로 미술치료를 시행한 후, 집중력, 기억력, 조직화 능력 등의 호전을 보고하였다. 그리고 Gair은 시지각적 문제를 지닌 학습장애아동들을 대상으로 7주간의 미술치료를 시행한 결과, 자아상을 그리는 능력 및 일리노이 심리언어 능력 검사(Illinois Test of Psycholinguistic Abilities, ITPA)에서 시각적 수용, 시각적 끝맺음, 시각적 연관, 시각적 기억, 수기적 표현과 이해/표현 작업들에서의 향상된 것을 보고하였다. 이에 반해 Uhlin은 뇌손상을 받은 환아에서의 시지각적인 어려움들은 2차원상의 미술 활동 자체를 거의 불가능하게 만든다고 주장하면서, 환아의 시지각적 경험을 돕기 위해선 시지각적 작동을 방해하는 원인을 알고, 미술활동을 구성해야 함을 강조하였다.

3) 재활환자의 언어 영역

재활환자의 언어 장애는 여러 피질에서의 고유한 부위 및 피질하 부위들의 손상과 관련되는 것으로 보고되어 왔다. Cheyne-King은 뇌손상으로 인해 표현 실어증을 가지고 있으면서 사물의 부분들을 통합하는 능력이 떨어진 환자에 있어 실버 자극 그림(Silver' s stimulus drawings)을 이용한 치료가 매우 유용함을 보고하였으며, Wilson은 언어 장애를 갖고 있는 뇌졸중 환자에서 시각적 상들을 만드는 것이 환자의 시각-운동 기능을 훈련하는데 도움을 준다고 보고하였다. 또한 Wald는 68에서 84세까지의 다양한 유형의 치매환자 6명을 대상으로 미술치료를 시행하여, 정신적 이상 또는 기질적 뇌손상을 관찰할 수 있음과, 언어 기능이 심하게 손상된 경우라도 자기 자신을 표현하거나 대처할 수 있는 좋은 방법이 될 수 있음을 보고하였다.

4) 재활환자의 운동 영역

재활환자의 운동 기능 장애는 주로 전두엽 부위 손상과 관련되나, 운동 기능은 감각 기능과 같이 고려하는 것이 좋아, 운동과 감각 기능에 관련되는 다양한 뇌 부위에 대한 고려가 필요하다. 이 영역에서의 치료효과는 위에서 기술된 인지 기능의 향상, 심리적 안정, 동기 증가 등 여러 치료 효과와 미술 활동 자체가 갖는 치료적 결과, 즉 손사용의 치료적 빈도 증가와 관련되어 나타나는 효과로 생각된다. Yaretzky는 뇌졸중 또는 대퇴 골절을 당한 노인들을 대상으로 찰흙을 이용한 미술치료를 시행하였다. 이러한 형태의 치료는 환자들에게 언어적, 비언어적 의사소통 모두를 허용함으로써, 개인적인 감정을 더 잘 표현하게 하였고, 감각-운동, 인시 및 물리 치료의 효과를 가져왔다.

5) 재활환자의 사회 영역

재활환자는 병원에 입원하고 있을 때나 통원 치료를 받을 때 모두 사회적 고립 및 외로움에 빠질 수 있는 가능성이 크다. 이러한 상황에 대한 대처 방법으로 그룹 미술치료를 사용하는 것이 도움이 될 것으로 생각된다. 앞서 Yaretzky은 찰흙을 이용한 치료를 그룹 치료로 진행함으로써 서로 간에 동료 의식을 자극하였고, 협동 및 상호 지지를 유도할 수 있었다. 이 치료의 목적 자체가 양손의 감각 운동 작업과 사회적 상호작용을 통합하여 환자들이 미래에도 여가 시간에 이러한 작업을 수행하도록 하는 것이었다.

9. 정신분열과 미술치료

1. 정신분열병의 이해

1) 진단기준과 주요증상

(1) 진단기준(DSM-Ⅳ)

핵심적 증상(A), 경과기준(B,C), 배제기준(D,E,F)의 6가지 진단요건을 갖추고 있다.

(2) 주요증상

- 망상(delusion)

: 자신과 세상에 대한 잘못된 강한 믿음.

외부세계에 대한 잘못된 추론에 근거한 그릇된 신념으로서 분명한 반증에도 불구하고 견고하게 지속되는 신념.

피해망상(persecutory delusion)

과대망상(grandiose delusion)

관계망상(delusion of reference)

애정망상(erotic delusion)

신체망상(somatic delusion) 등

- 환각(hallucination)

: 현저하게 왜곡된 비현실적 지각.

외부자극이 없음에도 어떤 소리나 형상을 지각하거나, 외부 자극에 대해 현저히 왜곡되게 지각.

환청(auditory hallucination)

환시(visual hallucination)

환후(olfactory hallucination)

환촉(tactile hallucination)

환미(tasteful hallucination) 등

- 와해된 언어(disorganized speech)

: 비논리적이고 지리멸렬한 혼란된 언어.

목표나 논리적 연결 없이 횡설수설하거나 목표를 자주 빗나가 무슨 이야기를 하고자 하는지 이해하기 어려움. 사고장애로 인하여 말하고자 하는 목표를 향해 사고를 논리적으로 진행시키지 못하고 초점을 잃거나, 다른 생각이 침투하여 엉뚱한 방향으로 생각이 흘러가기 때문.

- 심하게 와해된 행동(grossly disorganized behavior)

: 나이에 걸맞는 목표지향적 행동을 하지 못하고 상황에 부적절하게 나타내는 엉뚱하거나 부적응적인 행동.

- 긴장성 운동행동(catatonic behavior)

: 마치 근육이 굳은 것처럼 어떤 특정한 자세를 유지.

- 다양한 음성 증상

: 정서적 둔마(affective flattening), 무언어증(alogia), 무욕증(avolition) 등

** 최근에는 정신분열병 환자들이 나타내는 다양한 증상을 양성 증상과 음성 증상으로 구분하는 것이 일반적이나.

- 양성 증상(positive symptom): 일반인에게는 나타나지 않고 정신분열병 환자에게서는 나타나는 증상. 망상, 환각 와해된 언어나 행동 등.
- 음성 증상(negative symptom): 정상인들이 나타내는 적응적 기능이 결여된 상태. 정서적 둔마, 언어의 빈곤, 의욕의 저하 등.

2) 정신분열병의 하위 유형 (DSM-Ⅳ기준)

(1) 망상형(paranoid type)

: 하나 이상의 분명한 망상을 지니고 있으며 빈번한 환청 경험을 나타낸다. 음성 증상을 나타내지 않으며 인지적 기능의 손상이 적다. 사회적 스트레스와 관련해 비교적 단기간에 증상이 발전하는 경향이 있으며 다른 유형들에 비해 예후가 양호한 편이다.

(2) 해체형(disorganized type)

: 와해된 언어와 행동, 정서적 둔마, 부적절한 감정 반응과 같은 음성증상을 주로 나타낸다. 현저한 인지적 기능 손상과 부적절한 행동을 나타내며 이로 인해 일상생활의 수행에 심각한 장해를 나타낸다.

(3) 긴장형(catatonic type)

: 긴장된 자세로 오랜 시간 움직이지 않는 강직증이나 부동증을 주된 증상으로 나타낸다. 상동증적 운동(stereotypic behavior), 반향언어(echolalia), 반향동작(echopraxia)

(4) 감별불능형(undifferentiated type) = 혼합형

: 정신분열병의 첫 번째 진단기준(A항)에 해당되지만 망상형, 해체형, 긴장형의 어떤 유형에도 속하지 않는 경우.

(5) 잔류형(residual type)

: 정신분열병의 증상이 약화된 상태로 지속되고 있는 경우.

3) 역학적 특성

(1) 유병률

연구에 따라 0.2~2.0%로 다양하게 나타남.

평생 유병률은 0.5~1.0% 정도.

(2) 발병

흔히 10대 후반에서 30대 중반에 발병. 청소년기 이전에 발병하는 경우는 드물며 남자는 15~24세, 여자는 25~34세에 발병하는 경우가 많다.

4) 정신분열병의 역사

(1) Kraepelin(1899)

조발성 치매(dementia praecox)라는 진단명으로 처음 그 증후군이 확인됨.

조발성 치매는 청소년기에 발병하며 인지기능이 퇴화되는 기질적 장애라는 의미를 지님.

(2) Bleuler(1923)

처음으로 정신분열병(Schizophrenia)이라는 명칭 사용.

정신분열병의 가장 큰 특징으로 뇌의 기능적 분리(splitting)를 강조하며 1차 증상과 2차 증상을 구분.

1차 증상(4A) : 정신분열병에서만 특징적으로 나타남.

연상(association)

정동(affectivity)

양가성(ambivalence)

자폐증(autism)

2차 증상 : 다른 정신장애에서도 나타나며, 1차 증상에 의해 파생되는 것으로 봄.

망상(delusion)

환각(hallucination)

(3) Schneider(1959)

Bleuler식의 포괄적 진단기준이 한계를 보이자 좀더 구체적인 행동적 특성에 초점을 맞춰 11가지 1급 증상(First-Rank Symptoms)을 제시.

- 사고 반향
- 환청과의 대화나 논쟁
- 환자의 활동을 간섭하거나 논평하는 환청
- 망상적 지각
- 신체적 피동 체험
- 사고 투입
- 사고 철수
- 사고 전파
- 만들어진 감정
- 만들어진 충동
- 만들어진 수의적 행동

5) 정신분열병의 원인

(1) 생물학적 요인

① 유전적 요인

정신분열병 환자의 부모나 형제자매는 일반인의 10배, 자녀는 15배까지 유병률이 높으며, 3촌 이내의 친족에서도 2.5~4배에 가까운 발병률을 나타낸다.

② 뇌의 구조적 이상

정신분열병 환자는 정상인보다 뇌실의 크기가 크고 뇌 피질의 양이 적으며 전두엽, 변연계, 기저신경절, 시상, 뇌간, 소뇌에서 이상을 나타낸다는 다양한 연구결과가 보고되고 있다.

③ 뇌의 기능적 이상

뇌영상술을 이용한 연구에서 정신분열병 환자는 전두엽 피질의 신진대사가 저하되어있다는 것이 발견되었다.

④ 신경전달물질의 이상

- Dopamine가설(Carlsson & Lindquist, 1963) :
  "정신분열병은 뇌의 dopamine 활동이 과다할 때 야기된다"
- serotonin-dopamine가설

⑤ 생물학적 환경

태내조건, 출생 시의 문제, 출생 직후의 문제가 정신분열병의 원인이 될 수 있다는 주장.

⑵ 심리적 요인

① 인지적 입장

- 인지적 입장에서는 정신분열병 환자들이 나타내는 주의장애에 초점을 두고 있다.
- 주의 기능이 손상되면 부적절한 정보를 억제하지 못하므로 심한 심리적 혼란을 겪게 된다.
- 이러한 혼란을 감소시키기 위해 망상을 발달시키거나 외부자극에 무감한 태도를 취하게 된다.
- 이러한 인지적 기능의 결함은 전두엽 피질의 기능이상과 관련된 것으로 여겨진다.

② 정신분석적 입장

- Freud(1924)
  통합된 자아가 발달하기 이전 단계, 즉 오이디푸스 이전의 심리적 갈등과 결손에 의해 생겨나는 장애로 보고 갈등모델(conflict model)과 결손모델(deficiency model)을 제시했다.
- Federn(1952)
  자아경계(ego boundary)의 붕괴에 기인한 것으로 보았다.

외부적 자아관계의 손상 / 내부적 자아경계의 약화

- Klein(1932)

  어린아이가 생후 1년 이내에 두 가지 중요한 인간관계 패턴을 형성하게 되는데, 이는 정상적 발달과 병리적 발달 모두에 중요하다고 주장하였다.

  피해의식적 입장(paranoid position) / 우울적 입장(depressive position)

- Mahler(1952)

  초기의 발달 경험이 성장 후의 심리적 기능에 영향을 미친다고 주장하였다.

  신생아의 초기 발달과정을 자폐적 단계, 공생적 단계, 분리-개별화의 단계로 구분하고, 정신분열증은 자폐적 단계로 퇴행한 것이라고 보았다.

⑶ 가족관계 및 사회환경적 요인

① 가족관계

- 정신분열병은 어머니의 부적절한 양육태도에 의해 유발될 수 있다.(Fromm-Reichman, 1948)
- 정신분열병 환자의 부모는 이중적 의미의 의사소통을 하는 경향이 있다: 이중구속이론(double-bind theory) (Bateson, 1956)
- 정신분열병 환자의 가족은 가족 간의 갈등이 많고 강렬한 부정적 감정을 표출하는 경향이 있다: 표현된 정서(expressed emotion) (Brown, 1959)
- 부모의 부부관계가 정신분열병의 발생에 영향을 준다: 편향적 부부관계 / 분열적 부부관계

② 사회문화적 환경

사회적 유발설(sociogenic hypothesis)/사회적 선택설(social selection hypothesis)

⑷ 취약성-스트레스 모델

- Zubin & Spring (1977)
- 장애 자체가 만성화 되는 것이 아니라 장애에 대한 취약성이 지속되는 장애라고 보았다.

- 정신분열병에 대한 취약성의 정도는 개인에 따라 다르며 유전적 요인과 출생 전후의 신체적-심리적 요인에 의해 결정된다.
- 취약성을 지닌 사람에게 스트레스 사건이 발생하여 그 적응부담이 일정한 수준을 넘게 되면 정신분열병이 발병한다.
- 약물치료뿐 아니라 심리사회적 개입을 통해 임상적 경과에 영향을 미치는 환경적 스트레스를 감소시키고 스트레스 대처능력을 향상시켜야 한다.

6) 정신분열병의 치료

(1) 약물치료

- Bernstein(1983)은 항정신병 약물은 3가지 종류로 나누었다.

  진정성 항정신병 약물 ex) thiordanzine, metatrimeprazine, cyamemazine

  항결핍성 항정신병 약물 ex) fluphenazine, pimozide, sulpiride

  항생산성 항정신병 약물 ex) chlorpromazine, haloperidol, oxaflumazine

(2) 심리치료

- 정신역동적 치료에서는 정신분열증 환자와의 지지적 관계형성을 통해 자아기능을 강화시키는 데 초점을 둔다. 가장 중요한 것은 '의미 있는 관계형성'이다.
- 환표이용법(token economy)
- '건강한 자기 대화'(self-instructional training)
- 집단치료, 가족치료, 직업치료 등

7) 정신분열병과 유사한 정신증적 장애

(1) 정신분열형 장애(schizophreniform disorder)

- 정신분열병의 증상이 나타나서 6개월 이전에 회복된 경우.
- 현재 정신분열병의 증상이 지속되고 있지만 정신분열병의 진단기준에서 요구되는 6개월이 경과되지 않은 경우.
- 유병률: 정신분열병의 절반 정도로 추정. 청소년에게 흔하다고 알려져 있다.

(2) 단기 정신증적 장애(brief psychotic disorder)

- 정신분열병이나 정신분열형 장애와 임상적 증상은 유사하지만 증상기간이 한달 이내로 짧게 나타나며 병전상태로 완전히 회복되는 경우.
- 격렬한 감정적인 동요나 혼란을 경험.
- 증상기간이 짧지만 개인의 적응기능이 심하게 손상될 수 있으며 잘못된 판단이나 망상에 의해 위험한 행동을 할 수 있기 때문에 철저한 보호와 감독이 필요.
- 재발되는 경향이 적으며 정신분열병이나 기분장애로 이행하는 경우도 드물다.

(3) 분열정동장애(schizoaffective disorder)

- 정신분열병의 주요증상에 대한 첫 번째 진단기준을 충족시키는 동시에 주요 우울증, 조증, 혼재성 기분상태의 증상이 함께 나타나는 경우.
- 기분장애의 증상이 없는 상태에서 망상이나 환각이 적어도 2주 동안 나타나야 한다.
- 기분장애가 나타나는 양상에 따라 우울형과 양극형으로 구분한다.
- 발병시기가 빠르다.
- 갑작스러운 환경적 스트레스에 의해 급성적으로 시작된다.
- 심한 정서적 혼란을 나타낸다.
- 병전 적응상태가 양호하다.
- 정신분열병의 가족력이 없는 대신 기분장애의 가족력이 있다.
- 정신분열병에 비해 예후가 좋다.
- 평생유병률은 1% 이하이며, 여자에게 더 흔하게 발생한다.

(4) 망상장애(delusional disorder)

① 망상장애의 유형

- 애정형(erotomanic type)
- 과대형(grandiose type)
- 질투형(jealous type)
- 피해형(persecutory type)
- 신체형(somatic type)

- 혼합형(mixed type)

② 망상장애에 대한 입장

- 정신분석적 입장: 망상을 혼란스러운 감정의 결과라고 본다.
  Freud: 동성애적 충동
  Swanson(1970): 증오
  Adler(1927) / Tollr(1987): 자존감의 상실
- 인지적 입장: 망상을 논리적 추론의 결함, 비정상적인 경험의 의미추론, 정보처리의 편향 등의 관점에서 설명.
  Domarus(1944): 동일성의 원리(principle of identity)
  Hemsley & Garety(1986): 정상인이 수용하기엔 너무나 확률이 낮은 결론을 그대로 수용.
  Maher(1974, 1988): 비정상적인 경험
  Kaney & Bentall(1989): 사회적 귀인과정
- 생물학적 입장: 망상이 뇌의 구조적 손상이나 신경전달물질과 관련되어 있다고 가정한다.
  Cutting(1985): 좌반구의 측두엽 손상, 우반구의 두정엽 손상
  Cummings(1985): 변연계와 기저핵

③ 치료

- 다른 정신장애에 비해 치료가 어렵다.
- 환자의 현실적 생활과 밀접하게 연결되어 있어 지속되는 경향이 강하다.
- 피해형 망상장애 환자는 치료진을 믿지 못하고 약물사용에 의심을 품기 때문에 약물치료가 쉽지 않다: 신뢰로운 치료관계를 형성하는 것이 중요.
- 임상가는 환자가 흔히 사용하는 투사 방어의 대상이 될 수 있다.

2. 정신분열병 환자의 특성

1) 정서 장애

- 주관적인 정서 경험이 diminished, flattened, or blunted.
- 자신이 인식하고 있는 정서 반응을 표현하거나 전달하는 것이 어려움.
- 감정 tone의 미묘한 변화(gradation)가 상실되고, emotionality는 종종 과장되어서 나타남.
- 따뜻하고 긍정적인 감정은 간헐적이고 신뢰롭지 못함. 이들은 이러한 감정을 마치 두려워하는 듯하기도 함; 다른 사람에게 tender하게 느끼면 자신의 독립적인 existence가 위협되는 듯이. 실제로 애정이 나타날 때, 종종 unusual object에 대한 것인 경우 있음. 이 환자들은 실제적인 접촉이 거의 없는 사람에게 평안한 애정을 느끼거나 자신보다 사회적 지위가 훨씬 아래인 사람들(servant 등)에게 애정을 느낌.
- 이러한 정서적인 결핍은 타인으로부터 유리되고, 결과적인 고독을 즐길 능력도 또한 없음. 외롭고 불행한 사람들임. 즐거움을 느끼지 못하는 것(anhedonia)이 주 호소 문제가 되는 경우는 없으나 이것이 그의 전체 생의 특징임. 자신의 존재 자체에 대해서 내적인 갈등을 느끼고, 사소한 즐거움도 out of reach함.
- 자신은 단지 어떤 역할을 연기하고, 다른 사람들도 배우들처럼 보이는 느낌을 보고하기도 함. Disturbing한 상황에 대한 반응으로 자신을 정서적으로 isolate시키는 방어적인 반응의 결과로 이러한 play acting 감각을 갖는 것임. 이런 방법으로 자신의 감정이나 타인의 감정으로부터 소외되어 거리를 유지함.
- 행동적인 정서 반응을 무시하고, 물리적 자극에 대한 반응으로 간주하려고 함.
- 공감하기가 어려움.
- 환자의 감정이 사고 내용이나 면담 상황에 부적절하게 보일 수 있음. 그러나 정서 반응은 언제나 그의 내적인 경험, 치료자에게는 숨겨져 있지만, 자신에게는 적절한 것임. 환자의 정서를 밝힌 후에는 그러한 감정을 유발한 생각을 이끌어내고 밝혀야 함.
- 환자에게 customary한 감정 반응을 기대해서는 안됨. 환자는 이러한 기대를 감지하고 본 감정을 은폐할 것임. 모의 죽음에 대해서 애도를 나누기를 원하면, 이러한 치료자의 감정이 자신의 본 감정과 다르다는 것을 느끼고 혼란스러워하며, 회피하고 철수

해버릴 것임. 본 감정을 건드리기 위해서 감정에 대한 개방적인 질문을 던지면, 좀 더 자유롭게 반응할 것임.

* 음성증상과 우울증상의 구분

동반된 다른 증상을 근거로 구별될 수 있으며, 정신분열병 환자는 정서가 감소되거나 공허해지는 반면, 우울증 환자는 전형적으로 심하게 고통스러운 정서를 경험함. 또한 우울증 환자의 감정은 임상가가 금방 느낄 수 있음.

2) 주의집중의 장애

- 어떤 대상에 주의를 일정기간 고정시키거나 초점을 맞추지 못함. 주변의 사소하거나 불필요한 자극에 쉽게 교란됨.
- 불필요한 자극을 여과하는 주의의 여과(filtering) 기능에 문제가 있음.
- 정신분열병은 기본적으로 사고장애라고 볼 수 있음. 또한 정신분열병 환자들은 주의집중(attention concentration)의 문제를 가지고 있는데, 이들은 마치 '시간은 굉장히 빨라지고, 공간은 아주 넓어진 것 같은 느낌'을 갖으며, '낯선 공항 대합실에 혼자 떨어져 있는 것' 같은 혼란스런 경험을 하게 됨. 이는 많은 자극들이 입력되지만, 혼란스럽고 정리되지 않는 것으로 해석될 수 있고, 결국 정보/자극의 홍수(information/stimulus flooding)라고 개념화할 수 있음.
- 정신분열병 환자들의 핵심적인 문제는 선택적 주의(selective attention)의 저하 혹은 이상이라고 할 수 있으며, 이는 불필요한 정보가 사고과정에 끼어드는 양상, 조리에 맞지 않는 사고(incoherence), 연상의 이완 등으로 나타나게 됨. 또 망상은 이런 혼란스런 상태를 나름대로 설명하기 위해 환자가 발전시킨 신념이라고 개념화 할 수도 있음. 따라서 정보/자극의 홍수를 막기 위해 환경 자극으로부터 고립된 자신만의 세계로 철수하여 위축되는 것이 라고 말할 수 있음.

3) 대인관계/사회적 관계의 문제

- 타인과 관계 맺는 것이 매우 어려움. 친구가 거의 없고, 사람들을 trust하지 않음. 아는 사람들은 그를 피하여, 그의 고독감과 소외감을 더해갈 것임. 친구 사귀면, 그 역시 outcast일 가능성 많음.
- 이러한 사회적 관계의 장애는 우선 가족관계에서 시작됨. 신뢰, 따뜻함, 타인과 관계

하는 능력은 어렸을 때 형성되는 것임. 부모의 병리와 의사소통의 미묘한 장애가 종종 이들 정신분열가족에서 발견됨. 성공적인 사회 적응에 필요한 기술을 획득하지 못하게 됨. 다른 사람이 어떻게 생각하고 느낄까에 대한 자신의 이해를 믿을 수 없을 뿐 더러, 자신의 mental process에 대한 자신의 지각마저도 mistrust. 대신에 정서적인 거리를 유지하여 자신을 보호하는 것을 배우고, 타인과 경험을 공유하기보다는 자신만의 자폐적인 세계를 선호함.

- 애정이나 정서적인 접촉에 굶주려서, 개인적인 관계에서 철수하기보다, 명확한 위험을 무시하고 이러한 경험을 추구하기 위해서 critical한 비판을 멈춰버릴 수 도 있음.
- 다른 사람들에 대해서 동시적이며 상충적인 정서 반응을 가지고 있기도 함; 양가적인 태도. ambivalence는 모든 인간관계에 내포된 것임. 그러나 대부분 사람들은 덜 수용할 만한 자기 감정의 측면은 의식 밖으로 밀어내려고 함. 정신분열병 환자의 초기 가족 경험은 그러한 강렬한 분노를 자극하고 부적절한 통제를 제공해서 repression이 불가능함. 정신분열 환자들의 의식적인 양가감정은 그들의 모든 관계에 펼쳐져 있고, 그들과의 접촉에서의 erratic하고 비일관적인 행동을 만드는데 기여함.
- mistrust, closeness에 대한 fear, ambivalence, clinging dependency는 그 환자의 모든 인간적 접촉에 영향을 주고, 치료자를 향한 전이 행동의 일반적인 질을 결정함.
- 이 환자들도 전이를 형성함; 신속하게 전이를 형성하고, 그 감정이 너무 강렬하여 기본적인 치료자-환자 관계를 위협할 정도임.

4) 정신분열병의 심리적 특징

근본적으로 정신분열병 환자들이 경험하는 현실세계는 그들이 나름대로 병으로 인한 고통을 극복하려고 노력하고 있다는 것이다. 다른 사람에게는 이상하게 보이는 행동이나 말들이 그들에게는 모두 의미가 있고, 현실의 고통을 조금이라도 경감시키려고 하는 "안간힘"이라고 보아야 한다는 것이다.

- 시간, 공간적 배열의 혼돈상태

우리는 꿈을 꿀 때 시간적, 공간적 개념이 없이 자유롭게 과거, 현재를 왔다갔다한다. 무서운 아버지의 얼굴이 영화 속 주인공의 얼굴로 바뀌기도 하고 현실세계에서는 도저히 불가능한 행동들, 예를 들면 높은 곳에서 자유롭게 뛰어내리기도 한다. 바로 이 같은 꿈의 세계의 정신역동이 정신분열병 상태일 때는 가능하다.

정신분열병 상태에서는 시간이 너무 느리게 가기도 하고 때에 따라서는 매우 빠르게 진행하기도 한다. 또한 비슷한 특징을 가진 사람들이 구분이 되지 않고 동일한 사람으로 보이기도 한다. 예를 들어 안경을 쓰고 검은 양복을 입은 사람들이 모두 자신을 잡으러 온 경찰처럼 보인다든가, 정신과 병실 내에 있는 여자는 모두 어머니나 누이동생으로 인식하는 경우 등이 흔하다.

– 현실에 대한 왜곡된 인지상태

다음은 정신분열병을 경험한 한 환자의 얘기를 통해 현실을 어떻게 인식하는지를 알아볼 수 있는 예이다.

나는 갑자기 방이 커지는 것을 보았는데 그것은 정말 그림자도 없앨만큼 무시무시하게 환한 전기 불빛을 밝힌 것 같았습니다. 모든 것이 깔끔하고 반들거리며 지극히 인공적이었습니다. 의자나 책상은 여기저기 놓여 있는 모형 같았고 학생들과 선생님도 아무 생각없이 왔다갔다 하는 자동인형처럼 보였습니다.

또 다른 예를 보면 정신분열병 상태에서 환자들이 경험하는 현실세계의 무서움에 대한 고통을 알 수 있다.

마치 어둡고 긴 터널을 뚫고 나온 느낌이었습니다. 저 멀리 불빛 하나가 깜박거리고 있었는데 그 불빛을 따라 계속 나가도 터널은 끝나지를 않았습니다. 이제는 죽었구나 하고 생각하는데 누군가의 손이 내 손을 잡아끌며 갑자기 환한 세상으로 나오게 되었습니다.

– 사고연상의 오류 현상

정신분열병 상태에서는 우리가 평소에 접하는 논리적 사고가 결여된다. 마치 5, 6세 어린애들이 자신의 행동을 정당하게 우기는 것과 같이 말의 앞 뒤가 일치되지를 않는다. 또한 언어의 뒤에 숨어 있는 함축된 의미를 이해하지 못한다.

예를 들면 급성 정신분열병 환자에게 "의자에 앉으십시오"라고 하면 그 방에 있는 여러 의자 중에 어디를 말하는지를 빨리 이해하지 못한다. "제 옆에 있는 이 의자에 앉으십시오"라고 말을 해야만 정신분열병 환자들은 이해하기가 쉽다. 이같은 현상을 우리는 함의력(含意力)의 결함(缺陷)이라고 한다. 정신분열병 상태일 때 환자들은 주로 고정적이고 유동성이 없이 상대방의 언어를 받아들인다. 이를 원어(原語)의 의미(意味)라고 하는데 예를 들면 "책상"이라는 사물을 지칭할 때 우리는 상황에 맞게 그 "책상"을 연상하지만 정신분열병 상태에서는 자신의 입장에서만 고정되어 있는 "책상"만을 생각한다. 즉, 자기 방에 있는 나무책상만을 "책상"으로 인식하는 경우이다. 따라서 정신분열병 상태가 심할 경우에는 환자들이 고집이 세어지고 타인의 언어를 이해하지 못하게 되는 상황이 반복적으로 나타나기가 쉬운 것이다.

5) 정신분열병 환자의 사례

몇 년 전 모 TV 방송사의 9시 뉴스가 진행되던 중 갑자기 한 남자가 뉴스 진행자 옆에 나타났다. 당시 대부분의 시청자들은 무슨 속보 내용이 있어 메모를 전달하러 들어온 방송사 진행요원 중 한 사람이라고 생각했다. 그런데 그 남자는 갑자기 마이크를 잡더니, "여러분! 제 귀에 도청장치가 되어 있습니다!"라고 외쳤다. 그는 자신의 귀에 도청장치가 되어 있어서 누군가가 자신의 생각을 다 알고 있다고 믿었으며, 그 사실을 국민들에게 알려 도움을 구하려고 했던 것으로 알려졌다(원호택과 이훈진, 2000).

어떤 중년의 남자가 시외버스를 타고 가고 있었다. 그는 한 여름인데도 불구하고 양복과 넥타이를 차려 입었는데, 기이하게도 입에는 마스크를 하고 있었으며, 위생상태가 좋지 않았고, 귀에는 이어폰을 낀 채 주변 사람들에 아랑곳하지 않고 크게 음악을 듣고 있었다. 버스 앞자리에는 두 명의 할머니가 통로를 사이에 두고 앉아 서로 대화를 하고 있었는데, 그녀들의 대화는 우리가 흔히 들을 수 있는 일상적인 내용이었다. 그런데 그 남자가 갑자기 할머니들에게 화를 내며 버럭 소리를 질렀다. "이봐요 할머니, 왜 서로 신호를 주고받고 그래요? 내가 모를 줄 알았어요? 그 사람들이 날 죽이라고 시켰죠? 어림없어요. 늙은이들을 시키면 내가 눈치 못 챌 줄 아나" 그러고는 할머니들과 계속 논쟁을 벌였다. 그 사람의 말에 따르면, 자신을 죽이려고 간첩들이 따라다니는데, 잘 안 되니까 의심을 덜 받는 노인을 시켰다는 것이다. 그리고는 할머니들에게 그 사실을 자백하라고 요구하였다(원호택과 이훈진, 2000).

* 정신분열병 환자의 세계

① 비현실감

정상인들과 마찬가지로 정신분열병 환자도 자신의 시각으로 세상을 본다. 그러나 그들이 현실을 보는 시각은 정상인들이 보는 시각과는 완전히 다른 것이다. 왜곡되고 가변적이며 우리가 안주하는 현실이라고 믿을 만한 지표가 없는 세상에서 정신분열병 환자들은 걱정스럽고 혼란스러울 것이다. 이들은 감정적으로 멀리 느껴지기도 하고 어떤 것에 지나친 집착을 보이기도 하며 몇 시간이나 말없이 돌처럼 앉아 있기도 한다. 혹은 끊임없이 움직이기도 하고 지속적인 각성 상태를 보이기도 한다. 이렇듯 정신분열병 환자는 매우 다양한 모습을 보인다.

② 환각

정신분열병의 세계는 환각으로 가득 차 있다. 환각이란 환자들이 실제로 존재하지 않는 것을 지각하는 것인데, 무엇인가를 지시하는 소리를 듣는다든지, 존재하지도 않는 것이 보인다든지, 보이지 않는 손가락이 자신의 몸을 만진다고 느끼는 것을 말한다. 이러한 환각은 무척 무서운 경험일 것이다. 정신분열병 상태에서는 다른 사람은 들을 수 없는 소리를 듣는 환각이 가장 흔하게 나타난다. 이런 목소리가 환자의 행동을 묘사하기도 하고 대화를 하기도 하며 위험을 경고하고 무엇을 지시하기도 한다.

③ 망상

망상은 합리적이지 않고 그 사람이 속한 문화에서 이해되지 않는, 합당한 근거가 없는 잘못된 믿음을 말한다. 망상은 정신분열병의 흔한 증상으로 여기에는 피해망상, 과대망상 등이 있다. 종종 망상은 이웃 사람들이 전자파로 자신의 행동을 조종한다든지, TV에 나오는 사람이 자신에게 메시지를 준다든지, 자신을 생각을 방송한다든지 하는 기괴한 내용도 있다. 편집형 정신분열병에 흔한 피해망상은 자신이 속임을 당한다거나, 괴롭힘을 당하거나 독을 먹어 죽임을 당하는 등의 잘못된 믿음을 말한다.

④ 사고의 혼란

정신분열병 환자들은 수 시간을 계속 노력하여도 생각을 이어 갈 수 없는 경우도 있을 수 있고 생각이 너무 빨라서 따라 잡을 수 없는 경우도 있다. 또한 한 가지 생각에 집중을 못하고 쉽게 산만해지기도 한다. 또 이런 환자들은 상황에 맞는 것과 맞지 않는 것을 구별하지 못하며 논리적인 순서도 생각하지 못하여 사고의 체계가 혼란되고 단편적이다. 그래서 다른 사람들이 알아들을 수 없을 정도로 주제를 벗어나는 경우도 있다. 이런 논리적 사고 체계의 결여를 "사고 장애"라 하고 이것으로 인해 타인과의 의사소통의 장애를 초래하여 더욱 사회적으로 고립되게 된다. 사람들은 누군가가 하는 말의 의미를 모르는 경우, 불편을 느끼고 그를 소외시키게 된다.

⑤ 감정의 표현

정신분열병 환자들은 소위 "부적절한 정동반응"을 보이기도 한다. 이것은 사람의 감정 표현이 그의 말이나 생각과 일치하지 않는 것을 말한다. 예를 들어 정신분열병 환자들은 악마가 자신을 죽이려 한다고 말하면서 웃을 수도 있다는 것이다. 이런 모습은 정상인이 가벼운 사고를 당한 경우 신경질적으로 낄낄 웃는 행동과 혼동되어서는 안 된다. 종종 환자들은 "둔마된" 혹은 "결여된" 정동반응을 보이기도 하는데 이것은 감정 표현이 심하게 감소되었음을 뜻한다. 정신분열병 환자들은 정상적인 감정 표현을 못하고 목소리도 단조롭고 표정이 전혀 없을 수도 있다. 어떤 환자들은 지속적인 기분의 고양이나 우울을 보일 수도 있는데 이런 경우, 조울증이나 주요 우울증과의 감별이 필요하다. 명백한 구분이 힘든 경우는 분열형 정동 장애로 분류하기도 한다.

⑥ 정상과 비정상에 대한 개념

가끔 정상인들도 정신분열병 환자들과 유사하게 느끼고 생각하며 행동하는 경우도 있다. 예컨대 그들은 많은 군중 앞에서 연설을 할 때 너무나 불안해져서 혼란스러워지고 생각을 통합하지 못하며 말하려는 것을 잊어버리는 경우가 있다. 마찬가지로 정신분열병 환자들도 정상인처럼 생각하고 느끼고 행동하는 경우도 많다. 아주 혼란스러운 상태가 아니라면 그들도 하루 세 번 식사를 한다든지 밤에 잠을 잔다든지 하는 일반적인 현실성을 지니고 있다. 비현실적이라는 것은 그들이 완전히 다른 세상에 사는 것을 의미하지는 않고 다만 그들의 세계가 다른 사람들과 공유할 수 있는 현실적 기반이 없다는 측면으로 이해되어져야 한다.

다른 사람들이 듣지 못하는 경고의 소리를 듣는다는 것은 다른 사람들과 공유할 수 없는 경험이거나 명백한 현실의 왜곡이지만, 단지 현실의 한 부분의 왜곡일 따름이다. 그러므로 정신분열병 환자들은 많은 부분에 있어서는 정상인 것이다.

3. 정신분열병 환자의 미술치료

미술치료에서 그림에 관심을 두는 두 가지 측면은 그림에 표현되는 내용과 그 양식이다.

내용은 무엇을 표현한 것인가 이며, 양식은 표현된 것의 의미를 가리킨다. 이들은 서로 분리할 수 있는 성질의 것이 아니지만, 내용은 감정과 의식적, 무의식적 공상에 뿌리를 두고 있으며, 양식은 한 개인의 행동이나 성격, 내적욕구나 기분, 정신 역동이 그림에 어떤 형태로 표현되는 것인가 하는 그림의 진단적 측면을 뜻한다. 환자의 그림은 그의 내적 경험을 시각적인 형태로 표현, 통합한 것으로서 내용과 양식의 요소를 갖는다. 양식의 요소는 선, 색채, 공간, 명암, 리듬들로서 이는 그 개인의 행동과 인격의 유형뿐 아니라 감정 및 정신 역동을 반영한다. 내용 즉, 상징에 관해서는 환자의 자유연상 및 자기해석을 통한 접근이 타당하지만 일반적 해석을 접근해 볼 수 있다고 본다. 따라서 일반적이고 보편적으로 나타나는 특징을 분석함으로써 환자의 퇴행 및 무의식 혹은 본능에 접근할 수 있게 된다(Kniazzeh, 1981: 최현진, 2004에서 재인용).

정신분열병의 증상은 항정신병 약물치료를 통하여 효과적으로 감소하고 있으나, 증상이 감소되어 지역 사회로 복귀한 환자들이 모두 삶에 만족스러워하지는 않는다. 환자의 삶의 질을 향상시키기 위해서는 또 다른 방식의 접근이 필요한데, 이에 대해 국승희(2001)는 만성 정신분열병 환자의 삶을 평가하기 위해서는 증상과 같은 하나의 측정치만을 지표로 삼을 것이 아니라 여러 가지 복잡한 치료 프로그램의 효과와 환자 측에서의 전체적인 조망을 보아야 한다고 주장하였다.

여러 증상을 나타내는 정신분열병 환자들은 많은 경우 그로 인해 혼란을 느끼고 감정적 위축과 사회적 위축을 경험하게 되는데, 감정표현과 창조성의 발현, 집단 내에서의 상호작용 등이 유발되는 미술치료는 이러한 환자들에게 적절한 도움을 줄 수 있다. Ruddy&Milnes(2005)는 정신분열병 환자에게 약물치료와 더불어 미술치료와 같은 창조적 치료활동이 도움이 된다고 보고하였으며, 미술치료는 미술재료들의 사용과 치료적 관계를 통해 정신분열병 환자가 자신의 내면세계를 표현하는 데 도움을 준다고 주장하였다.

정신질환에 대한 미술치료의 효과를 검증하려는 시도는 다양하게 행해져 왔고 지금도 계속되고 있다. 정신질환자를 대상으로 한 집단미술치료는 사회성의 향상과 자존감의 향상에 효과가 있음이 논의되었고(Green, Wehling, & Talsky, 1987), 자기인식의 변화, 집단원간의 상호작용, 승화된 감정표현 등에 효과가 있음이 보고되기도 하였다(Lund, Ormerod, & George, 1986). Moriarty(1976)은 대인관계, 현실검증력, 자기표현력, 자주성, 그리고 자아상의 향상에 효과가 있음을 보고하였고, Dick(2001)은 단기 미술치료가 급성 정신질환자의 치료에 도움이 됨을 보고하였다. 김효신(1996), 신연숙(1995), 원혜아

(1993), 차지윤(2005)의 국내연구에서는 정신질환자의 미술표현에서 나타나는 특징적인 현상들을 기술하고 있으며, 황영순(2005)은 미술활동에 의한 치료중재가 정신질환자의 사회기술에 미치는 영향에 대해 연구하였다.

다양한 정신질환 중에서도 정신분열병 환자를 대상으로 한 미술치료 연구는 국내에서도 많이 이루어지고 있는데, 최외선, 박현미, 김지현(1998)은 집단미술치료가 정신분열병환자의 자존감 향상에 긍정적 영향을 미쳤다고 보고하였다. 유미(2005)는 미술치료가 정신분열병 환자들의 의사표현능력을 키워주고 자신감과 만족감을 주며, 타인 배려 등 사회성 발달에 도움을 줘 삶의 질 향상에 기여한다고 보고하였고, 정길수와 김동연(1999)은 집단미술치료가 만성정신분열병환자의 대인관계 향상에 기여함을 보고하였다. 이 외에도 이윤(2004)은 집단미술치료가 만성정신분열증 환자의 우울을 감소시키고 자존감을 향상시킨다는 연구결과를 보고하였고, 오선영(2004)은 미술심상치료가 재가 정신분열집단의 자아존중감과 사회적 회피 및 불안에 미치는 영향에 대해 연구, 보고하였다.

4. 실제 적용

1) 양성증상에 적합한 프로그램 및 사례

프로그램명	목탄 그림
준비물	흰 도화지, 목탄, 지우개
기대효과	흑백의 색상을 통한 집중
사 례	   

프로그램명	동양화
준비물	화선지, 먹물, 붓, 물감
기대효과	먹이 주는 집중 및 심신이완 효과
사 례	   

프로그램명	정물화
준비물	도화지, 정물, 연필, 물감 등
기대효과	사물 관찰을 통한 객관적 시각 경험
사 례	   

프로그램명	점토작업
준비물	점토
기대효과	점토가 주는 집중 및 심신이완 효과
사 례	

2) 음성증상에 적합한 프로그램 및 사례

프로그램명	꼴라쥬- 남이 보는 나, 내가 보는 나
준비물	도화지, 잡지, 풀, 크레파스
기대효과	자기표현 및 타인 이해
사 례	

프로그램명	앞사람 초상화 그리기
준비물	도화지, 연필, 크레파스, 싸인펜, 물감 등
기대효과	타인과의 자연스러운 교류 유도
사 례	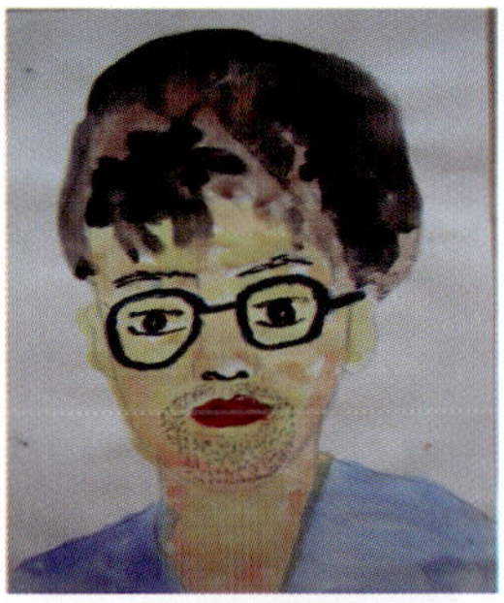   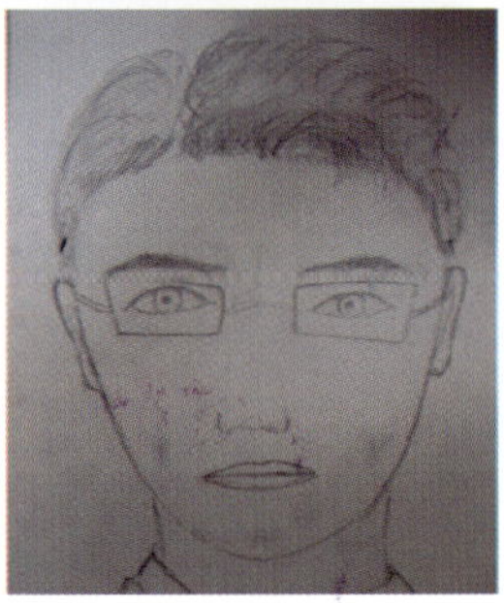  

프로그램명	돌려그리기
준비물	도화지, 크레파스, 싸인펜, 색연필
기대효과	타인배려 및 상호작용 촉진
사 례	   

10. 치매와 미술치료

1. 치매의 이해

노년기에 빈번하게 발생하는 정신장애 중의 하나인 치매(dementia)는 중추신경의 손상에서 일어나는 진행성 질환으로 “기억력 장애를 포함한 복합적인 인지 결손을 보인다. 병의 진행에 따라 ‘실어증, 실행증, 실인증 또는 실행 기능의 손상’과 인지 결손의 정도가 심화된다. 이러한 증후군은 뇌의 만성 또는 진행성 질환으로서 일상생활이 어려운 정도가 6개월 이상 지속될 때 치매로 볼 수 있다. 치매는 일반적으로 노년기에 들어서면서 많이 발생하며, 65세 이상에서는 5% 정도이며, 80세 이상은 20% 정도로 증가한다(연병길, 1996).

치매의 원인을 발견하기 위한 많은 연구가 이루어지고 있지만, 아직도 통일된 원인 규명은없는 상태이다. 그럼에도 불구하고 오늘날 치매의 원인과 증상에 대한 연구는 어느 때보다 활발하게 이루어지고 있는 상황이다. 치매는 크게 알쯔하이머형과 뇌혈관성 치매로 구분된다. 그 첫째로 알쯔하이머형 치매는 퇴행성 치매 중 가장 큰 문제가 되는 것으로 1960년 독일의 정신과 의사인 알로이즈 알쯔하이머가 자신의 이름을 따서 최초로 명명한 노인의 정신질환이다. 알쯔하이머형 치매의 위험요인으로 손꼽히는 것은 연령으로, 45세에서 유병율은 0.01% 이하지만 65세와 70세 사이는 2%, 70세와 80세 사이는 5%, 85세에는 20%로 상승한다. 발병연령이 65세 이하로 낮으면 가족력과 연관이 된다. 이 병의 약 25%가 가족력을 가지고 있으며 가족력을 가지고 있는 알쯔하이머병의 약 10%(모든 알쯔하이머병의 2.5%)가 상염색체 우성유전을 한다. 알쯔하이머형 치매는 후기 단계까지 뚜렷한 신체적 증상 없이 진행되는 전형적인 신경퇴행성 질병으로 원인불명의 뇌의 전반적인 위축과 특유의 조직학적 장애를 나타낸다.

알쯔하이머형 치매는 질병의 현상이 서서히 진행되며 그 원인이 명확히 밝혀지지 않았고 치유방법도 별로 없으며, 생존율은 발병 후 5~12년 정도로 보고 되고 있다. 알쯔하이머병에 대한 가능성 있는 위험요인들은 가장 포괄적으로 검증한 연구결과에 의하면 ① 연령의 증가 ② 알쯔하이머병에 대한 가족력 ③ 두부손상과 과거력의 3가지로 요약되고 있다. 그 외에 가능성 있는 요인으로서 낮은 교육상태, 다운증후군의 가족력, 페나세틴과 같은 진통제의 남용, 식수의 알루미늄 량, 기질성 용매에 노출된 작업경력, 칼슘의 결핍을 그 원인으로 보고 있다.

다음으로 혈관성 치매의 경우는 알쯔하이머병과 달리 갑작스런 발병, 일회 이상의 뇌졸중, 경과 변동경향, 계단식 진행, 고혈압이나 관상동맥질환의 증거, 변덕스런 정서적 상태, 다른 신경퇴행성 질환보다 오랫동안 병의 자각 보존 경향을 가지고 있으며, 뇌졸중이 반복되어 일어남으로서 뇌의 여러 부위에 뇌경색이 생겨 인지기능의 장애를 일으키는 것을 말한다. 고혈압, 당, 신장질환, 흡연 등은 뇌혈관에 혈전증이나 색전증을 일으켜 뇌경색이 되기 쉽기 때문에 혈관성치매의 위험요인으로 이야기되고 있다. 임상적으로 알쯔하이머형과는 달리, 갑자기 발병하며 치매가 나타나기 전에 한번이상 뇌졸중을 경험하는 것으로 알려져 있다.악화 후 안정, 다시 악화되는 경과를 보이며 두통, 어지러움 등의 국소적인 증세를 보인다.

치매 종류별 분포는 구미의 경우 알쯔하이머형이 약 50%, 혈관성이 약 15~20%, 혼합형이 약 15~20%,기타가 약 10~20% 로 추정되며, 일본을 위시한 동양권에서는 알쯔하이머형 보다는 혈관성치매의 유병률이 더 높은 것으로 추정하고 있어서 우리나라에서도 이와 유사한 유병 형태를 가질 것으로 추정되고 있다.(권석만, 민병배, 2002: 연병길, 1996, 한국 노인문제연구소, 1996).

2. 치매의 증상

치매 중에서 전 세계적으로 가장 흔하게 발병되는 알츠하이머형을 중심으로 증상을 살펴보면 다음과 같다(정여주, 2006).

① 기억력 장애

기억력 감퇴는 치매 초기에 나타나는 대표적 증상이다. 초기에는 단기기억력이 감퇴되지만, 점차 장기기억력도 상실한다. 일상생활에 필요한 것을 잊어버리기 시작하면서 점차 가족과 자신의 이름도 기억을 못하게 된다.

② 지남력 장애

시간과 장소에 대한 감각인 지남력 장애는 치매의 진행과정 중에 점차적으로 나타나게 된다. 특히 초기에는 시간에 대한 감각이 상실되면서 차차 장소에 대한 감각을 잃어버린다. 그러나 지남력의 상실이 의식의 장애를 일으키는 것은 아니다.

③ 언어장애

치매환자가 사용하는 언어는 모호하고 반복적이며 부정확하다 또한 병의 진행에 따라 반향 언어를 사용하기도 한다. 인지능력의 저하로 대상에 대한 명칭을 말하는데 어려움이 점차적으로 심해진다. 실어증을 수반하기도 한다.

④ 행동장애: 실행증과 운동 실조증

치매환자에게 보이는 대표적인 행동장애로는 실행증과 운동 실조증이 있다. 실행증은 운동능력이 있음에도 불구하고 평소에 하던 동작을 행하지 못하는 경우로 세수하기, 머리 빗기, 옷 입기 등의 동작을 하지 못한다. 운동 실조증은 근육의 협응에 장애를 일으키는 경우이다.

⑤ 인지장애: 실인증

감각기능에 문제가 없음에도 불구하고 사물과 사물의 이름을 인지하는 능력을 상실하는 것이다. 물체의 지각력이 상실되며 가족이나 거울에 비친 자신의 모습을 알아보지 못하게 된다.

⑥ 인격변화

치매가 진행되면서 환자는 본래의 성격이 강조되어 나타나거나 타인에게 미치는 행동과 언어의 영향에 개의치 않는 인격의 변화가 뚜렷하게 나타난다. 대표적으로 공격적, 적대적, 편집적이 되며 의심을 많이 하고 감정이 폭발하기 쉽다.

⑦ 정신장애

피해망상 및 혼돈, 우울과 죄의식, 불안증상과 심한 감정기복을 보이며, 후기에는 감정표현을 상실하게 된다. 특히, 알츠하이머병에는 환각이나 환시가 많이 나타난다.

3. 치매의 단계

알츠하이머형의 진행단계를 보면 다음과 같이 세 단계로 정리할 수 있다(Menzen, 2001).

① 첫째 단계: 기억력 감퇴 단계

부주의, 집중력장애, 기억력 문제, 단어발견 문제, 시간감각의 문제, 불안증세, 절망감, 우울한 반응, 후회, 억제, 사회적 후퇴 등이 일어난다. 신경질, 슬픔, 망상, 의심증이 보이지만 운동 능력과 뇌파 검사에서는 정상이다. 사회 활동에 일부 참여가 가능하고 독립적인 수행은 불가능하다. 집안 생활과 취미에 장애가 있고 불안, 우울, 초조 등의 정신행동 증상을 보일 수 있으며 점점 흥미를 상실해 간다. 가끔 개인위생에 대한 권고가 필요하다.

② 둘째 단계: 혼란 단계

시간, 공간, 상황에 따른 지남력의 문제와 기억력 문제의 증가, 언어장애(단어발견 장애, 언어이해장애), 판단력 장애, 감정기복, 분노 분출, 의심, 공격적 반응, 사교적 무감각 등을 보인다. 최근의 심한 기억 장애(과거의 기억은 다소 유지), 시간, 장소 등의 지남력 상실, 문제해결 능력과 사회생활에서의 판단력이 떨어지고 사회생활을 독립적으로 할 수 없다. 관심이나 흥미가 매우 제한되고, 옷 입기, 개인위생, 개인 소지품의 유지에 도움이 필요하다.

③ 셋째 단계: 중증치매 단계

장기기억장애, 인지력과 사고력, 언어력 파괴, 편집증적 망상, 갑작스러운 감정변화 등이 나타나고, 몸이 굳고 구부정한 자세와 실금 등의 신체적, 운동장애와 최고도의 기억장애, 언어장애를 보인다. 문제 해결이 불가능하고 편집증적 망상상태를 보이며 친절한 성향이 사라진다.

4. 치매의 치료

① 약물치료

인지기능장애에 대한 약물치료로는 아세틸콜린을 증가시키는 콜린성제제, 뇌대사 촉진제, 칼슘인지기능 장애에 대한 약물과 정신증상에 대한 약물로 나눌 수 있다.이온 채널 차단제 들이 실험적으로 사용된다. 정신증상에 대한 약물로는 항정신병 약물, 항 불안제, 항우울제, 수면제 등이 있다.

② 치료요법

현실치료, 기초감각 자극치료, 미술치료, 원예치료, 음악치료, 심상치료 등이 있다. 이러한 치료에는 특히 의미론적인 것과 지식 기억을 많이 고려하고 있는데, 삽화적-구상적 기억, 정서적 기억들과 같은 것이다. 이러한 기억작업에는 예술치료를 통한 미적 자극과 기초 감각적 자극이 중요한 역할을 할 수 있다.

5. 치매 환자를 위한 미술치료의 효과

집단미술치료는 미술치료가 가지고 있는 심리 치료적 속성 때문에 치매의 예방과 치료에 적합한 방법이라고 할 수 있다. 치매환자를 위한 미술치료는 미술활동을 하는 과정에서 부가적으로 발생하는 정서적 안정 개념의 성립, 소 근육 운동 향상 및 조절능력 향상, 시각과 지각의 협응, 집중력으로 정서안정의 향상들을 돕고 집단을 이루어 창작하게 함으로써 사회성의 향상과 자신의 욕구를 적극적으로 표현함으로서 의사소통의 능력이 향상된다고 볼 수 있다. 특히, 미술은 공간성을 통해 표현되므로 치매가 보이는 시 · 공간개념의 상실을 회복하는데도 효과가 큰 방법이라고 할 수 있다(김동연,2002).

이경영(2002)은 미술치료는 미술매체를 통해 내면의 감정을 표출하기 때문에 노인들의 심상에 간직된 감정을 자연스럽게 드러내는 것을 돕고, 감정의 위기를 완화시키는 카타르시스 효과를 가지며, 감정 교류의 조정 역할을 한다고 하였다. 노인의 신체 에너지를 미술활동 과정에 쏟을 수 있고, 그들의 감정을 표출할 수 있도록 도와주기 때문에, 많은 경험의 감정들을 가지고 있지만 언어적 표현이 어려운 치매노인에게는 적절한 기법이라고 하였다. Gallagher(1993)는 미술치료를 통한 회상과정은 노인의 긍정적인 삶에 효과가 있다고 보고하였고, Kramer(1994)에 의해 미술치료는 치매노인의 배회행동의 감소와 창조성과 주의력 집중 유지에도 효과적임이 입증되었다. 정여주(2006)는 미술치료는 미술에 대한 재능이나 전문적 능력과는 상관없이 비언어적, 시각적 표현을 통하여 치매노인들이 심리적, 신체적, 정서적, 심리사회적 갈등 및 병에 대한 문제들을 극복하고 고통을 경감시키는데 도움이 된다고 하였다.

이상에서 살펴본 치매노인 미술치료의 기대효과를 요약해 보면 다음과 같다(박선민, 2005).

1. 소 근육 운동과 인지적 기능을 향상 시킨다.
2. 색채와 형태를 통해 관심과 주의력을 효과적으로 나타낼 수 있다.
3. 주제에 대한 테스트를 통해 기억력을 되살리고 자발적인 이야기를 할 수 있게 하여 주제를 형체화 시킨다.
4. 정서적 불안에서 안정적으로 변화된다.
5. 상실의존에서 벗어나 성취감을 느낀다.
6. 그리기 활동을 통해 신뢰와 협조적 관계로 친목도모가 향상된다.
7. 시지각 능력과 시공간 개념을 높인다.
8. 색체와 형체에 대한 개념을 높인다.
9. 수에 대한 개념을 향상시킨다.
10. 그리기를 통해 정신집중력을 높인다.

6. 치매노인을 위한 미술치료기법

노인들은 미술재료를 사용하고 기법을 익힘으로써 신체적 · 감각적 자극을 얻게 되고 이를 통해 질병을 예방하거나 완화 시킬 수 있다. 치매 역시 미술치료로 예방이 가능하며, 치매 환자의 경우라도 색과 형태에 대한 구별 능력을 유지하거나, 개선함으로써 저하된 인지기능을 회복 할 수 있다. 또 기억력 저하를 막고 회상을 통해 기억력을 자극시킬 수 있으며, 미적 감각을 향상시키고 집중력을 높일 수 있다.

치매환자에게는 특히 자연물을 이용하여 오감을 자극 할 수 있는 치료기법들이 효과적인데, 점토 등의 자연물이나 음식재료를 이용한 직입과 헝깊주머니에 각각 다른 재료를 넣어 촉각과 청각 등을 자극하는 치료기법 등이 좋다(김선현, 2006).

① 치매노인대상의 미술치료재료

1. 미술치료사는 노인들이 재료를 성공적으로 다룰 수 있는지를 고려해야 하며 환자의 지각-운동 능력은 물론 매체의 난이도 파악.
2. 치료자는 재료, 도구에 대한 풍부한 지식을 가지고 있어야 하며 치료기법에 따라 적절한 재료를 제공하고 기술적인 도움을 줄 수 있어야 한다.
3. 치매 노인은 간혹 미술재료를 먹거나 몸에 지니는 행동을 할 수 있으므로 유독한 재료, 세밀한 조작이나 주의를 요하는 재료에 대한 안전장치가 필요하다.
4. 매체들은 한국적인 정취와 옛날의 향수를 자극할 수 있는 것들로, 한지, 장지등과 같은 따뜻한 질감을 가진 매체를 일반화지 대신으로 사용하여 매체에 대한 거부감이나 이질감을 완화시킬 수 있다(이난주, 2007, 재인용).
5. 치매노인의 경우 도구의 목적이나 사용방법을 인식할 수 있는 절차기억에도 기억장애를 보이기 때문에 단순하면서도 사용하는데 불편하지 않는 도구나 매체를 사용하는 것이 재료사용법의 서투름에서 오는 좌절감이나 부담감을 느끼게 하지 않으면서 자연스럽게 자기표현을 할 수 있는데 도움을 준다(이난주, 2007).

7. 실제 적용

1) 손 위의 꽃 그리기 프로그램은 자신의 손을 통해 자신의 삶을 회상하고 자아와 일체감을 체험하며 눈과 손의 협응력을 높이고 감각운동과 지남력을 활성화 하는 것을 목표로 실시하였다. 자신의 두 손을 만져보며 감촉을 느껴보고 양 손을 번갈아 그려보면서 치매환자가 자신을 인식하고 일체감을 느껴볼 수 있도록 한다.

정**	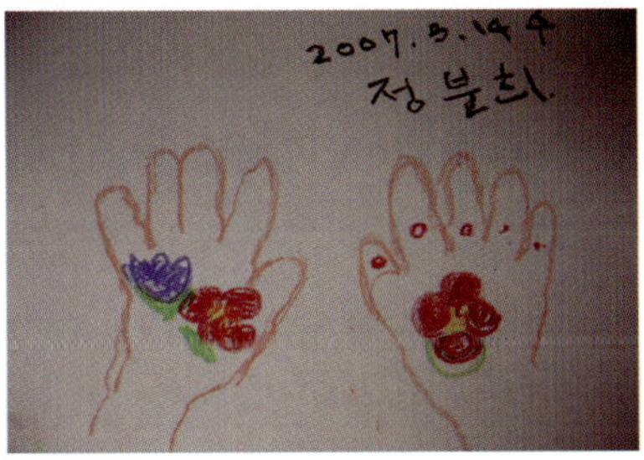	치료사의 개입이 매우 많이 필요하고, 참여도가 매우 떨어져서 집단 프로그램보다는 개인프로그램에 더 잘 맞는다.
김**		그 동안 몸이 안좋아서 프로그램에 참석하지 못했었다며 오랜만에 그림을 그려서 기분이 좋다고 하였다. 싸인펜을 선택하여 그림을 그렸는데 자신의 손을 보며 손을 그린 후 그 위에 화분이 놓여진 모습을 그렸다. 꽃 대신에 소나무가 심어져 있는 것을 그렸는데 꽃이 예쁘긴 하지만 푸른 소나무가 더 좋다고 하였다. 중간중간 시간을 체크하면서 시간이 많으면 좀더 작품성 있는 작품을 그렸을 것이라고 말하지만 시간을 더 준다고 하자 이제 됐다고 하며 마무리를 하였다. 작품의 완성도에 신경을 많이 쓴다.

2) 사포협동화는 치매환자들에게 있어 촉감적 자극을 주고 흥미를 유발시키며 강한 색채의 자극으로 색체감각을 향상시키는데 많은 도움을 주는 프로그램이다. 자유화와 같이 스스로 생각하고 표현하는 것을 힘들어 하는 치매환자들에게 부담감을 주지 않고 큰 만족도와 성취감을 주어 자신감을 기를 수 있다.

이**		작품에 대해 매우 애착을 가지며 다양한 색을 사용해서 그림을 그리는 경향이 있다. 파스넷에서는 없는 분홍색을 요구하여 크레파스로 가져다 주자 꽃잎중 가장 큰 부분을 칠하고 매우 만족해하는 모습을 보였다.
김**		수행능력이 매우 좋기 때문에 조금 복잡한 무늬를 선택해서 제시하였다. 오랜 시간동안 매우 꼼꼼하고 정성껏 작품을 완성하였고, 완성된 작품을 보고 자신의 작품이 매우 잘된 것 같다며 흡족해하는 모습을 보였다.
		최종 완성본

3) 화선지에 먹물로 그리기는 한국적 매체를 사용한 미술치료 기법으로써 부드러운 화선지의 질감과 먹의 향기를 맡으며 옛 기억을 회상하기도 하면서 정서적, 신체적 이완을 도울 수 있다. 붓과 먹물, 그리고 다양한 색상의 물감을 사용해 그림을 그리면서 조절과 통제를 익히고 부드럽게 번지는 느낌을 통해 정서적 안정감을 갖게 한다.

김＊＊		한가지의 색만을 사용해서 매화나무가지에 꽃봉우리가 맺혀있는 모습을 그리고 나서 한자로 글을 썼다. 계속 그림을 그려본 적이 없고, 치료사가 도와주어야 한다는 요구를 많이 하고, 자신의 이야기를 들어주기를 바라는 모습이 보였다.
김＊＊		화선지에 그림을 그리는 것에 대해 낯설어하며 시작하기를 어려워 하여서 치료사가 옆에서 함께 그림을 그리며 유도를 하였다. 비교적 다양한 색으로 표현하고 싶어 하면서 작품성을 나타내려 했으나 색이 선명하지 않고 쉽게 번지는 화선지의 특성상 자신이 원하는 그림이 나타나지 않자 평소와 달리 금방 그림을 그리고 더 이상 손을 대지 않았다.

11. 스트레스와 미술치료

많은 현대인들은 급속도로 변화하고 다각화되어가는 사회에 적응하기 위해 불가피하게 스트레스를 받아들이며 생활하고 있다. 특히 직장인들은 탁월한 업무 능력 발휘, 과도한 업무량의 해결, 새로운 정보와 기술에 대한 지속적인 습득 노력, 원만한 대인 관계 등 여러 부분에서 완벽한 인간이 되기를 요구 받는다. 또한 평생직장까지 보장받지 못하는 현실은 살아남기 위한 경쟁을 필수적으로 수반하므로, 지속적으로 능력을 인정받아야한다는 부담감은 직장인에게 크나큰 스트레스로 작용하고 있다.

이러한 스트레스의 발생은 직장 내 조직뿐만 아니라 개인의 가정과 신체적, 정신적, 사회적 건강을 위협하게 된다. 브래너(Brenner, 1978)는 인간의 질병 가운데 50~70%가 이러한 스트레스와 연관되어 있으며 특히, 심장병은 75%가 스트레스에 기인되어 있다고 밝히고 있다(오세진 외, 2001). 또한 스트레스는 정신병이나 우울증과 같은 신경증의 심리학적 장애를 유발시키며, 신체적으로는 고혈압, 관상동맥, 심장질환, 궤양, 당뇨병, 류마티스성 관절염질환 등에 직접적으로 영향을 주는 유해 요인으로 분석되어지고 있고, 근래에는 근골격계질환, 피부 및 호흡기질환, 그리고 암 등을 야기 시킨다는 연구 결과도 보고된

바 있다.

스트레스는 누구에게나 동일하게 찾아오는 것은 아니다. 사람에 따라 서로 다른 반응을 일으키고, 같은 방법으로 경험하지도 않으며 결과 또한 다르게 나타난다. 다시 말해 같은 스트레스를 받더라도 잘 적응해서 넘어가는 사람이 있는 반면 어떤 사람은 속으로 참거나 문제로부터 회피하려는 등 서로 다른 문제의 해결법을 보인다.

최근 '병이 없는 것이 곧 건강'이라는 생각의 오류를 인정하고 병은 나았지만 아직 건강하지 않은 불건강(不健康), 건강은 잃었는데 아직 병이 아닌 미병(未病)의 상태에 주의를 기울이기 시작했다. 병도 아니고 건강도 아닌 회색지대의 불건강(미병)은 많은 사람들에게 관심의 대상이 되었고 참된 웰빙(well-being)에 이르려면 불건강을 잘 다스려야 한다. 그래야만 병으로 진행되는 것을 예방할 수 있고 완전한 건강으로 돌아갈 수 있기 때문이다. 이러한 불건강의 문제를 해결해 보겠다고 나선 것이 이른바 보완대체의학이다.(전세일, 2004)

미술치료는 환자가 예술작품을 감상하거나 스스로 창작하면서 표현하는 내면의 감정을 치유해 심신을 안정시키는 보완대체의학의 한 분야이다. 앞에서도 언급했듯 스트레스가 가중되면 불건강의 상태로 옮겨가게 되는데 많은 직장인들이 이러한 불건강한 상태에 놓여 있다고 호소한다. 이러한 직장인들은 미술치료 프로그램을 통해 미술의 창의적 활동을 하면서 억제된 몸과 마음을 이완하고 자신이 놓여 있는 상황을 인식하게 된다. 또한 자신의 억압된 감정과 욕구를 표출하고 서로 간의 원활한 상호 교류를 통하여 자기인식 및 상호역동적인 인간관계를 경험하게 되는 것이다. 비록 환자는 아니지만 직장인들에게 미술치료 프로그램을 통해서 그들의 내적 외적 요인에 의해 발생하는 스트레스를 줄여주는 동시에 직장인들의 정서적인 안정을 회복시켜서 삶을 더욱 활기차고 긍정적인 태도로 변화할 수 있도록 도움을 준다.

1. 스트레스의 개념

스트레스(stress)란 용어는 '팽팽하게 당기다' 는 뜻의 라틴어 'stringere'에서 유래된 말로써 15세기경 영어권에서는 물리학이나 공학용어로 외부의 힘에 의해 생겨나는 고체 내부의 비틀림이나 일그러진 현상 즉, 어느 고형물체가 외부에 힘에 압도되어 물체표면의 연속성을 잃게 된 상태를 일컫는 말로 사용되었다. 17세기경에는 어려움, 곤란, 역경의 의미로 받아들이기 시작했으며 20세기에 들어서 질병이나 정신질환의 원인을 나타내는 말로 의학에 적용되면서 생명체에 부담을 주는 모든 환경 자극이 가해졌을 때 그 생명체가 나타내는 반응을 의미하게 되었다(Ivancevich & Matteson, 1993; Winnubst, 1984).

스트레스는 아직까지도 완전하게는 정의되고 있지 않으며 학자들마다의 정의 또한 다르지만 일반적으로 자극(stimulus)으로서의 스트레스, 반응(response)으로서의 스트레스, 인간과 환경 간의 상호작용(interaction)으로서의 스트레스라는 3가지 범주로 나누어서 정의하는 경우가 일반적이다(양병환, 1990; 백기청, 1990; 최해림, 1986).

최근까지 가장 많이 연구되고 가장 상식적인 스트레스 정의는 자극으로서의 스트레스이다. 이것은 행동주의 전통에서 비롯된 것으로 환경 내의 자극 특징을 스트레스로 보는 것이다. 여기에는 외적인 환경 조건으로부터 내적인 생리적 현상까지 다양한 자극이 포함되어 있다.

라자루스(Lazarus, 1977)는 스트레스를 유발하는 외부적 자극으로 대다수의 사람들에게 극심한 변화를 일으키거나 영향을 주는 중대한 변화들(태풍이나 지진 같은 자연재해와 전쟁, 투옥, 추방 및 강제 이주와 같은 인간이 만들어 낸 재난)과 한두 사람 정도의 비교적 소수의 사람들에게 영향을 주는 중대한 변화들(사랑하는 사람들의 죽음, 심각한 질병, 직장에서의 해고, 이혼, 출산, 중대한 시험에 응시하는 일 등), 일상적인 문제로 사람을 짜증나게 하고 고민하게 하는 사소한 일들을 예로 들고 있다.

스트레스를 환경적 자극으로 보는 접근적 방법으로 홈즈와 레어(Holmes & Rahe, 1967)는 사회 재적응 평가척도(social readjustment rating scale)에서 스트레스로 작용하는 생활사건을 목록화하고 각 생활사건의 스트레스 정도를 생활 변화치(life change unit)로 수치화하여 스트레스 정도를 측정하였다.

그러나 자극으로서의 스트레스 정의는, 동일한 스트레스 자극이라 할지라도 그것이 사람들에게 미치는 영향에는 개인차가 있을 수 있기 때문에 한계가 있다(양병환 외, 1999).

반응으로서의 스트레스는 신체에 가해지는 어떤 요구에 대한 불특정의 반응을 스트레스라고 하는 견해이다. 한스 셀리에 (Hans Selye, 1936)는 '스트레스를 일으키는 다양한 외부적인 자극(stressor)에 대한 유기체의 비특이적 반응'을 스트레스라 하였고, 이러한 반응을 일반적응 증후군(General Adaptation Syndrome, GAS)라고 하며, 부신피질호르몬의 분비와 관계된다고 보았다. 그는 일반적응 증후군(GAS)을 진행단계에 경고 단계(alarm stage), 저항 단계(resistance stage), 소신 단계(exhaustion stage)로 분류하여 설명하고 있다.

스트레스 상태 하에 있는 신체의 생리적 반응상태가 중요한 관심의 대상이 된다. 그러나 동일한 반응이라고 하더라도 서로 다른 스트레스 자극에 의해서 유발되었을 가능성이 있는데 무엇이 스트레스 자극요인이고 무엇이 아닌지를 구별하기 어렵다(Rice, 1999).

인간과 환경 간의 상호작용으로서의 스트레스는 환경과 인간간의 상호관계를 강조하고 있으며, 스트레스를 환경과 개인 간의 복잡한 역동적인 상호작용으로 보고 심리과정에 초점을 두고 있다.

라자루스(Lazarus)와 포크만(Folkman)은 상호작용적(interactional) 혹은 교류적(transactional) 접근을 통해 스트레스에 대한 총체적 접근을 시도하였고, 이 접근은 심리학자들 사이에서 더욱 큰 영향력을 가졌다. 라자루스에 따르면 스트레스는 환경 사건이나 개인의 반응이 아니라 상황에 대한 개인의 지각으로 정의된다. 스트레스란 '한 개인과 그 개인의 자원을 혹사시키거나 초과하고 그의 웰빙을 위태롭게 하는 것으로 평가된 환경과의 특정한 관계'인 것이다(Lazarus & Folkman, 1984). 즉, 스트레스는 개인과 환경 간의 관계로서, 상호작용의 핵심은 심리적 상황에 대한 개인의인지적 평가이다.

어떠한 환경적 사건도 개인이 지각이나 평가와 독립되어 하나의 긴장원으로 작용할 수 없다는 관계론적 입장에서, 자극의 스트레스성 여부를 결정하는 것은 자극 혹은 그 반응 자체가 아니고, 유기체가 환경적 자극을 평가하고 요구에 대해 반응할 수 있는 대처자원을 해석하는 방법이라고 본다. 즉 환경 내의 자극에 대해 매개체로서의 개인은 환경의 자극요소와 그 반응을 직선적으로 매개할 뿐만 아니라 개인의 지각, 인지 및 스트레스에 대한 대처능력 등이 환경의 중요한 부분이 되어 역동적으로 상호작용 한다는 것이다(양병환 외, 1999).

2. 두 종류의 스트레스

스트레스의 원천인 모든 환경자극은 크게 두 종류의 성격으로 구분할 수 있다. 사람에게 불편함이나 해로움을 주는 바람직하지 않는(undesirable) 또는 원치 않는(unwanted) 나쁜 스트레스(distress)와 행복감을 주는 바람직한(desirable) 또는 원하는(wanted) 좋은 스트레스(eustress)가 존재한다. 이 두 가지의 판단기준은 예측가능성(predictability)과 통제가능성(controllability)에 중점을 두고 있다(Posner & Leitner 1981). 다시 말해 사람이 경험하게 되는 사건이나 생활의 변화를 예측할 수 있고 그것을 조절하고 통제할 수 있다면 긴장이나 나쁜 스트레스를 유발하지 않는다.

좋은 스트레스가 반복적으로 계속되면, 이때 이용된 뇌의 기능, 즉 신경회로가 점차로 강화되게 된다. 따라서 좋은 스트레스는 자극을 받고 도전하려는 사람들의 욕구를 자극시키고 개인적 성장이나 자기향상을 증진 시킨다. 또한 스트레스를 경험함으로써 비슷한 스트레스 환경에서 잘 적응할 수 있는 면역력을 생기게 한다.

나쁜 스트레스인 경우는 치명적이고 비적응적 반응을 유발시킨다. 실제로 이러한 스트레스가 오래 지속되면 여러 가지 현상이 나타나게 된다. 뇌는 자신이 활용할 수 있는 모든 방식을 적용해도 스트레스가 해결되지 않으면, 문제풀이에 소용없는 회로를 아예 없애버리고 새 프로그램을 만들어 문제를 풀려고 한다. 이러한 과정이 스트레스성 질환으로 나타날 수 있다.

이런 의미에서 적당한 스트레스는 우리에게 활력을 주고 여러 가지 긍정적인 영향을 미치지만 지나치게 과도한 스트레스는 만병의 근원으로 여러 가지 부정적인 영향을 끼칠 수 있어 스트레스 관리가 무엇보다도 중요하다.

3. 스트레스 진단

급성 스트레스 인자에 노출되거나 위험한 상황에 부딪혔을 때 사람들은 공포를 느끼거나 이에 따른 생리적 반응으로서 심장이 뛰고, 호흡이 가빠지면서 혈압이 올라갈 수 일다 이때 외부의 스트레스는 간뇌(diencephalon)에서 처음으로 인식되고 대뇌피질에서 그것이 위협적인지 아닌지를 판단 지각한다. 이것은 망상활성계(reticular activating system)를 통해 감정 충동적 행동과 밀접하게 관련된 변연계(limbic system)와 시상(thalamus)으로 전달된다. 변연계는 감정이 일어나는 곳이고 시상은 들어오는 매시지를 어떻게 처리해야 할지를 결정한다. 그 다음에는 시상하부(hypothalamus) 전달되어 내분비계와 자율신경계를 활성화한다(고경봉, 2002; Greenberg, 1990).

특히 시상하부의 영향 아래 있는 교감신경-부신 수질계(sympathetic-adrenal medullary system)와 뇌하수체-부신 피질계(pituitary-adrenal cortical system)의 두 신경 내분비 체계가 심리적인 스트레스에 민감하다. 교감신경-부신 수질계는 혈압, 카테콜라민(catecholamine), 에피네프린(epinephrine), 노르에피네프린(norepinephrine)의 분비와 연관이 있으며 스트레스와 각성 강도를 주로 반영한다. 반면 뇌하수체-부신 피질계는 부신피질자극호르몬(adrenocorticotropic hormone; ACTH), 코티솔(cortisol)같은 부신피질호르몬(corticosteroid)을 분비하며 스트레스 상황의 정서적인 측면에 보다 민감하다고 알려져 있다(Johansson, 1996). 따라서 혈압, 에피네프린, 노르에피네프린, 코티솔 수준과 같은 생리적 측정치들은 스트레스 과정의 객관적인 지표로 사용될 수 있으며, 이중 스트레스 자극으로 인한 코티솔 생성 과정은 다음과 같다.

스트레스 자극에 대해 직장인이 경험하는 스트레스 관련 정보가 뇌로 들어가면 시상하부에서 부신피질 자극 호르몬 분비 촉진 인자인 코르티코트로핀 방출 호르몬(corticotropin-releasing hormone: CRF)이 분비되며, 이것은 ACTH의 분비를 자극한다. 분비된 ACTH는 부신피질에 도착하여 부신피질호르몬(corticosteroid)을 방출시키며, 부신피질호르몬은 염류부신피질호르몬(mineral corticoid)과 당류부신피질호르몬(glucocorticoid), 성 호르몬(testosterone)을 형성한다. 이중 단백질과 지방을 포도당으로 전환시켜 에너지를 활성화시키는 기능을 하는 당류부신피질 호르몬이 코티솔인데, 이것은 스트레스에 강력한 작용을 하는 호르몬으로서 보다 많은 에너지를 요구하는 긴급 상황에 대처하는 데 있어 매우 중요한 역할을 한다(전세열 등, 2001; 강두희, 1983).

코티솔 분비는 여러 가지 스트레스 요인에 따라 대부분 상승하지만 가장 강력하게 반응하는 것은 초기 반응이며 장기간 노출되면 이에 적응하게 된다(Ursin et al., 1978). 그러나 만성적인 스트레스에 적응되었다 하더라도 새로운 자극에 노출되었을 경우에는 훨씬 더 빠른 내분비계 반응이 나타난다(Sakellaris & Vernikos-Danellis, 1975).

스트레스를 평가하는 방법은 크게 세 가지로 분류된다. 첫째, 생화학적(내분비적) 방법, 둘째, 임상적인 면접과 상담을 통한 개인의 성격, 행동 양식을 측정하는 방법, 셋째, 설문지를 통한 정신 사회적 스트레스 측정하는 방법이다. 실제 조사의 편의성이나 비용절감 등의 이유로 대부분 건강 수준 측정에서는 자기 보고식 설문지에 의존하는 경우가 많다. 그러나 설문지 작성은 주관적이고 스트레스가 많은 상황에서 과연 설문지 작성의 충실도가 있을지 의문이 되기 때문에 신뢰도와 타당도에 문제가 있을 수 있다. 따라서 스트레스 호르몬인 코티솔은 스트레스의 직접적인 생화학적지표로 중요한 위치를 차지하고 있다.

타액 코티솔 측정의 장점은 혈액내 유리형(free-form)의 호르몬 농도를 잘 반영하기 때문에 증상을 잘 반영해 주며 의료진의 도움 없이도 시료를 반복 채취 할 수 있기 때문에 개인의 일일 리듬(diurnal rhythm)을 확인할 수 있다. 또한 혈액에 비해 보관이 쉽고 안전성이 높을 뿐만 아니라 정맥혈 채취에 유발되는 스트레스를 최소화할 수 있다. 이에 반해 단점은 혈액의 호르몬 농도보다 매우 낮기 때문에 상용화된 틀(kit)로는 분석이 불가능하다. 또한 타액내 단백질계 호르몬의 생물학적, 임상적 의미가 지금까지는 정립되어 있지 않으며 구강질환이 있는 환자는 시료 채취 시 혈액이 포함되기 때문에 임상적 의미를 갖지 못한다(안련섭, 2007). 따라서 타액 코티솔 측정을 이용한 스트레스 연구는 실험실보다는 현장에서 사람들을 대상으로 연구가 이루어지며 최근에는 더욱더 중요한 연구과제로 주목받고 있다.

이와 같이 심리적 측정과 생리적 측정을 병행하여 더욱 효과적으로 스트레스 수준을 검증하고 미술치료 프로그램을 통해서 스트레스에 대한 부정적 반응 양상을 완화시켜 가정에서는 물론 사회에서도 긍정적이고 적극적인 건강한 삶을 향유할 수 있도록 만들어야 할 것이다.

4. 스트레스 요인과 반응

스트레스라는 단어 속에는 스트레스 요인(stressor)과 스트레스반응(stress response)의 의미가 포함되어 있다. 스트레스 요인은 외상이나 손상 또는 육체적으로 과도한 힘의 사용, 소음, 혼잡함, 고온, 한랭 등과 같은 물리적 요인과 공기 중의 산소농도나 영양소의 균형, 약물 섭취와 같은 화학적인 요인이 있다. 그뿐만 아니라 마감시간에 쫓기는 업무, 대인관계상의 갈등, 가까운 사람의 죽음, 이혼 등과 같은 사회적 요인도 함께 포함한다. 이러한 형태의 스트레스 요인들은 모두 행동적 반응을 초래하고 혈압상승, 심박수 증가, 인지능력 손상 및 대사 변화와 같은 생리적 결과를 불러일으킨다(강동묵 외, 1999).

사람에게 나타나는 스트레스 반응은 크게 신체적 반응과 심리-행동적 반응으로 나누어 볼 수 있다. 심리-행동적 반응은 다시 감각, 인지, 정서, 행동의 네 가지 구분 할 수 있다.

신체적 스트레스 반응은 지금까지 스트레스 반응 연구의 전형으로 현대 스트레스 연구의 선구자 셀리에(1976)는 스트레스원이 무엇이든지 유기체는 동일한 스트레스 반응을 보인다고 하였다. 그는 이러한 스트레스 반응을 일반적응 증후군(general adaptation syndrome, GAS)이라고 명명하였다. GAS는 경고 단계(alarm stage), 저항 단계(resistance stage), 소진 단계(exhaustion stage)로 분류하여 설명된다.

1단계인 경고 단계에서는 신체 내 교감신경계가 활성화되어 스트레스에 반응을 한다. 이

때 몸은 일시적으로 두통 증상이 나타나며, 피곤해지고, 식욕이 떨어지며, 위통 등등이 발생할 수 있지만, 그래도 신체 내에서 회복 능력을 지니고 있는 상태이다.

2단계인 저항 단계에서는 스트레스에 대해 신체가 저항을 하고 원상태(균형)로 돌리려고 한다. 체내에서는 호르몬의 분비가 왕성해지고, 신체적으로는 소진될 가능성이 있으며, 겉으로는 정상이지만 생리적으로 불균형을 이루어가려고 진행을 하고 있는 상태이다. 심리적, 생리적으로 저항이 이루어지지 않으면 불안을 유발시킬 수 있다.

3단계 소진 단계에서는 신체적, 심리적으로 저항이 약화되어 심신의 균형을 잃게 되는 상태이다. 신체적으로 활동이 둔화되어 질병으로도 확산 가능성이 있다.(Selye, 1936)

김정호, 김선주(2008)는 어떤 동기가 좌절되는지 또는 어떤 동기가 좌절이 예상되는지에 따라 심리-행동적 스트레스 반응의 유형이 달라질 수 있다고 보았다. 감각적 스트레스 반응은 동기 좌절에 의해 나타나게 되는데 신체적 동기 좌절의 경우에 특정한 감각기관으로부터 유발되어 진다. 감기에 걸린다거나 신체적으로 외상을 입으면 그에 따른 신체적인 고통의 감각을 느끼게 된다. 추위나 더위에 노출되면 신체는 그에 대응하는 반응을 할 것이며 그에 따른 감각을 경험하게 된다. 감각적 스트레스 반응은 동기의 좌절 상태를 신호하여 동기체계를 활성화함으로써 그 상태를 극복하여 해당하는 동기의 충족 상태를 초래하는 행동을 일으키게 한다.

정서적 스트레스 반응은 다양하지만 우리가 정서적으로 경험하는 것은 감각적 스트레스 반응에서와 마찬가지로, 한마디로 괴로움이다. 단지 다른 점이 있다면 감각적 스트레스 반응이 신체적이고 감각적인 괴로움이라면 정서적 스트레스 반응은 심리적 괴로움이라고 하겠다. 한편 감각적 스트레스 반응이 동기 좌절에서만 나타난다면, 정서적 스트레스 반응의 경우에는 동기 좌절뿐만 아니라 동기 좌절 예상의 경우에도 나타난다.

동기의 좌절에 따라 우리가 경험하는 정서는 좌절되는 동기와 그 좌절의 인지(혹은 인지적 해석)에 따라 다르게 나타난다. 자신의 동기가 좌절될 때 기분이 나쁘고, 짜증이 나고, 화가 나며, 분노를 느끼게 된다. 여기에 동기 좌절의 원인이 부당하다고 생각될 때는 억울한 느낌까지 든다. 또는 자신의 힘으로 어쩔 수 없다고 느낄 때는 무기력과 우울을 경험하기 쉽고 때로는 슬프고, 고독하고, 허무하고, 절망스럽고, 모든 것이 귀찮게 느껴지기도 한다. 특히 사회적 동기가 좌절될 때 이러한 정서를 느끼기 쉽다. 자극 추구의 동기가 좌절될 때는 심심하고 권태로움을 경험하기 쉽다. 동기 좌절이 특히 자신의 잘못 때문이라고 생각될 때는 죄책감, 후회, 안타까움, 수치심 등을 느끼기 쉽다. 여기에 자신의 능력으로 어쩔 수 없다고 생각될 때는 우울을 경험하기 쉽다.

동기의 좌절이 예상되는 경우에는 불안, 걱정, 공황, 두려움 등을 경험하게 된다. 이러한 정서가 비합리적으로 그리고 지속적으로 나타날 때 우리는 심리적 질병으로 분류할 수 있다.

인지적 스트레스 반응은 정서적 스트레스 반응 중에 많은 정서가 높은 각성 수준을 동반한다. 이것은 인지적으로 적절한 기능을 하지 못하게 한다. 동물실험을 통해 제기된 헐(Hull, 1943)의 행동법칙에 의하면, 각성 수준이 증가하면 판에 박힌(stereotyped) 행동을 더 많이 하게 되며, 각성 수준이 감소하면 행동이 보다 가변적이게 된다(Martindale, 1991). 인간의 경우에도 정서적으로 흥분 상태에 있게 되면 각성 수준이 증가하여 사고의 융통성이 떨어진다. 정서적으로 각성 수준이 지나치게 증가하거나 혹은 지나치게 감소하면 주의를 집중하기도 힘들어진다. 걱정이나 불안은 그와 관련된 생각들을 활성화시킴으로써 지금의 과제를 위해 필요한 기억을 인출하는 데 실패하게 한다.

행동적 스트레스 반응은 인지적 스트레스 반응에서 기술한 인지적 스트레스 반응으로 인해 결과적으로 과제 수행, 특히 복잡한 과제의 수행에 장애를 보이게 된다. 직장에서는 자신의 직무를 효과적으로 수행하지 못하게 되고 근심과 걱정으로 주의를 기게 되면 의도하지 않게 부적절한 행동을 하는 행위실수(action slip)가 일어날 확률이 높다. 또한 부정적 정서와 관련해서 사회적 관계에서 부적절한 분노 행동, 공격적 행동 또는 술, 담배, 불법적인 약물을 취하는 자기 파괴적 행동을 하기 쉽게 된다. 지나치게 음식 섭취를 늘려서 체중이 증가하는 경우도 있다. 혹은 우울의 정서와 관련해서 자신을 더욱 고립시키는 행동을 함으로써 더욱 우울하게 만드는 부적응적 행동으로 나타나기도 한다.

5. 스트레스 증상과 질환

지속적으로 끊임없는 스트레스를 받게 되면 우리의 몸은 스트레스에 대하여 싸우거나 또는 회피의 반응(fight or fight response)을 계속 반복하게 되며 이런 가운데에서 균형상태를 유지하려고 노력한다. 이러한 본능적인 반응은 우리 몸의 모든 조직에 영향을 미치게 되며 이 과정에서 여러 가지의 신체, 정신적, 감정적, 행동적 증상이 발생하게 된다.

흔하게 느낄 수 있는 증상은 신체적 증상으로 피로, 두통, 불면증, 근육통 및 경직, 심계항진, 복부통증, 사지냉감, 안면홍조, 땀 흘림이 있고, 정신적 증상으로 집중력과 기억력 감소, 결정못함, 혼동, 텅빈느낌이 있고, 감정적인 증상으로 불안, 신경과민, 분노, 좌절감, 근심, 걱정이 있고, 행동적인 증상으로 안절부절, 손톱깨물기, 발떨기, 흡연, 울거나 욕설, 폭력 행동이 있다.

나쁜 스트레스가 지속되면 스트레스성 질환이 발생하게 된다. 이때 나타나는 증상은 사람에 따라서 다르게 표현된다. 스트레스에 의해서 선호되는 증상이 사람에 따라 틀리기 때문이다. 즉, 골격근이 반응성이 높은 사람은 근육긴장과 피로를, 심혈관계가 반응성이 높은 사람은 고혈압 편두통을, 소화기계가 반응성이 높은 사람은 소화성궤양, 과민성대장증후군이 나타날 수 있다. 일반적으로 성욕감퇴와 더불어 화병(분노가 심하여 열불이 나고 마음에 응어리로 남는다. 가슴에 덩어리, 숨이 갑갑하고 온몸이 쑤시고 아프고 정신이 하나도 없는 것 같고 어디론가 뛰쳐나가고 싶다), 정신신체장애(신경성 소화장애, 두통, 불면 등), 우울증, 면역저하(감염, 암 발생 증가, 자가면역질환 악화)와 각종 정신증상이 나타날 수 있다(김동구, 2006).

6. 스트레스와 미술치료

현대인들이 경험하는 질병의 80%는 스트레스와 관련되어 있다고 한다. 특히 산업구조가 복잡해지고 다원화되면서 현대인들이 받는 스트레스는 예전과는 다른 양상으로 심화되어 가고 있는 실정이다. 그러므로 빠르게 변화하는 시대의 요구에 끊임없이 적응해야하는 현대인에게 있어 직장은 스트레스의 원천이라고 할 수 있다.

오늘날 직장은 현대인에게 탁월한 업무 능력 발휘, 과도한 업무량의 해결, 새로운 정보와 기술에 대한 지속적인 습득 노력, 원만한 대인 관계, 리더십 등 업무뿐 아니라 업무 외적인 부분까지 제대로 해내는 전천후 인간이 되기를 요구한다. 또한 평생직장까지 보장받지 못하는 현실은 살아남기 위한 경쟁을 필수적으로 수반하므로, 지속적으로 능력을 인정받아야한다는 부담감은 직장인에게 크나큰 스트레스로 작용하게 된다. 이러한 스트레스의 요인들은 점차적으로 가중되어 다양한 신체적, 정신적 반응을 보이게 된다.

직장인의 스트레스에 대한 신체적 반응으로는 자율신경계, 내분비계, 면역기능 등의 변화와 그것으로 인해 여러 기관의 기능변화, 호르몬의 비정상적인 분비, 면역기능의 저하가 발생하고 이러한 변화가 지속되어 항상성이 와해됨으로써 소화성궤양, 심혈관계질환, 고혈압, 뇌혈관질환, 피부질환, 당뇨병 등이 발생되는 것이 포함된다. 심리적 반응으로는 불안, 초조, 우울, 우유부단, 예민해짐, 짜증 등이 해당되며, 행동적 반응으로는 식욕상실,

음주, 흡연, 약물 남용, 책임감과 창의력 저하, 결근, 업무실적 저하 등이 포함된다(이종목, 1989).

스미스만과 척(Smitheman & Chuch, 1996)은 미술활동이 마음의 안정과 긴장이완의 효과를 가져 온다고 하였으며, 말키오디(Malchiodi, 1998)는 미술활동은 내적 사고와 감정들의 표현인데 이는 불안한 감정들의 표현으로 불안한 감정들의 이해와 해소를 통해 스트레스를 감소시킨다고 보고하고 있다. 또한 미술활동은 심리적 부담을 안고 있거나, 그 자신의 세계와 그 세계의 스트레스에 깊이 빠져 있는 사람에게 미술활동을 통해 심리적인 스트레스를 해소시켜주는 활동이 될 수 있다(Winnicott, 1971).

사람들은 직장 내의 직무와 조직에 관련된 스트레스, 대인관계로 인한 스트레스, 가정에서의 자식, 부모, 부부, 고부간의 불화에 의한 스트레스 등을 호소한다. 이러한 사람들에게 미술치료프로그램은 스트레스가 질병으로 가는 것을 막는 예방적 역할을 할 수 있다. 그러므로 임상미술프로그램을 통해 미술의 창의적 활동을 하면서 억제된 몸과 마음을 이완하고 자신이 놓여 있는 상황을 인식하게 한다. 또한 자신의 억압된 감정과 욕구를 표출하고 서로 간의 원활한 상호 교류를 통하여 자기인식 및 상호역동적인 인간관계를 경험하도록 한다. 이러한 과정을 통해 사람들은 자아정체성과 자신감을 회복하고 스트레스와 우울감을 감소시켜 균형 있는 삶을 유지할 수 있다.

이런 맥락에서 미술치료는 사람들에게 그림을 매체로 내면에 있는 감정을 자유롭게 표출하도록 함으로써 불안과 갈등을 재경험하고 자기 인식과 자기 통찰 및 자발성을 향상 시킨다. 뿐만 아니라 집단원들의 안정적인 지지와 수용을 통해 긍정적인 정서를 경험하게 하여 직장에서의 삶을 보다 풍요롭고 활기차게 만들어 적극적인 사회참여 능력을 높이는 효과를 제공할 것이다.

프로그램명	나의 안과 밖
준비물	도화지, 잡지 책, 가위, 풀
기대효과	나에 대한 긍정적, 부정적 인식과 나에 대한 통합적 인식
사 례	

프로그램명	중요한 항아리
준비물	도화지, 크레파스
기대효과	삶의 가치를 인식하고 현실적이고 구체적인 실천계획을 세워 활동 유도
사 례	

프로그램명	대인 관계
준비물	도화지, 잡지 책, 가위 , 풀
기대효과	대인관계의 어려움이 어디에서 발생된 것인지 살펴 건강한 인간관계 맺기와 유지의 중요성을 인식
사 례	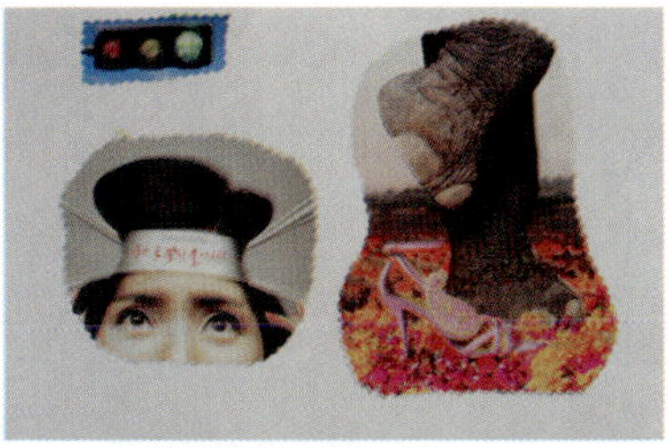   

프로그램명	자신의 장점
준비물	도화지, 크레파스
기대효과	자신의 장점을 인식하고 강조하여 자존감을 향상
사 례	   

프로그램명	미래의 나의 모습
준비물	도화지, 잡지 책, 가위 , 풀
기대효과	미래의 모습을 표현함으로써 자존감을 향상시키고 명확한 미래상과 삶의 목표를 올곧게 확립
사 례	   

부 록

◈ 의학용어

A.

abdomen 복부

abdominal muscles 복부근육

abnormal 비정상의

abortion 유산

abscess 농양

abuse 남용

ache 동통

acne 여드름

acute 급성의

addiction 중독

adhesion 유착, 부착

agitation 초조

alert 민첩한, 주의깊은

Alzheimer"s disease 알츠하이머병

amenorrhea 무월경

amnesia 기억상실

amputation 절단

analgesic 진통제

anemia 빈혈
anesthesia 마취
anorexia nervosa 신경성식욕부진증
anoxia 산소결핍증
antacid 제산제
antibiotics 항생제
antibody 항체
antidepressant 항우울제
antigen 항원
antihypertensive drugs고혈압치료제
anus 항문
apathy 무감동
appetite 식욕
asphyxia 질식
aspiration 흡인
asthma 천식
autism 자폐증

B.

babinski' s reflex 바빈스키 반사
benign 양성의
bile duct 담관
biopsy 생검
bladder 방광
bleeding 출혈
blurred vision 시야흐림
bladycardia 서맥
blood pressure 혈압
bone densitometry 골밀도 측정
bowel training 배변 훈련
brain 뇌
brain death 뇌사
breast exemination 유방검진
breech birth 둔위출생
bronchiectasis 기관지확장증
bronchoscopy 기관지경 검사
bulimia 식욕 과항진, 탐식
bypass 측로, 우회로

C.

cancer, carcinoma 암
capillary hemorrhage 모세혈관 출혈
capsule 캡슐
cardiac arrest 심장정지
caries 충치
cast석고, 깁스붕대
cataract 백내장
catatonia 강직증
catheterization 카테터삽입술
central nervous system 중추신경계
cervix 경부, 목
cerebrospinal 뇌척수의
chemotherapy 화학요법
chief complaint 주호소
circulation 순환
colectomy 결장절제술
colostomy 결장루형성술
complication 합병증

confusion 착란
congenital 선천성의
consciousness 의식
constipation 변비
contamination 오염
convulsion 경련
craniectomy 두개골 절제술

D.

decubitus ulcer 욕창
dehydration 탈수
delivery 분만
delusion 망상
dementia 치매
depression 우울증
dermatitis 피부염
dermatology 피부과
device보장구, 장치
diabetes mellitus 당뇨병
diagnosis 진단
diarrhea 설사
diastole 이완기, 확장기
digestion 소화
disturbance 장애, 질환
diuretic 이뇨제
dopamine도파민
Down' syndrome 다운 증후군
drowsiness 졸음
drug abuse 약물남용
dysfunction 기능부전
dysphagia 연하곤란
dyspnea 호흡곤란
dysuria 배뇨곤란

E.

ecchymosis, bruise 반상출혈
ectopic pregnancy 자궁외 임신
edema 부종
electrocardiogram(ECG) 심전도
electrolyte imbalance 전해질 불균형
embolism 색전증
emergency room 응급실
emesis 구토
empathy 공감
endocrine 내분비의
epidural hematoma 경막외 출혈
epigastric pain 상복부 통증
examination 진찰, 검진

F.

facial nerve palsy 안면신경마비
fatigue 피로
febrile 열성의 fever
femur 대퇴
fetus 태아
flank pain 옆구리 통증
forceps 겸자
foul odor 악취

fracture 골절

G.

gait 보행
gastric irrigation 위세척
gavage feeding, tube feeding 관영양
glucose 포도당
graft 조직이식
gynecology 부인과학

H.

habitual abortion 습관성유산
headache 두통
hemangioma 혈관종
hematemesis 토혈
hematocrit 적혈구용적률
hematoma 혈종
hematuria 혈뇨
hemiplegia 반신불수, 편마비
hemodialysis 혈액투석
hemorrhage 출혈
hepatitis 간염
hepatoma 간암
hernia 탈장
hymen 처녀막
hypertension 고혈압
hypervolemia 과혈량증
hypnotics 수면제
hysterectomy 자궁절제술

I.

ileus 장폐색
illusion 착각
impotence 발기부전
infartion 경색
infection 감염
infertility 불임증
inflammation 염증
injury 손상
insomnia 불면증
intensive care 중환자간호
intestine 장
intracranial pressure 두개내압
irrigation 세척
ischemia 국소빈혈
icthing 소양증

J.

jaundice 황달
juvenile 유년기, 소년의

K.

keloidosis 켈로이드증
kinetics 운동성의
knee-chest position 슬흉위

L.

labor 분만, 출산

laparotomy 개복술
laxative 완화제, 설사약
leucocyte 백혈구
lipoma 지방종
liver 간
lumbar puncture 요추천자
lymphocyte 임파구

M.

malaise 권태, 불쾌
malignancy 악성종양
mammogram 유방 X선사진
mastectomy 유방절제술
menopause 폐경
metastasis 전이
mumps 볼거리
murmur 심잡음
muscle 근육
mutation 돌연변이
myalgia 근육통

N.

narcotic 마취
nasal polyp 비용종
nausea 구토
necrosis 괴사
neonate 신생아
neoplasm 신생물
nerve 신경
normal 정상의
nurse station 간호사 사무실

O.

obstetrics 산부인과
obstructive biliary cirrhosis 폐쇄성 담도성 간경변증
occipital 후두의(와 관련된)
oncology 종양학
operating room 수술실
ophthalmology 안과학
oral 구강의
osteoporosis 골다공증
ovarian pregnancy 난소임신
ovum 난자

P.

pacemaker 심박조율기
pain 동통
palpation 촉진
palpitation 심계항진
panic 공황
paralysis 마비
pathology 병리학
pediatrics 소아과학
pelvis 골반
pernicious anemia 악성빈혈
phantom limb pain 환각지통
pharmacology 약리학

phobia 공포증
pill 환제
pitting edema 함요부종
placebo 위약
placenta previa 전치태반
plastic surgery 성형외과
platelet 혈소판
pneumonia 폐렴
posterior 뒤의, 후방의
postpartum bleeding 산후출혈
pregnancy 임신
premature baby 미숙아, 조산아
prescription 처방
primipara 초임부
proctoscopy 직장경 검사
prognosis 예후
progress 경과
pruritus 소양증
psychology 심리학
psychometry 심리검사
psychosis 정신병
ptosis 하수
puerperium 산욕기
pulse 맥박
pupil 동공

Q.

quadriplegia 사지마비
quickening 태동

R.

radiation therapy 방사선치료
recognition 인지, 인식
recovery room 회복실
rectal examination 직장검사
rehabilitation 재활
relaxant 이완제
renal biopsy 신생검
respiration 호흡
retardation 지연, 지체
retina 망막
rheumatic fever 류마치스열
rigidity 경직
risk factor 위험요소
routine 상용의, 필수과정
rupture 파열

S.

sarcoma 육종
scar 흉터
scissors 가위
second degree burn 2도화상
secretion 분비물
sedative 안정제
seizure, convulsion 경련
sepsis 패혈증
shock 쇽
side effect 부작용

sign 징후:객관적 소견
skeletal traction 골견인
skin graft 피부이식
smallpox 천연두
smear 도말
soft diet 연식
somatic disorders 신체장애
sore throat 인후통
spasm 강직
spygmomanometer 혈압계
specimen 표본
spine 척추
splint 부목
spontaneous abortion 자연유산
sputum 가래
stenosis 협착
sterilization 멸균
sternum 흉골
stethoscope 청진기
stiffness 강직
stomach 위
stress ulcer 스트레스성 궤양
stroke, apoplexy, CVA 중풍 뇌졸중
stupor 혼미
sucking reflex 흡인반사
suicide 자살
suppository 좌약
surgical operation 외과적 수술
suture 봉합
swab 면봉으로 분비물을 채집하다
swallowing 연하
symptom 증상
systole 수축기

T.

tablet 정제
tachycardia 빈맥
tear 열상
temperature 온도
terminology 용어
thirst 갈증
thoracentesis 흉곽천자
thrombosis 혈전증
tinnitus 이명
tonic 긴장성의
toothache 치통
toxemia of pregnancy 임신중독증
trachea 기관
tracheostomy 기관누공형성술
transfusion 수혈
transplantation 이식술
trauma 외상 충격
treatment 치료
tremor 진전 떨림
tuberculosis 결핵
tumor 종양

U.

ulcerative colitis 궤양성 대장염
ultrasonography 초음파 촬영술
umbilical cord 제대, 탯줄
unconsciousness 무의식
urinalysis 요분석
urticaria 두드러기
uterus 자궁

V.

vaccination 예방접종
vasodilatation 혈관확장
vein 정맥
ventilator 인공호흡기
vertebra 척추
vertigo 현훈, 외계가 환자자신의 주위를 회전하는 것 같은 착각
vessel 혈관
violence 폭력
voluntary 수의적으로
vomiting 구토

W.

wet dressing 습포
whole blood 전혈
wound 상처
wound infection 상처감염

◈ 정신간호용어

consciousness 의식 : 주의하고 있는 부분, 즉 알고 있는 부분을 말한다.

unconsciousness 무의식 : 의식하지 않고 있는 부분으로 대개 억압된 사고와 감정 즉 본능, 만족을 구하고 있는 소원들, 언어 상징과 단절된 기억들 등이 그 내용을 이루고 있는 일차과정의 사고가 형성되는 장소이다.

castration fear : 가족삼각관계에서 나타나는 양상으로 아들의 경우 대체로 어머니에게 사랑을 느끼고 아버지를 미워하면서 아버지에 의한 위협을 느끼는 현상

autistic thinking 자폐적 사고 : 외부 현실을 무시하고 외부와의 적절한 관련성없이 자신의 내적 세계에 집착하고 자신만의 논리 속에 빠져있어 일반 상식이나 논리와는 동떨어진 비현실적 사고.

concrete thinking 구체적사고 : 사고의 폭이 넓고, 은유와 가설을 이해하고 의미의 뉘앙스를 아는 추상적이 사고와는 달리 은유를 사용하지 못하고 그 의미를 잘 헤아리지 못하는 문자적이고 일차원적인 사고

day dreaming 백일몽 : 각성시의 공상을 말하는데, 의식 또는 무의식적 소원이 상상 속에서 충족되는 것

deprivation of thought 사고탈취 : 누군가 자신의 생각을 빼앗아 간다는 생각

magical thinking 마술적 사고 : 특수한 생각, 말, 연상, 몸짓, 태도 등이 어떤 초자연적인 방법에 의해서 그대로 성취될 수 있다거나 악을 쫓을 수도 있다고 믿는 것

obsession 강박관념 : 자신이 하고 있는 생각이 쓸데없는 생각이라는 것을 알고 있으며, 그 생각에서 벗어나려고 노력하는 데도 불구하고 이성이나 논리 등의 의식적인 노력으로 교정되지 않고 계속해서 같은 생각이 의식에 떠올라 고통받는 경우

thought broadcasting 사고전파 : 자신의 생각이 TV나 라디오를 통해 방송되어 다른 사람들에게 알려 진다는 사고

blocking 사고의 단절 또는 차단 : 연상의 진행이 갑자기 중단되는 것

circumstantiality 우원증(우회증) : 많은 불필요한 묘사를 거친 후 말하고자 하는 목적에 도달하는 사고장애

clang association 음향연상 : 음에 따라 새로운 관념이 연상되는 것

flight of ideas 사고의 비약 또는 관념분일 : 한 생각에서 다른 생각으로 계속 연상이 빨리 진행되며 목적에 도달하지 못하는 것. 빗나가는 사고tangentiality

incoherence 사고의 지리멸렬 : 사고 진행이 와해되어 논리적 연결이 없고 의미론적으로도 파괴된 언어로, 구 나 단어들이 흩어진 상태

irrelevant thinking 부적절한 사고 : 질문 내용과 전혀 연관성이 없는 동문서답 식의 엉뚱한 대답을 하는 경우

loosening of association 또는 derailment. 연상의 이완 : 전혀 관련이 없거나 관련이 적은 대상으로 연상이 진행되는 경우

neologism 신어(조작)증 : 환자가 자기만의 뜻을 아는 독특한 새로운 말을 조합하거나 창조하는 것

perseveration 보속증 : 한 관념이 지속적으로 반복 표현되는 것

verbigeration 음송증 : 어나 짧은 문장을 반복해서 발성하는 것

delusion 망상: 불합리하며 잘못된 생각 또는 신념

overdetermined idea 사고경향 또는 과잉 결정적 사고: 논리보다 감정요소 때문에 특정 내용에 사고가 집중되어 다른 생각을 할 수 없게 된 상태

bizarre 괴이한, 진기한 : 망상내용이 매우 괴이하고 엉뚱한 것

hypochondriasis 건강염려증 : 실제 신체의 질병과 이상이 없음에도 불구하고 자신의 건강상태에 지나치게 관심을 갖고 비정상적일 것으로 생각하여 염려하는 것

ideas of reference, delusion of reference 관계망상 : 주위에서 일어나는 일상적인 일이나 객관적인 사실들이 모두 자기 자신과 관련되어 일어난다고 믿는 망상

phobia 공포증 : 어떤 대상이나 상황에 대해 불합리하게 무서워하며 피하려는 상태

Alexithymia 감정표현불능증 : 자신의 감정이나 기분을 말로 표현하거나 인식하는 것이 어렵거나 불가능한 경우.

ambivalence 양가감정 : 동일한 대상이나 상황에 대해 사랑과 미움이 동시에 있는 것과 같이 두 가지의 상반된 감정이 모순 없이 존재하는 것

anhedonia 무쾌감증 : 무감동이 아주 심해 외부의 모든 자극에 대해 어떤 관심이나 감정이 모두 없어진 극심한 상태

anxiety 불안 : 두려움, 걱정 등 재난이 임박했다는 지속적 느낌

apathy 무감동 : 감정적으로 둔하며 멀어짐과 무관심으로 인해 방관자처럼 느끼는 것으로 객관적인 반응조차도 없는 상태.

blunted affect 정동의 둔마 : 외부 자극에 대해 주관적인 느낌이 없는 것으로 보이며 감정표현에서도 강도가 많이 감소된 무딘 감정상태.

depression 우울 : 비정상적으로 강하고 장기간 동안 지속되는 병적 슬픔 상태.

dysphoric mood 불쾌한 기분 : 즐겁지 못한, 불쾌한, 나쁜 기분

euphoria 다행감 : 기분이 약간 들떠서 유쾌하고 좋은 상태로서 낙관적인 태도와 행복감을 느끼는 상태

elation 의기양양 : 다행감과 자신감과 정신운동성 초조가 더해져 즐거운 기분에 취해 있는 듯하고 무모하리만큼 자신감 있고 과감한 행동으로 나타나는 경우

exaltation 고양된 기분 : 의기양양에 자신감이 지나쳐 과대적인 생각이나 행동까지도 동반된 경우

ecstasy 황홀감 : 유쾌한 기분의 극치로서 이 세상에서 못할 것이 없을 것 같은 무한한 힘을 느끼는 상태

fear 공포 : 의식적으로 알고 있는 또한 특정 현실적 대상에 대한 두려움 agitation 격정 또는 초조 : 불안이 심하여 신체적 긴장과 어찌할 바를 모르는 불안상태

free-floating anxiety 부동성불안, 부유불안 : 불안이 특정 상황에 대한 것이 아니고 그 원인을 모른 채 단지 불안만을 느끼는 것

guilty feeling 죄책감 : 과거행동에 대한 후회, 자책 혹은 양심의 가책을 느끼는 것.

inappropriate affect 부적합한 정동 : 사고, 언어 등과 조화되지 않는 정동으로 상황에 어울리지 않게 울거나 웃거나 하는 것.

labile affect 불안정한 정동 또는 유동적 정동 : 외부 자극에 상관없이 정동의 표현이 빠르고 급격히 변하는 상태.

panic 공황 : 급성의 극심한 불안상태.

tension 긴장 : 감정적, 신체적 활동이 증가된 불쾌하고 팽팽한 느낌

depersonalization 이인증 : 자신의 존재의 감각이 비현실적이거나 이상하거나 낯선 것. 즉, 자기가 자신이 아닌 것 같고, 친숙하지 않고, 낯설고 어색하게 느껴지거나 존재하지 않는 것 같은 느낌이 드는 상태

hallucination 환각 : 외부의 자극이 실제로 없는데도 마치 외부에서 자극이 들어온 것

처럼 지각하는 현상

auditory hallucination 환청 : 실제로 없는 소리를 의미있는 소리나 말소리를 들게 되는 것

visual hallucination 환시 : 존재하지 않는 사물이 보이는 환각

illusion 착각 : 감각자극을 잘못 지각하는 것

macropsia 거시증 : 사물이 실제보다 더 커 보이는 현상

micrposia 미시증 : 사물이 실제보다 더 작게 보이는 현상

decreased activity, underactivity, hypoactivity 과소활동: 행동의 빈도나 강도가 모두 저하된 정신운동성 감퇴 혹은 지체

increased activity, overactivity, hyperactivity 과잉활동 : 활동이 정상보다 지친 상태

aggression 공격성 : 분노, 화, 증오에 따른 강압적이고 목적이 있는 행위로서 언어나 행동으로 표현

automatic obedience, command automatism 자동증 또는 자동행동: 자신의 의지나 생각은 전혀 없는 로봇처럼 타인의 요구에 복종해서 그대로 따라 하는 행동

echolalia 반향언어 : 다른 사람의 말을 메아리처럼 그대로 따라 하는 자동증

echopraxia 반향동작 : 다른 사람의 말대로 흉내 내는 자동증

catalepsy 강직증 : 반복행동이 지나쳐 그것이 매우 불편한 자세인 경우라 할지라도 계속해서 한 가지 자세를 취하고 있는 현상

compulsion 강박행동 : 저항할 수 없는 어떤 강력한 충동에 의해서 불합리한 줄 알면서도 특정 행동을 하려는 반복적 욕구에 저항할 수 없을 때 나타나는 행동

mannerism 기행증 : 이야기하면서 특유의 제스처를 반복하는 것같이 상동증보다 덜 지속적이고 덜 단조로우며, 그 사람 특유의 습관적이고 불수의적인 반복행동

negativism 거부증 또는 거절증 : 주어진 것에 대해 저항하거나 반대하는 행동

mutism 함구증 : 말을 할 수 있는 능력은 있으나 전혀 말을 하지 않는 것

perseveration 보속증 : 대상자가 어떤 다른 새로운 동작을 하려고 노력하는데도 불구하고 반복적으로 같은 동작을 하게 되는 경우

repetitious activities 반복행동 : 상동증, 보속증, 음송증 등과 같이 똑같은 행동을 반복하는 경우

stereotypy 상동증 : 가만히 있지 못하고 복도를 계속해서 왔다갔다 한다든지 마당에서 몇 시간씩 숫자 8 모양의 트랙을 밟고 있는 경우처럼 객관적으로 특별한 의미가 없으나 대개 무의식적인 긴장이나 갈등을 해소하기 위한 방편으로 같은 행동을 계속 반복하는 경우

verbigeration 음송증 : 상동증의 일종으로서 의미없는 단어나 짧은 문장을 반복하는 것

waxy flexibility or cerea flexibilities 납굴증 : 일종의 강직증으로서 전혀 움직임이 없이 한 가지 자세를 계속 취하며, 마치 초를 부어 만든 밀랍 인형처럼 외부에서 강제로 취해진 자세 그대로 움직이지 않으며 다른 사람에 의해서 피동적으로만 움직이는 현상

amnesia 기억상실 : 건망증 혹은 망각

confabulation 작화증 : 기억이 안 나는 부분에 대해 이야기를 꾸며 메우는 현상

deja vu 기시현상, 기시감 : 처음 경험하는 일임에도 불구하고 마치 과거에 경험한 것처럼 느끼는 현상

dissociative amnesia 해리성 기억상실 : 이미 기억에 저장되어 있는 개인에게 중요한 정보를 갑자기 회생시키지 못하는 장애.

fugue 둔주 : 건망증을 수반하는 해리 상태를 말하며 갑자기 집을 떠나면 그가 지니고 있던 기본적인 기술은 잊지 않고 있지만, 그 이외의 그에 관한 모든 과거를 잊어버리고, 새로운 이름을 가지고 새로운 생활을 하게 되는 상태.

hypermnesia 기억과잉 또는 기억항진 : 특정 정동과 관계된 특정기간이나 특정 사건 또는 경험에 한정되어 기억이 병적으로 과도히 상세한 경우

jamais vu 미시현상, 미시감 : 과거에 많이 경험한 일을 처음 경험하는 것처럼 느끼는 현상

organic amnesia 기질성기억상실, 기질성건망증 : 알코올중독시, 두부외상시 같이 등록이 안될 때와 Korsakoff증후군에서와 같이 저장이 오래가지 못할 때 나타남

anterograde amnesia 상행성기억상실, 전진성기억상실, 전향성기억상실 : 의식 회복 이후의 일정기간의 경험까지도 회상 못하는 기억상실

paramnesia 기억착오 : 과거에 없었던 일을 마치 있었던 일처럼 기억하거나 사실과 다르게 기억하는 것

psychogenic amnesia 심인성기억상실, 심인성건망증 : 해리성 장애에 해당되는 것으로 대개 기억의 재생에 장애가 있는 경우

reterograde amnesia 역행성기억상실, 후진성기억상실 : 의식장애가 있었던 기간뿐만 아니라 그 이전의 일정기간의 경험까지 회상 못하는 기억상실.

retrospective falsification 회상성조작, 회상착오 : 과거의 기억을 적당히 자신에게 유리한 방향으로 조작하여 기억했다가 그것을 사실로 믿고 있는 상태

attention 주의력 : 의미있는 자극에 반응하여 관심을 지속적으로 기울이는 능력

distractability 주의산만 : 주의를 충분한 기간 유지하지 못하고 계속 다른 자극에 주의를 돌리는 상태

confusion 의식의 혼돈 : 의식장애 중 가장 가벼운 상태로서 자극에 대한 반응이 신속하지 못하고 지남력의 장애를 보이며, 주의력이 산만해지거나 감퇴되고 사물에 대한 이해 능력도 감퇴된 상태

clouding of consciousness 의식의 혼탁 : 감각자극에 대한 지각, 사고, 반응, 기억 등의 장애가 있는 것으로 주의가 산만하며 착란이 있고 이해력이 부족한 상태

twilight state 몽롱상태 : 의식혼탁 상태를 말하며, 일과성으로 주위 환경을 인식하지 못하고, 유동적인 환청과 환시를 경험하게 되는 것

delirium 섬망 : 단기간에 발생하는 의식장애와 인지변화가 특징

delirium tremens 진전섬망: 장기적인 알코올 중독자가 갑자기 음주를 중단하거나 또는 감량했을 때 나타나는 섬망 상태

stupor 혼미 : 심인성 혼미는 실제 의식의 단절은 없는데도 마치 단절된 것처럼 보이는 의식장애

coma 혼수 : 혼미의 아주 극심한 상태로서 모든 정신활동이 정지되어 외부의 어떤 자극에도 반응을 보이지 않고 의식이 완전히 없는 상태

dysarthria 발음장애 : 단어 선택이나 문법은 옳으나 발음이 곤란한 현상

logorrhea 다변증 : 말에 일관성과 논리성이 있자만, 말수가 많은 것

poverty of speech 언어빈곤 : 말의 양이 적고 어떤 질문에 단음절의 반응만 보이는 것처럼 말의 양이 적고 극히 제한되어 있는 경우

pressure of speech 언어압박 : 말의 흐름이 매우 빠르고 말이 많아서 중단시키기가 어려운 것

dementia 치매: 일단 정상적인 기능까지 발육되었다가 영구적으로 평균 이하의 지능 감퇴를 보이는 지능장애

mental retardation 정신지체 : 18세 이전에 발병하며 유전적, 선천적, 발육초기 과정 등 여러 가지 원인에 의해 지능 발달이 정상적으로 이루어지지 않아 전체적인 지적기능이 유의하게 평균 수준 이하를 보이는 지능장애

judgement 판단력 : 어떤 상황을 사정하고 평가하여 상황을 정확하게 파악하고 그들간의 진정한 관계를 인식하여 올바른 결론을 내리며, 행위의 결과를 이해하고 행동에 대한 책임을 질 수 있는 능력

orientation 지남력 : 환경을 이해하고 그에 대한 자신의 위치를 파악하는 것으로 시간, 장소, 또는 상황, 타인과의 관계

primary insomnia 원발성 불면증 : 뚜렷한 신체적, 정신과적 원인없이 발생되는 불면증.

primary hypersomnia 원발성 과수면 : 밤에 잠을 못 자는 불면증에 대해서는 심각하게 받아들이나 잠을 충분히 잤는데도 낮에 정신이 흐릿하고 졸리운 경우.

sleep apnea 수면무호흡증 : 수면 중 호흡중단이 반복적으로 일어나는 경우.

insight 병식 또는 통찰력 : 자신이 처한 상황의 진정한 원인과 의미를 이해하는 능력

acting out 행동화 : 무의식적인 소망이나 충동이 즉시 만족되지 않고 연기됨으로써 생기는 갈등을 피하기 위하여 무의식적으로 즉각적인 행동으로 표현하는 방어기제

altruism 이타주의 : 자기 본능의 만족을 포기하고 다른 사람을 건설적으로 도와줌으로써 내재화에 의한 대리만족을 하는 방어기제

asceticism 금욕주의 : 경험을 통해 얻을 수 있는 직접적인 쾌감을 뿌리 뽑고, 의식에서 지각되는 모든 기본적인 즐거움에 반대하면서 그 진정한 즐거움과 만족을 금욕에서 얻는 방어기제

compensation 보상 : 자신이 실제적인 혹은 상상의 부족한 면을 메우기 위하여 장점을 강조하는 방어기제.

condensation 압축 : 둘 이상의 관념이 하나의 이미지로 결합된 방어기제

conversion 전환 : 불안을 감소시키기 위해서 개인의 강한 정신적 갈등이 신체적 증상, 즉 신체의 감각기관과 수의근계의 증상으로 표출되는 방어기제.

denial 부정 : 엄연히 존재하는 위험이나 불쾌한 현실을 부정함으로서 그로 인한 불안을 회피하고 편안한 상태를 유지하는 방어기제.

displacement 전치 : 개인이 좌절, 적개심, 또는 불안 같은 감정이나 정서를 원래 파생된 곳에서부터 덜 위협적이고 더 받아들이기 쉬운 다른 대상으로 이동하는 방어기제

dissociation 해리 : 의식에서 갈등을 분리시키고 떼어냄으로써 정서적으로 충전된 갈등과 관련된 감정을 인식하지 못하도록 하여서 개인을 보호하는 방어기제

hypochondriasis 건강염려 : 회피와 퇴행을 위해 질병을 과장하거나 강조하는 방어기제

identification 동일시 : 자아와 초자아의 건강한 성장을 결정해주는 데 가장 중요한 정신기제로 다른 사람(부모,형,윗사람 등)의 바람직한 속성이나 태도나 행동을 들여와서 자신의 성격의 일부로 삼게 되는 방어기제

intellectualization 주지화 : 개인이 정서나 감정을 지적 영역으로 이동시켜서 느낌보다는 사고로 정서적 불편을 제거하려는 방어기제

introjection 함입 : 자신에게 중요한 사람의 성격특성, 태도, 사고를 자신에게 융합하는 방어기제

isolation 격리 : 고통스러운 생각이나 기억을 그에 수반된 감정상태와 분리시키는 방어기제

projection 투사 : 용납할 수 없는 자신 내부의 문제나 결점의 원인이 자기 외부에 있다고 생각하는 방어기제

rationalization 합리화 : 사회적으로 용납 될 수 없는 충동이나 행동에 대해 의식적으로 사회적으로 용납되는 그럴듯한 설명이나 이유를 대는 방어기제.

reaction formation 반동형성 : 용납될 수 없는 감정이나 충동 또는 성향과는 정반대로 행동하게 하는 방어기제

regression 퇴행 : 개인이 불안을 감소시키기 위하여 이미 지나간 행동 수준으로 후퇴하고 의존적인 역할을 추구하는 방어기제

repression 억압 : 갈등을 해결하기 위해 가장 흔히 사용되는 무의식적 정신기제

resistance 저항 : 무의식에 억압된 내용을 의식화할 때, 이것이 의식화되면 너무 고통스럽게 때문에 심층에서 이 의식화를 방해하는 방어기제

somatization 신체화 : 심리적인 갈등이 감각계와 수의근계를 제외한 기타 신체부위의 증상으로 표출되는 방어기제

sublimation 승화 : 원시적이고 용납되지 않는 충동을 억압으로 충분히 해결하지 못할 때 스스로 충동에 붙은 에너지를 변형시켜 사회적으로 용납되는 건설적이고 유익한 목적을 위해 표현는 방어기제

substitution 대리형성, 대치, 치환, 대용 : 욕구불만으로 생긴 긴장을 감소시키기 위하

여 원래 대상과 비슷하며 동시에 사회적으로 용납되는 다른 대상으로 만족하는 방어기제

suppression 억제 : 개인에게 불유쾌하거나 용납할 수 없는 충동, 감정, 사고를 의식적이며 의도적으로 전의식계로 추방하는 방어기제

symbolization 상징화 : 어떤 사람이나 사물에 부착된 감정적 가치를 어떤 상징적 표현으로 전치시키는 방어기제

undoing 취소 : 무의식에서 어떤 대상에 대해 품고 있던 자기의 성적 또는 적대적인 욕구로 인해 상대방이 입었다고 상상하는 피해를 원상복귀하는 행위를 하는 방어기제

◈ 각 과별 약어

1) GS: General Surgery(일반외과)

AGC advanced gastric cancer(진행된 위암)
AGN acute glomerulonephritis(급성사구체신염)
AI aortic insufficiency(대동맥 기능부전증)
A/N/V/D/C : anorexia/nausea/vomiting/diarrhea/constipation(식욕부진/오심/구토/설사/변비)
APN acute pyelonephritis(급성 신우신염)
Appe appendicitis(충수돌기염)
ARDS adult respiratory distress syndrome(성인 호흡억제 증후군)
ARF acute renal failure(급성신기능 장애)
AS aortic stenosis(대동맥 협착증)
ASD atrial septal defect(심방중격결손)
AST after skin test(피부테스트후)
BA bronchial asthma(기관지 천식)
BM bowel movement(장운동)
BS bowel sound(장운동 소리)
BST blood sugar test(혈당테스트)
CBD stone common bile duct stone(총담관 결석)
CC chief complaint (주호소)
COPD chronic obstructive pulmonary disease(만성 폐쇄성 폐질환)
CPN chronic pyelonephritis(만성 신우신염)
CRF chronic renal failure(만성 신부전증)
C/S/F/C cough/ sputum/ fever/ chill(기침/가래/발열/오한)
C/S/R cough/ sputum/ rhinorrhea(기침/가래/콧물)

CT computerized tomography(컴퓨터 단층촬영)

D/B deep breathing(심호흡)

DIC disseminated intravascular coagulation(파종성 혈관내 응고)

DTR deep tendon reflex(심부근반사)

ESR erythrocyte sedimentation rate(적혈구 침강속도)

FBS/PP2 fasting blood sugar/ postprandial 2hour(공복시 혈당/ 식사 2시간 후 혈당치)

F/C fever/ chill(발열/ 오한)

F/E further evalution(추후검사)

FNA fine needle aspiration(주사기 흡인)

FUO fever unknown origin(원인불명 열)

G/A general appearance(외모)

GB stone gall bladder stone(담낭석증)

G/O gas out(가스배출)

GW general weakness(허약)

HA headache(두통)

HCC hepatocellular carcinoma(간암)

H/D headache/ dizziness(두통/어지럼증)

HEENT head, eye, ear, neck, throat(머리/눈/귀/목/인후)

Hemo hemorrhoid(치질)

H/L heparin lock(헤파린 장치)

H/M/H hematemesis/ melena/ hematochezia토혈/혈변/혈변)

HT or HTN hypertension(고혈압)

ICS irritable colon syndrome(과민성 대장증후군)

KVO keep vein open(정맥주사 부위 유지)

LBP low back pain(요통)

LC liver cirrhosis(간경화증)

L/E lower extremities(다리)

L/N lymph node(임파절)

LVH left ventricular hypertrophy(좌심실비대)

P/E physical examination(신체검진)

PH pulmonary hypertension(폐혈관 고혈압)

PI present illness(현 질병)

RA rheumatoid arthritis(류마치스성 관절염)

S/C smear/ culture(도말/배양)

T/E thyroid enlargement(갑상선비대)

TG total gastrectomy(전위절제술)

TPN total parenteral nutrition(비경구적 영양)

UC ulcerative colitis(궤양성 대장염)

U/E upper extremities(팔)

UGI series upper gastrointestinal series(위장 촬영술)

URI upper respiratory infection(상기도 감염)

USG ultrasonography(초음파 촬영술)

W/B whole blood(전혈)

WNL within normal limit(정상)

2) OB & GY : Obstetrics & Gynecology(산과와 부인과)

CIN cervix in neoplasm(자궁경부 종양)

C/S cesarean section(제왕절개)

Cx ca cervix cancer(자궁경부 악성종양)

Cx. cervix(자궁경부)

FDIU fetal death in uterus(자궁내 태아사망)

G.P gestation period(임신기간)

HOF height of fundus(태아 길이)

IIOC incompetent internal os of cervix(자궁경부 기능부전)

IUD intrauterine device(피임기구)

LAA last artificial abortion(최종 인공 유산)

LD last delivery(최종 분만)
LMP last menstrual period(최종 생리시기)
LSA last spontaneous abortion(최종 자연유산)
NFSD normal full term spontaneous delivery(정상자연분만)
NFVED normal full term vaccum extration delivery(정상흡인분만)
OBD obsteric diet(산모식)
OS cervical orifice(자궁경부 개구부)
Ov. Ca. ovarian cancer(난소암)
PA pregnancy at(임신상태)
PAH pregnancy aggravated hypertension(임신으로 악화된 고혈압)
Pap. Smear papanicolau smear(팝스미어)
PFD premature forcep delivery(미숙아 겸자분만)
PID pelvic inflammatory disease(골반내염증성 질환)
PIH pregnancy induced hypertension(임신으로 인한 고혈압)
PMP past menstrual period(지난생리기간)
PPROM preterm premature rupture of membrane(조기 양수막 조기파열)
PROM premature repture of membrane(양수말 조기파열)
PSD preterm spontaneous delivery(조기자연분만)
PVED premature vaccum extraction delivery(조기흡인분만)
SROM spontaneous rupture of membrane(양수막 자연 파열)
TAH total abdominal hysterectomy(복식자궁적출술)

3) NS : Neuro Surgery(신경외과)

An aneurysm(동맥류)
BT brain tumor(뇌종양)
CC cerebral contusion or cerebral concussion(뇌좌상)
CP cerebral palsy(뇌성마비)
EDH epidural hematoma(경막외 혈종)

EVD extra ventricular drainage(뇌실외 배농)

EVM eye opening, verbal response, motor response(눈뜨기/언어 반응/운동반응)

GCS glasgow coma scale(글라스고 혼수상태 척도)

HIVD herniated intravertebral disc(추간판 탈출증)

ICH intracerebral hemorrhage(두개내 출혈)

IVH intraventricular hemorrhage(뇌실내출혈)

PA pituitary adenoma(뇌하수체선종)

SAH subarachnoid hemotoma(지주막하 혈종)

SDH subdural hematoma(경막외혈종)

Sz seizure(경련)

4) OL : Otorhinolaryngology(이비인후과)

CHL Chronic Hearing Loss(만성청각상실)

CHR Chronic Hypertropic rhinitis(만성비대성 비염)

COM chronic otitis media(만성중이염)

DSN deviated septum of nose(비중격변형)

ESS endoscopic sinus surgery(내시경동성수술)

Lx Ca larynx Ca(인후암)

Lx polyp larynx polyp(인후용종)

NP nasal polyp(비용종)

OSA obstructive sleep apnea(폐쇄성수면 무호흡)

SNHL sensory neural hearing loss(감각신경성 청각상실)

T&Atonsillectiomy & adenoidectiomy(편도절제술과 선절제술)

5) OS : orthopedic Surgery(정형외과)

AK above knee(무릎 위)

AK Ampu Above Knee Amputation(무릎위 절단)

BG Bone Graft(뼈 이식)

BK below knee(무릎아래)

BK Ampu. Below Knee Amputation(무릎아래 절단)

BS Bone Scan(골 스캔)

CDH Congenital Dislocation of Hip(선천적 힙관절 탈구)

CTS Carpal Tunnel Syndrome(수근터널증후근)

DA Degenerative Arthritis(퇴행성 관절염)

DJD Degenerative Joint Disease(퇴행성 관절 질환)

DTR Deep Tendon Reflex(심부건 반사)

FB Foreign Body(이물질)

Fx Fracture(골절)

HIVD Herniation of Intervertebral Disc(추간판 탈출증)

I & D Incision & Drainage(절개와 배농)

KJ knee jerk(무릎반사)

L/A cast Long Arm cast(팔전체의 석고붕대)

L/E Lower Extremity(하지)

L/L cast Long Leg cast(다리 전체의 석고붕대)

LCL lateral Collateral ligament(측부인대)

LM Limitation of Motion(정상운동범위 제한)

OA Osteoarthritis(골 관절염)

RA Rheumatoid Arthritis(류마치스성 관절염)

ROM Range of motion(정상운동범위)

S/A cast Short Arm cast(팔에 대한 짧은 석고붕대)

S/L cast Short Leg cast(다리에 제공하는 석고붕대)

Tb Spine Tuberculosis Spine(척추결핵)

U/E Upper Extremity(상지)

Wd Wound(상처)

6) PS : Plastic Surgery(성형외과)

BS Burn Scar(화상흉터)

BSC Burn Scar Contracture(화상흉터수축)

RCG rib cartilage graft(흉골연골 이식)

SG skin graft(피부이식)

IVP Intravenous Pyelography(정맥신우조영술)

Kidney TPL Kidney Transplantation(신장이식)

KUB Kidney Ureter Bladder(신장, 요관, 방광촬영)

PET Phamacologic Erection Test(약물분비 테스트)

7) Psychiatrics(정신과)

AA Alcoholics Anonymous(단주동맹)

ADDH Attention deficiency disorder, Hyperativity(주의력 결핍장애: 과잉활동성)

ADL Activities of daily living(일상생활활동)

AMA Discharge Against medical advice discharge (자의퇴원)

Anx/Anxiety(불안)

BED binge eating disorder(폭식장애)

BMA Discharge By medical advice discharge (의사의 권고로 퇴원)

BPD Bipolar disorder +(양극성 장애)

BRP brief reactive psychosis(단기 반응성 정신증)

CD Conduct Disorder(행동장애, 품행장애)

CP Chief Problem(주요 문제)

D/S Discharge(퇴원)

DD Difficulty Diagnosis(감별진단)

del. delusion(망상)

DSM-Ⅳ Diagnostic and Statistical Manual of Mental Disorders, version 4

(정신장애 진단 분류 편람 〈4차 개정판〉)

DTs Delirium Tremens(진전섬망)

Dx Diagnosis(진단)

EMA Early Morning Awakening(새벽에 일찍 깸)

ECT(=EST) Electric convulsive therapy(전기경련요법)

EEG electroencephalogram(뇌파검사)

EPS Extra-Pyramindal Syndrome(추체외로증후군)

FAS Fetal alcohol syndrome(태아 알코올 증후군)

FH Family History(가족력)

GA General Appearance(외모)

GAAB general appearance, attitude and behavior(일반적 외모, 태도,행동)

GAD generalized anxiety disorder(범불안장애)

GAF global assessment of function(전반적 기능평가 척도)

GT Group Therapy 집단(그룹) 치료

hall. hallucination(환각)

HY Hystery, Histrionic Personality(히스테리 혹은 연극성 인격 장애)

IQ intelligence guotient(지능지수)

LOC Level of consciousness(의식수준)

MDD major depressive disorder(주요우울장애)

MDI Manic-Depressive Illness(조울증)

MMPI Minnesota Multiphasic Personality Inventory(다면적인성검사)

MMSE mini mental state examination(간이정신상태검사)

MR Mental Retardation(정신지체)

MSE Mental Status Examination(정신상태검사)

NOS Not Otherwise Specified(그 외 특이 사항 없음)

NP neuropsychiatric department(신경정신과)

NV No Visition(면회금지)

OBS Organic Brain Syndrome(기질적 뇌증후군)

OCD Obsessive compulsive Disorder(강박 장애)

OMD Organic mental disorder(기질적정신장애)

OT Occupational Therapy(작업요법)

PA precaution about acting out(환자가 행동화할 우려)

PD personality disorder(인격장애)

PH past history, personal history(과거력)

PMA psychomotor activity(정신운동 활동)

P.M.P premorbid personality(병전인격)

PNPHx past neuropsychiatic admission history(과거 정신과 입원 경력)

PO pass out(외출하다)

P.R. physical restraint(물리적 억제)

PS Precaution about suicide(환자가 자살할 우려)

PTSD Post Traumatic Stress Disorder(외상 후 스트레스 장애)

Rec Recommendation (치료적)권고

RT Recreation Therapy(오락요법)

SP Suicidal precaution(자살우려)

SPR Schizophrenia(정신분열병)

Sx Symptoms(증후)

SxH Sexual history(성력)

TAT Thematic apperception test(주제통각검사)

TD Tardive dyskinesia(지연성 운동장애)

TO Telephone Order(전화로 한 의학적 지시)

Tx Treatment, Therapy(요법, 치료)

VF Visiting Free(자유롭게 면회가능)

VO Verbal order(구두로 한 의학적 지시)

WAIS Wechsler Adult Intelligence Scale (지능검사(성인용))

WISC Wechsler intelligence scale for children(아동용)

WNL Within Normal Limits(정상범주내에 있음)

WR Watching Room(손상 우려 환자 보호실)

참고문헌

곰브리치, E.H.: 서양미술사, 예경, 1997

구진경 : 임상미술치료가 직장인의 스트레스 완화에 미치는 효과, 대구가톨릭대학원(박사학위 논문), 2008

국립중앙박물관 : 일본미술, 예맥, 2005

권기덕 : 색채 심리 및 치료의 이해, 동화문화사, 2002

권오호 : 우리문화와 음양오행, 교보문고 1996

권준범. 미술심리치료 검사를 활용한 미술교육 프로그램에 관한 연구. 홍익대학교 대학원 박사학위논문. 2003

김 현 : 조선조 민화에 나타난 색채의식에 관한 연구, 삼척산업대학교 대학원 석사학위논문, 1994

김경자 : 21세기 테마로 보는 우리 미술, 다른세상, 2001

김근안 : 색채 심리, 솔과학, 2007

김나영 : 수묵과 한지의 특성을 이용한 공간의 내면적 표현, 이화여자대학교 대학원 석사학위논문, 1999.

김동연. 동적가족화(KFD)의 이해. 제7회 발달장애연구회 세미나 자료. 1990

______ · 최외선. 아동미술치료. 한국미술치료학회 제17회 연수회 자료. 1997

김말숙 : 새롭게 보는 미술치료, 교육과학사 2007

김미경 : 현대패션에 나타난 오색의 동서양 색채에 관한 연구, 세종대학교 대학원, 2002

김미리혜, 김진영 외 역. 심리치료. 서울. 정민사. 2000

김선현 : 마음을 읽는 미술치료, 넥서스북스 2006

______ : 임상미술치료의 이해, 학지사 2006

______ : 통합의학에서의 미술지료의 역할에 관한 연구, 한 · 독 · 미 · 일 미술치료 프로그램

비교연구를 중심으로, 한양대학교 대학원(박사학위 논문), 2006.

______ : 암환자에게 도움을 주는 미술치료, 학지사, 2008.

______, 전세일, 진영수 : 한국미술치료의 역사 및 현황, 임상미술치료학연구, Vol.3, No.2, 대한임상미술치료학회

김수옥 : 한국미술에 나타난 음양오행에 의한 색채표현에 관한 연구 -오방색을 중심으로, 조선대학교 대학원 석사학위 논문, 1999

김영나, 20세기의 한국미술, 예경, 1998

김원룡 : 한국미의 탐구, 열화당 1996

김정희, 미술교육입문, 형설출판사, 2002

김종열, 김우중 : 동서의학 비교연구, 계축문화사, 1994.

김지현 외 : 동의정신의학, 현대의학서적사, 1992

김진숙 : 미술심리치료 총론, 한국표현예술심리치료협회 2005

______(1996). 예술심리치료의 이론과 실제. 서울. 중앙적성출판사, 1996

김진태 : 동양의 사상, 초록세상, 2006

______ : 동양의 지혜, 초록세상, 2006

김진한 : 색채의 원리, 시공사, 2002

김철순 : 한국민화논고, 예경산업사 1991

동서의학 비교연구회 : 바람직한 양 한방 협진 방안, 동서의학 비교연구회 창립 2주년 기념 심포지엄, 1993.

라연신 : 색채를 통한 한국이미지의 표현연구, 이화여자대학교 디자인대학원 석사학위논문, 2000.

리델, 잉그리트(정여주 역) : 융의 분석심리학에 기초한 미술치료, 학지사 2004

문은배 : 색채의 이해와 활용, 안그라픽스, 2005.

미술교육과 교육학회, 미술교육의 이론적 탐색

민성길 외. 최신정신의학. 서울. 일조각. 1998

바산트 레드(이호준 역) : 생명의 신비, 진영사, 1989

박광수 : 손으로 색으로 치유한다, 정신세계사, 2005

박석련 : 전체성 의학과 동서의학, 동서의학연구소 논문집, 1986

박선규 : 산수화의 조경이론, 선원 1999

박승숙, 마음이 아플 때 만나는 미술치료, 들녘, 2002
박영수 : 색채의 상징, 색채의 심리, 2003
백중렬 외 : 미술치료의 이론과 실제, 한국심성교육개발원, 2005
빈센트, 진. : 미술의 이해, 이화여자대학교출판부, 1990
서울특별시한의사회 : 한방의료정책백서, 제2집, 1992.
성찬휴 : 사양의 사상, 초록세상, 2006
_____ : 서양의 지혜, 초록세상, 2006
송경섭 : 한의학의 발전과정과 사회기여도에 관한 연구, 경산대학교 대학원, 1995.
스에나가 타미오 : 색채 심리, 예경출판사, 2001
_____________ : Color는 Doctor, 2003
_____________, 색채심리, 예경출판사, 2001
신현규 : 미래한의학의 중장기 예측 연구 동향, 한국한의학연구소 논문집 제2권 제1호, 1996.
_____ : 한국, 중국, 일본 3국의 한의학연구소 현황, 한국한의학연구소 회보, 1996.
심명석 : 색채학, 보성각, 2002
아키라, 미야지 : 인도 미술사, 다할미디어, 2006
오주석 : 한국의 미 특강, 솔 2003
오현숙, 미술교육과 미술치료, 아동미술학회지,2002
요하네스 이텐(김수석 역) : 색채의 예술, 지구문화사, 1985.
우실하 : 한국전통문화의 구성원리에 대한 연구, 연세대 대학원 박사학위 논문, 1997
이규선 외, 미술교육학, 교육과학사, 2003
이동주 : 우리 옛 그림의 아름다움, 시공사 , 1996
이선영 : 미술에 반영된 시 · 공간의 인식변화, 미술세계 3월호 pp.80~87, 1992
이성도 외 : 전통 미술문화 교육, 미진사 2005
이은실 : 동양화적 감각의 표현 연구-선묘를 중심으로, 이화여자대학교 디자인대학원 석사학위논문, 1997
이인경 : 박생광 회화의 색채기법과 재료연구, 이화여자대학교 교육대학원 석사학위 논문, 1992
이종찬 : 동서의학 질병관의 접점, 대한의사협회지 제40권 제3호, p.283-287, 1997.
이창완 : 현대 한국화에 표현된 오방색, 경북대학교 대학원 석사학위논문, 1995

임준규 : 동서의학 협진과 임상실제, 한성사, 1995.

장파(유중하 등 역) : 동양과 서양, 그리고 미학, 푸른숲 1999

전성수 외 : 함께 배우는 우리미술, 예경 2003

전세일 : 대체의학, 동양의학, 서양의학, 그리고 전인치유. 한국대체의학회지 ; 2: 2-10. 1999

______ : 동서의학의 차이점과 공통점, 대한의사협회지 제40권 제3호, p.276-282, 1997.

______ : 동양의학과 대체의학의 과학적 연구접근. 한국본초의학연구회지 ; 2: 87-94. 1999.

______ : 동양의학과 서양의학 "정말 서로 다른 두 의학인가", 제3회 생명과학 심포지엄, 원광대학교 한의과대학, p.11-31, 1993

______ : 동양의학과 서양의학의 접목, 보건주보 제974호, 보건사회부, 1994.

______ : 동양의학의 과학적 접근, 원광의학 제4권, p.1-7, 원광대학교, 1994.

______ : 보완대체의학, 계축문화사, 2004

______ : 침술의학, 계축문화사, 2005

______ : 한방으로 갈까, 양방으로 갈까. KBS 영상사업단, 1999

______ : 한의학 이론의 과학적 해석, 한중 국제 공동 세미나 발표논문집 p.1-10, (서울대학교천연물 과학연구소, 과학기술정책관리 연구소, 국제과학기술 협력센터 주관) 1995.

______ 외 : 새로운 의학, 새로운 삶, 창작과 비평사, 2000.

______ : 동서의학과 대체의학 안에서의 미술치료의 역할, 임상미술치료학연구 Vol.2, No.2, 대한임상미술치료학회, 2007

______, 김선현 : 동서의학과 동서미술치료, 학지사, 2009

전재서 : 동양적인 것의 슬픔, 살림 2001

정동주 : 민속과 한국의 색채 2, 미술세계 1991

정란영 : 중서의 결합교육을 교육체계로 끌어들일 필요성과 가능성에 관한 연구, 중국 중서의 결합잡지 p.60-63, 1993.

정병모, 미술을 아름다운 생명체다, 다할미디어, 2001

정여주 : 미술치료의 이해, 학지사, 2003

______, 인지학적 관점에서 고찰한 교육적 미술치료, 한독 교육학연구 제4권 1호, 1999

정종미 : 우리 그림의 색과 칠, 학고재, 2001

정종철 : 일본에서의 한약 연구동향, 한국한의학연구소회보, p.4-6, 1996

______ : 동양의학의 기초의학연구 개설, 동양의학연구소논문집

정태호 : 동서의학 교육의 접점, 대한의사협회지 제40권 제3호, p.291-297, 1997.

조동제 : 색의 이론과 실제, 학문사, 2001

조요한 : 한국미의 조명, 열화당 2003

조용진 : 동양화 읽는 법, 집문당, 1999

조은경 : 조선조 민화의 색채연구, 계명대학교 대학원 석사학위 논문, 1996

조진희 : 조선시대 백자의 변천 과정과 미감에 관한 연구, 경희대학교 대학원 석사학위논문, 2002.

조헌영 : 통속한의학 원론, 학림, 1983

주디트 루빈, 주리애 역, 이구동성 미술치료, 학지사, 2001

주리애 : 미술치료 요리책, 아트북스 2003

지제근 : 동서의학 연구의 접점, 대한의사협회지 제40권 제3호, p.288-2909, 1997.

진홍섭 외 3명, 한국미술사, 문예, 2006

청년의사 : 의료일원화 어떻게 할 것인가?, 청년의사 창간 5주년 기념 심포지엄, 1997.

최영길 : 동서의학 임상의 접점, 대한의사협회지 제40권 제3호, p.298-303, 1997.

최혜숙 : 미술 감상 교육을 위한 동, 서양 회화 비교 연구, 이화여자대학교 디자인대학원 석사학위논문, 1997.

카시마하루키 : 경이로운 색채 치료, 2002

캐시 A. 말키오디, 미술치료, 조형교육, 2000

크리스텔러(정정순, 정여주 역) : 인지학 예술, 학지사, 2004

클루나스, 크레그 : 새롭게 읽는 중국의 미술, 시공아트, 2006

파르취, 수잔나 : 당신의 미술관, 현암사, 1999

파버 비렌(김화중 역) : 색채심리, 동국출판사, 1987.

하마모토 다카시 : 색채의 마력, 아트북스, 2007

하용득 : 한국의 전통색과 색채심리, 명지출판사 1986

하워드 선, 도로시 선 : 색채심리와 색채 치료, 예경출판사, 2003.

한국초등미술교육학회, 초등학교 미술과 교육학, 교육과학사, 1997

한국미학예술학회 : 미학 · 예술학연구 13집, 한국미학예술학회, 2001

한국한의학연구소 : 21세기의 한의학, 제1회 한국한의학연구소 학술 세미나, 1995.
홍희기 : 한국적 상담이론의 정립을 위한 탐색적 연구, 연세대학교 교육대학원 석사학위논문, 2001.
Achterberg, J. : Imagery in Healing Shamanism and Modern Medicine. Boston: Shambala Publication, Inc., 1985
Amber, R. B. : Color Therapy. Santa Fe, NM: Aurora Press, 1983
Andreas, C. and Steve, M.: Heart of the Mind.: Real People Press, 1989
Astin JA, Shapiro SL, Eisenberg DM, Forys KL : Mind-Body Medicine; State of the Science, Implications for Practice. J Am Board Fam Pract. 2003
Bauman E., Brint AI, Piper L, Wright PA, : The Wholistic Health Handbook, A Tool for Attaining Wholeness of Body, Mind, and Spirit. AND/OR PRESS, Berkley, California, 1978
Benson, H. : The Relaxation Response. New York; Outlet Books, Inc., 1993
Benson, H. and Procter, W.: Beyond the Relaxation Response. New York: Putnam/Berkley, Inc., 1984
Borysenko, J. : Minding the Body, Mending the Mind. New York; Bantam Book, 1988
Bruce, DF., McIlwain, HH. : Unofficial Guide to Alternative Medicine. Simon & Schuster Macmillan Company, 1998
Chaitow, L: Body/Mind Purification Program. New York: Simon and Schuster, 1990
Chang, S T : Complete System of Self-Healing: Internal Exercises. San Francisco, CA: Tao Publishing, 1986.
Chia, M. : Taoist Ways to Transform Stress into Vitality. Huntington, NY: Healing Tao Books, 1985
Chopra, D : Quantum Healing, Exploring the Frontiers of Mind/Body Medicine, Bantam Books, London, 1990.
Chopra, D. : Perfect Health. New York: Harmony Books, 1990

Chun, SI : Modern Application of Traditional Theories in Medicine, International Symposium On East-West Medicine, WHO Collaborating Center for Traditional Medicine, Kyung Hee University, 1994.

Chun, SI : The Role of Oriental Medicine in Rehabilitation Medicine, Proceedings of The 8th World Congress of the International Medicine Association, Kyoto, Japan, 1997.

Deborah T. Sharph : 색채심리와 디자인, 태림문화사, 1996

Dewards, B. : Drawing on the Artist Within, NY; Simon and Schuster, 1986

Diamond J : Life Energy, Dodd, Mead and Co., New York, 1985.

Dilts, R., Hallbom, T. and Smith S. : Beliefs, Pathways to Health and Well Being. Portland, OR: Metamorphous Press, 1990

Dinshaw, Darius : Let There Be Light. Malaga, NJ, Dinshaw Health Society, 1985

Dong, Paul and Esser, AHM : Chi Kung, The Ancient Chinese Way to Health. New York: Paragon House, 1990

Editors of Time-Life, The medical advisor, The complete guide to Alternative and Conventional medicine, Time Life Inc., 1996

Feldenkrais, M. and Kimmey, M. ; The Potent Self : A Guide to Spontaneity. San Francisco, CA: Harper and Row, 1992

Gerber, R.: Vibrational Medicine. Santa Fe, NM: Bear & Company, 1988

Goldberg, B., Alternative Medicine, The definitive guide, Future Medicine Publishing nc., Tiburon, California, 1999

Goodenough, F. : Measurement of Intelligence by Drawings. NY; Harcourt, Brace & World, 1926

Gordon, R : Your Healing hands : The Polarity Experience. Santa Cruz, CA: Wingbrow Press, 1978

Hastings AC, Fadiman J, Gordon JS, : Health for the Whole Person, The Complete Guide to Holistic Medicine, Westviewe Press, Boulder, Colorado, 1980

Jahnke, R : Most Profound Medicine. Santa Barbara, CA: Health Action Books, 1990.

Jahnke, R : Self-Applied Health Enhancement Methods. Santa Barbara, CA: Health Action Books, 1989

Jones, F P.: Body Awareness in Action : New York: Schocken Books, 1976

Jung, C.G. : The practice of psychotherapy. N. Y., 1954

Jung, C.G., Hall, C.S., Jacobi, J.(설영환 역) : 융 심리학 해설 , 선영사 1992

Kramer, V. : Art as Therapy with Children. NY; Schocken Book, 1971

Krieger, D : Accepting Your Power to Heal : Personal Practice of Therapeutic Touch. Santa Fe: Bear and Company, 1993

Lad, V. : Ayurveda: The Science of Self-Healing. Wilmot, Ca : Lotus Light Press, 1984

Lewin, A. : Drawing with Childresn. L.A.: Jeremy P. Teacher, Inc., 1986

Liberman, Jacob : Light, Medicine of the Futures. Santa Fe, NM: Bear & Co. Publishing, 1993

Lloyd-Jones M. : Spiritual Depression(영적 침체, 오성종, 유기영 역), 새순출판사, 1977.

Malchiodi, C. A. : The Art Therapy Source Book : Art Marking for personal Growth, Insight and Transformation. N.Y.: The Guilford Press, 1988

Malchiodi, Cathy A.(최재영, 김진연 역) : 미술치료, 조형교육 2003

Martin, R.: Today's Health Alternative. Tehachapi, CA: America West Publishers, 1992

Monti DA, Peterson C, Kunkel EJ, et al : A Randomized, Controlled Trial of Mindfulness-based Art Therapy(MBAT) for Women with Cancer. Psycho-oncology, 2005

Murray, M., and Pizzorno, J. : Encyclopedia of Natural Medicine. Rocklin, Ca: Prima Publishing, 1991

O'connor, J. and Seymour : Introducing Neuro-Linguistic Programming: The new Psychology of Personal Excellence. J. London, England:

Mandala, an imprint of Harper Collins Publisher, 1990
Ott, John D : Health and Light. Old Greenwich, CT: Devin-Adair Co., 1988
Pelletier KR : Mind as Healer, Mind as Slayer : A Holistic Approach to Preventing Stress Disorders. New York : Delacorte and Delta, 1977
Peper, E. and Holt, C : Creating Wholeness: A Self-Healing Workbook Using Dynamic Relaxation, Images and Thoughts. New York: Plenum, 1993
Rubin, Judith A.(김진숙 역) : 미술 치료학 개론 , 학지사, 2006
Seidman, M. : A Guide to Polarity Therapy : The Gentle Art of Hands-on Healing. Boulder, CO: Elan Press, 1991
Sierpina, VS. : Integrative Health Care, , F. A. Davis Company, Philadelphia, 2001
Stalker D, Glymour C, : Quantum Medicine, Pp 107-125, in Examining Holistic Medicine, Prometheus Books, Buffalo, NY, 1985
Victor Ldwenfeld ; W.Lambert Brittan, 서울대학교 미술교육연구회 옮김. 인간을 위한 미술교육, 〈Creative and Medtal Growth〉, 미진사
Wallace, RK. and Fairfield, IA : The Neurophysiology of Enlightenment. Maharishi International University, Neuro-science Press, 1986
Weil, A. : Spontaneous Healing. Alfred A. Knopf, Inc., New york, 1995

찾아보기

■ 저자 약력

김선현(金善賢)

한양대학교 대학원 이학박사, 미술교육 석사, 미술 학사
독일 베를린 훔볼트 대학 부속 병원 예술 치료 연수
일본 기무라 클리닉 미술치료 연수
미국 MD Anderson Cancer Center 예술치료 연수
현 포천중문의과대학교 대체의학대학원 임상미술치료전공 주임교수
　포천중문의과대학교 차병원 대체의학센터 임상미술치료클리닉 교수
　대한임상미술치료학회(KACAT) 회장

학회활동
미국미술치료학회(AATA) 정회원
국제자연치유연맹 총무이사
한국통합의학회 총무이사
대한암보완대체의학회 부회장
한국심리학회 정회원
한국임상심리학회 정회원
한국미술가협회 정회원
한국미술교육학회 정회원

저역서 및 논문
『마음을 읽는 미술치료』 외 15권
「통합의학 안에서의 미술치료의 역할」 외 논문 다수

임상미술치료학

값 25,000원

2009년 2월 20일 제1판 1쇄 인쇄
2009년 3월 2일 제1판 1쇄 발행

저　자 김　선　현
발행인 주　영　일
발행처 **계 축 문 화 사**

판권소유

서울시 종로구 행촌동 209-41
우편번호 : 110-091
TEL : 735-2257 · 738-9746
FAX : 723-9025
1973. 10. 31 등록번호 제300-1973-8호
ISBN 978-89-5629-171-0 93510